AF252394

PERMIS D'IMPRIMER.

Langres, le 25 mars 1875.

† JEAN, Evêque de Langres.

DE LA

PROPRIÉTÉ & DE L'ADMINISTRATION

DES

BIENS ECCLÉSIASTIQUES

EN FRANCE & EN BELGIQUE

Par A.-J. VOURIOT, Vicaire général de Mgr l'Évêque de Langres

NOUVELLE ÉDITION

augmentée d'un APPENDICE contenant des documents officiels
récemment émanés de l'autorité administrative et de l'autorité judiciaire
concernant la personnalité morale et la capacité civile
actuellement reconnues aux *Diocèses*, aux *Paroisses* et aux
Établissements diocésains et paroissiaux.

> L'administration régulière du temporel
> des Eglises, non-seulement prête un heu-
> reux secours à l'administration spirituelle
> de chaque paroisse, mais tient aujourd'hui
> plus que jamais aux destinées catholiques
> de la France.
> (Mgr PARISIS, Evêque de Langres.)

PARIS

VICTOR PALMÉ, LIBRAIRE-ÉDITEUR

25, rue de Grenelle-St-Germain, 25

1875

Propriété littéraire de l'auteur

ERRATA.

—

Page	7 ligne 14, au lieu de : dit–t–il,	lisez : dit-il.
—	7 — 40 — 2. p. 188	— t. 2. p. 189.
—	10 — 24 — Binjamin	— Benjamin
—	14 — 32 — id.	— id.
—	15 — 3 — id.	— id.
—	17 — 12 — Kent.	— Kant.
—	21 — 32 — sœcularibus	— sæcularibus
—	id. — 33 — prœsidere, sœcularibus	— prœsidere , sæcularibus.
—	30 — 27 — antorisation	— autorisation.
—	32 — 5 — :	— ;
—	34 note lig. 4 — idem	— Icard
—	45 ligne 37 — tout	— tous
—	52 — 3 — ou du *clergé.*	— ou du *clergé.*)
	63 — 7 — de cultes : M. Barthe	— des cultes, M. Barthe :
—	65 — 1 — ce	— de
—	79 — 28 — Paroisses.	— 17. Paroisses.
—	85 — 29 — ront	— ra
—	91 — 6 — quœ	— quœ
—	id. — 7 — posquam	— postquam
—	id. — 8 — ecclesiœ	— ecclesiæ
—	id. — 9 — pars 3ᵉ	— pars 3ᵉ
—	id. — id. — distinctio 1ᵉ	— distinctio 1ᵉ
—	96 — 38 — arrêt	— arrêté
—	100 — 10 — repartir	— répartir
—	111 — 1 — août,	— août 1793,
—	161 — 31 — Laïci	— Laici.
—	id. — 38 — subtalis	— sublatis
—	165 — 6 — qui administreront	— qui les administreront
—	167 — 21 — qui dépendent	— qui dépend
—	180 — 30 — officiers de Chaumont	— officiers de ville de Chaumont.
—	187 — 40 — Conzalvi	— Consalvi
—	190 — 9 — étrange	— étranger
—	193 — 38 — recours	— concours
—	198 — 20 — ajoute	— il ajoute
—	209 — 37 — Prétend'on	— Prétend-on
—	215 — 31 — le conseil d'Etat	— la cour de cassation
—	219 — 16 — premieré	— première
—	221 — 11 — 1820	— 1821

AVERTISSEMENT

La matière des biens ecclésiastiques soulève des questions d'autant plus graves qu'elles tiennent souvent à la constitution même de l'Eglise et aux conditions nécessaires de son gouvernement. Ces questions sont depuis longtemps ardemment controversées par les hommes d'Etat.

Nous nous sommes abstenu autant que possible d'agiter ces questions dans notre *Manuel des Conseils de Fabrique*, afin de lui conserver son caractère d'ouvrage essentiellement pratique; mais, dans l'introduction mise en tête de la nouvelle édition, nous prévenions que ces questions, qui sont plutôt théoriques et historiques que pratiques, trouveraient leur place dans un autre traité, qui paraîtrait prochainement.

C'est ce traité que nous avons publié, en 1872, sous ce titre : *De la propriété et de l'administration des Biens ecclésiastiques en France et en Belgique.*

Ces deux Etats, qui n'en formaient qu'un lors

du rétablissement du culte en France, ont été régis, en ce qui concerne les biens ecclésiastiques, par une législation qui, jusqu'à la loi belge du 4 mars 1870, sur le temporel du culte, leur est restée commune; et il est intéressant et même utile d'étudier les divergences de jurisprudence qui, à cet égard et nonobstant cette communauté de législation, s'y sont produites.

Depuis la publication de la première édition de ce traité et celle plus ancienne de notre *Dissertation sur la capacité civile des diocèses, des paroisses et des établissements diocésains et paroissiaux,* le nouveau conseil d'Etat a notablement modifié et amélioré la jurisprudence que nous y avons combattue; et, par un avis de principe délibéré et adopté dans ses séances des 29 avril, 7 et 13 mai 1874, il a solennellement reconnu et proclamé la personnalité morale et la capacité civile des *diocèses.* Cette importante décision s'applique, par identité de raisons, aux *paroisses* comme aux diocèses, ainsi que le prouvent d'ailleurs plusieurs actes récents émanés du conseil d'Etat lui-même. Sous ce rapport, elle restitue aux *Institutions ecclésiastiques* les anciennes attributions dont elles ont joui de temps immémorial jusqu'à la révolution de 1789, mais que le régime politique de 1830 et ceux qui l'ont suivi leur contestaient. (1) Ces améliorations ne concernent pas seulement la reconnais-

---

(1) On peut, à ce sujet, consulter utilement une Dissertation remarquable de M. Migneret, ancien conseiller d'Etat, sur la capacité juridique des fabriques et autres Etablissements ecclésiastiques pour accepter les libéralités qui leur sont faites dans un but *religieux* ou *charitable,* Dissertation publiée dans la *Revue critique de législation et de jurisprudence,* livraison d'octobre 1873, et reproduite dans le *Journal des conseils de fabriques,* livraison du mois de décembre de la même année, p. 311 à 321.

sance formelle de la personnalité morale et de la capacité civile des *diocèses* et des *paroisses,* mais encore l'extension donnée à la capacité civile précédemment reconnue aux *Evêchés,* aux *cures, succursales et chapelles-vicariales,* ainsi qu'aux *fabriques* de ces diverses Eglises. En sorte qu'aujourd'hui cette capacité civile s'étend à toutes les dispositions faites dans un *intérêt diocésain* ou *paroissial,* et nous ne doutons pas qu'il en serait de même d'une disposition faite en faveur et dans l'intérêt des *Eglises métropolitaines* ou *Provinces ecclésiastiques.*

Cet heureux changement dans la jurisprudence administrative, en ce qui concerne l'Eglise, nous en fait présager et espérer d'autres non moins nécessaires, et nous détermine à reproduire textuellement ici, sous forme d'*Appendice,* le texte même des diverses décisions dont cette matière a été récemment l'objet de la part de l'autorité administrative et de l'autorité judiciaire. Ces documents officiels, dont nous faisons suivre aujourd'hui notre *Traité,* feront suffisamment comprendre l'importance et la portée des questions théoriques que nous y avons, sinon résolues, du moins soulevées.

Nous répéterons ici ce que nous disions il y a vingt-trois ans, dans la première édition de notre *Manuel des conseils de fabrique :* « Qu'on ne s'y méprenne pas : la propriété privée n'est aujourd'hui si sérieusement menacée que parce que, depuis longtemps en Europe, la propriété *ecclésiastique* n'a pas été assez respectée par les législateurs et les gouvernements. Depuis plus de soixante ans qu'on professe en toutes rencontres, parmi nous, la *légitimité* de la main-mise nationale sur les biens de l'Eglise, que répondre aujourd'hui aux classes deshéritées qui demandent qu'on applique cette maxime au patrimoine de la famille, et que l'on fasse en leur faveur cet acte *légitime?* C'est ainsi qu'en croyant ne faire la guerre qu'à l'Eglise, on a ébranlé l'ordre social.

« A ceux qui seraient de nouveau tentés de porter une main téméraire sur cette délicate matière et croiraient pouvoir encore à ce sujet légiférer à leur aise, sans égard pour les droits imprescriptibles de l'Eglise, nous dirons que les malfaiteurs qui commettent l'injustice à main armée sont infiniment moins dangereux pour la société, que les sophistes qui la décrètent comme légitime. C'est une réflexion que nous livrons à la méditation des hommes d'Etat et des hommes du Pouvoir. »

Langres, le 19 mars 1875.

DE LA

PROPRIÉTÉ ET DE L'ADMINISTRATION

DES

BIENS ECCLÉSIASTIQUES

EN FRANCE ET EN BELGIQUE.

Ce traité sur la *propriété* et l'*administration* des biens ecclésiastiques est divisé en quatre sections : la première concerne la propriété en général et la propriété commune ou sociale en particulier; la seconde, les Eglises et les établissements ecclésiastiques; la troisième, les paroisses et les établissements paroissiaux ; la quatrième, enfin, les attributions respectives de l'autorité religieuse et de l'autorité civile relativement aux biens ecclésiastiques, et le caractère des lois civiles relatives aux matières ecclésiastiques.

PREMIÈRE SECTION. — De la propriété en général et de la propriété commune ou sociale en particulier.

1. Choses — biens — personnes : personnes physiques, personnes morales, personnes morales *réelles*, personnes morales *fictives*. — 2. Propriété — origine et nature du droit de propriété — domaines de propriété, d'administration, de juridiction. — 3. Sociétés — propriété commune ou sociale. — 4. Etablissements sociaux.

1. Biens. — On nomme *biens* les *choses* en tant qu'elles peuvent procurer aux *hommes* quelque utilité, quelque avantage, quelque agrément, tels sont la lumière, l'air, l'eau, les animaux, la terre et ses productions; mais pris dans le sens purement juridique, le mot biens s'applique uniquement à celles qui sont susceptibles d'*appropriation*; c'est-à-dire, qui sont de nature à pouvoir être possédées exclusivement et en propre par les *personnes*. En cette matière, le

mot chose s'emploie par opposition au mot personne. C'est sur les choses que les personnes exercent des droits. Les choses sont l'objet de ces droits et les personnes en sont le sujet.

Dans le langage juridique, le mot *personne* désigne les hommes considérés sous le rapport de leurs *droits* et des *obligations* qu'ils contractent les uns envers les autres. L'homme qui ne serait succeptible ni de droits ni d'obligations, ne serait pas considéré comme une personne, mais comme une chose; tels étaient, sous la législation romaine, les femmes, les enfants et les esclaves. La civilisation chrétienne, en rendant à l'homme sa dignité avec ses droits naturels et divins, a fait disparaître successivement de nos codes ces dispositions du droit païen.

Considérés sous le rapport de leur nature, les biens, comme les choses, sont *corporels* ou *incorporels, mobiliers* ou *immobiliers*. Ils sont corporels ou incorporels selon qu'ils tombent ou non sous nos sens; les premiers consistent dans les choses matérielles de la création; les seconds consistent dans les droits conférés aux personnes; tels sont les créances résultant des obligations conventionnelles ou légales, les actions ou le droit d'agir en justice, les droits de nue-propriété, d'usufruit, d'usage, d'habitation, d'hypothèque, de servitude.

Les biens corporels sont *mobiliers* ou *immobiliers*, selon qu'ils peuvent ou non se mouvoir ou être transportés d'un lieu dans un autre. Les biens incorporels ne sont par eux-mêmes ni mobiliers ni immobiliers; mais ils sont considérés, les uns comme mobiliers et les autres comme immobiliers, selon la détermination de la loi. C. c. 526 et 529.

Considérés sous le rapport des personnes qui les possèdent, les biens sont individuels ou communs et sociaux, selon qu'ils appartiennent aux individus ou à des sociétés.

En ce qui concerne la distinction des biens, on peut se reporter aux articles 516 à 543 C. c. et aux commentaires dont ces articles sont l'objet de la part des jurisconsultes.

On nomme *propriété* le bien qui, en fait comme en droit, appartient exclusivement et en propre à une *personne*, soit *physique* soit *morale*. Les personnes physiques sont les hommes considérés individuellement; les personnes morales sont les associations ou corporations de personnes physiques unies par des intérêts communs et formant sous ce rapport une *société*, une communauté, un corps, un seul tout (collegium, universitas); tels sont, dans l'ordre naturel, la société conjugale, la famille, la société domestique ; dans l'ordre civil et politique, une commune, un département, une province, une nation ; dans l'ordre religieux, une communauté ou corporation, une paroisse, un diocèse, une province ecclésiastique, l'Eglise catholique.

On qualifie aussi de personnes morales, les dotations de certains services sociaux, particuliers et considérés, par une fiction de la loi, comme personnes capables de posséder des biens et de faire à leur égard tous les actes de la vie civile ; tels sont les hospices, les bureaux de bienfaisance, les lycées et colléges communaux, les séminaires et autres établissements diocésains, les titres ecclésiastiques, les fabriques et autres établissements paroissiaux ; ces institutions, bien que gérées par un corps d'administrateurs, ne sont pas des sociétés, mais de simples établissements d'utilité sociale.

Il y a, entre ces deux classes de personnes morales, des différences essentielles et trop peu remarquées par les auteurs qui ont traité cette matière. Celles de la première classe sont des personnes morales *réelles*, se composant de personnes physiques unies entre elles dans un but et un intérêt commun ; celles de la seconde classe sont des personnes morales purement *fictives*, consistant dans la dotation d'un service social *personnifié*, c'est-à-dire érigé en personne civile ; mais les biens *affectés* à un service social personnifié sont eux-mêmes la propriété de la personne morale réelle pour l'utilité de laquelle ce service a été institué et doté.

Les *personnes* seules sont capables de posséder des biens. En effet, pour posséder des biens, il faut que l'on puisse se les approprier, les administrer, en user selon ses besoins, en disposer selon son gré ; et, pour cela, il faut être capable d'intelligence, de volonté et de liberté. Or, les personnes seules en sont capables. Le droit à la propriété est tellement l'attribut de la *personnalité humaine*, que les législations païennes qui, ainsi que nous l'avons déjà dit, ne reconnaissaient pas comme *personnes* et considéraient comme *choses*, les enfants, les femmes en général et les hommes réduits en servitude, les déclaraient pour cela même incapables d'acquérir et de posséder des biens.

2. Propriété. — On voit par ce qui précède que les *choses* seules sont l'*objet* du droit de propriété, tandis que les *personnes* seules en sont le *sujet* actif ou passif. « Les éléments essentiels au droit de propriété, dit Pothier, sont une *personne*, sujet du droit, et une *chose*, objet de ce droit. » Traité de la propriété, n° **15**.

Considérée dans son objet, la *propriété* est une chose corporelle ou incorporelle entrée dans le domaine (dominium) d'une personne; considérée dans son sujet actif, la propriété est le droit du maître (dominus) sur sa chose. C'est en la considérant dans son sujet actif que le code civil, dans son article 544, définit la propriété : « le droit « de jouir et disposer des *choses* de la manière la plus absolue, « pourvu qu'on n'en fasse pas un usage prohibé par les lois ou par « les règlements. »

Cette définition est celle de la propriété pleine et parfaite ; mais cette propriété comprend plusieurs droits distincts, qui peuvent exister en des sujets différents. C'est de là que provenait la distinction entre le domaine direct et le domaine utile fréquemment employée dans la législation féodale ; c'est de là que provient encore celle que de nos jours la législation française a maintenue entre les droits de nu-propriété et ceux d'usufruit, d'usage, d'habitation, de servitudes, d'hypothèques et autres droits réels. C. c. 544 à 710. Ces droits réels sont autant de limitations de la propriété pleine et parfaite.

La propriété est pleine et parfaite lorsque le propriétaire peut jouir et disposer de sa chose de la manière la plus absolue sans être empêché dans l'exercice de son droit. Elle est imparfaite, lorsque le propriétaire est empêché dans l'exercice de son droit, soit par quelqu'incapacité personnelle, soit par l'effet d'un droit appartenant à une autre personne. Les incapacités personnelles qui empêchent l'exercice d'un droit de propriété sont : la minorité, la démence, l'interdiction, l'état d'une personne qui est sous la puissance d'autrui. La propriété est également imparfaite quand elle a pour objet des biens grevés de substitutions, des biens acquis avec faculté de réméré ou des biens sur lesquels une autre personne a un droit d'usufruit, d'usage, de servitude, d'hypothèque ou autres droits réels.

La propriété s'acquiert et se transmet par succession, par donation, entre-vifs ou testamentaire, par l'effet des obligations conventionnelles ou légales, par accession ou incorporation et par prescription. C. c. 711 et 712.

Origine et nature du droit de propriété. — Au début de cette étude, nous nous trouvons en présence d'un problème qui est fort agité de nos jours et dont la solution est des plus ardues pour ceux qui la cherchent en dehors de la religion, son unique fondement.

Ce problème est celui de l'origine et de la nature du droit de propriété ; et, par droit de propriété, nous entendons ici, non-seulement le droit du propriétaire sur sa chose, mais encore et principalement le droit, pour les personnes, physiques ou morales, de devenir propriétaires, ou, en d'autres termes, d'acquérir et de posséder des biens en propre.

L'homme ne peut subsister en ce monde sans les biens terrestres destinés par Dieu, son auteur, à satisfaire ses besoins légitimes. Il tient de son créateur même le droit *naturel* d'acquérir et de posséder ces biens.

Ce droit est naturel en ce qu'il dérive nécessairement de la nature de l'homme ; mais il est divin en ce que cette nature et les conséquences nécessaires qui en dérivent ont Dieu lui-même pour auteur. Les lois humaines reconnaissent, promulguent, confirment, protégent et sanctionnent ce droit, mais elles ne le créent ni ne le confèrent.

Nous croyons devoir reproduire ici textuellement la doctrine professée sur ce grave sujet par quelques-uns de nos Jurisconsultes le plus en renom, tels que MM. Portalis, Belime, Troplong, Dalloz.

Le projet de loi sur la propriété, qui est devenu le titre 2 du livre 2 du code civil français, a été présenté au corps législatif le 26 nivôse an XII (17 janvier 1804). Dans la séance de ce jour, M. Portalis a exposé les motifs de ce projet au nom du gouvernement. Abordant tout d'abord la question de l'origine de la propriété il dit : « L'homme, en naissant, n'apporte que des besoins ; il est chargé du soin de sa conservation ; il ne saurait exister ni vivre sans consommer : il a donc un droit naturel aux choses nécessaires à sa subsistance et à son entretien. Il exerce ce droit par l'application raisonnable et juste de ses facultés et de ses forces. — Ainsi les besoins et l'industrie sont les deux principes de la propriété.

« Quelques écrivains supposent que les biens de la terre ont été originairement communs. Cette communauté, dans le sens rigoureux qu'on y attache, n'a jamais existé ni pu exister. Sans doute la Providence offre ses dons à l'universalité, mais pour l'utilité et les besoins des individus ; car il n'y a que des individus dans la nature. La terre est commune, disaient les philosophes et les jurisconsultes de l'antiquité, comme l'est un théâtre public qui attend que chacun vienne y prendre sa place particulière. Les biens réputés communs avant l'occupation ne sont, à parler avec exactitude, que des biens *vacants*. Après l'occupation, ils deviennent propres à celui ou à ceux qui les occupent. La nécessité constitue un véritable droit : or c'est la nécessité même, c'est-à-dire la plus impérieuse de toutes les lois, qui nous commande l'usage des choses sans lesquelles il

nous serait impossible de subsister. Mais le droit d'acquérir ces choses et d'en user ne serait-il pas nul sans l'*appropriation*, qui seule
peut le rendre utile, en le liant à la certitude de conserver ce que
l'on acquiert ?

« Méfions-nous des systèmes dans lesquels on ne semble faire de la
terre la propriété commune de tous, que pour se ménager le prétexte
de ne respecter les droits de personne.

« Si nous découvrons le berceau des nations, nous demeurerons con-
vaincus qu'il y a des propriétaires depuis qu'il y a des hommes. Le
sauvage n'est-il pas maître des fruits qu'il a cueillis pour sa nourriture, de la fourrure ou du feuillage dont il se couvre pour se pré-
munir contre les injures de l'air, de l'arme qu'il porte pour sa
défense, et de l'espace dans lequel il construit sa modeste chau-
mière ? On trouve, dans tous les temps et partout, des traces du
droit individuel de propriété. L'exercice de ce droit, comme celui
de tous nos autres droits naturels, s'est étendu et s'est perfectionné
par la raison, par l'expérience et par les découvertes en tout genre.
Mais le principe du droit est en nous ; il n'est point le résultat d'une
convention humaine ou d'une loi positive ; il est dans la constitution même de notre être, et dans nos différentes relations avec les
objets qui nous environnent.

« Nous apprenons par l'histoire que d'abord le droit de propriété
ne s'est appliqué qu'à des choses mobilières. A mesure que la population augmente, on sent la nécessité d'augmenter les moyens de
subsistance. Alors, avec l'agriculture et les différents arts, on voit
naitre la propriété foncière, et successivement toutes les espèces de
propriétés et de richesses qui marchent à sa suite.

« Quelques philosophes paraissent étonnés que l'homme puisse
devenir propriétaire d'une portion de sol qui n'est pas son ouvrage,
qui doit durer plus que lui, et qui n'est soumise qu'à des lois que
l'homme n'a point faites. Mais cet étonnement ne cesse-t-il pas si
l'on considère tous les prodiges de la main-d'œuvre, c'est-à-dire
tout ce que l'industrie de l'homme peut ajouter à l'ouvrage de la
nature ?

« Les productions spontanées de notre sol n'eussent pu suffire
qu'à des hordes errantes de sauvages, uniquement occupées à tout
détruire pour fournir à leur consommation, et réduites à se dévorer
entre elles, après avoir tout détruit. Des peuples simplement chas-
seurs ou pasteurs n'eussent jamais pu former de grands peuples. La
multiplication du genre humain a suivi partout les progrès de l'agri-

culture et des arts ; et cette multiplication, de laquelle sont sorties tant de nations qui ont brillé et qui brillent encore sur le globe, était entrée dans les vastes desseins de la Providence sur les enfants des hommes. — Oui, citoyens législateurs, c'est par notre industrie que nous avons conquis le sol sur lequel nous existons ; c'est par elle que nous avons rendu la terre plus habile, plus propre à devenir notre demeure. La tâche de l'homme était, pour ainsi dire, d'achever le grand ouvrage de la création. Or, que deviendraient l'agriculture et les arts sans la propriété foncière, qui n'est que le droit de posséder avec continuité la portion de terrain à laquelle nous avons appliqué nos pénibles travaux et nos justes espérances ? »

Belime professe sur cette matière les mêmes principes que Portalis : « L'homme en vertu de son droit originel de liberté et de conservation, dit-t-il, peut faire tous les actes nécessaires à son bien-être et à sa subsistance, pourvu qu'il ne nuise point à autrui. Il a donc, de toute évidence, le droit de s'approprier les choses sans maître propres à le nourrir et à le vêtir : telles que les fruits de la terre, les poissons, les coquillages, la peau des animaux. Aussi, à moins de renouveler des controverses fameuses au moyen-âge, ce n'est pas la propriété mobilière que l'on s'attache à contester.

« Ce que l'on nie, c'est la propriété du sol ; et cependant, sans l'idée de cette propriété, l'homme ne peut pas vivre non plus comme sa nature raisonnable le comporte.

« Pourrait-il assurer sa conservation sans construire un abri pour se défendre des pluies et de la froidure ? Echapperait-il à la famine, s'il n'emmagasinait pas les provisions qui doivent le nourrir ? Cette même loi de la nécessité lui donne le droit de marquer la limite d'un champ et de le défricher : car sans cela il s'exposerait à ne pas trouver de nourriture quand il en aurait besoin. C'est cette prévoyance qui le distingue des animaux. Ayant plus de besoins qu'eux et moins de moyens de les satisfaire, il est indispensable à sa conservation qu'il s'assure un asile, qu'il s'attache au sol, en un mot qu'il devienne propriétaire. — Est-il moins mal d'attenter à la propriété qu'il s'est ainsi acquise, que de lui arracher le fruit qu'il a cueilli ou l'animal dont il s'est emparé.

« Le droit de vivre implique le droit de s'en procurer les moyens. Pour moi, quand j'entends les jurisconsultes dire que la propriété est l'œuvre des lois civiles, j'aimerais autant leur entendre dire que l'homme n'avait pas le droit de vivre avant que les législateurs le lui eussent reconnu. » Philosophie du droit. 2ᵉ édit. 2. p. 188.

« L'homme, placé en présence de la matière, dit M. Troplong, a conscience du pouvoir qui lui a été donné sur elle pour satisfaire aux besoins de son être. Roi de la nature inanimée ou non intelligente, il sent qu'il a le droit de la modifier, de la gouverner, de la refaire à son usage. C'est là le sujet de la propriété, qui n'est légitime qu'à la condition de s'exercer sur les choses et jamais sur les personnes.

« Quand l'homme porte pour la première fois la main sur un objet sans maître, il s'opère un fait qui, d'individu à individu, a la plus grande portée. La chose ainsi saisie et occupée participe, pour ainsi dire, de la personnalité de celui qui la tient. Elle devient sacrée comme lui-même ; on ne peut la lui arracher sans faire violence à sa liberté, et la déplacer sans toucher témérairement à sa personne. Ainsi donc, la liberté, qui conquiert sur la matière le sujet de la propriété, la protége ensuite d'homme à homme, et explique comment elle s'individualise et tombe dans le domaine privé.

« Mais combien le droit exclusif produit par la seule occupation ne devient-il pas plus respectable encore quand l'homme a façonné la matière par son travail, quand il a déposé en elle une partie de lui-même en la recréant par son industrie, en la marquant du sceau de son intelligence et de son activité ! De toutes les conquêtes celle-là est la plus légitime : car elle est le prix du travail. Celui qui viendrait ensuite pour s'emparer de la chose ainsi refaite, ainsi humanisée, usurperait l'homme lui-même, et ferait les plus profondes blessures à sa liberté.

« Ceux qui s'avancèrent les premiers avec leurs familles dans des régions inconnues et désolées, durent s'armer de toute leur force et leur audace pour vaincre une nature ennemie, repousser les bêtes féroces, dessécher les marais, défricher le sol rebelle à la culture, se créer des habitations sûres avant d'être commodes. Ceux-là ne devinrent propriétaires qu'à la sueur de leur front et au péril de leurs jours. La propriété fut pour eux la récompense d'un combat opiniâtre entre la force intelligente et la nature inerte ou brutale. Notre moyen âge a honoré du nom de saints les solitaires qui fécondèrent le sol abandonné du nord et de l'est de la Gaule, et y firent briller les premiers rayons de la civilisation, en y déposant les premiers germes de l'esprit propriétaire. » De la Prescription, t. 1, p. 6-9.

Ailleurs, le même auteur ajoute : « Je crois à l'existence d'un droit naturel supérieur à l'homme et condition de sa nature sociale. Rien ne me paraît plus faux et plus dégradant pour l'humanité que le système contraire, renouvelé d'Archélaüs par M. Bentham, et qui veut que nos actions soient toutes indifférentes, quand il n'y a pas une convention faite entre les hommes pour les rendre licites ou les défendre. A mon sens, il est des règles antérieures à toutes les lois positives, et je ne saurais admettre que les mouvements de la conscience et l'idée du droit soient l'ouvrage du législateur. Ce n'est pas la loi qui a fait la famille, la propriété, la liberté, l'égalité, la notion du bien et du mal, etc. Elle peut sans doute organiser toutes ces choses, mais elle ne fait alors que travailler sur le fond que la nature lui a donné, et elle est d'autant plus parfaite qu'elle se rapproche davantage de ces lois éternelles, immuables, innées, que le créateur a gravées dans nos cœurs. Cette pensée que j'énonce ici en passant, n'est pas de pure spéculation : elle se lie à toute notre existence sociale. Ainsi, par exemple, voulez-vous, avec Vattel, Mirabeau et autres publicistes, que ce soit la loi qui ait fait la propriété ; vous arrivez bien vite à ce qu'on appelle la loi agraire et à la plus odieuse tyrannie qui fut jamais. Si, au contraire, on reconnaît, avec l'histoire et la vraie philosophie, que la propriété dérive de la nature, et qu'elle est une condition de toute société, préexistante à des lois formulées ou à une convention, le propriétaire jouira en paix du fruit de ses sueurs, et la meilleure loi civile sera celle qui le laissera le plus libre. » Préface du commentaire de la vente, p. XX.

« D'où dérive le droit de propriété ? se demande Dalloz. Est-ce un droit naturel ? Est-ce une création arbitraire des législateurs humains ? On aperçoit tout d'abord l'importance de la question. Ce qu'un législateur a fait, un autre peut le défaire. Si donc la propriété tire toute sa force de la loi civile, si elle ne se rattache pas à ces lois immuables qui planent au-dessus des institutions humaines, à ces lois dont les législateurs peuvent bien modifier les applications, suivant les temps, les lieux, les circonstances, mais dont ils sont tenus de respecter les grands principes, il n'y a plus de sécurité pour ceux qui possèdent. La propriété, dans cette hypothèse, s'appuyant sur l'intérêt public, qui, de sa nature, est variable, et qui d'ailleurs peut être diversement apprécié, cesse d'être un droit inviolable et sacré ; elle reste désarmée contre l'esprit de sophisme. Examinons donc ce qu'il en faut penser.

« Il est certain que Dieu, en donnant des besoins à l'homme, lui a donné en même temps le pouvoir d'user, pour leur satisfaction, de toutes les choses créées. Parmi ces choses, il en est qui restent nécessairement communes à tous : tels sont notamment l'air, la lumière du jour, la mer ; mais il en est d'autres dont l'homme ne peut user qu'en se les *appropriant* : telles sont, par exemple, les choses dont il se nourrit, celles qu'il emploie à couvrir sa nudité, etc. Par conséquent, ou il faut prétendre que ces choses n'ont pas été faites pour l'homme, et nul ne l'oserait, ou il faut reconnaître qu'en se les appropriant, l'homme fait de ces choses un usage conforme au dessein de celui qui les a créées, et par conséquent un usage légitime.

« Ce mot *appropriation* implique deux idées distinctes, mais corrélatives : 1° Affectation d'une chose à l'usage d'une personne ; 2° Privation de cette même chose pour toute autre personne. Ainsi, quand je mange un fruit, j'enlève aux autres hommes la faculté de le manger ; de même, lorsque, m'emparant de matières brutes que je trouve dans la nature, je m'en façonne un vêtement, des armes, ou tout autre objet, j'enlève à mes semblables la possibilité de se servir des mêmes matières. L'usage de ces choses est nécessairement individuel et exclusif. Or, si la faculté d'appropriation est une suite nécessaire de la destination providentielle des choses créées, on doit en conclure que l'obligation réciproque de respecter l'exercice de cette faculté est une de ces lois naturelles et primordiales qui, avant toute société, avant toute loi positive, régissent les rapports des hommes entre eux. Nous n'admettons donc pas, avec d'éminents esprits (v. notamment Montesquieu, Esprit des lois, liv. 26, ch. 15 ; Bentham, Principes de législation civile, ch. 8, t. 1er, p. 179 ; Binjamin-Constant, Principes de politique, p. 221), que la propriété existe de par la société et ne soit autre chose qu'une convention sociale, ni que la propriété soit une création des lois civiles, en sorte qu'avant les lois il n'y ait point de propriété, et que, les lois étant ôtées, toute propriété cesse. Supposons qu'un voyageur soit jeté par une tempête dans une île déserte, comme Robinson-Crusoé. N'ayant aucun moyen d'en sortir, il applique toute son industrie, toute l'énergie de sa volonté à tirer parti des richesses naturelles qui l'entourent. Il bâtit une cabane, cultive la terre, élève des troupeaux, fabrique des armes pour la chasse ou des engins pour la pêche. Si d'autres viennent après lui, auront-ils le droit de lui disputer ses conquêtes ? Pourront-ils le contraindre à partager avec eux ? Il n'y a là ni société ni lois civiles ; et cependant nous n'hésitons pas à répondre, avec la conscience du genre humain : Non, ils ne le pourront pas ; et s'ils le font, ce ne sera que par un criminel abus de la force. — La propriété n'est donc pas un création de la société ; elle découle d'une source plus haute, de la volonté divine elle-même. Le rôle de la société, c'est de garantir la propriété, de la mettre à l'abri de toute atteinte, c'est de placer ce droit qu'elle n'a pas fait sous l'égide des lois et de lui assurer la protection du pouvoir public.

« Que toutes les choses mobilières, animées ou inanimées, que toutes les productions de la terre soient susceptibles d'appropriation en tant qu'elles peuvent être utiles à l'homme, c'est ce qui ne peut être, et ce qui n'est pas contesté ; mais en est-il ainsi de la terre elle-même ? Le droit naturel permet-il à un individu de s'approprier une portion du sol, de s'en attribuer l'usage exclusif ? Nous n'hésitons point encore à répondre affirmativement, et il nous paraît facile de le démontrer. — L'homme placé pour y vivre à la surface de la terre, y occupe toujours nécessairement un certain espace. Cet espace, nul ne peut l'en chasser, car nul n'a sur cette portion du sol un droit supérieur au sien. Il peut passer d'un lieu à un autre ; mais il peut aussi rester dans le même lieu, suivant son bon plaisir. Quoiqu'il fasse à cet égard, il use de la liberté naturelle, dont nul ne peut gêner l'exercice. Dans le lieu qu'il occupe il peut construire un abri, soit pour se garantir des intempéries, soit pour se garantir contre les attaques des animaux ou de l'homme lui-même. Cet abri, semblable au vêtement ou à l'armure dont il aurait couvert son corps, est comme le prolongement de sa personne ; il doit être respecté. Nul n'a le droit, soit d'y pénétrer contre sa volonté, soit de l'abattre pour occuper le terrain qu'il couvre. — Mais ce n'est pas tout. La terre n'est point destinée seulement à porter l'homme ; elle a reçu du Créateur la puissance de produire toutes les choses nécessaires à la conservation de sa vie, à la satisfaction de ses besoins. Ces choses, elle ne les donne pas gratuitement ; il faut qu'elle soit fécondée par le travail et pour ainsi dire arrosée de sueurs. Mais ce serait en vain que des semences lui seraient confiées, ces semences ne produiraient aucun fruit si la portion du sol qui les renferme était livrée au libre parcours, abandonnée à l'action destructive de la force brutale. Or, il n'en peut être ainsi. Donc la faculté qui appartient incontestablement à l'homme de faire servir à sa subsistance la fécondité de la terre, a pour corollaire obligé le droit de soustraire à l'usage commun la portion de cette terre qu'il emploie à cet usage. Sans la propriété, pas de culture possible. Cela est de toute évidence. Quant à la récolte, et par une conséquence de ce qui vient d'être dit, celui-là seul peut y prétendre sans qui elle ne serait point ; elle est la juste récompense de ses soins et de sa peine. Cela n'est pas moins évident. — Ainsi, pour la *terre*, comme pour les choses *mobilières*, la faculté d'appropriation dérive de cette volonté souverainement intelligente qui n'a rien fait en vain, et qui, dans la nature, a mis partout les moyens en rapport avec la fin.

« Pour légitimer mieux encore le droit de propriété appliqué à la terre, on peut ajouter que le travail de l'homme sur le sol dont il veut tirer sa subsistance est une sorte de création. L'homme fait la terre, a dit un brillant écrivain (M. Michelet, Le Peuple, p. 11), et ce mot est parfaitement juste. En effet, dans l'état de nature, le sol est couvert de ronces, de marais, de pierres. Pour le rendre propre à la culture, il faut d'abord le débarrasser de toute végétation parasite, le déssécher, l'épierrer, séparer en un mot la terre végétale de tout élément étranger. Il faut ensuite l'ouvrir par la charrue ou la bêche, le féconder par le mélange d'engrais, l'ensemencer, etc. Par cette série d'opérations successives, l'homme transforme le terrain qu'il défriche, et en fait en quelque sorte un objet nouveau. Comment ne pas voir là le titre de propriété le plus respectable et le plus sacré ? Que le sauvage arrache dans la forêt quelques branches d'arbres, les taille et s'en fasse un arc et des flèches, personne n'osera prétendre que cet arc et ces flèches ne sont point à lui ; et cependant qu'a-t-il fait de plus que celui qui a livré à la culture un terrain en friche ? Si ce dernier n'a pas créé le sol, le sauvage n'a pas non plus créé le bois dont il s'est servi. Nous avons beau chercher, nous ne trouvons dans l'un et l'autre cas qu'une combinaison du travail humain avec un élément préexistant ; chacun de ces deux hommes a pris dans la nature une matière brute, il l'a façonnée, transformée par son travail, il en a fait un instrument d'activité féconde ; or, si l'un est propriétaire, comment l'autre ne le serait-il pas ? Evidemment ils ont le même titre.

« Nous avons vu de nos jours le droit de propriété nié au profit du communisme. C'est une contradiction évidente. Qu'est-ce en effet que le communisme ? C'est la propriété *collective* substituée à la propriété *individuelle*. Mais qu'elle soit individuelle ou collective, c'est toujours la propriété, c'est toujours *pour un individu* ou *pour une congrégation d'individus*, le droit à la jouissance *exclusive* d'une chose. Or, si ce droit n'a pas de raison d'être dans un cas, il n'en a pas davantage dans l'autre. Une agrégation d'individus n'a pas sur les choses créées des droits d'une nature supérieure aux droits d'un seul. Ainsi, quiconque nie le droit de propriété pour faire prévaloir le régime communiste se contredit lui-même ; il nie ce qu'il affirme, et il affirme ce qu'il nie. Le communisme n'est pas autre chose qu'une transformation de la propriété ; cette transformation n'aurait en soi rien d'illégitime si elle s'opérait avec le libre consentement des intéressés ; mais elle serait une odieuse spoliation si elle leur était imposée par la force. L'antithèse de la propriété ce n'est pas le communisme, c'est l'état sauvage. Et encore devons-nous faire observer que, pour le sauvage lui-même, la propriété mobilière existe, bien que dans une mesure très-restreinte ; ses armes sont à lui, le gibier qu'il tue, le poisson qu'il prend sont à lui ; tant il est vrai que la propriété est un fait universel et nécessaire, une condition indispensable de l'existence humaine

« Nous avons cru devoir entrer dans les développements qui précèdent afin de montrer que le droit de propriété, s'il n'est pas un droit *naturel*, c'est-à-dire *inné*, est une dérivation du droit naturel ; qu'il trouve, dans la raison et dans la conscience de l'homme, son principe et sa législation toute faite, dont les règles tracées par la loi positive ne sont le plus souvent que la traduction et la sanction. Le rôle du législateur à l'égard de ce droit, c'est de le définir, de le réglementer et de le protéger ; il peut bien en modifier les effets, mais il ne peut ni en méconnaître le principe ni en altérer les conditions essentielles. » Répertoire alphabétique de législation. Propriété, N⁰ˢ 2, 3, 4, 10, 11 et 14.

Sans vouloir infirmer en rien la valeur de ces considérations philosophiques, nous ajouterons que nos saints livres disent en moins de mots et avec plus d'autorité : « Non furtum facies. — Non concupisces uxorem proximi tui, non domum, non agrum, non servum, non ancillam, non bovem, non asinum, et universa quæ illius sunt. » Lib. Exod. cap. xx ; Lib. Deuter. cap. v. Tu ne déroberas point le bien d'autrui. Tu ne convoiteras pas la femme de ton prochain, ni sa maison, ni son champ, ni son serviteur, ni sa servante, ni son bœuf, ni son âne, ni rien de tout ce qui lui appartient. Ce précepte divin, gravé dans la conscience humaine par le Créateur et promulgué de nouveau dans la loi mosaïque, est le vrai et l'unique fondement du droit de propriété.

Il paraît hors de doute que, dans l'ordre des faits, la propriété mobilière a précédé la propriété immobilière ou territoriale. Aussi ne faut-il pas juger de l'origine et du principe du droit de propriété en général par la manière dont, en fait, s'est primitivement constituée la propriété immobilière chez certains peuples ; et de ce que la propriété privée du sol dériverait, en certains cas, de la propriété sociale par voie de partage ou de concessions particulières, on ne peut en conclure, comme le font certains publicistes, que le droit même d'acquérir et de posséder, qui est antérieur et supérieur à toute possession, soit un fait humain et une institution ou concession de la société politique et de la loi civile.

Celle-ci peut régler certains *modes* d'acquérir la propriété ; mais ces modes d'acquérir supposent, dans l'acquéreur, la capacité préexistante de posséder et de devenir propriétaire. Cette *capacité* peut être l'*objet* de la loi humaine, qui doit la reconnaître et la protéger ; mais de ce qu'elle est l'objet de la loi humaine, il ne s'en suit nullement qu'elle en soit une *création*. Il en est à cet égard de la propriété comme de la famille : celle-ci est incontestablement d'institution divine et non d'institution humaine. De ce qu'elle est protégée par la société politique et qu'en cela elle peut être l'objet de la loi civile, on ne peut en conclure qu'elle en soit une création.

Cette question de l'origine et de la nature du droit de propriété a été, comme nous l'avons déjà dit, fréquemment agitée par les philosophes et les publicistes de notre temps. Si les uns l'ont résolue conformément aux principes que nous venons d'exposer, il en est d'autres qui ont cherché cette solution dans des théories aussi fausses que redoutables par leurs funestes conséquences.

Les uns ont nié la légitimité de l'appropriation et l'ont considérée comme une usurpation commise par quelques-uns au préjudice de tous ; tels sont J.-J. Rousseau, Mably, P. J. Proudhon, qu'il ne faut pas confondre avec le savant jurisconsulte de même nom, doyen de la Faculté de droit de Dijon.

D'autres, sans nier la légitimité de la propriété, l'ont considérée comme une institution civile et une création de la loi humaine. Nous avons déjà vu que cette opinion est celle de Montesquieu, Bentham et Binjamin Constant, auxquels il faut joindre Edouard Laboulaye.

Montesquieu a dit : « Comme les hommes ont renoncé à leur indépendance naturelle pour vivre sous des lois politiques, ils ont renoncé à la communauté naturelle des biens pour vivre sous des lois civiles. Ces premières lois leur acquièrent la liberté ; les secondes, la *propriété*. » Esprit des lois, liv. 26, chap. 15.

Bentham disait aussi : « La propriété et la loi sont nées ensemble et elles mourront ensemble. *Avant les lois point de propriété.*

Otez les lois, toute propriété cesse. » Traité de Législation, t. 1, p. 196.

Binjamin Constant dit de son côté : « *La propriété existe de par la société* ; la société a trouvé que le meilleur moyen de faire jouir ses membres des biens communs à tous, ou disputés par tous avant son institution, était d'en *concéder* une partie à chacun, ou, plutôt de maintenir chacun dans la partie qu'il se trouvait occuper, en lui en garantissant la jouissance... *La propriété n'est autre chose qu'une convention sociale.* » Principes de la politique, p. 221.

M. Edouard Laboulaye, dans son histoire de la propriété foncière en Occident, professe la même opinion. « La détention du sol, dit-il, est un fait que la force seule fait respecter, jusqu'à ce que la société prenne en main et consacre la cause du détenteur. Alors, sous l'empire de cette garantie sociale, le *fait* devient un *droit ;* ce droit, c'est la *propriété. Le droit de propriété est une création sociale ;* les lois ne protégent pas seulement la propriété ; ce sont elles qui la font *naître,* qui la déterminent, qui lui donnent le rang et l'étendue qu'elle occupe dans les droits des citoyens. — Si le lecteur a suivi dans l'introduction nos opinions sur la nature du droit, nous n'avons pas besoin de donner plus de développement à nos idées sur la nature du droit de propriété. Ce droit est à nos yeux de même nature que le droit tout entier, une *création sociale.* L'appropriation du sol est sans doute un de ces faits contemporains de la première société, que la science est obligée d'admettre comme point de départ, et qu'elle ne peut discuter sans courir le danger de mettre la société elle-même en question ; mais les droits que confère cette détention du sol, soit dans l'ordre politique, soit dans l'ordre de la famille, ne sont point des droits absolus, des *droits naturels,* antérieurs à la société, ce sont des *droits sociaux,* qui *varient* suivant les différents besoins de la grande famille humaine. — Ainsi ces graves questions de la nature du droit de *succession ;* si l'hérédité, si le *testament* sont ou non de droit naturel ou de droit des gens, ne sont pas des questions pour nous, qui n'admettons point de *droit naturel,* non plus que d'état naturel préexistant à l'état social.

« Pour nous, l'homme est un être essentiellement sociable, comme l'abeille, la fourmi. Je ne comprends guère l'abeille ni la fourmi en dehors et indépendamment de la communauté, non plus que l'homme en dehors de la société. Le sauvage qui n'est qu'un homme détaché de la grande communauté humaine, dans l'isolement dégénère et périt. L'homme n'existe que par et pour la société. La société est nécessaire ; elle a en elle-même sa raison d'être. Son but est d'assurer à tous ses membres la plus grande somme possible de bien-être et d'écarter tous les obstacles moraux, comme toutes les gênes physiques qui empêchent l'homme de parvenir à la fin que Dieu lui a marquée. — Toutes les fois que la société, sans s'écarter de sa route providentielle, change de moyens, qu'elle déplace l'héritage ou les priviléges politiques attachés au sol, elle est dans son droit et nul ne peut y trouver à redire en vertu d'un droit antérieur, car avant elle et hors d'elle, il n'y a rien : en elle est la source et l'origine du droit. » C'est dire nettement que le législateur humain est tout-puissant ; qu'il peut créer, à sa guise, le bien et le mal, le juste et l'injuste ; et que pour cela il n'a aucun compte à tenir de la loi divine.

Si des théories de cette nature prévalaient, elles placeraient la société sur un volcan. Belime, dans sa philosophie du droit, t. 2, p. 183, fait à ce sujet avec raison les réflexions suivantes : « Les auteurs ne se méprennent-ils pas en représentant le droit civil comme le créateur de la propriété ? Je crois que, pour être exact, il faut dire que le droit civil, nous fournit plus de moyens de faire *respecter* notre propriété ; mais cette propriété en elle-même est aussi bien établie et aussi juste en dehors des lois que par les lois.

« Je ne sais si l'on croit ajouter par là au respect que doit inspirer la loi, en exagérant la sauvegarde qu'elle prête à la société. C'est bien plutôt un moyen de le compromettre, ce respect, que de présenter la loi comme l'œuvre pure des législateurs, et d'enseigner qu'avant elle il n'y avait aucun principe obligatoire pour les hommes. La propriété est la première assise de l'édifice du droit. N'a-t-on pas peur que cet édifice chancelle, s'il n'a pas de base plus solide que la volonté des premiers législateurs ?

« Si ces premiers législateurs l'avaient voulu autrement, ils l'auraient donc pu. Dire qu'une loi positive existe, c'est affirmer un fait, mais ce n'est pas prouver que cette loi soit nécessaire, qu'elle ne puisse pas être abrogée. Si ces idées erronées pénétraient dans les masses, elles ne tarderaient pas à prétendre que ce qui a été organisé de la sorte peut être organisé différemment : car le pauvre ne concevra jamais qu'il soit de son intérêt que le riche possède. Placez d'ailleurs deux hommes au milieu d'un désert ; comme il n'y a pas de loi commune qui les régisse, ils peuvent se dévaliser en toute conscience. Sur ce pied-là, les arabes qui pillent les caravanes exercent le plus honnête des métiers.

« De telles conséquences ne peuvent être acceptées. La loi a rendu un grand service aux hommes en déterminant les limites de la propriété, en tarissant la source des contestations, et en établissant des tribunaux pour punir les attentats. Mais la loi n'a fait que consacrer un principe antérieur, que l'honnêteté commandait de reconnaître. »

D'autres philosophes fondent la propriété sur une *convention*. La propriété, disent-ils, n'a droit au respect de tous, qu'autant qu'ils *se sont engagés*, soit explicitement, soit implicitement, à la respecter. Kent, le premier, fit observer qu'un acte isolé d'occupation ou de spécification ne peut pas constituer la propriété, qu'il faut encore l'obligation négative de la part des autres de ne pas y porter atteinte, obligation qui, dit-il, ne peut résulter que du consentement mutuel ou d'une convention. L'Herbette, qui professe cette opinion, et la fonde sur le défaut de droit des personnes les unes sur les autres, la formule ainsi : « Je dis qu'aucun, par aucune manière, dans aucune circonstance, n'a pu acquérir sur aucune chose de titre exclusif sans le consentement des autres, et que dès lors la propriété exclusive, c'est-à-dire simplement la propriété, ne peut exister sans convention. » Introduction philosophique à la science du droit, p. 28.

Fonder le droit de propriété sur l'engagement pris par les membres de la société de respecter la propriété d'autrui est une philosophie à l'usage des voleurs, qui n'ont pris aucun engagement de cette nature. On reconnaît là l'école des sophistes qui veulent, par tous moyens, constituer le droit humain en dehors de la justice, et la société en dehors de son unique fondement, *Dieu* et la *Religion* donnée par lui aux hommes.

Enfin il s'est trouvé des légistes qui, exagérant les droits de l'Etat et voulant flatter les princes, ont prétendu que les biens possédés, soit par les particuliers, soit par les corporations, appartiennent à l'Etat ou au Souverain, qui peut en disposer en maître. Denis Talon, avocat général, disait : « En qualité de magistrat politique, le Roi est souverain de tous les biens temporels de son royaume. » C'est pour avoir prêté une oreille trop complaisante à ces fausses doctrines que Louis XIV en était venu au point de dire dans son instruction au Dauphin : « Tout ce qui se trouve dans l'étendue de nos Etats, de quelque nature qu'il soit, nous appartient au même titre. Vous devez être bien persuadé que les rois sont seigneurs absolus et ont naturellement la disposition pleine et libre de tous les biens qui sont possédés, aussi bien par les gens d'Eglise que par les séculiers, pour en user en tout comme de sages économes. »

Cette fausse doctrine a été le prélude des confiscations révolutionnaires ; elle a été propagée par les légistes qui ont entrepris de transformer en un droit de propriété universelle le droit incontestable qu'a l'Etat ou le souverain de lever des *subsides* pour les besoins du gouvernement.

Pour combattre cette grave erreur, il suffira de rappeler ici le vrai caractère du pouvoir que l'Etat ou le souverain exerce à l'égard des biens. Aux particuliers appartient la *propriété*, et au souverain l'*empire* : Sub optimo rege, omnia rex *imperio* possidet, singuli *dominio*. — Ad reges *potestas* omnium pertinet, ad singulos *proprietas*. Sénèque, l. 7, ch. 3 et 4, de Beneficiis. L'empire qui est le partage du souverain, ne renferme aucune idée de domaine proprement dit. Il consiste uniquement dans la puissance de gouverner. Il n'est que le droit de prescrire et d'ordonner ce qu'il faut pour le bien général, et de diriger en conséquence les choses et les personnes.

Les raisons qui motivent, pour les particuliers, la nécessité du droit de propriété, sont étrangères à l'Etat ou au souverain, dont la vie politique n'est pas sujette aux mêmes besoins que la vie naturelle des individus. Nous concevons que l'Etat ne pourrait subsister s'il n'avait le moyen de pourvoir aux frais de son gouvernement ; mais en se procurant ces moyens par la levée des *subsides*, le souverain n'exerce pas un droit de propriété ; il n'exerce qu'un simple pouvoir d'administration et de gouvernement.

C'est encore, ajoute Portalis, auquel nous empruntons ces considérations, non comme propriétaire supérieur et universel du territoire, mais comme administrateur suprême de l'intérêt public, que le souverain fait des lois civiles pour régler l'usage des propriétés privées. Ces propriétés ne sont la matière des lois que comme objet de protection et de garantie, et non comme objet de disposition arbitraire. Les lois ne sont pas de purs actes de jouissance ; ce sont des actes de justice et de raison. Quand le législateur publie des règlements sur les propriétés particulières, il n'intervient pas comme propriétaire et maître de la chose, mais uniquement comme régulateur, pour le maintien du bon ordre et de la paix.

Les adeptes des différentes erreurs que nous venons de signaler paraissent ignorer qu'il existe un droit supérieur à la loi humaine. La propriété, comme la famille, a son principe dans ce droit supérieur. La loi humaine est subordonnée à ce droit ; elle doit le reconnaître, le respecter et en protéger l'exercice. C'est la raison de son existence, ainsi que la condition de sa légitimité ; et elle ne peut validement rien faire qui lui soit contraire.

Nous ne saurions trop le répéter : *le droit de posséder* a son principe dans la nature même de l'homme. Il ne tire son origine ni de la loi humaine ni de la société politique, dont il n'est ni une création, ni une concession. La société politique le reconnaît, le consacre et le sanctionne ; mais elle ne le confère pas. Elle le protége et le garantit en mettant pour cela la force sociale au service du droit de chacun ; mais elle ne lui a pas donné naissance et ne peut l'abolir. La raison en est que le droit d'acquérir et de posséder est une faculté naturelle pour toute personne considérée individuellement comme pour toute société légitime, ainsi que nous le verrons bientôt. L'origine de ce droit est conséquemment divine et non pas purement humaine. Le particulier acquiert et possède au même titre que la société. La propriété privée et la propriété sociale sont également sacrées, également inviolables. La propriété acquise est amissible, mais le droit d'acquérir et de posséder ne l'est pas. La propriété étant transmissible, le particulier peut acquérir de la société, comme la société peut acquérir des particuliers. Ainsi, en fait, la propriété individuelle peut, en certains cas, dériver de la propriété sociale, et celle-ci de la première ; mais le droit lui-même, pour l'individu comme pour la société, de devenir propriétaire, n'est pas une création arbitraire de la loi humaine ; il constitue un droit naturel et inamissible, dont Dieu lui-même est l'auteur, et que l'autorité civile doit respecter et protéger.

On distingue communément trois sortes de domaines relativement aux biens : 1º le domaine de *propriété*, 2º le domaine d'*administration* ; 3º le domaine de *juridiction*, appelé aussi domaine *éminent*.

Le 1er consiste dans le droit de jouir et de disposer des biens ; le 2e consiste dans le droit de les administrer ; le 3e consiste : 1º dans le droit de faire et d'appliquer des lois et règlements concernant les biens ; 2º dans celui de prélever au besoin des subsides ou impôts sur ces biens.

Le premier et le second sont réunis dans la personne du propriétaire, quand il est capable d'administrer par lui-même ses biens.

Dans le cas contraire ils sont séparés, et le propriétaire incapable d'administrer ses biens est, en général, également incapable d'en disposer. Le troisième appartient à l'autorité sociale et s'exerce par les chefs dépositaires de cette autorité.

Ce que nous avons dit précédemment de l'origine et de la nature du droit de propriété s'applique aux personnes morales comme aux personnes physiques, à la propriété commune ou sociale, comme à la propriété individuelle ou privée.

3. SOCIÉTÉS. — L'homme est essentiellement sociable ; il ne peut ni naître ni vivre hors de toute société et ce n'est que dans l'état de société qu'il peut jouir de la plénitude de ses facultés et de ses droits. Aussi a-t-il été créé pour la société, et tout en lui dénote que la société est son état naturel et nécessaire.

Remarquons, à ce sujet, que les mêmes personnes physiques peuvent appartenir en même temps à plusieurs sociétés de nature différente ou de différents ordres ; tandis qu'elles ne peuvent être en même temps membres de plusieurs sociétés de même nature et de même ordre. C'est ainsi que le père de famille appartient en même temps à la société domestique dont il est le chef, à la société civile dont il fait partie, et à la société religieuse dont il est membre. Une même personne physique peut également et en même temps appartenir, sous le rapport civil, à une commune et au département dont cette commune fait partie, et, sous le rapport religieux, à une paroisse et au diocèse dont cette paroisse dépend ; tandis qu'au contraire, la même personne physique ne peut appartenir en même temps et au même titre à plusieurs familles, à plusieurs communes, à plusieurs paroisses, à plusieurs diocèses, à plusieurs communions religieuses.

Nous venons de voir qu'une même personne physique peut appartenir en même temps à plusieurs sociétés de nature différente ou d'ordres différents ; qu'un père de famille, par exemple, appartient en même temps à la société domestique dont il est le chef, à la société civile dont il fait partie, à la société religieuse dont il est membre, à la paroisse et au diocèse sur le territoire desquels il a établi sa résidence. Ses droits et ses devoirs à l'égard de chacune de ces sociétés sont également sacrés ; ils doivent dès lors être également maintenus et respectés. La société civile ne doit porter atteinte ni à la société domestique ni à la société religieuse et réciproquement celles-ci à l'égard de celle-là. Ces diverses sociétés, fondées sur le droit naturel, ne sont pas incompatibles ; elles ont même un fondement commun, principe de leur union. Ce fondement, c'est la Religion donnée aux hommes par Dieu, leur auteur, pour être la souveraine régulatrice de tous les droits et de tous les devoirs. Formées des mêmes personnes, coexistantes dans les mêmes lieux, destinées à concourir au bien commun de l'humanité, subordonnées aux mêmes règles de justice et d'équité, elles doivent se mouvoir librement, chacune dans sa sphère légitime ; être unies sans se confondre ; vivre ensemble, non-seulement en paix, mais encore dans une parfaite harmonie. Bien loin de se combattre mutuellement, comme si leur existence était inconciliable, ou que leurs intérêts fussent opposés, elles se doivent un mutuel appui.

Tels sont les rapports qui doivent exister entre la société religieuse et les sociétés civiles ou politiques. C'est Dieu, leur auteur commun, qui a créé ces rapports. C'est attenter à l'œuvre de la divine Providence que de les troubler ; c'est une obligation de conscience de les respecter et de les défendre. L'Eglise, protectrice de tous les droits comme régulatrice de tous les devoirs, enseigne et proclame hautement ces principes, qu'on ne peut méconnaître sans jeter la perturbation dans le sein des sociétés humaines, et dont le droit canonique nous donne une raison bien digne de la méditation des hommes d'Etat, dans le canon *Cum ad verum* tiré d'une lettre du pape Nicolas à l'empereur Michel, et conçu en ces termes : « Cum ad verum ventum est, ultra sibi nec Imperator jura pontificatus arripuit, nec Pontifex nomen imperatorium usurpavit : quoniam idem mediator Dei et hominum, homo christus Jesus, sic actibus propriis, et dignitatibus distinctis, officia potestatis utriusque discrevit, *propria volens medicinali humilitate sursum efferri, non humana superbia rursus in infernum demergi*, ut christiani Imperatores pro æterna vita Pontificibus indigerent, et Pontifices pro cursu temporalium tantummodo rerum imperialibus legibus uterentur : quatenus spiritualis actio carnalibus distaret incursibus, et ideo militans Deo minime se negotiis sœcularibus implicaret, ac vicissim non ille rebus divinis præsidere videretur, qui esset negotiis sœcularibus implicatus. Decretum, dist. 96, c. 6 ; — dist. 10, c. 8.

PROPRIÉTÉ COMMUNE OU SOCIALE. — L'homme, avons-nous dit, ne peut subsister en ce monde sans les biens terrestres destinés par Dieu, son créateur, à satisfaire ses besoins légitimes. Il en est de même des sociétés humaines ; elles ne peuvent subsister ici-bas sans les biens terrestres qui leur sont nécessaires pour subvenir aux besoins de la communauté et de son gouvernement.

Il suit de là que toute société légitime, par cela seul qu'elle a le droit d'exister, a aussi celui de posséder des biens. Ce droit dérive de la nature même des sociétés humaines. On ne peut leur contester ou leur refuser le droit de posséder, sans leur contester ou leur refuser, par cela même, celui d'exister, le premier étant une conséquence nécessaire du second.

Il peut sans doute y avoir des associations illégitimes, comme celles que formeraient des malfaiteurs pour exercer en commun leurs brigandages. On peut donc s'enquérir si une société est légitime ou non; mais on ne peut contester à une société reconnue légitime le droit de posséder, parce que ce droit dérive de la nature même des sociétés humaines et qu'il est inséparable de leur existence.

D'ailleurs, qu'on le remarque bien, lors même que les sociétés humaines ne tiendraient pas de leur nature le droit de posséder, elles le tiendraient des *personnes physiques* qui les composent et qui communiquent à la société dont elles font partie leur droit naturel et inamissible de posséder, aussi bien collectivement qu'individuellement.

Il faut donc distinguer deux sortes de propriétés, la propriété individuelle ou privée et la propriété commune ou sociale.

La propriété individuelle est en même temps un don de Dieu et une laborieuse conquête de l'activité humaine. Elle s'identifie tellement avec le propriétaire qu'elle est considérée comme une expansion de sa personne. Elle n'est pas une simple jouissance; elle est un domaine (dominium), dont le propriétaire use et dispose en maître absolu.

La propriété commune ou sociale est entière et parfaite en son genre, comme la propriété individuelle et privée l'est dans le sien; mais la première a cela de particulier qu'elle a une destination d'utilité commune et sociale, dont elle ne peut être détournée; son domaine, bien que parfait en lui-même, est limité par cette condition. D'où il suit que nul ne peut disposer arbitrairement de la propriété sociale, comme l'individu peut le faire de sa chose propre. C'est principalement en cela que consiste la différence qui existe entre la propriété individuelle et la propriété sociale, quant au droit de disposer.

Pour se faire une juste idée de la propriété commune ou sociale, il faut distinguer les sociétés perpétuelles ou permanentes, des sociétés civiles ou commerciales momentanément formées dans le but de réaliser un lucre à partager lors de la dissolution de la société.

Ces dernières étant essentiellement temporaires, quelle que soit l'opinion qu'il faille se faire de leur personnalité morale, la propriété des biens qu'elles possèdent n'est jamais totalement indépendante des membres de l'association ; elle repose plus ou moins complètement, mais toujours radicalement, sur les associés, qui sont les co-propriétaires de l'avoir social. Aussi, à la dissolution de la société, les biens qui composent cet avoir social sont-ils nécessairement partagés entre ses membres d'après les droits respectifs de chacun. Ils sont, à cet égard, assimilés aux biens indivis que des co-héritiers ou des co-propriétaires possèdent en commun. Ce genre de communauté temporaire conserve à ses membres un droit *individuel* de propriété, en vertu duquel chaque associé possède sa quote-part dans l'avoir social. Cette quote-part est transmissible par voie de succession ; elle est, comme tous les biens propres de l'associé, le gage de ses créanciers, qui peuvent la revendiquer en son nom, et même, en certains cas, en poursuivre l'expropriation forcée à leur profit.

Il en est autrement des sociétés perpétuelles ou permanentes. Ce qu'elles possèdent est la propriété de la société et non celle de ses membres. Leur domaine social profite, il est vrai, à tous les membres, et, sous ce rapport, procure à chacun un avantage, une jouissance ; mais il n'appartient en propre, ni en tout ni en partie, à aucun d'eux. La société seule en est propriétaire ; les individus qui en profitent n'en sont pas les co-propriétaires. Il suit de là qu'ils ne peuvent avoir en aucun cas le droit de se partager le domaine social, qui reste à perpétuité attaché au service des sociétés ou communautés de ce genre.

Les biens qui composent ce domaine ne sont pas, comme ceux des particuliers, transmissibles par voie de succession. Les jurisconsultes les classent, pour cette raison, parmi les biens dits de *mainmorte*. « On appelle ainsi, dit Guyot, les biens des corporations ou communautés qui sont perpétuelles, et qui, par une subrogation successive de personnes, étant censées être toujours les mêmes, ne meurent pas. » Répertoire de jurisprudence.

Les biens possédés par les sociétés de cette nature forment donc un domaine immobilisé et perpétuel comme elles. Ces sociétés constituent des corps moraux, dont la durée doit être indéfinie ; les biens qui en sont le patrimoine doivent avoir la même permanence.

et servir ainsi perpétuellement aux besoins de la communauté. Cette nécessité est évidemment incompatible avec un droit individuel de propriété.

On voit par là la différence essentielle qui existe entre les sociétés perpétuelles et les associations temporaires sous le rapport de la propriété de leurs biens.

Domat, parlant des premières, les caractérise parfaitement en disant : « Les communautés légitimement établies tiennent lieu de *personnes*, et leur *union*, qui rend communs à tous ceux qui les composent, leurs intérêts, leurs droits et leurs priviléges, fait qu'on les considère comme un seul tout. Et comme chaque particulier exerce ses droits, traite de ses affaires et agit en justice, il en est de même des communautés. — Les communautés étant établies pour un bien public, dont la cause subsiste toujours, il est de leur nature de durer toujours ; et aussi ces corps subsistent les mêmes et se perpétuent, sans que les changements de toutes les personnes qui les composent changent rien au corps.

« Les biens et les droits d'un corps ou communauté appartiennent tellement au corps, qu'aucun des particuliers qui le composent n'y a aucun droit de propriété et n'en peut disposer en rien : ce qui fait que, comme ces communautés sont perpétuelles et se conservent toujours pour le bien public, leurs biens et leurs droits, qui les font subsister, doivent toujours demeurer au corps, et c'est ce qui rend ces biens et ces droits inaliénables. » Domat, édit. de 1735, t. 2, p. 104 et 105.

Parmi les sociétés permanentes, il convient de distinguer celles qui sont déterminées par le territoire qu'elles habitent ; telles sont les communes dans l'ordre civil ; les diocèses et les paroisses dans l'ordre ecclésiastique. Dans ces sociétés, la qualité de membre, et par suite les avantages et les charges qui en résultent, tiennent à l'habitation ; de telle sorte que ces droits et ces obligations naissent et cessent avec l'*incolat*.

Les sociétés de cette nature doivent leur existence soit à une *convention*, quelquefois expresse, mais le plus souvent tacite, soit à un *acte de juridiction* émané de l'autorité supérieure.

Les sociétés civiles peuvent se former par simple convention, même tacite ; et c'est à des conventions de ce genre que les *communes* doivent généralement leur établissement, parce que ces sociétés, nées des relations locales des membres qui les composent, n'ont rien qui excède le domaine du droit naturel. La loi, qui les reconnait et les protége, ne leur a pas donné l'existence.

C'est au contraire par un acte de juridiction que, dans l'ordre ecclésiastique, s'établissent et se constituent les Eglises diocésaines et les Églises paroissiales, parce que la formation et l'organisation d'un diocèse et d'une paroisse exigent, par leur nature même, l'intervention de l'autorité religieuse. Mais comme cet acte de juridiction implique les intérêts matériels des habitants, il est juste que ceux-ci soient admis à les faire valoir. Aussi est-il souvent provoqué et sollicité par les habitants eux-mêmes, et, dans tous les cas, il est généralement précédé d'une enquête, dans laquelle les parties intéressées sont admises à exprimer leurs vœux.

4. ÉTABLISSEMENTS SOCIAUX. — Nous avons distingué deux sortes de personnes morales. Les unes sont des sociétés et constituent des personnes morales *réelles ;* les autres sont des dotations de certains services sociaux personnifiés par une fiction de la loi et constituent des personnes morales *fictives*. Ce sont ces services sociaux, ainsi dotés et personnifiés, que nous désignons sous le nom d'établissements sociaux, rattachant ces établissements aux sociétés pour le service desquelles ils sont créés. Ils sont nationaux, départementaux, communaux, diocésains, paroissiaux et particuliers, selon qu'ils appartiennent à l'Etat, aux départements, aux communes, aux diocèses, aux paroisses ou à des sociétés fondées par des particuliers. Nous citerons, comme exemples de ces dernières : 1º Les sociétés savantes établies sous les dénominations d'académies, d'instituts, de sociétés d'archéologie, de beaux-arts, d'agriculture ; 2º les sociétés charitables désignées sous le nom de sociétés de secours mutuels, sociétés de charité maternelle, caisse des retraites, caisses d'épargne, monts-de-piété.

Les auteurs qui traitent du droit administratif désignent communément les sociétés et les établissements sociaux sous les dénominations d'établissements publics et d'établissements d'utilité publique, sans déterminer d'une manière bien précise le caractère distinctif de chacune de ces deux sortes d'établissements ; ce qui donne lieu à de graves erreurs de la part des jurisconsultes et souvent à de fausses applications de la part des administrateurs.

Ces deux dénominations d'établissements publics et d'établissements d'utilité publique sont même quelquefois prises l'une pour l'autre par le législateur. La loi du 16 janvier — 22 février 1849, qui frappe de la taxe dite des biens de main-morte les immeubles appartenant aux établissements compris sous ces deux dénominations, offre un exemple de cette confusion en les appelant indistinctement établissements publics. Le langage même des rédacteurs du code civil manque de précision à cet égard dans les articles 910 et 937, qui ne mentionnent que les établissements d'utilité publique, tandis qu'ils s'appliquent également aux établissements publics. L'article 940, C. c. ne mentionne non plus que les établissements publics, tandis qu'il s'applique également aux établissements d'utilité publique. Il en est autrement des articles 2045 et 2121, C. c., ainsi que de l'article 1032, C. pr.; ils ne mentionnent que les établissements publics et ne s'appliquent aussi, conformément à leur texte, qu'aux seuls établissements publics.

Ces dénominations d'établissements *publics* et d'établissements d'utilité *publique* sont empruntées à l'époque révolutionnaire où l'on confisquait ou nationalisait tous les biens des personnes morales, anciennement désignées sous le nom de gens de main-morte. (1)

---

(1) Un des premiers actes de l'assemblée constituante fut la confiscation des biens ecclésiastiques. Le décret du 2—4 novembre 1789 mit tous les biens ecclésiastiques à la disposition de la nation, à la charge de pourvoir d'une manière convenable aux frais du culte, à l'entretien de ses ministres et au soulagement des pauvres. Trois mois après, le 13 février 1790, un autre décret prohiba les vœux monastiques et supprima les congrégations et ordres religieux, tout en déclarant que jusqu'à nouvel ordre il n'était rien changé aux maisons chargées de l'éducation publique et aux établissements de charité.

Tous les établissements religieux se trouvèrent ainsi supprimés. Toutefois, le décret du 20—22 avril 1790, art. 8, fit quelques exceptions. L'ordre de Malte, les fabriques, les hôpitaux, les maisons de charité et autres où étoient reçus les malades, les collèges et les maisons d'institution, étude et retraite administrés par des ecclésiastiques ou par des corps séculiers, ainsi que les maisons de religieuses occupées à l'éducation publique ou au soulagement des malades, furent expressément maintenus. La loi du 28 octobre — 5 novembre 1790 vint limiter cette exception, en disant que les biens du clergé et ceux des séminaires diocésains étaient considérés comme biens nationaux, et que l'assemblée déclarait ajourner tout ce qui concernait : 1º les biens des fabriques ; 2º les biens des fondations établies dans les églises paroissiales ; 3º les biens des séminaires-collèges, des collèges, des établissements d'études ou de retraite, et de tous établissements destinés à l'enseignement public. Mais un décret du 10-18 février 1791 prescrivit de vendre, comme biens nationaux, les immeubles réels affectés à l'acquit des fondations, des messes et autres services établis dans les églises paroissiales et succursales.

L'Assemblée législative et la convention achevèrent l'œuvre commencée par l'assemblée constituante. Les biens des séminaires, des collèges et des autres établissements d'étude furent déclarés biens nationaux par le décret du 18 août 1792, les biens des fabriques par les décrets des 19 août 1792 et 13 brumaire an 2. Ce dernier décret confisqua aussi l'actif mobilier des fondations. Enfin, les biens de l'ordre militaire de Malte, furent déclarés nationaux par un décret du 19 septembre 1792, dont l'exécution a été réglée par celui du 22 octobre 1792.

Les corporations laïques eurent le même sort que les corporations ecclésiastiques. Ainsi

Elles ont l'inconvénient d'insinuer l'idée que tous ces établissements sont la propriété de l'Etat, ce qui n'est pas exact ; car s'il y a
des établissements nationaux, créés et entretenus aux frais de l'Etat,
il y a aussi des établissements départementaux, communaux, diocésains, paroissiaux et même particuliers. Elles renferment d'ailleurs,
en faveur de l'Etat, un principe d'absorption, qui n'est pas sans
danger pour l'existence même de ces divers établissements.

Ce n'est que peu à peu que la jurisprudence est parvenue à déga-
ger ces institutions des fausses idées qu'on s'en était faites.

Lors de la rédaction du Code civil, on n'était pas encore fixé sur
la capacité civile des établissements désignés sous les dénominations d'établissements publics et d'établissements d'utilité publique.
On en trouve la preuve dans la discussion dont le projet de ce code
a été l'objet au Conseil d'Etat de l'an IX à l'an XII. Dans ce projet,
l'article 516 renfermait ces deux paragraphes : « Tous les biens
sont meubles ou immeubles. — Ils appartiennent ou à la nation en
corps, ou à des communes ou à des particuliers. » Cette rédaction
supposait qu'il n'y avait que trois sortes de propriétaires : la nation,
les communes et les particuliers. On fit observer que, par cette énumération, on semblait exclure les établissements publics de la classe
des propriétaires. On répondit à cette observation que leurs biens
étaient la propriété de la *nation* et que ces établissements n'en
avaient que l'administration. Cette proposition fut combattue avec
raison, et, pour ne rien préjuger alors sur cette question, on convint
de supprimer le deuxième paragraphe.

Cette question se représenta au sujet de l'article 537. Cet article,
comme l'article 516, avait d'abord été rédigé de manière à n'admettre que trois classes de propriétaires : la nation, les communes et

---

les biens des colléges et autres établissements d'instruction publique furent déclarés nationaux par un décret du 8 mars 1793, ceux des corporations d'archers, arquebusiers, arba-
létriers, par un décret du 24 avril 1793, ceux des tribunaux consulaires par un décret du 4
nivôse an 2, ceux des académies et sociétés littéraires par un décret du 6 thermidor an 2.
Enfin, un décret du 23 messidor an 2 déclara biens nationaux tous les biens des hôpitaux,
maisons de secours, hospices, bureaux des pauvres et autres établissements de bienfaisance,
sous quelque dénomination qu'ils fussent.

Ainsi tous les établissements publics se trouvaient supprimés. Il n'y avait plus dans
l'Etat d'autre personne morale que l'Etat lui-même. Les communes elles-mêmes auraient
été supprimées, si elles avaient pu l'être. On affectait du moins de ne les considérer que
comme des circonscriptions administratives, etc. La convention nationalisa leur actif et leur
passif et ordonna le partage de leurs communaux. A. Dareste. La justice administrative en
France, p. 633-636.

les particuliers. Cela fit renouveler la discussion soulevée au sujet de l'article 516, et, pour ne rien préjuger encore sur la propriété des biens possédés et gérés par les établissements publics, on convint de substituer à l'énumération proposée l'expression générale : *Les biens qui n'appartiennent pas à des particuliers*, et de rédiger ainsi l'article : « Les particuliers ont la libre disposition des biens qui leur appartiennent, sous les modifications établies par les lois. — *Les biens qui n'appartiennent pas à des particuliers* sont administrés et ne peuvent être aliénés que dans les formes et suivant les règles qui leur sont particulières. » On usa du même procédé pour l'article 619.

Comme on le voit, cette rédaction laissait encore indécise la capacité civile des établissements publics ; mais lorsqu'on en vint à l'examen des articles 1596, 1712, 2,045 et 2227, le conseil d'Etat n'hésita plus à admettre les établissements publics dans la classe des propriétaires. Toutefois cette question ne fut nettement et définitivement résolue que par l'article 2227 ; car les actes désignés dans les articles précédents peuvent être le fait de simples administrateurs ; tandis que la prescription acquisitive ne peut être le fait que d'un vrai propriétaire.

Depuis lors la capacité civile et la qualité de propriétaires n'ont plus été contestées aux établissements, soit publics, soit d'utilité publique ; mais la nature de leur propriété a encore été souvent l'objet de controverses. S'appuyant sur les dénominations d'établissements *publics* et d'établissements d'utilité *publique*, que l'on a longtemps confondues, l'administration s'efforçait de faire considérer tous ces établissements comme faisant partie du domaine national. Mais avec le temps le domaine des départements s'est constitué ; ceux des communes et des institutions charitables se sont reformés ; le rétablissement du culte a fait renaître peu à peu le domaine des diocèses, celui des paroisses, celui des corporations ecclésiastiques, celui des communautés et congrégations religieuses. (2)

Les dénominations d'établissements *publics* et d'établissements

---

(2) Le décret du 23 messidor an 2 concernant la confiscation et l'aliénation des biens des hôpitaux et autres établissements de bienfaisance ne put être exécuté. Il y fut sursis, puis il fut expressément abrogé par une loi du 16 vendémiaire an 5, qui s'occupa de reconstituer le patrimoine des hospices civils, en remplaçant les rentes et autres biens aliénés. Deux autres lois des 7 frimaire et 20 ventôse an 5 réorganisèrent les bureaux de bienfaisance.

d'utilité *publique* ne sont plus en harmonie avec l'état actuel des diverses institutions auxquelles on les applique ; ce qui rend aujourd'hui si incohérente et si confuse la jurisprudence administrative concernant ces établissements. (3) Cette jurisprudence s'est déjà bien modifiée depuis quelques années et nous sommes convaincu que la voie de décentralisation dans laquelle on paraît devoir entrer conduira nécessairement à des modifications plus profondes encore. En attendant leur réalisation, nous ne pouvons qu'exposer ici la jurisprudence telle qu'elle résulte des décisions les plus récentes.

Cette jurisprudence trace entre les établissements publics et les établissements d'utilité publique, que l'on a longtemps confondus, une démarcation encore imparfaite, mais qui se dessine de jour en jour davantage.

Elle classe parmi les établissements publics, non-seulement ceux qui appartiennent à l'Etat, mais encore ceux qui appartiennent aux départements, aux communes, aux diocèses et aux paroisses, lorsqu'ils ont pour objet un service public généralement organisé, tels sont les hospices, les bureaux de bienfaisance, les lycées, les collé-

Plus tard ont été créés ou rétablis les sociétés de charité, les monts-de-piété, les caisses d'épargne, les sociétés de secours mutuels.

L'Etat a aussi autorisé la création, en dehors de lui, des institutions financières, qui jouent un rôle important dans notre système politique. Telles sont la banque de France, la caisse d'amortissement, la caisse des dépôts et consignations, celle des retraites pour la vieillesse, celle de la dotation de l'armée, la société du crédit foncier, etc.

Enfin, depuis le concordat de 1801, on a vu renaître en peu d'années la plupart des anciens établissements ecclésiastiques. Il ne fut d'abord question que des titres ecclésiastiques, des fabriques et des séminaires. L'arrêté du 7 thermidor an XI et le décret du 15 ventôse an XIII restituèrent aux fabriques leurs biens confisqués ; et un décret du 30 mai 1806 réunit aux biens des fabriques les églises et presbytères supprimés. Le décret du 30 décembre 1809 a réglé tout ce qui concerne l'administration des fabriques ; celui du 6 novembre 1813 régla l'administration des biens des cures, des menses épiscopales, des chapitres cathédraux, et consacra ainsi l'existence de ces établissements.

Les congrégations ou corporations religieuses ont même été rétablies, au moins en partie, soit par des lois générales, soit par des autorisations particulières. Idem. p. 636 et 637.

(3) Nous remarquons que M. Batbie, dans la dernière édition de son Précis du cours de droit public et administratif, traite de ces divers établissements, non sous le titre d'établissements publics et d'établissements d'utilité publique, mais sous celui de PERSONNES MORALES ; ce qui est une innovation, qui nous paraît heureuse en ce qu'elle ne préjuge pas la question de propriété en faveur de l'Etat, et qu'elle la préjuge au contraire en faveur des diverses sociétés et autres institutions constituées en personnes morales.

ges, les séminaires, les titres ecclésiastiques d'évêchés, de cures et de succursales, les fabriques paroissiales ; d'où il suit que les dénominations d'établissements publics et d'établissements nationaux ne sont plus synonymes.

Elle classe parmi les établissements d'utilité publique ceux qui ont pour objet un service non généralement organisé ; tels sont les communautés et congrégations religieuses, les caisses ecclésiastiques établies dans certains diocèses, les monts-de-piété établis dans certaines villes ; les caisses d'épargne établies dans certaines localités, les salles d'asile créées dans certaines communes; les fondations particulières, soit de sociétés charitables, telles que les sociétés de secours mutuels, les sociétés de charité maternelle, soit de sociétés littéraires ou scientifiques établies en certains lieux sous les noms d'académies, d'instituts, de sociétés d'archéologie, de médecine, d'histoire naturelle, d'agriculture, des beaux-arts.

Cette classification n'est sans doute pas définitive et nous avons lieu de penser que plusieurs des établissements rangés dans la première classe seront plus tard rangés dans la seconde.

Ces deux classes d'établissements présentent entre elles six ressemblances : 1º Ils ont tous un caractère d'utilité générale ; 2º ils ont également la qualité de personnes morales ; 3º ils ne peuvent se former sans l'autorisation du gouvernement ; 4º ils sont également soumis à la taxe des biens de main-morte ; 5º ils sont les uns et les autres soumis, par l'article 910, C. c., à la nécessité d'une autorisation du gouvernement pour acquérir à titre gratuit ; 6º ils peuvent en vertu de l'article 2227, C. c., acquérir par prescription sans autre autorisation que celle résultant de la loi.

Il existe aussi entre ces deux classes d'établissements quatre différences. Ainsi : 1º l'article 2121 C. c., qui confère aux établissements publics une hypothèque légale sur les biens de leurs receveurs et administrateurs comptables, ne s'applique pas aux simples établissements d'utilité publique; 2º il en est de même de l'article 2045 § 3 relatif à la nécessité d'une autorisation pour les transactions : il s'applique aux établissements publics et non aux établissements d'utilité publique ; 3º tandis que tous les actes de la vie civile des départements, communes, hospices, bureaux de bienfaisance, fabriques et autres établissements publics, sont, en règle générale, soumis à la tutelle administrative ; ceux des établissements d'utilité publique sont en général dans une dépendance moins grande à l'égard de l'autorité administrative et sont, en principe, exclusive-

ment réglés par les statuts de chacun de ces établissements et par
le décret qui les a approuvés ; il en résulte que ces derniers établissements ne sont tenus de se munir d'une autorisation spéciale pour
acquérir à titre onéreux et pour aliéner qu'autant qu'une disposition
expresse de leurs statuts ou du décret qui les a approuvés, leur en
imposerait formellement l'obligation ; 4° enfin, tandis que, pour
l'exercice de leurs actions judiciaires, les établissements publics, à
l'exception des départements, sont soumis à la nécessité d'une autorisation du conseil de préfecture, cette nécessité n'existe pas pour les
établissements d'utilité publique. Deux arrêts de la cour de cassation
des 3 avril 1854 et 5 mars 1856 relatifs à des caisses d'épargne, décident que l'autorisation du conseil de préfecture n'est pas nécessaire
à ces établissements pour plaider ; et un arrêt de la cour de Riom du
3 juillet 1857 a appliqué, avec raison, la même règle aux communautés et congrégations religieuses. Cette règle est motivée sur ce
que la bonne administration des simples établissements d'utilité
publique n'importe pas autant à l'Etat que celle des établissements
publics proprement dits.

Les notions qui précèdent concernent la propriété sociale considérée en général. Il nous reste à en faire l'application à la propriété
ecclésiastique en particulier.

DEUXIÈME SECTION. — Des Églises et des Établissements ecclésiastiques.

5. Sociétés religieuses. — 6. Propriété ecclésiastique. — 7. Domaines de
propriété, d'administration, de juridiction à l'égard des biens ecclésiastiques. — 8. Partage de la propriété diocésaine au profit des paroisses,
devenues par là personnes morales. — 9. Partage du domaine paroissial
en plusieurs dotations distinctes. — 10. Institutions ecclésiastiques. —
11. Eglises. — 12. Etablissements ecclésiastiques. — 13. Séminaires
diocésains. — 14. Caisses ecclésiastiques. — 15. Fabriques. — 16. Bénéfices.

5. Sociétés religieuses. — Ce que nous avons dit des sociétés
humaines en général et de la famille en particulier, relativement
au droit de posséder des biens, s'applique à la société religieuse et
conséquemment à l'Eglise, comme à toute société légitime.

La société religieuse que nous appelons l'Eglise, est tout à la fois
divine, humaine, religieuse et spirituelle : elle est divine par l'origine de son institution : humaine par les membres qui la compo-

sent ; religieuse et spirituelle par son objet, qui est le perfectionne-
ment, la sanctification et le salut des âmes par la Religion.

La société religieuse, divinement instituée, tient de Dieu même,
son auteur immédiat, tout ce qui lui est nécessaire pour atteindre
sa fin : car Dieu, dans ses œuvres, met nécessairement les moyens
en harmonie avec la fin qu'il se propose. Sortie parfaite des mains
de son divin fondateur, qui lui a assuré sa constante assistance
jusqu'à la consommation des siècles, elle forme une société complète, se suffisant à elle-même, conséquemment autonome et indépendante. Son existence pendant les trois premiers siècles, au
milieu des plus violentes persécutions de la part des empereurs
païens, est une preuve éclatante de son autonomie.

L'Eglise est universelle et, conséquemment, unique ; mais elle se
divise en plusieurs Eglises particulières unies entre elles et subordonnées à un ordre hiérarchique sous un chef visible, qui est ici-
bas le centre et le lien de l'unité catholique. Ce chef suprême est
le Souverain Pontife, successeur de Saint-Pierre à Rome et, comme
lui, vicaire de Notre-Seigneur Jésus-Christ sur la terre.

Certains publicistes de nos jours considèrent l'Eglise comme une
institution d'une origine purement humaine, et assimilent les établissements qui en émanent aux colléges ou établissements *acé-
phales*, qui ne peuvent recevoir que de l'autorité civile l'être,
l'organisation et la vie. C'est là une erreur capitale, qui est, pour
les jurisconsultes qui l'adoptent, la source des plus étranges mé-
prises.

L'Eglise, considérée sous le rapport des membres qui la composent, est, sans doute, une *société humaine* ; mais considérée sous
le rapport de son origine et de l'autorité qui l'a fondée, elle est
une institution divine, qui a reçu de son divin auteur l'existence,
la forme et la vie, et qui communique cette vie aux institutions
qu'elle crée. L'autorité civile et politique n'intervient à cet égard
qu'autant qu'il s'agit de conférer aux établissements ainsi formés
les effets de la sanction civile ; et dans ce cas elle intervient par
voie de simple homologation, quelle que soit d'ailleurs la forme,
souvent défectueuse, donnée à cette homologation. Par homologation, nous entendons la sanction donnée par l'autorité publique à un
acte *qui n'émane pas de cette autorité*, et qui, au moyen de l'homologation, acquiert, dans l'ordre civil et politique, la *même* force
que s'il émanait de cette autorité même.

Il est d'autres publicistes qui, dans leur ignorance et leur incon-

cevable prévention, ne se bornant pas à considérer l'Eglise comme
une institution d'origine purement humaine, la traitent encore
comme une institution dangereuse et malfaisante, contre laquelle
on ne peut trop prendre ses sûretés. Ils paraissent ne pas se douter
qu'indépendamment des lumières salutaires apportées au monde
par le christianisme et qui disparaîtraient avec lui, s'il pouvait
disparaître lui-même, l'Eglise a reçu de son divin fondateur et
communique partout l'esprit de *charité* qui lui est propre et qui
fait d'elle, même ici-bas, la plus grande bienfaitrice du genre
humain.

6. Propriété ecclésiastique. — La fin toute spirituelle de
l'Eglise, loin d'exclure, exige au contraire l'usage et par conséquent la possession de choses matérielles. En effet, l'Eglise étant
une société d'hommes, elle doit nécessairement réunir toutes les
conditions essentielles des autres sociétés humaines. Celles-ci,
avons-nous dit, ne peuvent subsister sans les biens terrestres nécessaires aux besoins matériels de la communauté et de son gouvernement; il en est de même de l'Eglise : des biens terrestres lui sont
ici-bas indispensables pour accomplir sa mission spirituelle et
céleste. Ainsi elle doit pourvoir aux frais qu'exigent l'éducation des
clercs, la subsistance des ministres sacrés, la construction, l'entretien et l'ameublement des temples, la célébration du culte public,
l'établissement des lieux de sépulture, la propagation de la doctrine évangélique par toute la terre, l'expansion de sa charité, qui
embrasse toutes les misères ; et, comme elle ne peut rien faire de
tout cela sans biens matériels, il faut en conclure qu'elle a reçu de
son divin fondateur le droit d'acquérir et de posséder les biens
terrestres nécessaires au gouvernement de la société chrétienne.
Lui contester ou lui dénier ce droit serait lui contester ou lui dénier
celui d'exister. L'anéantissement de l'Eglise est en effet le dernier
mot de tous les systèmes hostiles à la propriété ecclésiastique.

D'ailleurs la société religieuse n'est ni moins naturelle ni moins
nécessaire que la société domestique et que la société politique ;
elle est même d'un ordre plus élevé ; elle a donc, aux mêmes titres
que celles-ci, et même à plus forte raison, le droit naturel de posséder les biens terrestres qui lui sont ici-bas indispensables pour
atteindre sa fin. Il n'est aucun des arguments invoqués à l'appui
du droit de propriété reconnu à la famille et à la société politique,
qui ne puisse l'être également en faveur de la propriété ecclésiastique ; comme aussi il n'est pas d'attaque dirigée contre la pro-

priété ecclésiastique qui ne porte également atteinte à toute autre propriété, soit publique, soit privée.

La société domestique et la société religieuse ne sont ni l'une ni l'autre une création, une émanation de la société politique, qu'elles ont au contraire partout précédée et formée ; car la famille est l'élément des nations, comme la Religion est tout à la fois le fondement de l'édifice social et le ciment qui en unit toutes les parties. Il suit de là : 1º que la société politique doit, dans son propre intérêt, protéger la société domestique et la société religieuse ; 2º qu'elle n'a dans aucun cas le droit de les abolir, puisqu'elles ne sont pas son œuvre. Or, ce serait abolir la société domestique et la société religieuse, la famille et l'Eglise, que leur refuser le droit de posséder, droit, comme nous l'avons vu, qui dérive de leur nature, qu'elles tiennent conséquemment de Dieu et sans lequel elles ne pourraient exister.

Terminons enfin cette série de considérations déjà surabondantes par une dernière observation non moins concluante que les précédentes. En entrant dans la société politique, le citoyen y porte ses droits de famille et ses droits religieux. Ses droits naturels et individuels sont inamissibles ; ils sont sacrés et doivent être respectés. La société politique doit les protéger, car c'est précisément pour cela qu'elle est établie ; mais elle ne les confère pas ; ils ne sont pas son œuvre ; elle ne peut dès lors leur porter atteinte et moins encore les anéantir. Or, refuser à la famille et à l'Eglise le droit de posséder et par conséquent celui d'exister, ce ne serait pas seulement porter atteinte à ces institutions divines ; ce serait encore blesser les citoyens eux-mêmes dans leurs droits de famille et dans leurs droits religieux. C'est ainsi qu'en cette matière la cause de l'Eglise s'identifie avec celle de la famille et celle du citoyen.

On trouvera la confirmation et le développement de ces principes dans les ouvrages des canonistes modernes, que nous indiquons en note (4), afin de faciliter au lecteur l'étude de cet important

---

(4) 1º Devoti. Institutiones canonicæ, 1836, t. 1er, p. 666-670.
2º Card. Soglia. Institutiones Juris publici ecclesiastici, p. 379.
3º Idem. Institutiones Juris privati ecclesiastici, p. 137.
4º Idem. Institutiones Juris canonici, t. 3, p. 3-7.
5º Roquette. Institutiones Juris canonici publici et privati. t. 2, p. 330-348.
6º Maupied. Juris canonici, universi compendium. Migne édit. t. 2, col. 456-524 et 623-684.
7º Mgr Affre. Traité de la propriété des biens ecclésiastiques, 1837, p. 1-14, 39-65.
8º Phillips. Du droit ecclésiastique dans ses principes généraux, traduit par l'abbé Crouzet, 1850, t. 2, p. 435.
9º Revue théologique, publiée à Arras, août 1859, p. 384-393.
10º Ferrari, summa institutionum canonicarum, nᵒˢ 595-608, Edit. novissima, 1869.
11º Carrière. De Justitiá et Jure, n. 16-194.

sujet et de suppléer par là à l'insuffisance et à l'imperfection de cet exposé.

Mgr Dupanloup, dans son traité de la souveraineté pontificale, résume ces principes en termes qu'on nous saura gré de rapporter ici :

« Dans le temps même des plus violentes persécutions, dit l'éminent Prélat, dans ces jours où l'Eglise romaine, glorieuse martyre du Seigneur, versait son sang au colisée, elle exerçait déjà dans le monde entier, sur tous les fidèles dispersés, sa souveraineté spirituelle ; et dès lors, Dieu lui donnait convenablement tous les moyens temporels dont elle avait besoin pour l'exercice de cette autorité sacrée.

« Mère et maîtresse de toutes les Eglises, l'Eglise de Rome était dès lors, comme elle devait l'être, la plus riche en ressources, la plus puissante en action, et aussi la plus généreuse par ses libéralités.

« Les fidèles répandus sur la face de la terre la vénéraient comme le centre de la catholicité, et lui prodiguaient leurs biens avec leur obéissance et leur amour. Ils ne voulaient pas que le chef de la Religion et le vicaire de Jésus-Christ fût au-dessous des immenses besoins de son administration spirituelle : ils voulaient que le Pape pût suffire à toutes les exigences de la mission universelle qui lui était donnée, à toutes les énormes dépenses qu'il était obligé de faire pour le salut de tant de peuples confiés à ses soins, aussi bien que pour les nations encore infidèles, auxquelles il devait envoyer la lumière de la foi avec des évêques, des prêtres, des diacres, des missionnaires apostoliques.

« De là les richesses de l'Eglise romaine dès le temps des persécutions ; de là les possessions considérables dont elle jouissait long-temps avant Constantin ; et de là aussi les libéralités qu'elle versait dans le monde.

« Elle fournissait, nous dit Eusèbe, à l'entretien d'un grand nombre de clercs, de veuves, d'orphelins, de pauvres, comme à la propagation de la foi et à la fondation de chrétientés nouvelles dans les pays plus éloignés : Eusèbe cite la Syrie et l'Arabie, nos propres histoires y ajoutent les Gaules et les Espagnes. Ce n'était pas tout : il fallait qu'au fond des catacombes où elle siégeait encore, la papauté entretînt des notaires apostoliques pour tenir les actes des martyrs, et répondre sans cesse aux consultations chaque jour renouvelées des Eglises, en même temps qu'elle couvrait les mers de nombreux navires chargés de ses aumônes.

« Telle était, avant même la paix rendue à l'Eglise, la richesse temporelle dont la foi des fidèles entourait le siége apostolique, et dont la charité des papes faisait un si noble usage pour le bonheur des peuples.

« Les monuments, les faits les plus célèbres, nous apprennent que l'Eglise romaine, chargée de subvenir à tant de besoins, possédait, non-seulement des vases d'or et d'argent fort riches pour la célébration des saints mystères, des calices, des ciboires, et quantité d'objets mobiliers du plus grand prix, mais aussi des *biens-fonds* considérables. Les païens quelquefois respectaient, quelquefois lui enlevaient violemment ces propriétés. Constantin ordonna de RESTITUER au clergé, dit Eusèbe, *les maisons, les possessions, les champs, les jardins et autres biens dont il avait été injustement dépouillé.* Chose étrange, et qui n'a pas été assez remarquée ! On reconnaissait dès lors à l'Eglise, en plein paganisme, ce droit de propriété, que des hommes, qui se disent catholiques, ont osé, après dix-huit siècles de christianisme, lui contester.

« Excepté dans le dernier emportement des persécutions, les empereurs et les magistrats païens, non-seulement reconnaissaient à l'Eglise chrétienne ce droit de propriété, mais le protégeaient même quelquefois contre l'injustice et la violence des usurpateurs. Lampride, dans la *Vie d'Alexandre Sévère*, cite un exemple remarquable de cette conduite modérée de quelques empereurs païens, et raconte avec détail comment Alexandre Sévère fit rendre aux chrétiens, pour l'exercice de leur culte, un lieu dont des cabaretiers leur disputaient la possession.

« L'historien Eusèbe cite plusieurs autres faits du même genre. La vie d'Aurélien, qui fut cependant un des empereurs persécuteurs, en offre un exemple particulièrement remarquable. Paul de Samosate, protégé par Zénobie, reine de Palmyre, demeurait à Antioche et se maintenait, malgré la condamnation d'un concile, dans la maison qui appartenait à l'Eglise. Les chrétiens s'en plaignirent à l'empereur Aurélien ; et il ordonna que la maison fût adjugée à ceux à qui les évêques d'Italie et le Pontife de Rome adressaient leurs lettres, tant il était notoire, même aux païens, que les Eglises chrétiennes avaient le droit de posséder, et que la marque des vrais chrétiens était la communion avec l'Eglise romaine. Paul de Samosate fut en conséquence chassé de l'église et de la maison qui appartenait à l'Eglise, par le magistrat séculier.

« Ce droit de propriété était donc le droit commun et constant

des Eglises chrétiennes, et cela dès les premiers temps du christianisme. Et n'avait-on pas vu, dès l'origine, la première de toutes les
Eglises, gouvernée par les apôtres eux-mêmes, et qui devait servir
de modèle à toutes les autres, l'Eglise de Jérusalem, posséder des
biens destinés à l'entretien des pasteurs et du peuple fidèle, et au
soulagement des pauvres ?

« Ce droit, nul, ni Juif ni païen, ne songeait à le leur contester. On
leur contestait souvent l'existence ; mais quand on leur permettait
d'exister, on ne leur contestait pas le droit de posséder. Aussi l'histoire de la fondation de toutes les Eglises, dans l'empire et dans le
monde entier, montre qu'il n'y avait pas une seule grande communauté chrétienne qui n'eût et ne dût avoir des biens plus ou moins
importants, pour la subsistance des indigents, pour l'entretien des
clercs, et pour les autres dépenses relatives au culte divin.

« Ce que je crois devoir poser ici, en principe et en fait, étonne
peut-être quelques préjugés ; mais indépendamment de la preuve
historique résultant d'une prescription si ancienne et tant de fois
séculaire, le simple bon sens ne dit-il pas que c'était là, alors comme
aujourd'hui, une nécessité des choses, et que l'Eglise, dès qu'elle
existe, peut et doit être propriétaire ? Elle le peut, puisqu'elle constitue une vraie et légitime communauté ; et il est élémentaire que
les communautés sont capables de tous les droits de la propriété,
qu'elles acquièrent et exercent par l'organe de leurs administrateurs. N'est-il pas également manifeste que des ressources matérielles
sont absolument nécessaires à l'Eglise, afin de pourvoir aux besoins
de ses ministres et de son culte ; et la plus légère reflexion ne suffit-
elle pas pour reconnaître qu'il n'y a que la propriété qui puisse lui
assurer ces ressources d'une manière certaine, sans quoi sa liberté
serait toujours précaire et son existence misérablement dépendante ?
La vérité est que, pour dénier à l'Eglise le droit d'être propriétaire,
il faut lui dénier le droit d'exister ; et par le fait, c'est cette négation
radicale et impie qui se trouve plus ou moins au fond de tous les
systèmes hostiles à la propriété ecclésiastique.

« Ces principes, il m'a paru nécessaire de les rappeler dans la
question présente pour laquelle ils sont fondamentaux : il m'a paru
utile de rechercher comment ils avaient été entendus et pratiqués
dans l'empire païen et persécuteur, et voilà pourquoi j'ai insisté sur
les détails. L'édit de Licinius et de Constantin, lorsque la paix fut
accordée aux Eglises, est singulièrement curieux à étudier à ce point
de vue : J'en citerai, pour finir là-dessus, quelques paroles :

« *Nous avons ordonné, de plus, à l'égard des chrétiens, que si les*
« *lieux où ils avaient coutume de s'assembler ci-devant ont été achetés*
« *par quelqu'un, soit de notre fisc, ou de quelque personne que ce soit,*
« *ils soient* RESTITUÉS *aux chrétiens, sans argent ni répétition de prix,*
« *et sans aucun délai ni difficulté. Que ceux qui les auront reçus en*
« *don les rendent pareillement au plus tôt ; et que, tant les acheteurs*
« *que les donataires, s'adressent au vicaire de la province, afin qu'il*
« *leur soit pourvu par nous. Tous ces lieux seront incontinent déli-*
« *vrés à la* COMMUNAUTÉ, *c'est-à-dire, aux Eglises et non aux particu-*
« *liers : Vous ferez rendre à leurs* CORPS ET COMMUNAUTÉS *toutes ces*
« *choses, aux conditions ci-dessus exprimées, sans aucune difficulté*
« *ni contestation, à la charge que ceux qui les auront restituées sans*
« *remboursement pourront espérer de nous leur indemnité.* » La souveraineté pontificale ; 3ᵉ édit. p. 64-68.

Les biens ecclésiastiques sont de la nature des biens de communauté ou de corporation et appartiennent à la société religieuse pour
les besoins et le gouvernement de laquelle ils sont constitués. Relativement à ces biens, la société religieuse forme une *personne morale*
capable de posséder un patrimoine et de devenir, comme une personne physique, le sujet des droits et des obligations dont les biens
peuvent être l'objet de la part des hommes.

La société religieuse, ayant la religion pour objet, est perpétuelle
comme la religion elle-même et communique sa propriété à son
domaine. « Sicut Ecclesia perpetua Religionis et fidei mater est, ita
decet ut ejus patrimonium jugiter servetur illæsum. » Lex *Jubemus,*
c. 14 de sacros. Eccles. (Domat, t. 2, p. 105). On doit donc appliquer aux biens ecclésiastiques tout ce que nous avons dit précédemment des biens des communautés perpétuelles ou permanentes.

Les biens qui composent le domaine de l'Eglise peuvent subir certaines transformations ; ils peuvent même quelquefois être échangés
ou vendus pour les causes et avec les solennités déterminées par le
droit ; mais, dans ce cas, la chose reçue en échange ou en prix doit
recevoir la destination primitivement donnée à l'objet cédé qu'elle
remplace. On peut, par exemple, vendre un presbytère pour en
employer le prix à procurer à la paroisse un autre presbytère plus
convenable. Ce n'est pas dans la réalité changer la destination de
l'ancien presbytère que de le faire servir à l'acquisition d'un autre
presbytère plus avantageux. C'est ainsi que, dans l'Eglise, les droits
de propriété se conservent et se perpétuent, lors même que l'objet

auquel ils s'appliquent est changé. Sous ce rapport, le domaine ecclésiastique est inviolable et ne peut être détourné de la destination sainte à laquelle il est irrévocablement consacré. « Rendez sacré et inviolable, dit Montesquieu, l'antique et nécessaire domaine du clergé ; qu'il soit fixe et éternel comme lui. » Esprit des lois, l. XXV — 5.

Ce qui distingue les biens ecclésiastiques de ceux des autres sociétés permanentes, ce qui en fait le caractère propre, c'est d'être *consacrés à Dieu par la piété des fidèles*. Cette consécration les tire de l'ordre commun des choses séculières, les fait passer au rang des choses ecclésiastiques et les affecte irrévocablement au culte divin pour en former la dotation perpétuelle de la religion. Toute atteinte portée à cette destination sainte serait un sacrilége.

Cette nature particulière des biens ecclésiastiques, ainsi consacrés à Dieu par la piété des fidèles, les a fait qualifier, à des points de vue divers, de *Vota fidelium, prœtia peccatorum, patrimonia pauperum, res Dei, res Ecclesiæ*. (St Urbain, Pape, Bréviaire romain, 25 mai. Conc. Trid.)

Les biens ecclésiastiques sont grevés d'une substitution perpétuelle en faveur des générations futures. Ils doivent donc être conservés avec soin et dans leur intégrité. Il suit de là que le domaine de propriété dans l'Eglise, bien que parfait en son genre, est restreint en ce sens qu'il n'emporte ni le droit d'en changer la destination sacrée, ni celui d'en disposer arbitrairement, comme le particulier peut le faire de sa chose. En cette matière tout est réglé par la loi ; tout est subordonné au droit ; rien n'est abandonné à la volonté libre et absolue de qui que ce soit. La *possession* est limitée à l'*administration* et à la *jouissance*, l'une et l'autre réglées par les saints canons.

Les bénéficiers auxquels l'Eglise accorde la *possession*, la *jouissance* et l'*administration* de quelque partie de ce domaine sacré, ne peuvent donc en disposer à leur gré, comme un particulier peut le faire de ses biens propres. Ils jouissent du *revenu* des biens de leur bénéfice ; mais ils doivent administrer ces biens en bons pères de famille et de manière à les conserver fidèlement, à les améliorer autant que possible et à les transmettre intacts à leurs successeurs. C'est surtout à leur égard, et à l'égard des simples administrateurs, que les biens ecclésiastiques sont déclarés inaliénables. L'aliénation qu'ils en feraient de leur autorité privée est frappée de nullité tant par le droit civil que par le droit canonique. L'Eglise seule, dans la personne de ses chefs, peut faire des aliénations, et seulement encore pour les causes et avec les solennités déterminées par le droit canonique, ainsi que nous l'avons déjà fait observer.

Cette constitution de la propriété ecclésiastique a le précieux avantage de bannir tout arbitraire en soumettant tout au droit ; et, plaçant dans le ciel même le principe de cette propriété, elle la rend sacrée pour tous.

Elle a exercé la plus heureuse influence sur la constitution du patrimoine des familles dans la civilisation chrétienne.

Il y a, d'autre part, entre la propriété ecclésiastique et la propriété civile une corrélation tellement intime qu'elles se protégent réciproquement, et que les attaques dirigées contre la première atteignent infailliblement la seconde, comme l'expérience, d'accord avec la raison, ne le prouve que trop bien chaque jour. Aussi les ennemis de la propriété ecclésiastique sont-ils par cela même les ennemis de la société civile.

7. DOMAINES DE PROPRIÉTÉ, D'ADMINISTRATION, DE JURIDICTION *à l'égard des biens ecclésiastiques*. — On distingue, relativement aux biens ecclésiastiques, trois sortes de domaines : le domaine de *propriété*, le domaine d'*administration* et le domaine de *juridiction*, appelé aussi domaine *éminent*.

Le premier consiste dans la propriété des biens et appartient, quant au domaine *direct*, à l'Eglise universelle ou aux Eglises mères et quant au domaine *utile*, aux Eglises particulières qui les possèdent et auxquelles ils ont été spécialement attribués.

Le second consiste dans le droit d'administrer ces biens. L'administration des biens est l'attribut de la propriété. Les biens privés sont administrés par les particuliers qui les possèdent, à moins que le propriétaire ne soit frappé d'incapacité ; mais ceux qui appartiennent à une société sont administrés, *en son nom*, par les chefs qui la gouvernent et la représentent. Cette administration fait même partie du gouvernement de la société, parce que les biens qui composent le patrimoine social sont constitués précisément pour subvenir aux besoins matériels de ce gouvernement. Cela est commun à toutes les sociétés. C'est ainsi que, par la nature même des choses, les biens ecclésiastiques doivent être administrés par l'Eglise elle-même représentée par les prélats qui la gouvernent. « Bona Ecclesiæ committuntur Prælatis et bona communia quibuscumque Reipublicæ Rectoribus. » S. Thom. summ. Theol. 2. 2. quœst. 43, art. 8. — « Bona immobilia et alia dominia ac jura, ex quibus bene-

ficiorum reditus percipiuntur, ad particulares quascumque Ecclesias
pertinent : sunt enim bona universitatis ; eorum vero, administratores et curatores sunt Episcopi aliique ordinarii Ecclesiarum, tum
sæcularium, tum regularium Rectores, sicut docet s. Thomas. »
Layman, Théol. mor. l. 4, trait. 2, cap. 1, n° 2.

Cette administration est réglée, conformément aux prescriptions
du droit canonique, par les supérieurs ecclésiastiques, qui, dans
leurs règlements, ont égard aux lois civiles de chaque contrée, en
ce qui est du ressort de l'autorité séculière.

Le domaine de juridiction consiste : 1° dans le droit de faire et
d'appliquer des lois et règlements concernant les biens ; 2° dans
celui de prélever, au besoin, sur ces biens, des subsides ou impôts,
destinés à pourvoir à un besoin commun ou à un intérêt général.
On trouve une réminiscence de ce principe dans le décret du 13
thermidor an xiii (1er août 1805), qui reconnaît aux Evêques le
droit de prélever le sixième du produit de la location des bancs,
chaises et places dans les églises de leur diocèse, pour en former un
fonds de secours en faveur des ecclésiastiques âgés ou infirmes du
diocèse.

C'est en vertu de ce domaine de juridiction que les églises diocésaines ont été autorisées, par le saint concile de Trente, dans sa 23e
session (décret de Ref. cap. 18), à prélever, au besoin, des contributions sur les revenus des bénéfices et autres biens ecclésiastiques du
diocèse, pour l'établissement et la dotation des séminaires. On
pourrait en citer beaucoup d'autres exemples ; nous nous bornerons
à rappeler la clémentine *Inter* sollicitudines (t. 5, l. 1er) et le chapitre premier du décret de réformation rendu par le concile de
Trente dans sa 5e session.

C'est du domaine de juridiction ou domaine éminent que dérivent les droits anciennement établis au profit du St-Siége et des
évêchés sous la dénomination d'*annates* et de droit *cathédratique*.
Voici ce que dit des annates Fébronius lui-même : « Les annates
sont un secours légitime dû à l'Eglise de Rome, qui veille, travaille
et fait des dépenses pour toutes les Eglises ; et l'usage en doit subsister au moins jusqu'à ce qu'on soit convenu avec le Pape d'un
autre moyen également propre à l'entretien des officiers pontificaux,
aux charges sans nombre du siége de Rome. »

On peut prescrire contre la perception de ces contributions, et
c'est effectivement par prescription qu'elles ont été le plus souvent
supprimées ; mais on ne peut prescrire contre le droit de les réta-

blir dans les circonstances où ce rétablissement deviendrait nécessaire. C'est ainsi que des besoins impérieux peuvent, dans certains cas, les faire revivre très-légitimement. Voilà à quoi se réduit en substance la polémique séculaire dont les contributions de cette nature ont été l'objet de la part des légistes, qui les ont converties en droit de régale au profit des souverains séculiers.

Dans la mémorable discussion engagée au corps législatif le 13 mars 1861 au sujet de la souveraineté temporelle du Saint-Siége, M. Keller, parlant des *annates* et du *denier de St-Pierre*, s'exprimait ainsi : « On a dit que le St-Père demandait le rétablissement des annates. Mais rétablir les annates, c'est revenir au 15e siècle ! c'est revenir au moyen-âge ! c'est rétablir la féodalité ! c'est monstrueux, c'est sauvage, ce sont de pures balivernes ! Et la foule de répéter, les annates ! on ne sait pas ce que c'est, mais cela doit être bien affreux. Qu'est-ce que c'est donc qu'une annate ? Il fut un temps où le clergé possédait des domaines territoriaux : c'est un fait que je constate et que je n'apprécie pas. A cette époque chaque nouveau possesseur devait payer au St-Siége un droit de *mutation* à peu près équivalent à une année de revenu : cela s'appelait une annate. Bientôt les rois de France trouvèrent plus commode de supprimer les annates ou plutôt de s'en emparer. La révolution acheva de simplifier la question ; elle prit tous les domaines du clergé. Plus de revenus territoriaux, par conséquent plus d'annates possibles. — Que s'est-il donc passé ? Lorsque les gouvernements proposèrent au souverain Pontife des subsides que son indépendance spirituelle et que notre liberté de conscience lui permettaient difficilement d'accepter, le Saint-Père déclara qu'il préférait des dons venant, comme autrefois les annates, de la générosité du clergé et des fidèles. Et, en effet, sachez-le, à l'heure qu'il est, il n'est pas de pauvre curé de campagne qui, sur sa modeste indemnité, ne prélève une petite annate pour le St-Père. — Et quant aux fidèles, ils ont remonté plus haut que le 15e siècle ; ils ont fait quelque chose encore de plus barbare : ils ont rétabli le *denier de St-Pierre* ; et, à l'heure qu'il est, il n'est pas de pauvre famille chrétienne qui, sur son pain de chaque jour, ne prélève une petite obole pour son père spirituel dépouillé et malheureux. » Moniteur du 14 mars 1860, p. 356.

Indépendamment des biens que l'Eglise possède à titre de propriété et qu'elle tient de la pieuse libéralité de ses enfants, elle a encore le droit de réclamer des fidèles eux-mêmes, s'il le faut, les subsides qui peuvent lui être nécessaires pour subvenir à ses besoins. En effet, les membres de la communauté, participant à ses avantages, doivent aussi participer à ses charges. C'est pour eux, non-seulement un devoir de religion, mais encore un devoir de justice et de conscience, de contribuer, en cas de besoin, selon leurs facultés, aux charges de la société et de répondre au légitime appel qui peut leur être fait à cet égard. C'est à cette obligation des fidèles que St-Paul fait allusion, quand il dit aux Corinthiens : « Si nos vobis spiritualia seminavimus, magnum est si nos carnalia vestra metamus ? » Epist. 1er ad Corinth. cap. ix, v. 11.

« L'Etat, dit le docteur Philipps, a besoin pour ses fins profanes, pour l'entretien de ses armées, de ses fonctionnaires, de ses édifices, de ses établissements publics, de certaines ressources temporelles ; de là l'obligation, pour les sujets, de payer des impôts ; de là les revenus de l'Etat formant nécessairement un domaine sacré et inviolable, et dont l'administration doit être exclusivement réservée aux agents investis de ce droit par la constitution du pays. Il en est ainsi pour l'Eglise ; elle ne saurait se passer des mêmes moyens temporels, indispensables à l'entretien du culte, à celui du clergé, des édifices et des établissements religieux. La raison et l'expérience prouvent également qu'aucune religion ne peut vivre sans le secours de ces moyens matériels ; l'Eglise n'est pas un royaume de ce monde ; mais elle est un royaume dans le monde ; et, bien que la Religion chrétienne n'ait pas été instituée en vue de l'homme temporel, ses prêtres ne sont point pourtant de purs esprits, mais des hommes soumis aux nécessités de la vie. C'est donc un devoir rigoureux pour tous les chrétiens de se dessaisir, en faveur de l'Eglise, d'une partie de leur avoir et de le lui consacrer. Le domaine de l'Eglise, formé de cette manière, ne doit pas moins être inviolable et sacré que celui de l'Etat, et l'administration en appartient exclusivement aux supérieurs ecclésiastiques institués dans ce but. » Du droit ecclésiastique dans ses principes généraux, t. 2, p. 435. Ces contributions sont tellement naturelles et fondées en droit et en raison, que nous voyons de nos jours les simples fidèles eux-mêmes, comme nous l'avons déjà dit, faire renaître spontanément l'œuvre toute providentielle du denier de St-Pierre. Les ennemis de l'Eglise ne s'attendaient sans doute pas à ce résultat de la guerre acharnée qu'ils lui font ; guerre bien plus funeste encore à la société civile qu'à l'Eglise elle-même.

8. PARTAGE DE LA PROPRIÉTÉ DIOCÉSAINE AU PROFIT DES PAROISSES,

devenues par là personnes morales. — Les églises épiscopales , désignées autrefois sous le nom de *paroisses*, et aujourd'hui sous celui de *diocèses* ou d'*évéchés*, ont toujours, depuis leur création, formé des Eglises particulières ayant leurs biens propres. De tous temps ces biens ont été administrés par l'évêque ou par ses délégués, agissant sous son autorité et obligés de rendre compte de leur gestion.

Dans l'origine, tous les biens de l'Eglise épiscopale ne formaient qu'une masse, et les revenus étaient appliqués, sous la direction immédiate de l'évêque, à tous les besoins de la société chrétienne dont il est le chef et le Père spirituel.

Plus tard, et sans que rien fût changé dans l'administration des biens ecclésiastiques du diocèse, leurs *revenus* furent généralement divisés en quatre parts affectées, la première à l'évêque, la seconde à son clergé, la troisième à la construction et à l'entretien des édifices consacrés au culte, et la quatrième au soulagement des pauvres, conformément aux prescriptions suivantes du droit canonique :

« Commoneo autem vobis omnibus mihi consortibus monimentum hoc, ut de redditibus Ecclesiæ quatuor partes fiant, quarum una cedat Pontifici, ad sui sustentationem, altera presbyteris et diaconis et omni clero, tertia templorum et ecclesiarum reparationi, quarta pauperibus et infirmis et peregrinis. » *Canones Sylvestri Papæ.*

« Quatuor autem tam de redditu quam de oblatione fidelium, prout cujuslibet Ecclesiæ facultas admittit (sicut dudum rationabiliter est decretum) convenit fieri portiones, quarum sit una Pontificis, altera clericorum, tertia pauperum, quarta fabricis applicanda. » *Gelasius Papa.*

« Mos est apostolicæ sedis ordinatis episcopis præceptum tradere, ut de omni stipendio quod accedit, quatuor fieri debeant portiones, una videlicet episcopo et familiæ ejus, propter hospitalitatem et susceptionem, alia clero, tertia vero pauperibus, quarta ecclesiis reparandis. » Gregorius Papa 1er. Augustino episcopo anglorum.

Enfin les *biens eux-mêmes*, sans changer de destination et sans cesser d'être administrés sous l'autorité et l'intendance supérieure de l'évêque, furent, non *aliénés*, mais seulement *divisés*, pour chaque partie être attribuée, sous le rapport du *domaine utile*, aux divers titres et offices ecclésiastiques créés dans le diocèse.

Les fondations postérieures se firent sous l'empire de ce nouveau régime, ce qui confirma définitivement la personnalité et la capacité civile de ces titres et offices.

Les biens attachés à chaque titre et office constituèrent les béné-

fices ecclésiastiques et furent dès lors administrés par le titulaire de
l'office, sous la direction, la surveillance et l'autorité de l'évêque,
auquel il devait rendre compte tant de la conservation et de l'administration des biens que de l'emploi des revenus aux divers services
auxquels il était obligé de pourvoir.

C'est ainsi que s'est formé peu à peu le domaine des paroisses et
qu'une partie des biens de l'Eglise épiscopale sont devenus paroissiaux, sans cesser pour cela d'être diocésains dans le sens que nous
expliquerons bientôt.

Cette transformation de la propriété diocésaine au profit des paroisses a constitué celles-ci en *Eglises filles* relativement à l'Eglise
diocésaine, et en *personnes morales* ayant leur domaine propre. Cette
transformation paraît s'être opérée du VIIe au IXe siècles.

9. Partage du domaine paroissial en plusieurs dotations. — Dans
la suite, le domaine paroissial possédé et administré par le titulaire
à la charge de pourvoir aux divers services paroissiaux, fut lui-même
divisé, dans certaines contrées, en diverses dotations affectées à ces
divers services.

La dotation affectée à l'entretien du titulaire prit alors le nom de
mense curiale ; celle affectée à la construction, à l'entretien et à
l'ameublement des édifices, ainsi qu'aux autres frais du matériel du
culte, reçut la dénomination de *fabrique ;* celles affectées à d'autres
établissements paroissiaux d'instruction et de charité reçurent des
dénominations diverses.

Ce partage du domaine paroissial et les institutions qui en pro-
vinrent amenèrent avec le temps des changements notables dans
l'administration des biens qui le composent, chaque dotation devant
avoir ordinairement son administration particulière.

La part des revenus et des biens ecclésiastiques affectés par les
lois de l'Eglise aux besoins des pauvres a donné naissance à d'in-
nombrables établissements permanents de charité.

« On le sait, dit Mgr Dupanloup, l'Eglise chrétienne, dès son
origine, parut suscitée de Dieu pour enseigner les sentiments de
l'humanité envers les pauvres et pour inspirer à tous les hommes un
esprit de commisération auquel ils avaient paru jusqu'alors tout-à-
fait étrangers. C'était pour les païens un spectacle tout nouveau. A
la vue de la tendre charité qui unissait tout les fidèles entre eux, ils
s'écriaient avec étonnement, au rapport de Tertulien : *Voyez comme
ils s'aiment les uns les autres !*

« L'empereur Julien lui-même, cet ennemi déclaré du christianisme, rougissait en comparant, sous ce rapport, les païens avec les chrétiens. C'est ce qu'on voit en particulier par sa lettre à Arsace, pontife de Galatie, dans laquelle il l'exhorte à établir des hopitaux pour le soulagement des pauvres, à l'exemple des chrétiens, qui, *outre leurs pauvres, dit-il, nourrissent encore les nôtres, que nous laissons manquer de tout.* (1)

« Saint Jean l'Aumônier, patriarche d'Alexandrie, avait, dans sa ville épiscopale, plus de sept mille cinq cents indigents, auxquels il fournissait chaque jour leur nourriture ; indépendamment de ces aumônes journalières, le saint patriarche avait établi, en diverses parties de son diocèse, des hopitaux pour les étrangers, pour les vieillards et pour les malades ; et rien n'était épargné pour le soulagement des pauvres qu'on y recevait en foule. Sa charité ne s'exerçait pas seulement sur ses diocésains, elle fournissait encore aux

---

(1) ▪ Les anciens auteurs, qui ont décrit plus en détail les monuments de Rome, de Constantinople et des autres villes célèbres de l'antiquité, font bien mention des palais, des bains, des théâtres, des temples, des ports, des greniers publics, des prisons et d'autres édifices d'utilité publique ; mais ils ne parlent d'aucun établissement destiné à recevoir les malades et les infortunés. Les premiers hopitaux dont il soit parlé dans l'histoire sont dus à la charité des chrétiens. Saint Grégoire de Nazianze, dans son discours contre Julien, composé en 363, suppose qu'ils avaient déjà formé un grand nombre de ces pieux asiles avant le règne de ce prince, qui essaya inutilement d'en former de semblables.

▪ Depuis cette époque on vit ce nouveau genre d'établissements se multiplier avec rapidité dans toutes les parties de l'empire, et dans tous les lieux où pénétra le christianisme. Saint Basile fit bâtir, dans sa ville épiscopale, un hopital pour les pauves, vers l'an 372, et parvint même depuis à en faire construire dans plusieurs autres villes ou bourgades de son diocèse. Quelques années après, saint Pammaque en établissait un à Porto, près de Rome, pour les étrangers, et un autre à Rome, de concert avec une dame romaine, nommée Fabiola, qui s'y consacra elle-même, avec la plus tendre charité, au service des malades. Vers le même temps saint Augustin fit construire à Hippone un hospice pour les étrangers, et saint Gallican un autre à Ostie. Plusieurs constitutions de l'empereur Justinien supposent qu'il y avait, de son temps, un grand nombre d'hopitaux établis dans les différentes parties de l'empire, et accordent de gands priviléges à ces précieux établissements.

▪ Ducange, dans la description des monuments élevés dans la ville impériale sous les empereurs chrétiens, y compte jusqu'à trente-cinq maisons de charité destinées au soulagement de différentes sortes de pauvres. La plupart de ces maisons étaient désignées par des noms qui annonçaient leur destination. On appelait Brephotrophium, l'hopital destiné à recevoir les petits enfants à la mamelle ; Orphanotrophium, l'hospice des orphelins ; Nosocomium, celui des malades ; Xenodochium, celui des étrangers ou des passants ; Gerontocomium, celui des vieillards ; Ptochotrophium, celui où l'on recevait généralement toutes sortes de pauvres. Ces établissements étaient, pour l'ordinaire, placés sous la surveillance de l'évêque, qui chargeait un prêtre de le représenter dans cette fonction et qui n'épargnait rien pour procurer aux pauvres et aux malades toutes sortes de soulagements. ▪

besoins d'une multitude d'Eglises et de malheureux, dans toute l'Egypte et en Orient. »

« Les papes et les évêques vendirent jusqu'aux vases sacrés pour la nourriture des indigents et pour le rachat des captifs. C'est ce que fit en particulier saint Ambroise, pour le rachat des captifs enlevés par les Goths sous l'empire de Valens et de Gratien. Vers le même temps, saint Exupère de Toulouse se réduisit par là à une telle pauvreté, qu'il était obligé de déposer le corps de Notre-seigneur dans une corbeille d'osier, et le précieux sang dans un calice de verre.

« Mais c'est surtout l'Eglise romaine qui multipliait ses aumônes et ses libéralités, à mesure qu'elle voyait augmenter ses ressources. L'histoire nous montre les souverains Pontifes constamment appliqués à faire tourner au soulagement des pauvres et à l'entretien du culte divin les riches offrandes que leur faisait la piété des princes et des peuples. C'est ce que saint Jérôme rapporte en particulier du pape Anastase 1er, qu'il nomme à cette occasion un *homme d'une très-riche pauvreté*. On sait tout ce que fit saint Léon-le-Grand pour réparer les calamités que l'Italie eut à souffrir de l'irruption des Vandales. Le pape Gélase 1er se réduisit volontairement à la pauvreté, pour nourrir une multitude de malheureux. Le pontificat de saint Grégoire surtout mérite d'être cité comme un des plus parfaits modèles de la charité pontificale. Ce grand pape était saintement prodigue des biens de l'Eglise pour le soulagement des pauvres, non-seulement à Rome et en Italie, mais dans toutes les parties de la chrétienté.

« On voit dans toutes les lettres qu'il écrivait aux administrateurs ou *recteurs des patrimoines* de l'Eglise romaine, situés en divers pays, comment il excitait leur charité envers les orphelins, les veuves, les indigents de toute espèce ; et surtout les pauvres honteux. Pour animer son clergé par son exemple, il faisait lui-même journellement à Rome des aumônes abondantes, qu'il redoublait encore en certains temps de l'année, et surtout au milieu des calamités que les incursions des barbares déchaînaient alors sur l'Italie et sur les autres provinces de l'Empire, en occident. On voyait encore au IXe siècle, dans le palais de Latran, un registre des pauvres de tout âge et de tout sexe, que le saint Pape soulageait habituellement à Rome, en Italie et dans les villes d'outre-mer, et les aumônes réglées qu'il leur faisait. On voit encore à Rome, j'ai vu moi-même, la grande table de pierre sur laquelle il servait chaque jour, de ses mains, un repas aux indigents.

« Longtemps avant Saint Grégoire, il y avait, dans tous les lieux où l'Eglise romaine possédait des patrimoines, un hopital pour les pauvres, nommé Diaconie, parce qu'il était ordinairement administré par un diacre. Non content de maintenir cette charitable institution, Saint Grégoire mandait souvent aux recteurs des patrimoines du Saint-Siége d'employer tous les revenus qu'ils en tiraient à soulager les pauvres du pays ; et il déclare nettement, dans une de ses lettres, que s'il envoie des clercs, et non des laïques, pour gouverner ces patrimoines, c'est bien moins pour en éviter la dissipation, que pour la faire tourner, par une sage administration, au profit d'un plus grand nombre de malheureux. » La souveraineté pontificale, p. 69-73.

Les diverses transformations de la propriété diocésaine se sont opérées sans que les biens entrés dans le domaine de propriété des paroisses aient été pour cela soustraits, ni au domaine éminent de la famille diocésaine, dont la société paroissiale fait nécessairement partie, ni au domaine de juridiction qui appartient essentiellement à l'autorité ecclésiastique. Aussi les évêques n'ont-ils jamais cessé de régler, de diriger et de surveiller l'administration de ces biens et l'emploi de leurs revenus. Telle est l'origine et le fondement de la juridiction légitime et nécessaire que les évêques ont constamment exercée et qu'ils conservent encore de nos jours sur la gestion de tous les biens ecclésiastiques de leur diocèse.

L'Eglise diocésaine est Eglise *mère* à l'égard des Eglises particulières qui en font partie. En cas d'extinction d'une Eglise fille, le droit d'en recueillir les biens appartient aux Eglises mères à l'égard des Eglises particulières, qui en dérivent et qui en font comme les différents membres d'une famille. On trouve une réminiscence de cette règle dans l'article 7 de la loi du 24 mai 1825 relative aux communautés religieuses de femmes, lequel dispose qu'en cas d'extinction d'une congrégation ou maison religieuse de femmes ou de révocation de l'autorisation qui lui aurait été accordée, les biens qui ne feraient pas retour aux donateurs ou à leurs parents au degré successibles, ou qui auraient été acquis à titre onéreux, seraient attribués et répartis, moitié aux établissements ecclésiastiques et moitié aux hospices des départements (diocèses) dans lesquels seraient situés les établissements éteints, et que la transmission de ces biens sera opérée avec les charges et obligations imposées aux précédents possesseurs.

On sait, d'une part, qu'autrefois les hospices étaient des établissements ecclésiastiques, et, de l'autre, que depuis le concordat de 1801, la circonscription diocésaine coïncide le plus souvent avec la circonscription départementale.

On peut voir dans la discipline ancienne et nouvelle de l'Eglise par le savant et judicieux Thomassin, l'intéressante histoire des vicissitudes qu'ont subies les biens ecclésiastiques jusqu'au 18ᵉ siècle. On y trouvera, outre les fréquentes usurpations dont ils ont été l'objet, une multitude d'anciens usages, dont on se rend aujourd'hui difficilement compte et que, pour cette raison, on est quelquefois porté à regarder comme des abus, tandis qu'en les considérant à la lueur des vrais principes, on reconnaît qu'ils étaient pour la plupart des conséquences naturelles et fort légitimes des circonstances au milieu desquelles ils se sont produits et avec lesquelles ils ont dû disparaître.

10. Institutions ecclésiastiques *désignées communément sous la dénomination d'établissements ecclésiastiques.* — Nous ne considérerons ici les Institutions ecclésiastiques que relativement aux biens qu'elles possèdent; encore nous bornerons-nous sous ce rapport à des considérations générales, devant plus tard traiter plus particulièrement de quelques-uns de ces établissements.

Nous avons déjà fait observer que les auteurs qui traitent du droit administratif, comprennent généralement les Institutions ecclésiastiques avec les établissements civils sous les dominations mal définies d'établissements *publics* et d'établissements *d'utilité publique.* Les nombreuses analogies qui existent entre les établissements ecclésiastiques et les établissement civils, particulièrement en ce qui concerne leur administration, permettent jusqu'à un certain point de les assimiler ainsi les uns aux autres sous plusieurs rapports, les premiers étant dans l'ordre religieux ce que les seconds sont dans l'ordre civil; mais la dénomination commune qui leur serait donnée pouvant fausser les idées et induire en erreur sur l'origine, la nature et l'objet des établissements institués par l'Eglise, nous croyons devoir conserver à ceux-ci leur dénomination propre d'Institutions ecclésiastiques, réservant celles d'établissements publics et d'établissements d'utilité publique pour les établissements civils.

On comprend, sous la dénomination commune d'Institutions ecclésiastiques, deux sortes d'institutions de nature fort différente et qu'il faut distinguer avec soin. Les unes ont le caractère de *société* et sont des corporations ou associations de personnes formées dans un but et un intérêt religieux et que le droit canonique désigne en général sous le nom d'*Eglises*. Les autres ont le caractère d'une dotation particulière personnifiée et affectée à un service spécial d'une de ces sociétés. Ces deux genres d'institutions constituent des personnes morales capables de posséder et de faire à l'égard de leurs biens les différents actes de la vie civile ; mais les premières sont des personnes morales *réelles*, étant composées de personnes physiques, qui leur communiquent leur capacité civile ; tandis que les autres sont des personnes morales *fictives*, auxquelles la capacité civile est conférée par une fiction de la loi.

Ces deux sortes d'institutions ont une même origine et sont assujéties aux mêmes règles pour l'*administration* de leurs biens. Il y a toutefois entre elles une différence essentielle en ce qui concerne la *propriété* de ces biens.

La propriété ne peut, en dernière analyse, résider que dans les personnes physiques ou dans les sociétés qu'elles forment entre elles, comme nous l'avons déjà dit. Il suit de là que les biens possédés et administrés par un établissement qui a seulement le caractère de dotation d'un service social particulier, et non celui d'une société, sont simplement *affectés* au service social dont ils forment la dotation, et sont, dans la réalité, la propriété de la société au service de laquelle ils sont affectés. C'est ainsi que, dans l'ordre civil, les biens des établissements nationaux sont la propriété de la nation, que ceux des établissements départementaux sont la propriété du département, que ceux des établissements communaux sont la propriété de la commune ; et que, dans l'ordre ecclésiastique, les biens des établissements diocésains sont la propriété du diocèse et que ceux des établissements paroissiaux sont la propriété de la paroisse.

Il serait à propos de désigner ces deux classes d'établissements, chacune par une dénomination propre ; par exemple de conserver aux établissements qui ont le caractère de société, leur dénomination canonique d'*Eglises*, et de restreindre la dénomination d'*établissements ecclésiastiques* à ceux qui ont le caractère de simple dotation d'un service spécial de l'une de ces Eglises. Pris dans ce sens restreint, les établissements ecclésiastiques sont des établissements sociaux, auxquels il faut appliquer ce que nous avons dit précédemment de ces derniers établissements.

Le domaine social comprend tout ce qui appartient à la société. Il comprend donc, non-seulement les biens affectés aux besoins généraux de la société auxquels il n'est pas autrement pourvu, mais encore les dotations particulières de certains services sociaux spécialement déterminés ; tels sont, à l'égard des diocèses, l'évêché ou la mense épiscopale, la fabrique de la cathédrale, les séminaires et autres établissements diocésains ; et, à l'égard des paroisses, la mense curiale, la fabrique et les autres établissements de charité ou d'instruction, créés dans l'intérêt de la paroisse.

La partie du domaine social ainsi affectée à un service social déterminé n'en reste pas moins, dans la réalité, la propriété de la société qui a doté ce service et en recueille tous les avantages. Si donc un établissement particulier ainsi créé venait, pour une cause quelconque, à être supprimé, c'est-à-dire, à perdre sa personnalité civile et son existence propre, ses biens, avec leurs charges, n'en resteraient pas moins la propriété de la société à laquelle il appartient.

C'est ce qui est arrivé de nos jours en Savoie, où les fabriques paroissiales ont été successivement établies, supprimées et rétablies. Elles furent établies en 1810 en conformité du décret du 30 décembre 1809. Lors du rétablissement du royaume de Sardaigne en 1814, elles furent supprimées par suite des édits des 28 octobre 1814 et 22 décembre 1815. Leur suppression n'a eu d'autre effet que de faire rentrer l'administration de leurs biens dans les attributions du curé, conformément aux dispositions du droit canonique. Les fabriques furent rétablies et réorganisées en 1825 dans les diocèses de Chambéry, de St-Jean-de-Maurienne et de Tarantaise ; et, en 1835, dans celui d'Annecy. Elles furent alors instituées par des règlements épiscopaux. Elles sont actuellement rétablies et organisées dans la Savoie et le comté de Nice d'après le décret du 30 décembre 1809. Ces différents changements dans l'institution des fabriques, n'en ont produit aucun dans le droit de propriété des paroisses. Celles-ci sont constamment restées propriétaires des biens administrés, tantôt par les fabriques, tantôt par les curés seuls, mais toujours sous la surveillance, la direction et l'autorité de l'évêque.

On voit par ce que nous venons de dire que les biens d'un établissement ecclésiastique proprement dit ont, à son égard, plutôt le caractère d'une simple possession que celui d'une véritable propriété. Celle-ci réside toujours dans la société à laquelle l'établissement lui-même appartient.

Ces principes nous donnent en même temps l'intelligence et l'explication d'une décision ministérielle du 6 thermidor an XII, dont les termes rendent fort inexactement le sens. Cette décision émanée de M. Portalis porte : « Les biens légués à des fabriques deviennent biens *communaux* (lisez de *communauté*). Ils ont une destination spéciale, mais ils n'ont pas le caractère de ce qu'on nommait biens ecclésiastiques (lisez biens des *ecclésiastiques* ou du *clergé*. La fabrique, ou plutôt la COMMUNAUTÉ DES HABITANTS CATHOLIQUES *en demeure propriétaire* ; et l'objet de la destination spéciale cessant, ces biens peuvent, sans blesser les droits de personne, recevoir toute autre destination pour l'avantage de la *communauté*. »

M. Louis Dufour, qui rapporte cette décision dans son traité de la police des cultes, p. 636, ajoute en note : « Pourvu toutefois que cette destination soit toujours appropriée aux seuls intérêts du culte. » Nous croyons que telle est la pensée de M. Portalis, qui parle, non des communautés civiles, mais de la *communauté des habitants catholiques*, expressions qui ne peuvent s'appliquer qu'aux sociétés religieuses, telles que les Eglises diocésaines ou les Eglises paroissiales.

Ces considérations générales, dont nous aurons à faire plus tard de fréquentes applications, nous ont paru nécessaires pour mieux faire ressortir la différence qui existe entre les institutions ecclésiastiques qui ont le caractère de sociétés et celles qui ont le caractère d'une simple dotation personnifiée. Elles nous faciliteront également l'intelligence de ce qui nous reste à dire en particulier de chacun de ces deux genres d'institutions ecclésiastiques.

11. EGLISES. — Le mot *église*, qui signifie proprement *assemblée*, s'emploie dans trois sens différents, qu'il importe de distinguer : 1º celui d'édifices, 2º celui de société, 3º celui d'autorité ecclésiastique. Dans le premier cas, il désigne le temple où les fidèles s'assemblent pour le service du culte public. Dans le second, il désigne soit la société universelle des fidèles, soit ses subdivisions canoniquement constituées en autant d'Eglises particulières, tels que les Eglises provinciales ou métropolitaines, les diocèses, les paroisses, les chapitres, les monastères et autres corporations ou communautés ecclésiastiques ou religieuses ; car le droit canonique les comprend toutes sous la dénomination générale d'*Eglises*. V. card Soglia, Institutiones Juris ecclesiatici privati, p. 132 et 222. Dans le troisième cas, le mot *Eglise* signifie l'autorité préposée au gouvernement de la société chrétienne et désigne le corps des pasteurs et des ministres en qui réside cette autorité. C'est en ce sens que l'on dit : l'Eglise enseigne, décide, prescrit.

Le texte français du concordat de 1801 offre, dans ses articles 12 et 15, un exemple des deux premières acceptions du mot Eglise.

L'art. 12 porte : « Toutes les *églises* métropolitaines, cathédrales, paroissiales et autres non aliénées, nécessaires au culte, seront remises à la disposition des évêques. » L'art. 15 porte : « Le Gouvernement prendra également des mesures pour que les catholiques français puissent, s'ils le veulent, faire, en faveur des *Eglises*, des fondations. » Eglise signifie édifice du culte dans le premier et société de fidèles dans le second.

Le texte latin prévient toute équivoque en employant le mot *templum* dans l'art. 12 et le mot *Ecclesia* dans l'art. 15. Ces articles sont en effet ainsi conçus : « Art. 12. Omnia *templa* metropolitana, cathedralia, parochialia, atque alia quæ non alienata sunt, cultui necessaria, Episcoporum dispositioni tradentur. Art. 15. Idem Gubernium curabit ut catholicis in Gallia liberum sit, si libuerit, *Ecclesiis* consulere novis fundationibus. »

On peut voir des observations analogues sur les divers sens du mot Eglise, faites par M. Kerchove, dans ses *Eléments de jurisprudence administrative sur la propriété des biens affectés au culte, p. 40.*

On distingue ordinairement les diverses acceptions du mot Eglise en l'écrivant par un E majuscule, lorsqu'il est employé dans le sens de société religieuse et dans celui d'autorité ecclésiastique, et par un é minuscule, quand il est employé dans le sens d'édifice consacré au culte.

Les provinces ecclésiastiques ou métropoles sont, comme les diocèses et les paroisses, des Eglises dans le sens de l'art. 15. du Concordat de 1801. Les Eglises provinciales, ou métropolitaines, comme les Eglises diocésaines et les Eglises Paroissiales, sont canoniquement constituées et organisées en corporations ecclésiastiques. La loi civile les reconnaît et le Gouvernement lui-même a concouru à leur établissement. *Loi du 18 germinal, an X, art.* 58 *et* 59. On peut donc, en vertu de la disposition précitée de l'article 15 du concordat de 1801, faire des fondations en leur faveur, comme on peut en faire en faveur des diocèses et des paroisses. On pourrait, par exemple, fonder, en faveur d'une province ecclésiastique, une chaire de droit canonique, une faculté de théologie, une université catholique, une maison de hautes études ecclésiastiques ou un séminaire métropolitain, comme le Gouvernement lui-même l'avait tenté. *Loi du 23 ventôse, an XII (14 mars 1804).*

Il n'en est pas ainsi de l'*Eglise de France*, communément désignée sous le nom d'*Eglise gallicane*; elle ne forme pas une corporation ecclésiastique proprement dite ; elle n'est constituée en

Eglise particulière ni canoniquement, ni civilement. Elle n'occupe aucun rang dans la hiérarchie des Eglises particulières, qui ne peuvent exister sans un chef ecclésiastique propre. Nos Eglises métropolitaines ou provinciales relèvent immédiatement du Saint-Siége.

Avant la révolution de 1789, l'Eglise gallicane ne formait, pas plus qu'aujourd'hui, une Eglise particulière canoniquement constituée, mais elle existait comme personne morale jouissant de la capacité civile. Elle avait, comme chaque diocèse en particulier, ses revenus, ses impôts, sa dette, ses assemblées, dans lesquelles elle votait ses subsides (6) à l'Etat et nommait ou confirmait ses syndics et ses agents généraux. Actuellement, la loi civile ne l'admet plus même comme simple personne morale. Les expressions *Eglise de France*, *Eglise gallicane* ne signifient donc plus rien autre chose que *les Eglises de France*.

12. ÉTABLISSEMENTS ECCLÉSIASTIQUES PROPREMENT DITS. — Les établissements ecclésiastiques proprement dits, comme nous l'avons

---

(6) On répète journellement et on croit généralement qu'avant la révolution de 1789 les biens ecclésiastiques étaient exempts d'impôts et ne contribuaient pas aux charges de l'Etat; tandis qu'au contraire ils y contribuaient dans une plus grande proportion que les biens des particuliers. — Dans les 66 ans qui se sont écoulés de 1700 à 1765, les contributions payées au Roi par le clergé de France se sont élevées à la somme de 330 millions, 511 mille, 40 livres, 10 solds, 3 deniers, qui se répartissent ainsi qu'il suit :

1° Anciennes décimes ou rentes des Hôtels-de-Ville ds Paris et de Toulouse prétendues assignées sur le clergé. . . . . , . . .	63,595,428	1	7
2° Anciennes rentes.	20,347,612	8	8
3° Dons gratuits extraordinaires.	239,250,000	0	0
4° Oblats . . . , ...	7,318,000	0	0
Total pour les 66 années.	330,511,040	10	3

Dans cette somme ne sont pas compris les frais du vote, de la répartition, du recouvrement, du versement de ces contributions, frais supportés intégralement par le clergé et évalués approximativement au quart en sus de la somme principale, soit 82 à 83 millions à ajouter à la somme ci-dessus.

Les diocèses d'Arras, Saint-Omer, Cambray, Strasbourg, Besançon, Belley, Perpignan, Metz, Toul et Verdun, dont la réunion à la France était postérieure au contrat de Poissi passé en 1561 entre le roi et le clergé de France, ne participaient pas à ces contributions; ce qui rendait celles-ci plus onéreuses aux autres diocèses. — Ces contributions excessives ont commencé la ruine des établissements ecclésiastiques; et cette ruine était déjà fort avancée, quand la révolution de 1789 est venue la compléter. C'est à ces contributions ruineuses qu'il faut principalement attribuer la suppression successive d'une multitude de prieurés, qui avaient fondé et desservaient la plupart des paroisses de la campagne, ainsi que la nécessité où se sont trouvés les évêques de créer les séminaires diocésains, conformément aux prescriptions du St-concile de Trente, afin de former le clergé séculier appelé à remplacer le clergé régulier dans l'administration de ces paroisses.

déjà fait remarquer, ont le caractère, non d'une corporation, mais d'une dotation particulière affectée à un besoin ou service social déterminé. Ils consistent dans la formation et l'administration d'un domaine particulier personnifié et consacré à un service spécial d'utilité sociale. Ils sont l'accessoire de quelque société ou corporation ecclésiastique, à laquelle ils appartiennent. C'est ainsi que, dans l'ordre religieux, il y a des établissements diocésains et des établissements paroissiaux, comme, dans l'ordre civil, il y a des établissements départementaux et des établissements communaux.

Au point de vue des *choses*, ces établissements sont des biens affectés à un service social ; au point de vue des *personnes*, ils sont des administrations. Si l'administration est collective, comme cela a lieu le plus souvent dans l'Eglise, elle forme un corps ou collége d'*administrateurs* et non pas une corporation ou communauté de *sociétaires*.

Comme exemples d'établissements sociaux ecclésiastiques, nous citerons les séminaires diocésains, les caisses ecclésiastiques, les fabriques des Eglises, les bénéfices ecclésiastiques.

13. Séminaires diocésains. — Les *séminaires diocésains* sont des établissements formés pour l'éducation des clercs. Nous les considérons comme des établissements proprement dits et non comme des corporations ou sociétés, parce que les personnes réunies, soit en qualité d'élèves, soit en qualité de maîtres directeurs ou professeurs, dans les bâtiments de l'établissement, ne forment pas nécessairement une corporation ou société proprement dite. Si le séminaire est dirigé par une congrégation ou communauté d'ecclésiastiques canoniquement constituée, il n'en conserve pas moins son existence propre et sa personnalité distinctes de celles de la congrégation ou communauté qui le dirige, en sorte que, dans ce cas, il y a deux institutions ecclésiastiques de nature différente, l'une ayant le caractère de corporation ou société et l'autre celui d'une dotation personnifiée affectée à un service spécial d'utilité diocésaine ; ce qui constitue un établissement ecclésiastique proprement dit.

14. Caisses ecclésiastiques. — Les caisses ecclésiastiques établies dans certains diocèses en faveur des prêtres âgés ou infirmes, sans fonctions, doivent être aussi rangées au nombre des établissements diocésains, car elles consistent dans une dotation personnifiée affectée par le diocèse ou ses bienfaiteurs à l'entretien de ceux de ses prêtres qui sont dépourvus des moyens suffisants d'existence. La création de ces caisses n'est pas une innovation de nos jours.

L'ancien diocèse de Langres possédait une caisse ecclésiastique de ce genre, et il n'était sans doute pas le seul qui en fût pourvu (7).

15. FABRIQUES DES EGLISES. — Les *fabriques des Eglises* sont des établissements diocésains ou paroissiaux et consistent dans une dotation personnifiée et affectée par les diocèses ou par les paroisses aux frais du *matériel du culte*, comme les dotations des titres et offices ecclésiastiques sont affectés à l'entretien du *personnel du clergé*.

Dans certaines contrées la dotation du matériel et celle du personnel ne sont pas distinctes et restent confondues dans la dotation générale de l'Eglise. Dans ce cas, le titulaire a l'administration de tous les biens qui composent la dotation de son Eglise. Il prélève sur les revenus ce qui est nécessaire à son entretien et applique le reste aux autres charges de son Eglise, mais toujours sous la surveillance, la direction et l'autorité du supérieur hiérarchique; c'est à cet ordre de choses que fait allusion un décret du 26 décembre 1813, dont l'article 2 porte : « Il n'est rien innové à l'égard des curés qui, à raison de leur dotation, sont chargés des frais du culte. » Dans ce dernier cas, le titulaire doit être considéré comme *usager* et comme *administrateur comptable* des biens qui composent la dotation de son Eglise et constituent son bénéfice.

FABRIQUES DIOCÉSAINES. — Devant traiter des fabriques paroissiales dans la section suivante, nous nous bornerons ici à exposer ce qui concerne spécialement les fabriques diocésaines.

(7) Jusqu'en 1777, l'autorité ecclésiastique seule avait établi, organisé et régi la chambre ecclésiastique du diocèse et le bureau diocésain des décimes prélevés sur le clergé, ainsi que la caisse ecclésiastique créée en faveur des ecclésiastiques âgés ou infirmes hors de fonctions. A cette époque l'autorité civile n'était pas encore intervenue dans le régime de ces institutions. L'assemblée générale du clergé tenue en 1770 ayant rédigé un projet de règlement général sur cet objet, la chambre ecclésiastique de Langres, dans une délibération du 11 décembre 1776, demanda au roi l'autorisation d'appliquer au diocèse ce règlement général avec les légers tempéraments réclamés par les circonstances locales. Sur cette demande, intervint, le 27 janvier 1777, un arrêt du conseil d'Etat portant règlement du bureau des décimes du diocèse de Langres. L'article 26 de ce règlement porte : « Autorise Sa Majesté ledit bureau à CONTINUER de lever sur les bénéfices dudit diocèse la somme de 1,500 livres pour fournir des secours aux curés, vicaires et autres ecclésiastiques que l'âge ou les infirmités mettront hors d'état de continuer leurs fonctions; ladite somme sera comprise dans le département des dépenses communes. »

Cette somme de 1,500 livres ayant été reconnue insuffisante par le synode diocésain tenu en 1783, cette assemblée, par délibération du 2 septembre de ladite année, a prié Mgr de la Luzerne, alors évêque de Langres, de solliciter du roi un arrêt qui autorise le bureau des décimes à porter cette somme de 1,500 livres à 6,000 livres; ce qui fut accordé par un arrêt rendu en conseil d'Etat du roi, le 17 janvier 1784.

Le décret du 30 décembre 1809 contient au sujet des fabriques des cathédrales les dispositions suivantes :

« Chapitre V. Des églises cathédrales, des maisons épiscopales et des séminaires.

Art. 104. Les fabriques des églises métropolitaines et cathédrales continueront à être composées et administrées conformément aux règlements épiscopaux qui ont été réglés par nous. — 105. Toutes les dispositions concernant les fabriques paroissiales sont applicables, en tant qu'elles concernent leur administration intérieure, aux fabriques des cathédrales. — 106. Les départements compris dans un diocèse sont tenus, envers la fabrique de la cathédrale, aux mêmes obligations que les communes envers leurs fabriques paroissiales. — 107. Lorsqu'il surviendra de grosses réparations ou des reconstructions à faire aux églises cathédrales, aux palais épiscopaux et aux séminaires diocésains, l'Evêque en donnera l'avis officiel au Préfet du département dans lequel est le chef-lieu de l'évêché; il donnera en même temps un état sommaire des revenus et des dépenses de sa fabrique, en faisant sa déclaration des revenus qui restent libres après les dépenses ordinaires de la célébration du culte. — 108. Le Préfet ordonnera que, suivant les formes établies pour les travaux publics, en présence d'une personne à ce commise par l'Evêque, il soit dressé un devis estimatif des ouvrages à faire. — 109. Ce rapport sera communiqué à l'Evêque, qui l'enverra au Préfet avec ses observations. — Ces pièces seront ensuite transmises par le Préfet, avec son avis, à notre ministre de l'intérieur; il en donnera connaissance à notre ministre des cultes. — 110. Si les réparations sont à la fois nécessaires et urgentes, notre ministre de l'intérieur ordonnera qu'elles soient provisoirement faites sur les premiers deniers dont les préfets pourront disposer, sauf le remboursement avec les fonds qui seront faits pour cet objet par le conseil général du département, auquel il sera donné communication du budget de la fabrique de la cathédrale, et qui pourra user de la faculté accordée aux conseils municipaux par l'article 96. — 111. S'il y a dans le même évêché plusieurs départements, la répartition entre eux se fera dans les proportions ordinaires, si ce n'est que le département où sera le chef-lieu du diocèse payera un dixième de plus. — 112. Dans les départements où les cathédrales ont des fabriques ayant des revenus dont une partie est assignée à les réparer, cette assignation continuera d'avoir lieu, et seront, au surplus, les réparations faites conformément à ce qui est prescrit ci-dessus.

— 113. Les fondations, donations ou legs faits aux Eglises cathédrales, seront acceptés, ainsi que ceux faits aux séminaires, par l'Evêque diocésain, sauf notre autorisation donnée en conseil d'Etat, sur le rapport de notre ministre des cultes. »

Ainsi d'après ce décret, les diocèses ont leur fabrique, comme les paroisses ont la leur ; les fabriques diocésaines sont chargées de pourvoir : 1º aux frais de la célébration du culte dans l'église cathédrale, 2º à l'entretien des édifices diocésains ; 3º au traitement des membres du clergé diocésain qui ne sont pas rétribués par l'Etat ; comme les fabriques paroissiales sont chargées de pourvoir : 1º aux frais de la célébration du culte dans l'église paroissiale, 2º à l'entretien des édifices paroissiaux, 3º au traitement des membres du clergé paroissial qui ne sont pas rétribués par l'Etat. En cas d'insuffisance des revenus des fabriques diocésaines, il y est suppléé par les départements compris dans la circonscription diocésaine, comme en cas d'insuffisance des revenus des fabriques paroissiales, il y est suppléé par les communes comprises dans la circonscription paroissiale. Ce système est parfaitement lié dans toutes ses parties. Il est rationnel et en harmonie avec le droit ecclésiastique, qui, à défaut des revenus des diocèses ou des paroisses, met les frais du culte à la charge des membres de la famille diocésaine ou paroissiale. Il suppose que les diocèses, comme les paroisses, sont des personnes morales capables d'acquérir et de posséder ; et ce caractère leur a été si bien reconnu par les divers gouvernements qui se sont succédé que, pendans la période de 1802 à 1840, M. Vuillefroy ne compte pas moins de quatre-vingt-treize décrets ou ordonnances qui ont autorisé les *diocèses*, soit à accepter des legs ou donations, soit à faire des acquisitions à titre onéreux. Traité de l'administration du culte catholique, p. 245-246.

Ces dispositions sont encore actuellement en vigueur en Belgique, où rien, à cet égard, n'a été changé à la législation de l'empire ; et la matière continue d'y être réglée conformément aux décrets des 30 décembre 1809 et 6 novembre 1813, comme on le voit : 1º dans une circulaire adressée le 7 juin 1824 par S. E. le Directeur général à MM. les Gouverneurs ; 2º par la loi provinciale du 30 avril 1836, art. 69. Voir le commentaire de cette loi publié en 1842 par M. Bivort.

En France cette législation n'a pas été modifiée. En droit elle y est donc encore en vigueur, comme en Belgique ; mais en fait l'administration n'en tient aucun compte depuis 1848. Nous disons qu'en France cette législation n'a pas été modifiée, et nous en trouvons l'aveu dans la circulaire ministérielle du 20 avril 1849, dans laquelle, parlant du nouveau système inauguré en 1848 pour l'entretien et la conservation des édifices diocésains, le ministre, M. de Falloux, dit : « Je n'ai voulu en effet, ni soulever des questions de propriété, *ni déroger à la législation existante* sur les droits des Evêques, des fabriques et des administrations des séminaires... Ainsi, en ce qui concerne les cathédrales, les articles 105, 107, 108, 109 du décret du 30 décembre 1809 conservent leur vigueur. Il en est de même du décret du 6 novembre 1813 en ce qui concerne les séminaires. » Cette déclaration est précieuse à recueillir comme reconnaissance du droit toujours en vigueur ; et l'autorité diocésaine pourra, dans l'occasion, s'en prévaloir ; mais nous le répétons, l'administration civile n'en tient aucun compte. (8)

Une circulaire ministérielle de M. Bigot de Préameneu adressée aux préfets le 21 octobre 1808 nous fait connaître le régime des fabriques diocésaines établi en 1802 et consacré par les dispositions précitées du décret réglementaire du 30 décembre 1809 ; elle nous apprend comment le gouvernement d'alors comprenait les charges départementales relativement aux dépenses diocésaines. Nous croyons devoir la reproduire ici en partie. Elle est ainsi conçue : « Monsieur le Préfet, vous connaissez la disposition de l'article 34, titre VIII, de la loi des finances de l'an XIII, qui porte que les conseils généraux pourront proposer d'imposer, jusqu'à concurrence de quatre centimes au plus, soit pour réparations, entretien de bâtiments et supplément de frais du culte, soit pour construction de canaux, chemins ou établissements publics. — La seconde partie de cette disposition est absolument étrangère aux attributions du ministère des cultes ; mais la première m'impose le devoir d'entrer avec vous dans quelques détails. — Je n'ai pas besoin d'exciter votre zèle à concourir aux sages vues de Sa Majesté ; il suffit de le diriger, en lui indiquant les objets auxquels il peut et doit être appliqué.

---

(8) L'histoire de cette administration en ce qui concerne les édifices diocésains est à faire. Elle est fort importante, principalement au point de vue de la question de la propriété de ces édifices. Elle pourrait être l'objet d'une intéressante étude. Ceux qui voudraient entreprendre cette étude, trouveront dans le recueil des Circulaires, Instructions et autres actes relatifs aux affaires ecclésiastiques, publié en deux volumes, l'un en 1841 et l'autre en 1858, le texte même des actes officiels à discuter.

— Dans l'entretien des cathédrales, il faut comprendre le mobilier qui les décore, et sans lequel on ne pourrait faire décemment le service divin. — Les maisons épiscopales et leur mobilier sont encore des objets qui intéressent l'universalité du diocèse, et qui conséquemment doivent figurer dans la classe des dépenses départementales. — La loi ne s'est pas uniquement occupée des édifices ; elle a étendu sa sollicitude sur tout ce qui concerne les frais du culte, et elle autorise les conseils généraux de département à proposer des impositions pour suppléer aux ressources accidentelles ou ordinaires destinées à l'acquittement de ces frais. — Il est évident que la loi a entendu comprendre, sous l'expression indéfinie *supplément des frais du culte*, les *choses* et les *personnes*. — L'Eglise et l'Etat imposent, par exemple, aux Evêques l'obligation rigoureuse de faire des visites périodiques dans leur diocèse. Ils sont encore soumis à entretenir une correspondance active et coûteuse avec les ecclésiastiques qui vivent sous leur juridiction, et avec un grand nombre de fonctionnaires publics ; les frais de ces visites et de cette correspondance sont certainement de nature à être rangés dans la classe des frais du culte. — Le service divin dans les cathédrales nécessite l'établissement de ce que l'on appelle le bas-chœur. Cet objet peut donc encore fixer l'attention des conseils généraux de département... Enfin, le traitement des ministres est certainement une partie essentielle des frais du culte, qui ne pourrait subsister sans ministres. La loi, en autorisant à proposer des impositions pour supplément des *frais du culte*, suppose donc nécessairement qu'on peut en proposer pour supplément de traitement des personnes consacrées au culte. On peut d'autant moins se méprendre à cet égard, que déjà, par des arrêtés précédents, Sa Majesté avait invité les conseils généraux de département à exprimer leur vœu et à proposer des augmentations de traitements. Ce vœu a été énoncé dans presque tous les départements de l'Empire ; aujourd'hui la loi des finances fournit des moyens de le réaliser. — Les Evêques, les vicaires généraux et les chanoines, les professeurs et les directeurs des séminaires diocésains, sont les ministres du sort desquels les conseils généraux de département peuvent s'occuper, parce que ces ministres n'appartiennent point à une paroisse particulière, mais au diocèse entier... Vous voudrez bien, Monsieur le Préfet, développer ces principes, avec votre sagesse ordinaire, aux membres du conseil général, en leur communiquant cette lettre. — Recevez, Monsieur le Préfet, l'assurance de ma haute considération. — Le ministre des cultes, comte de l'Empire, Bigot de Préameneu. , Législation des paroisses en Belgique, par L. Bon, 2e édition, 1842, page 124.

Le gouvernement qui traçait ces instructions ne revendiquait nullement pour lui ni la propriété des édifices diocésains rendus au culte, ni celle du mobilier des cathédrales et des évêchés, ainsi que le fit le gouvernement de 1830.

Comme il était pourvu aux dépenses du service diocésain d'une manière fort inégale et souvent fort insuffisante dans les divers diocèses, selon la diversité des ressources de chaque département et les dispositions plus ou moins favorables des conseils généraux, le gouvernement de la restauration se substitua peu-à-peu à ceux-ci tant pour la perception que pour l'emploi des centimes additionnels affectés à ces dépenses. Mais, qu'on le remarque bien, cette transformation fut purement administrative ; elle conserva à ces contributions leur nature de *secours* au diocèse, comme à ces dépenses leur caractère à la fois diocésain et départemental, et laissa subsister dans leur intégrité les droits de l'évêque et les attributions de la fabrique diocésaine, tels que les reconnaît le décret du 30 décembre 1809. La preuve, la raison et la portée de cette transformation purement administrative se trouvent : 1º dans la loi de finances du 25 mars 1817, art. 52, 53, 54, 55 et 143 ; 2º dans la circulaire adressée à NN. SS. les Evêques par le ministre de l'Intérieur le 23 juillet 1820. Le régime exposé dans cette circulaire s'est maintenu jusqu'en 1826. A cette époque est survenu un changement occasionné par la séparation de l'administration du culte catholique du ministère de l'intérieur et par la création du ministère des affaires ecclésiastiques, comme on le voit par la loi de finances du 13 juin 1825 concernant le budget de 1826 et par la circulaire du ministre de l'intérieur adressée aux préfets le 18 du même mois. Ce changement consista uniquement à transporter au budget de l'Etat les dépenses diocésaines supportées jusque là par les budgets départementaux, ainsi que les centimes additionnels affectés au payement de ces dépenses. Il n'a porté aucune atteinte à la constitution de la propriété diocésaine ; il a conservé aux diocèses leur personnalité morale et leur capacité civile, et il a laissé intacts les droits des Evêques ainsi que les attributions des fabriques diocésaines et celles des administrations des séminaires, en ce qui concerne la gestion des biens et revenus composant le domaine de ces établissements. Et, en effet, les formalités prescrites à cet égard par les décrets des 30 décembre 1809 et 6 novembre 1813 continuèrent d'être observées comme précédemment. Seulement les relations que l'autorité diocésaine entretenait à ce sujet avec les conseils généraux par l'entremise des préfets s'établirent directement entre elle et le ministre des cultes. Du reste, rien ne fut changé : les sommes allouées aux diocèses par l'Etat conservèrent, ainsi que nous l'avons déjà dit, le caractère de *secours*, qu'avaient déjà celles qui leur étaient allouées par les départements ; et, comme ces secours proviennent toujours en définitive, des impôts prélevés sur les habitants, ils continuent, dans la réalité, d'être fournis par les *diocésains*. Il est vrai que, dans ce système, les dissidents contribuent aux frais du culte catholique ; mais il y a compensation, puis qu'à leur tour les catholiques contribuent aux frais du culte des dissidents. La compensation s'établit également entre les divers diocèses de France. Ce mode de répartition des frais du culte facilite la tâche de l'administration civile sans qu'on puisse lui reprocher de blesser la justice distributive, et c'est sans doute ce qui l'a fait adopter ; mais il ne faut pas en conclure, comme le font certains jurisconsultes de nos jours, que les diocèses ont perdu leur existence propre, leur personnalité morale et leur capacité civile, pour devenir une simple branche de l'administration publique. Cette grave erreur n'a été partagée ni par le premier empire, ni par la restauration. Ces deux gouvernements ont au contraire reconnu et respecté l'existence propre des diocèses, leur personnalité morale et leur capacité civile : tous leurs actes en témoignent. Ce n'est pas le premier empire qui a contesté aux diocèses la propriété des édifices diocésains pour se l'attribuer à lui-même, lui qui s'est empressé d'abandonner gratuitement aux départements et aux villes la pleine propriété des édifices nationaux affectés au service de l'administration, des cours et tribunaux, de l'instruction publique, ainsi que les casernes, corps de garde et autres bâtiments militaires (décrets des 23 avril 1810 et 9 avril 1811). Ce n'est pas non plus la restauration qui a revendiqué pour l'Etat la propriété des édifices diocésains et celle du mobilier des cathédrales et des évêchés. Cette fausse doctrine a été professée, non par eux, c'est une justice à leur rendre, mais par le gouvernement issu de la révolution de 1830 : *suum cuique*.

Le premier acte, croyons-nous, dans lequel cette doctrine s'est produite nettement, est l'ordonnance du 4 janvier 1832 relative au récolement annuel du mobilier des évêchés et dans laquelle il est dit : « La dépense des mobiliers des archevêchés et évêchés étant *aujourd'hui* portée à la charge de l'Etat, ils sont par conséquent sa propriété ; d'où il suit que c'est à l'Etat *seul* qu'il appartient de veuiller à leur conservation. » Le même raisonnement s'est fait à l'égard des édifices diocésains ; et c'est ainsi que d'un *secours* au diocèse on a prétendu faire un moyen de dépossession des diocèses au profit de l'Etat.

On lit dans une circulaire du 1er décembre 1848 adressée aux préfets par le ministre de la justice et de cultes : M. Barthe. « Les églises cathédrales ne sont pas sorties, comme les églises paroissiales, des mains du domaine ; elles sont demeurées la propriété le l'Etat, qui pourvoit à leur entretien, à leur réparation, à leur achèvement, sur les fonds du trésor public alloués pour cette destination au budget du ministère des cultes ; elles rentrent ainsi directement dans les attributions spécialement dévolues à ce ministère. C'est à lui que doivent être soumis les projets des architectes, établis sur un programme donné par l'autorité diocésaine, le premier et le meilleur juge, sinon de ce que la conservation du bâtiment ou la perfection du goût peut réclamer, du moins de ce qui est convenable pour les cérémonies religieuses. » (Circulaire du 12 septembre 1820.) — Ce n'est aussi qu'avec l'approbation du ministre des cultes que l'on peut y exécuter les modifications ou embellissements *dont la fabrique ferait les frais*, soit avec ses propres ressources, soit avec les fonds qui seraient mis à sa disposition par la piété des fidèles. (*Même circulaire...*) — Je vois que dans plusieurs endroits, il a été fait abandon aux musées ou aux bibliothèques des localités de tableaux, de sculptures ou d'objets d'art provenant de démolitions, de changements de dispositions intérieures, ou mis à découvert par des fouilles partiquées, soit dans les églises cathédrales, soit dans leurs dépendances ; il en a été de même à l'égard des anciens missels, d'anciens chartriers, etc. Il y avait sans doute un grand avantage à assurer ainsi la conservation de ces objets précieux ; cependant, on a eu tort d'oublier, et l'on ne doit point perdre de vue pour l'avenir, que ces objets étant, comme les cathédrales dont ils proviennent, *la propriété de l'Etat*, il n'appartient qu'au gouvernement d'en disposer. »

L'auteur de cette circulaire paraît ignorer que c'est le gouvernement lui-même, qui, par la confiscation des biens ecclésiastiques et la vente du mobilier des églises a jeté dans le commerce les objets précieux dont il parle. Si quelques-uns sont rentrés dans nos cathédrales, ce n'est pas que le gouvernement, qui les avait vendus à beaux deniers comptants, les ait rachetés pour les rendre à nos églises, et nous nous permettons de demander, ce que la circulaire ne nous dit pas, par quel procédé le gouvernement, qui avait vendu ces objets, en a reçu le prix, et ne les a pas rachetés, en est devenu de nouveau propriétaire.

Cela me remet en mémoire qu'en 1807, un artiste distingué fut chargé par le gouvernement de visiter les divers établissements publics de l'empire, à l'effet d'en extraire les objets d'art qui lui sembleraient propres à l'embellissement du palais de la Malmaison, habitation ordinaire de l'impératrice Joséphine. Sur la demande de cet artiste, le conseil municipal de Metz prit une délibération par laquelle il disposait en faveur de l'Impératrice d'une cuve de porphyre placée dans la cathédrale et servant de fonts baptismaux. Mgr Jauffret, alors évêque de Metz, était absent. Le jour où il rentrait dans sa ville épiscopale, on disposait tout pour l'enlèvement et le transport de cette cuve. Le prélat fait au préfet les réclamations convenables et en obtient un délai. Le gouvernement est prévenu. L'ordre de respecter la cuve arrive bientôt. La délibération du conseil municipal est annulée, et le préfet est averti lui-même de ne plus se prêter à de tels actes, aucun objet consacré au culte ne pouvant recevoir une autre destination sans l'autorisation du premier pasteur. (Mémoires sur les affaires ecclésiastiques de France, t. 2, p. 202). A cette époque, on n'avait pas encore inventé la théorie invoquée dans la circulaire précitée du 1er décembre 1838.

L'auteur de cette circulaire prétend que l'approbation du ministre des cultes est nécessaire pour exécuter dans les cathédrales les modifications et embellissements *dont la fabrique ferait les frais*, et il cite à l'appui une circulaire ministérielle du 12 septembre 1820. Nous ferons remarquer à ce sujet : 1º que la circulaire du 12 septembre 1820 ne concerne que les travaux exécutés pour le compte de l'Etat et nullement ceux exécutés pour le compte de la fabrique ; 2º que la règle tracée à cet égard par la circulaire précitée du 1er décembre 1838 est en opposition formelle avec les articles 105 et 48 du décret du 30 décembre 1809, qui portent d'une part que toutes les dispositions concernant les fabriques paroissiales sont applicables, en tant qu'elles concernent leur administration intérieure, aux fabriques des cathédrales, et, de l'autre, que dans le cas où les revenus de la fabrique couvrent les dépenses portées au budget, le budget peut recevoir sa pleine et entière exécution, sans autres formalités que l'approbation de l'évêque diocésain. C'est en conformité de ce principe qu'une décision ministérielle du 10 mars 1821, citée par

M. Vuillefroy, dans son traité ce l'administration du culte catholique, p. 308, porte que l'approbation de l'évêque suffit pour les marchés consentis pour les *grosses réparations*, lorsque la fabrique a des fonds suffisants pour couvrir la dépense. C'est en vain qu'en 1838 le ministre cherchait à dissimuler la nouveauté de la mesure prescrite par lui en l'attribuant à un ministre de la Restauration ; cette mesure n'était alors justifiée par aucun précédent ; et ce n'est ni l'empire, ni la Restauration, qui auraient pu professer le principe sur lequel on prétend aujourd'hui la fonder.

Dans cette circulaire de 1838, le ministre ajoute : « le clergé et les fabriques des cathédrales doivent comprendre, en effet, que n'ayant que le *simple usage* des églises, *il ne saurait leur être permis* d'y faire aucune disposition susceptible de les attaquer, soit dans leur construction, soit dans leur ornementation, et qu'ils doivent se borner à émettre des *vœux*, que je consulterai toujours avec un vif intérêt et que je m'empresserai d'accueillir, lorsque j'en aurai la possibilité, après les avoir soumis à l'examen des gens de l'art. »

Le clergé et les fabriques n'ont pas seulement l'*usage* des églises cathédrales ; ils en ont encore *l'administration*. Le *clergé*, quand il s'agit de l'administration des cathédrales, qu'on ne s'y méprenne pas, ce sont NN. SS. les évêques. Qu'ils se le tiennent donc pour dit avec tout le respect qu'on leur porte : il ne saurait leur être *permis* de faire, dans leurs cathédrales, avec le concours de leurs fabriques, aucune disposition susceptible de les attaquer, soit dans leur construction, soit dans leur *ornementation* ; ils doivent se borner à émettre des vœux, que le ministre consultera avec un vif intérêt et qu'il s'empressera d'accueillir, s'il le peut, après les avoir soumis à l'examen des gens de l'art. Ainsi l'évêque, qui peut ordonner, dans toutes les églises paroissiales de son diocèse, les dispositions qu'il juge nécessaires, ne doit rien se *permettre* de semblable dans sa cathédrale et doit se borner à émettre des vœux, que le ministre se réserve de consulter pour y avoir tel égard qu'il jugera à propos.

C'est ainsi que le gouvernement issu de la révolution de 1830 posait peu à peu les bases d'un nouveau système, que nous verrons bientôt se développer en France, et qui ne tend à rien moins qu'à dépouiller l'Eglise de la propriété des édifices consacrés au culte et à lui enlever même leur administration, afin de rendre sa position plus précaire et plus dépendante encore qu'elle ne l'est.

Toutefois ce gouvernement reconnaissait encore aux évêques un *droit de proposition* en ce qui concerne les travaux à faire aux édifices diocésains. Ce droit de proposition, s'il était réellement respecté, serait important. Il ne faut pas le confondre avec le droit d'émettre un simple *avis*. Il confère à l'autorité diocésaine un droit d'*initiative* formellement reconnu par les articles 107, 108 et 109 du décret du 30 décembre 1809. S'il n'impose pas l'obligation pour le gouvernement de faire ce qui lui est proposé, il l'astreint au moins à ne rien faire qui n'ait été proposé ou tout au moins formellement consenti par l'évêque. Ce droit a été généralement respecté par le gouvernement issu de la révolution de 1830, comme par ceux qui l'ont précédé. Chaque année le ministre des cultes demandait à NN. SS. les évêques leurs propositions relatives aux *secours* ou *subventions* de l'Etat, non-seulement pour les dépenses du service intérieur des édifices diocésains, mais encore pour celles concernant : 1º l'entretien ordinaire ; 2º les acquisitions, constructions et grosses réparations des mêmes édifices. Cet usage a été observé jusqu'en 1848, comme on le voit par une circulaire adressée à NN. SS. les évêques, le 30 novembre de cette même année, par M. Freslon, ministre de l'instruction publique et des cultes, sous la république. Mais douze jours seulement après l'envoi de cette circulaire, sans que la législation ait été changée à cet égard, ce faible reste des attributions des évêques concernant les édifices diocésains, leur a encore été enlevé de fait pour être attribué à des architectes conservateurs. Cette nouvelle évolution est due à l'initiative de M. Durieu, alors directeur général de l'administration des cultes. Sur un rapport adressé le 12 décembre 1848 par M. Durieu au ministre de l'instruction publique et des cultes, intervinrent le 16 du même mois deux arrêtés concernant l'organisation d'un corps d'architectes directement nommés et commissionnés par le ministre et chargés spécialement et exclusivement de la conservation et de l'entretien des édifices diocésains.

Dans ces deux arrêtés du chef du pouvoir exécutif (Cavaignac), non plus que dans le rapport qui les a provoqués, il n'est fait aucune mention des attributions légales des évêques et des fabriques diocésaines relativement aux édifices dont ils ont la jouissance et l'administration, en sorte que la nouvelle organisation y apparaît comme n'ayant d'autre objet que de seconder le ministre dans l'exercice des attributions qui lui sont propres, et non celui de substituer les architectes conservateurs et l'autorité civile aux établissements diocésains et à l'autorité ecclésiastique pour l'administration même de ces édifices. C'est dans les instructions officielles adressées ultérieurement aux architectes conservateurs que se révèle toute la portée donnée à la nouvelle organisation, non par la voie législative, mais par la voie des circulaires ministérielles. On y voit clairement que la nouvelle organisation a pour but *réel*, bien que non avoué, d'enlever aux évêques et aux établissements diocésains l'administration de leurs édifices pour l'attribuer exclusivement aux architectes conservateurs agissant sous la direction et l'autorité immédiate du ministre des cultes.

Nous sommes d'ailleurs pleinement confirmé dans ces appréciations par une autorité qui ne peut être suspecte. Dans une histoire du budget des cultes, l'auteur, traitant le sujet dont il s'agit ici, s'exprime ainsi : « En 1848, dans cette fièvre de réforme qui suit toujours les révolutions, les erreurs commises servirent de PRÉTEXTE à des changements dans l'organisation du service (des édifices diocésains). Les évêques et les préfets avaient eu jusque-là une part très-large dans le choix des architectes et dans la proposition des travaux à ordonner. Les travaux d'entretien étaient même laissés à l'entière discrétion de l'autorité diocésaine, moyennant une somme de 4,000 à 5,000 fr. annuellement accordée à chaque évêché. Le pouvoir central ne dirigeait sérieusement que les travaux extraordinaires de grosses réparations ou de constructions, et, dans ce cas même, son influence et surtout son initiative étaient fort réduites, si ce n'est pour les entreprises tout-à-fait exceptionnelles, comme la restauration de Notre-Dame de Paris. Dès les premiers jours de mars 1848, la nouvelle direction des cultes annonça l'intention de changer ces vieilles habitudes. Des circulaires menaçantes (25 juillet 1848) rappelèrent aux évêques et aux préfets que les cathédrales, les évêchés et les séminaires étaient des propriétés de l'Etat ; qu'aucuns travaux d'aucune espèce, à quelque chiffre que la dépense s'élevât, et à part les travaux de simple entretien, ne pouvaient y être entrepris sans l'autorisation du ministre responsable ; que tous ouvrages non régulièrement approuvés seraient laissés à la charge de qui les aurait ordonnés ou exécutés, et qu'au besoin même des poursuites pourraient être exercées. Le 16 décembre suivant, un arrêté du président du conseil des ministres institua une commission des arts et des édifices religieux, qui serait appelée à donner son avis sur toutes les demandes de subvention pour entretien, acquisitions et réparations de ces édifices. Un autre arrêté en date du même jour, créa un corps d'architectes directement nommés et commissionnés par le ministre, et chargés, sous sa direction et son contrôle immédiats, de la conservation des monuments. Le rapport qui servait de commentaire à ces deux arrêtés en aggravait les dispositions, Il jugeait avec rigueur l'ancien système, insistait sur l'opportunité d'une réforme, se taisait sur les droits des évêques, repoussait leur intervention et celle des préfets dans le choix des nouveaux architectes, et, sans tout-à-fait l'avouer, laissait entrevoir la pensée de soustraire entièrement à la sollicitude du premier pasteur de chaque diocèse les réparations de sa cathédrale, de son séminaire et même du palais affecté à son habitation personnelle. » Ajoutons qu'il a fallu de l'audace pour se mettre ainsi tout à la fois au-dessus du droit, de la loi et des convenances. On peut voir dans l'*Ami de la Religion*, tome 160, p. 181, 201, 329, 369 et 389, les articles remarquables que M. Henry de Riancey publia à ce sujet en 1853.

La mesure qui enlevait aux évêques l'administration des édifices diocésains fut prise tellement à leur insu qu'ils n'en apprirent l'existence que par la rumeur publique. Elle ne leur fut notifiée officiellement que trois mois après par une circulaire que M. de Falloux, qui avait succédé à M. Freslon au ministère de l'instruction publique et des cultes le 18 décembre 1848, leur adressa le 13 mars 1849. A cette circulaire était jointe : 1° l'arrêté du 16 décembre 1848 relatif à la nouvelle organisation du service des édifices diocésains ; 2° le rapport du 12 du même mois par lequel M. Durieu a provoqué cette mesure ; 3° l'instruction dressée le 26 février 1849 par la commission des édifices religieux instituée par l'arrêté ministériel du 16 décembre 1848 ; 4° la circulaire adressée le 12 mars 1849 aux architectes diocésains par M. Durieu ; 5° la circulaire adressée le 12 mars 1849 aux préfets par M. Durieu au sujet de l'exécution des arrêtés du 16 décembre 1848. C'est ainsi que NN. SS. les Evêques furent officiellement informés de la mesure qui leur enlevait l'administration de leurs édifices diocésains pour l'attribuer aux agents du gouvernement et qu'ils purent en apprécier la légalité et les tendances.

De vives réclamations furent aussitôt adressées à M. le ministre. Parmi les réclamants se sont particulièrement signalés S. E. le cardinal Mathieu, archevêque de Besançon et Mgr Parisis, alors évêque de Langres, représentant de la Bretagne et président du comité des cultes à l'assemblée constituante.

M. de Falloux répondit à ces réclamations par une circulaire du 20 avril 1849, dans laquelle on lit: « Je n'ai voulu ni soulever des questions de propriété, ni déroger à la législation existante sur les droits des évêques, des fabriques et des administrations des séminaires ; je me suis uniquement proposé d'assurer à tous les diocèses un moyen puissant, une garantie efficace pour la bonne exécution de *leurs* travaux. — Ainsi en ce qui concerne les cathédrales, les articles 105, 107, 108, 109 du décret du 30 décembre 1809 conservent leur vigueur. Il en est de même du décret du 6 novembre 1813 en ce qui concerne les séminaires. — L'institution de la commission spéciale des arts et édifices religieux, et l'établissement de nouveaux architectes, n'enlèvent pas davantage à l'évêque l'initiative des propositions, non plus que le droit de correspondance directe avec le ministre. »

L'esprit et la portée de l'innovation conçue et provoquée par M. Durieu, inaugurée sous MM. Carnot, Vaulabelle et Freslon, prédécesseur de M. Falloux au ministère de l'instruction publique et des cultes, sont fort inexactement appréciés dans cette circulaire du 20 avril 1849. Personne n'élevera de doute sur la sincérité et la droiture de l'honnête ministre signataire de cette dépêche, et nous sommes même porté à croire que si son ministère eût eu plus de durée, sa loyauté se serait efforcée de mettre les faits en harmonie avec ses déclarations ; mais le temps lui a manqué, et les choses sont restées ce qu'elles étaient, si même elles ne se sont pas encore aggravées. Toutefois cette circulaire du 20 avril 1849 a une haute portée comme déclaration de principes. Ainsi : 1° le gouvernement n'a pas voulu soulever, et sans doute moins encore trancher, des questions de propriété, comme l'avait fait M. Durieu dans sa circulaire du 25 juillet 1848 à MM. les Préfets ; 2° il n'a pas voulu non plus déroger à la législation existante sur les droits des évêques, des fabriques et des administrations des séminaires ; 3° les articles 105, 107, 108 et 109 du décret du 30 décembre 1809 conservent leur vigueur, et il en est de même du décret du 6 novembre 1813.

Nous avons lieu de penser que les établissements diocésains et NN. SS. les Evêques n'oublieront pas ces déclarations et qu'ils s'en prévaudront, au besoin, lorsqu'il leur conviendra d'améliorer leurs édifices et qu'ils auront les ressources nécessaires pour le faire.

L'organisation du corps des architectes chargés du service des travaux diocésains exécutés aux frais de l'Etat, a été modifiée par le décret du 7 mars 1853 rendu sur un rapport du même jour fait à l'Empereur par M. Fortoul et par l'arrêté ministériel du 20 mai suivant, le tout concernant une nouvelle organisation de la commission des arts et édifices religieux et la création de trois inspecteurs généraux annuellement nommés par le ministre. Une circulaire ministérielle du 21 juin 1853 trace aux architectes diocésains ce qu'ils ont à faire pour l'exécution de ce décret.

Tel est l'état actuel de l'organisation et des attributions du corps des architectes préposés par le gouvernement à la conservation et à l'entretien des édifices diocésains :

Il y a trois classes d'architectes : 1º les architectes *inspecteurs-généraux,* qui sont au nombre de trois ; 2º les architectes *diocésains,* dont les uns sont résidants et les autres non résidants ; 3º les architectes *inspecteurs des travaux,* pour les diocèses où l'architecte diocésain ne réside pas. L'architecte inspecteur des travaux est tenu lui-même à la résidence, et il supplée au besoin l'architecte diocésain, dont il est, dans ce cas, le représentant et l'agent.

Tous ces architectes sont nommés par le ministre des cultes. Les inspecteurs généraux ne sont nommés que pour un an. La nomination des architectes des deux dernières classes n'est définitivement arrêtée qu'après que l'évêque et le préfet ont été mis à même d'exprimer leur avis.

Les trois inspecteurs généraux réunis sous la présidence du directeur de l'administration des cultes, composent avec celui-ci le *comité des inspecteurs généraux.* Pendant la durée de leur mission, ils font encore nécessairement partie de la *commission des arts et édifices religieux.* Leurs attributions sont réglées par l'article 5 du décret précité du 7 mars 1853.

Les architectes diocésains sont exclusivement chargés de l'entretien des édifices diocésains. Ils sont en cela les agents immédiats et directs du ministre, au nom, sous la direction et sous l'autorité duquel ils agissent. L'architecte inspecteur des travaux n'est l'agent que de l'architecte diocésain qu'il supplée. Les uns et les autres ne sont les agents ni des établissements diocésains, ni des évêques, ni des préfets, dont ils sont totalement indépendants. Les attributions de l'architecte diocésain sont réglées par l'article 2 de l'arrêté ministériel du 20 mai 1853. Il doit communiquer ses propositions de travaux, ses plans et ses devis à l'évêque et au préfet, lequel les transmet ensuite au ministre des cultes.

L'évêque peut *soumettre* ses observations et son avis au ministre ; il est même admis à lui faire et à lui adresser directement ses demandes ; mais, s'il faut s'en rapporter aux instructions officielles de l'administration des cultes, il ne peut exercer à cet égard aucune *autorité* d'aucun genre, l'administration des cultes se réservant de statuer souverainement *sur tout*, non-seulement en ce qui concerne les édifices, mais encore en ce qui concerne leur mobilier.

En effet, le ministre des cultes, dans une circulaire adressée aux architectes diocésains le 15 avril 1853, leur dit : « Je dois les prévenir qu'il serait impossible de leur laisser la latitude dont ils ont joui jusqu'à présent, de faire exécuter, *sans autorisation préalable*, certains *menus* ouvrages, jusqu'à concurrence de 500 francs pour les cathédrales et de 300 francs pour les évêchés et les séminaires. » Et dans une autre du 16 août 1855 : « Vos devis doivent former deux catégories : l'une pour l'entretien ordinaire, c'est-à-dire, pour les travaux qui se représentent chaque année et qui ont pour objet de tenir en bon état les toitures, chéneaux, jointoiments, portes, croisées, carrelages, etc... N'oubliez pas qu'aucun changement, aucuns travaux, ne peuvent être exécutés dans les édifices diocésains sans l'autorisation supérieure chargée de veiller à leur conservation. » D'autre part, selon l'instruction précitée du 26 février 1849, dressée par la commission des arts et édifices religieux et approuvée le même jour par le ministre (M. de Falloux), « s'il est nécessaire de *remplacer*, de *modifier* ou de *déplacer* certaines parties du *mobilier* des cathédrales, telles que *stalles, autels, bancs d'œuvre, buffets d'orgue, grilles, clôtures, tabernacles, crédences, tableaux, tapisseries, etc., etc.*, ce ne pourra être que sur une autorisation de l'administration (des cultes). » En sorte que l'évêque, qui peut ordonner tout cela dans toutes les églises paroissiales de son diocèse, ne pourrait plus faire *rien* de tout cela dans sa propre cathédrale.

C'est en cela surtout que la nouvelle organisation due à l'initiative de M. Durieu, est à nos yeux radicalement défectueuse et contraire aux dispositions des décrets du 30 décembre 1809 et 6 novembre 1813, ainsi qu'aux déclarations solennelles faites aux évêques par M. de Falloux dans la circulaire ministérielle du 20 avril 1849. Pour rendre cette organisation irréprochable sous ce rapport, il faudrait : 1° restreindre ses attributions aux travaux exécutés aux frais de l'Etat, et même en ce cas subordonner la décision ministérielle à l'avis préalable des établissements diocésains, et au consentement exprès de l'évêque, sans préjudice du droit qui appartient toujours à l'autorité ecclésiastique de faire exécuter aux édifices diocésains, comme aux autres édifices religieux, les travaux qu'elle juge convenables avec les ressources dont elle peut disposer. Autrement la nouvelle institution portera la plus grande atteinte aux droits des établissements ecclésiastiques et à l'autorité des évêques, en même temps qu'elle jettera la perturbation dans les relations des administrations ecclésiastiques et des administrations civiles, et nous voyons déjà les administrations municipales et les préfets élever, au sujet des édifices paroissiaux, des prétentions analogues à celles revendiquées par le gouvernement au sujet des édifices diocésains, ce qui fait naître, sur tous les points de la France, entre les curés et les maires, entre les conseils de fabriques et les conseils municipaux, entre les évêques et les préfets, des conflits journaliers, qui ne profitent qu'aux fauteurs du désordre et aux ennemis de la paix publique.

En signalant ici le vice radical de la nouvelle organisation, nous ne prétendons nullement méconnaître ni la force de quelques-unes des considérations par lesquelles on a essayé de la justifier, ni même les services qu'elle a rendus.

En effet, nous avons déjà dit plusieurs fois que nous ne contestions pas au gouvernement le droit de prendre les mesures qu'il juge les plus propres à assurer la meilleure répartition et le meilleur emploi des fonds qu'il consacre à l'entretien des édifices diocésains, pourvu qu'il concilie ces mesures avec les droits des établissements diocésains et ceux de l'autorité ecclésiastique, ce qui serait aussi facile que cela est nécessaire. D'un autre côté nous nous plaisons a reconnaître que la nouvelle organisation a produit quelques bons résultats. Ainsi la commission des arts et édifices religieux a rédigé, sur l'entretien des édifices diocésains, d'excellentes instructions, qui pourront être consultées utilement, non-seulement par les architectes, mais encore par les administrations ecclésiastiques ; depuis lors les travaux s'exécutent généralement dans de meilleures conditions ; mais l'avantage le plus important de l'innovation a été : 1º de mieux faire connaître au gouvernement le déplorable état et les immenses besoins des édifices diocésains ; 2º de l'avoir convaincu de la nécessité de leur consacrer des subventions plus considérables qu'on ne l'avait fait jusque-là ; 3º d'avoir mieux fait comprendre : d'une part, la sage prévoyance de l'Eglise, qui avait autrefois établi des dotations permanentes pour l'entretien des édifices religieux et avait, depuis encore, stipulé leur établissement dans le concordat de 1817 (art. 8) ; et de l'autre, la faute que l'on a commise : 1º en dissipant, sans grand profit, ces dotations, après les avoir confisquées ; 2º en contestant aux diocèses, non-seulement la propriété de leurs

édifices, mais même leur capacité civile d'acquérir et de posséder ;
3o enfin, en entravant de mille manières, au lieu de les favoriser,
les libéralités qui permettraient aux diocèses de reconstituer peu à
peu leurs dotations et allégeraient d'autant les charges des départements et de l'Etat.

On peut, sur ces divers points, se reporter : 1o au rapport remarquable adressé au ministre, M. de Parieu, le 2 janvier 1851, par
M. de Contencin, qui avait succédé, en qualité de directeur de l'administration des cultes, à M. Durieu, le 25 avril 1850 ; 2o au rapport
également intéressant fait le 22 juillet suivant à l'assemblée nationale législative par M. Danjoy, au nom de la commission chargée de
l'examen du projet devenu la loi du 1er août 1851, qui augmenta
d'un million les crédits affectés aux édifices diocésains. Moniteur des
1er avril, 23 juillet et 2 août 1851 ; — Journal des conseils de fabriques, t. 17, p. 246-256 et 349-363.

Au point de vue purement économique, le système des dotations
permanentes, telles que l'Eglise les avait établies, est bien préférable
aux subventions annuelles, et nécessairement variables, comme la
situation financière de l'Etat. Cette situation n'est pas constamment
prospère ; elle peut d'un moment à l'autre devenir mauvaise pour
de longues années, par suite de diverses calamités, contre lesquelles
la politique la plus habile est souvent impuissante : tels sont les
troubles intérieurs, les guerres, les disettes, le renchérissement des
denrées alimentaires, les crises industrielles et commerciales, qui
épuisent le trésor public et tarissent la source de ses revenus. Dans
de telles circonstances, qui se reproduisent trop fréquemment, le
gouvernement se trouverait dans la nécessité, sinon de supprimer
totalement, du moins de réduire notablement, les subventions annuelles qu'il affecte à la restauration et à l'entretien des édifices
diocésains ; et ceux-ci, dépourvus de toute autre ressource, retom-
beraient bientôt dans un état de décadence et de ruine, d'où l'on ne
pourrait ensuite les tirer qu'au prix d'énormes sacrifices, comme on
le voit aujourd'hui ; tandis que les dotations permanentes, au contraire, auraient le triple avantage : 1o d'alléger les charges des départements et de l'Etat ; 2o de permettre aux établissements diocésains
de pourvoir immédiatement et à moins de frais aux réparations
dont le besoin viendrait à se révéler ; 3o de prévenir les augmentations progressives de dépenses, qui sont, comme le fait si bien
remarquer M. de Contencin dans son rapport du 2 janvier 1851,
l'inévitable conséquence de tout ajournement des travaux d'entretien.

16. Bénéfices ecclésiastiques. — Les *bénéfices ecclésiastiques* consistent dans la dotation attachée à un office ecclésiastique et affectée à l'entretien des titulaires successifs de cet office. Telles sont les dotations affectées à l'entretien des titulaires successifs des archevêchés, des évêchés, des cures, des succursales et des chapelles vicariales. Quand ces dotations ne sont grevées d'aucune autre charge que celle de l'entretien du titulaire, elles prennent ordinairement le nom de *mense*; mais elles conservent le nom générique de *bénéfice*, quand elles sont en outre grevées d'autres charges.

Le titulaire a la jouissance des revenus de sa mense et l'administration des biens de son bénéfice. V. les articles 64 à 74 de la loi du 18 germinal an X, le décret du 6 novembre 1813, la loi du 2 janvier et l'ordonnance du 2 avril 1817.

Le bénéficier ayant la jouissance des revenus de son bénéfice, il en fait le recouvrement à ses risques et périls sans avoir de compte à en rendre; mais il doit compte de l'administration des biens en ce qui concerne : 1° leur conservation, 2° l'acquit des charges particulières qui lui seraient imposées ; tandis que les simples administrateurs, comme ceux des fabriques par exemple, doivent rendre compte aussi bien de la perception et de l'emploi des revenus que de la conservation des biens dont l'administration leur est confiée.

L'administration des simples administrateurs est assujétie à des règles particulières, qui sont propres à chaque nature d'établissement, parce qu'elles varient nécessairement selon la composition, l'organisation et les attributions du corps préposé à son administration ; mais l'administration des bénéficiers est assujétie à des règles *générales*, que nous croyons devoir exposer ici. Celles qui sont propres à l'administration dè chaque espèce de bénéfice en particulier, ainsi que celles qui sont relatives à l'administration des autres établissements, trouveront plus naturellement leur place dans les articles consacrés à chacun d'eux.

Le bénéficier doit être considéré comme *usufruitier* des biens de son bénéfice et comme *unique administrateur* de ces biens. Comme usufruitier, il jouit des droits et supporte les charges d'un usufruitier ordinaire, sauf en ce qui concerne le presbytère ; mais ses obligations comme administrateur diffèrent de celles d'un usufruitier ordinaire en ce que, à l'égard de l'usufruit ordinaire, l'administration des biens se partage entre l'usufruitier et le nu-propriétaire; tandis qu'à l'égard de l'usufruit ecclésiastique, le bénéficier est *seul* chargé de l'administration des biens dont il a la jouissance. Il faut donc bien distinguer les droits et les obligations du bénéficier comme usufruitier, de ses droits et de ses obligations comme administrateur unique des biens de son bénéfice.

Proudhon, professeur à la faculté de droit de Dijon, dans son traité des droits d'usufruit, 2e édit., t. 1er, p. 347 et suivantes, expose, au double point de vue du droit ecclésiastique et de la loi civile, les principes qui régissent cette importante matière, et le fait en termes que nous croyons devoir rapporter ici textuellement :

« Les titulaires des bénéfices ecclésiastiques, dit le judicieux auteur, sont constitués par la loi usufruitiers des biens composant la dotation de leurs bénéfices, puisqu'ils ont droit d'en jouir et qu'ils n'en sont pas propriétaires. — Ils exercent donc sur ces biens tous les droits d'un véritable usufruitier, et en supportent les charges, conformément aux règles portées dans le code civil à l'égard des usufruitiers ordinaires, sauf néanmoins les modifications prescrites par le décret du 6 novembre 1813, comme tenant à la nature de cette espèce particulière. (Voy. l'art. 6 de ce décret.)

« Il n'en était pas ainsi dans les temps de l'Eglise primitive : car, suivant les anciennes règles canoniques, les ecclésiastiques n'avaient pas, sur les biens dépendant de leurs bénéfices, des droits aussi étendus que celui d'usufruit. Ils ne devaient être considérés que comme de simples *usagers*. Les canons ne leur accordaient d'autres droits que celui de prendre sur les revenus de leur Eglise, ce qui était absolument nécessaire à leur honnête entretien. Tout le surplus était destiné au soulagement des pauvres et aux dépenses nécessaires soit à l'exercice du culte, soit aux réparations des temples. S'ils avaient fait quelques acquisitions, en leur nom propre, mais avec leur superflu, elles devaient retourner à leur source, et servir de supplément à la dotation de l'Eglise dont elles étaient provenues: *Inquirendum est si quis presbyterorum de reditibus Ecclesiæ, vel oblationibus, vel votis fidelium, alieno nomine res comparavit, quia sicuti nec suo, ita nec alieno nomine presbyter fraudem facere de facultatibus ecclesiasticis debet, quoniam hoc sacrilegium est, et par crimini Judæ furis, qui sacras oblationes asportabat et furabatur.* Decret. Gregor. De Peculio clericorum, cap. 4, lib, 3, tit. 25.

« Pour mettre obstacle aux tentatives de l'avarice, lorsqu'un clerc se présentait à l'ordination, on devait s'informer s'il avait du patrimoine à lui propre ; et s'il était reconnu qu'il n'en eût point, toutes les acquisitions qu'il pouvait faire par la suite devaient être de plein droit dévolues à l'Eglise : *Investigandum est, si, nihil patrimonii habens presbyter quando promotus est ad ecclesiasticum ordinem, postea emerit prædia cujus juris sint, quoniam Ecclesiæ ad quam nihil habens promotus est, esse debent juxta canonicam auctoritatem.* Decret. Gregor. De Peculio clericorum, cap. 1. Mais ces règles canoniques n'ayant point été consacrées par la jurisprudence des tribunaux, sont tombées en désuétude. Dans le droit civil, l'usage a prévalu de considérer les bénéficiers comme de vrais usufruitiers ; et c'est là une conséquence nécessaire de ce qu'on ne leur demandait aucun compte de leur administration, ni des fruits qu'ils avaient perçus.

« Cependant, lorsqu'ils avaient fait des améliorations à leurs bénéfices, on ne leur accordait aucune action en reprise à ce sujet ; on leur appliquait déjà, à cet égard, la règle nouvellement établie par le code pour tous les usufruitiers. (art. 599). — Et encore aujourd'hui l'ecclésiastique jouissant des biens d'une cure est, sur le fait des réparations et des frais de procès, traité plus sévèrement que. l'usufruitier laïque, puisque celui-ci ne doit rien des grosses réparations, et n'est tenu que des frais de procès concernant la jouissance ; tandis que, quand il s'agit des fonds curiaux, autres que le presbytère, s'il n'y a pas de sommes en réserve provenant des biens de la cure, le bénéficier est tenu de fournir jusqu'à concurrence du tiers du revenu foncier de son bénéfice, pour procurer les grosses réparations ; et que tous les frais de procès sont à sa charge (art. 15 du décret du 6 novembre 1813), indépendamment des autres genres de réparations qui pèsent encore intégralement sur lui, comme sur les usufruitiers ordinaires ; mais, quant au presbytère, il n'en doit que les réparations locatives ; toutes les autres sont à la charge de la commune. (art. 21, ibid.)

« Ainsi, quoique les ecclésiastiques soient aujourd'hui considérés comme de véritables usufruitiers des biens composant la dotation de leurs bénéfices, néanmoins les anciennes traditions canoniques ne sont pas tellement effacées qu'on n'en voie plus aucune empreinte sur les droits exercés par les bénéficiers, puisqu'ils sont encore moins étendus que ceux de l'usufruitier laïque.

« L'usufruit dont nous traitons ici est considéré comme concédé à titre onéreux, par la raison que le bénéficier est tenu non-seulement des frais d'entretien des fonds et autres charges usufructuaires, mais encore de la desserte du bénéfice dont ils forment la dotation : c'est pourquoi l'article 24 du décret du 6 novembre 1813 porte que, *dans tous les cas de vacance d'une cure, les revenus de l'an-*

née courante appartiendront à l'ancien titulaire ou à ses héritiers, jusqu'au jour de l'ouverture de la vacance, et au nouveau titulaire, depuis le jour de sa nomination. Cette disposition est fondée sur ce principe d'équité, qui veut que les avantages attachés au bénéfice soient acquis au titulaire dans la proportion du temps durant lequel il en a supporté la charge.

« Il résulte de là que s'il y a des fonds non affermés, les fruits pendants par racines sur ces fonds, au jour de la vacance, doivent être partagés avec les héritiers du titulaire décédé, suivant le *prorata* du temps de la dernière année qui s'est écoulée avant son décès ; car le mot *revenus*, employé par l'auteur du décret précité, est un terme générique, qui ne convient pas moins aux fruits naturels ou industriels, qu'aux fruits civils ; et tels étaient déjà les principes de la doctrine ancienne à l'égard des bénéficiers. (Voy. dans Sotomayor, de usufructu, cap. 79, n°s 4 et 11 in fine.)

« Il en résulte encore qu'on doit, en ce cas, tenir compte des frais de culture et de semences aux héritiers du bénéficier décédé, parce que le revenu seul ne consiste que dans ce qui reste après les avances payées, *fructus eos esse constat, qui deducta impensa supersunt*, et qu'en accordant à l'un une part égale dans le produit brut du fonds, tandis que les impenses préparatoires de la récolte seraient laissées à la charge de l'autre, il n'y aurait plus d'égalité entre les copartageants.

« Les revenus échus dès l'ouverture de la vacance jusqu'à la nomination du nouveau titulaire accroissent en réserve au profit du bénéfice, pour les impenses des grosses réparations, et les difficultés qui peuvent s'élever sur les comptes et répartitions de revenus, entre le nouveau titulaire, les héritiers du précédent et le trésorier du bénéfice, doivent être portées au conseil de préfecture. (Voy. l'art. 26 du décret précité.)

« Le titulaire d'un bénéfice ecclésiastique n'est pas, comme un légataire d'usufruit, obligé à fournir un cautionnement ; mais, lors de sa prise de possession, il doit en être dressé procès-verbal par-devant le juge de paix, et ce procès-verbal doit porter la promesse par lui souscrite de jouir des biens en bon père de famille, de les entretenir avec soin, et de s'opposer à toute usurpation ou détérioration. (art. 7 du décret précité.)

« S'il y a des bois dans la dotation, il a le droit de jouir des taillis, conformément à ce qui est prescrit par l'article 590 du code, c'est-à-dire, en observant l'aménagement des coupes, et sans indemnité pour ses héritiers, à raison de celles qu'il n'aurait pas faites pendant sa jouissance.

« Mais, quant aux arbres futaies réunis ou épars, il doit se conformer à ce qui est ordonné pour les bois des communes, c'est-à-dire qu'il est nécessaire qu'il y ait des besoins urgents de dépenses à faire pour grosses réparations ou reconstructions ; que cela soit préalablement vérifié et constaté, et qu'il faut ensuite obtenir du gouvernement la permission de couper ou vendre les futaies jusqu'à concurrence de ce que peut exiger le rétablissement des objets qui sont à réparer dans les fonds du bénéfice. (Voy. les art. 12 et 13 du décret précité.)

« Nous avons dit que les titulaires de bénéfices ecclésiastiques étaient dispensés de fournir un cautionnement : il n'en est pas de même de l'inventaire ; il en doit être fait un, à chaque mutation de titulaire, par le trésorier de la fabrique, portant récolement de l'inventaire précédent, des titres, des instruments aratoires, et de tous les ustensiles ou meubles d'attache, soit pour l'habitation, soit pour l'exploitation des biens.

« Dans la constitution de l'usufruit ordinaire, la loi protége suffisamment les droits du propriétaire, en traçant des règles au moyen desquelles il puisse s'en assurer la conservation : elle ne lui donne rien de plus, parce qu'il est là, et qu'il peut agir lui-même.

« Mais en ce qui touche aux biens et droits d'un bénéfice, le législateur a dû porter plus loin sa prévoyance, parce qu'ici l'*Eglise, qui est propriétaire,* n'est qu'un être moral et inactif par lui-même ; un être qui ne peut agir, comme un individu qui le ferait dans son intérêt privé. Il faut donc que les agents de la loi interviennent dans la cause du bénéficier, pour stipuler au nom du propriétaire, et il faut aussi l'emploi du recours à l'autorité publique, chaque fois que cela peut être utile.

« Ainsi, quoique les titulaires soient chargés de faire à leurs risques et frais toutes les poursuites en recouvrement des revenus de leurs bénéfices, ils ne peuvent néanmoins plaider soit en demandant, soit en défendant, ni même se désister, lorsqu'il s'agit de droits fonciers, sans l'autorisation du conseil de préfecture, auquel doit être envoyé un avis du conseil de la fabrique.

« Ainsi, non-seulement toutes aliénations, constitutions d'hypothèques, ou imposition de servitudes sont prohibées aux bénéficiers ; mais ils ne peuvent pas même faire de baux excédant neuf ans, autrement que par forme d'adjudications aux enchères, et après que l'utilité en a été reconnue par deux experts nommés par le préfet, s'il s'agit de biens d'évêché, de chapitre ou de séminaire, et par le sous-préfet s'il s'agit de biens de cures; lesquels ne doivent donner leur avis qu'après avoir soigneusement visité les immeubles qui sont à affermer.

« Ainsi enfin, lorsqu'il s'agit de remboursement de capitaux dépendants d'une cure, c'est dans la caisse de la fabrique qu'ils doivent être versés par le débiteur, qui n'est libéré qu'au moyen de la décharge signée par les trois dépositaires des clefs de cette caisse; et s'il y a lieu à en faire le remploi, on doit y pourvoir, comme il est prescrit par le décret du 16 juillet 1810 à l'égard des communes, des hospices et des fabriques. (Voy. l'art. 11 du décret du 6 novembre 1813.)

« On trouvera dans le décret du 6 novembre 1813 beaucoup d'autres dispositions sur l'administration des biens dépendants des cures, évêchés et séminaires. que nous omettons de rapporter parce qu'elles sont étrangères à notre objet. »

Nous nous bornerons ici à ces notions générales en ce qui concerne les Institutions ecclésiastiques; mais à l'égard des paroisses et des établissements paroissiaux, qui sont l'objet plus spécial de cette étude, nous devons entrer dans plus de développements.

TROISIÈME SECTION. — Des Paroisses et des Etablissements paroissiaux.

17. Paroisses. — 18. Erection. — 19. Dotation. — 20. Domaine paroissial, propriété des églises, presbytères et cimetières paroissiaux. — 21. Etablissements paroissiaux. — 22. Titres ecclésiastiques des cures, succursales et chapelles vicariales. — 23. Fabriques paroissiales.

PAROISSES. — Les paroisses sont des Eglises ou sociétés particulières formées dans le sein de l'Eglise diocésaine, dont elles font partie, comme les diocèses eux-mêmes sont des Eglises particulières formées dans le sein de l'Eglise universelle, dont ils font partie. Il faut donc appliquer aux paroisses ce que nous avons dit précédemment des sociétés en général et des sociétés religieuses ou Eglises en particulier. Les paroisses, comme les diocèses, doivent être rangées dans la classe des sociétés territoriales.

La paroisse se compose de familles canoniquement associées et unies, sous le rapport religieux, par des intérêts, des biens, des charges et des droits communs. Elle a pour chef immédiat et secondaire un prêtre chargé de l'administrer sous la direction et l'autorité de l'évêque du diocése.

Les paroisses sont une institution ecclésiastique; elles doivent, dès lors, être régies, comme les autres institutions de même origine, par le droit ecclésiastique. De plus leur existence est reconnue par la loi civile; et cette reconnaissance emporte, pour elles, celle de leur capacité civile, qui consiste dans le droit qu'elles ont de posséder, de contracter et d'exercer, au sujet de leurs biens, tous les actes de la vie civile. (Loi du 18 germinal an x, art. 60; loi du 2 janvier 1817, art. 1 et 2.)

La *paroisse*, dit M. Vivien, a son existence distincte, ses établissements, ses ministres. — La paroisse a des *biens*, des *revenus*, et à ce titre son *administration* à elle. Etudes administratives, t. 2, p. 267, 268.

Il y a entre les paroisses et les communes des rapports intimes de voisinage et des intérêts souvent identiques et quelquefois opposés; mais elles ont leur personnalité propre et distincte de celle des communes, dont elles diffèrent sur des points essentiels, tels que le but de l'association, la constitution, l'organisation et la circonscription, qui, dans bien des cas, est plus ou moins étendue que celle des communes.

Il y a néanmoins, entre ces deux institutions de nombreuses analogies, qui les rapprochent à certains égards. Les paroisses sont, dans l'ordre de la société religieuse, ce que les communes sont dans l'ordre de la société civile. Les premières sont formées dans un intérêt spirituel, comme les secondes dans un intérêt temporel; les unes, comme les autres, ont *également et au même titre*, le droit *naturel* de contracter, d'acquérir, de posséder, et d'administrer les biens nécessaires aux besoins de la communauté. C'est en cela principalement que les deux institutions se ressemblent. Aussi les mêmes principes paraissent-ils avoir présidé à la constitution et à l'administration du patrimoine social dans l'une et l'autre de ces deux institutions. Ainsi les paroisses jouissent de la capacité civile comme les communes; les premières ont leur domaine paroissial et ses administrateurs, comme les autres ont leur domaine communal et ses administrateurs; les unes, comme les autres, ont leur domaine public imprescriptible et leur domaine privé productif de revenu et prescriptible; les paroisses ont leurs établissements et leurs édifices paroissiaux, comme les communes ont leurs établissements et leurs édifices communaux. Il y a donc, à l'égard des biens de la société, une parfaite analogie entre les communes et les paroisses; mais cette analogie n'est pas une raison pour identifier et confondre ces deux institutions, qui ont, chacune, leur individualité et leur personnalité propre.

L'obligation de suppléer à l'insuffisance de la dotation paroissiale imposée aux communes par la loi civile en France, établit entre les paroisses d'une part et les communes de l'autre, relativement aux frais du culte, une *communauté d'intérêts*, qui leur donne, en certains cas, le droit d'agir les unes pour les autres. C'est ainsi que des communes ont été quelquefois admises à intenter ou à soutenir les actions judiciaires concernant les édifices du culte appartenant aux paroisses, et que les paroisses représentées par leur fabrique ont action en justice pour défendre le presbytère contre les envahissements d'un voisin, dans l'hypothèse même où ce presbytère serait considéré comme propriété de la commune. C'est ainsi que la communauté d'intérêts qui existe entre les communes et les paroisses relativement aux charges du culte, crée, à cet égard, entre elles une sorte de solidarité, qui les autorise, au besoin, à agir, en certains cas, l'une au défaut de l'autre pour la défense des droits de son co-intéressé, sans que cela déroge en rien au principe de la distinction des deux institutions, lesquelles n'en conservent pas moins leur individualité propre

M. Gabriel Dufour, dans son traité général de droit administratif, se livre, à ce sujet, à des considérations que nous croyons devoir reproduire ici, et qui, à certains égards, s'appliquent aussi bien aux diocèses qu'aux paroisses. « Le décret du 30 décembre 1809, dit-il, parle des revenus et des charges de la fabrique, de son budget et de la régie de ses biens, comme si la fabrique était un établissement existant, agissant et possédant pour lui-même. La plupart des auteurs adoptant, par inadvertance ou par erreur, le même langage, semblent aussi raisonner sous l'influence de cette idée. Cependant il n'en est pas de plus fausse. Si la lettre de la loi manque de précision et de clarté, son esprit se révèle dans l'ensemble de ses dispositions, dès qu'on les considère à la lueur des souvenirs du passé, souvenirs qui ont nécessairement présidé à la réorganisation du culte. Les articles 60, 61 et 62 de la loi du 18 germinal an x relatifs à la circonscription des *paroisses*, attestent de la manière la plus expresse que l'on a voulu relever cette institution et lui donner place dans l'organisation sociale. Tous les actes du pouvoir législatif .et du gouvernement qui se sont succédé pour développer et expliquer les principes posés dans la loi fondamentale de l'an x, sont conformes à cette pensée. Il n'en est pas un seul qui ne suppose que les habitants catholiques de l'empire sont réunis par circonscriptions, afin de pourvoir en commun à leurs besoins religieux. Ces aggrégations existent sous le nom de *paroisse* en vue d'un intérêt spirituel, de même que les communes existent en vue des intérêts temporels particuliers à chaque localité. Comme les communes, les paroisses forment une société dans le sein de la société générale ; comme les communes, elles ont leur individualité et constituent des êtres moraux susceptibles des droits, des obligations et des actes de la vie civile ; comme elles, enfin, elles sont représentées par des mandataires qui agissent et contractent en leur nom.

« La paroisse, sans doute, entre, dans certains cas, sur quelques points en contact avec la commune. La commune est tenue de suppléer à l'insuffisance des revenus de la paroisse, de fournir un logement au prêtre qui la dessert et de pourvoir aux grosses réparations des édifices consacrés au culte. Mais bien loin que ces rapports altèrent en rien l'indépendance de la commune et de la paroisse, les règles qui y président dérivent du principe même de leur séparation. Ce sont deux établissements distincts, qui ont des droits et des obligations l'un vis-à-vis de l'autre ; et si nous avons cru devoir rappeler, dès le commencement, l'attention sur l'existence et la constitution de la paroisse, c'est précisément parce que les notions, d'ailleurs fort simples, qui s'y rapportent, nous ont paru de nature à projeter une vive lumière sur les explications relatives à la composition et à la gestion du domaine confié aux fabriques, et à la fixation et à l'exercice de leurs droits, au regard des communes. » Traité général de droit administratif, 2ᵉ édit. t. 5, p. 552 et 553.

C'est ainsi que sous le premier empire on comprenait l'institution des paroisses. Tous les actes par lesquels le gouvernement s'est efforcé de reconstituer leur dotation, et surtout le rétablissement des fabriques paroissiales, le prouvent suffisamment. On en trouve d'ailleurs un témoignage irréfragable dans un rapport adressé à l'Empereur, le 14 mars 1806, par M. Portalis, qui devait, mieux que personne, connaître l'esprit et la portée de la loi organique du 18 germinal an x, dont il avait été le rédacteur, et dont il a été le rapporteur au corps législatif. Nous lisons dans ce document : « On m'annonce un rapport de votre ministre de l'intérieur qui tend à lui faire attribuer ce qui a été jusqu'ici dans les attributions de votre ministre des cultes. Je ne connais pas ce rapport, mais on me signale quelques-unes des raisons qui peuvent le motiver... On prétend que la plupart des donations et des libéralités sont faites aux fabriques; on ajoute que *les fabriques représentent les communes*, d'où l'on conclut que les communes étant dans les attributions de votre ministre de l'intérieur, les donations et les libéralités faites aux fabriques doivent être dans les mêmes attributions (9). Mais les fabriques sont des établissements particuliers, distincts des communes, des établissements qui ont une existence propre et séparée... Elles n'administrent point au nom de la commune les biens rendus, car les communes n'étaient pas propriétaires de ces biens; et si ces biens n'avaient pas été restitués aux *Eglises paroissiales* par un acte de votre bienfaisance impériale, ils auraient été vendus comme des biens domaniaux. Il est seulement dit que dans l'administration des biens dont il s'agit, on se conformera aux règles que l'on suit dans l'administration des biens communaux. *Les fabriques ne représentent pas les communes*; elles ont été établies par Votre Majesté pour l'utilité des *Eglises paroissiales*. Elles n'ont pour objet direct et principal que le bien de ces Eglises. — Dans le culte catholique, les fabriques sont ce que sont les consistoires dans le culte protestant. Ces deux sortes d'établissements ne diffèrent que par le nom; le fond des choses est le même dans les deux cultes. Les consistoires reçoivent des fondations, des dons et des libéralités à l'instar des fabriques. Ils ne représentent pas les communes. Pourquoi refuserait-on de reconnaître, dans les fabriques des Eglises catholiques, l'existence propre et légale dont jouissent les consistoires? Les fabriques et les consistoires représentent, non les *communes*, mais les *Eglises*, pour le bien desquelles Votre Majesté les a établies, d'autant mieux que souvent un *arrondissement paroissial* ou consistorial, renferme plusieurs communes. »

On peut remarquer que, dans ce document, comme dans l'article 15 du concordat, le mot *Eglise* n'est pas pris dans le sens d'édifice, mais dans un sens analogue à celui de commune, avec lequel on le

---

(9) Il peut être utile, pour l'appréciation de certains actes émanés du ministère de l'intérieur, de montrer comment ce ministère s'est de tout temps attaché à propager ce système erroné. Voyez notre MANUEL DES CONSEILS DE FABRIQUE, appendice, p. 4 et 5, notes 1, 2 et 3.

met constamment en opposition, c'est-à-dire, dans le sens de *paroisse* ou d'*arrondissement paroissial*, comme s'exprime l'auteur du rapport.

On trouve encore une preuve particulière, et trop peu remarquée, de cette existence propre des paroisses dans la loi du 14 février 1810, par laquelle le gouvernement impérial a réglé le mode à suivre dans la répartition des contributions à lever sur les habitants de la *paroisse* pour les frais du culte, en cas d'insuffisance des revenus de la fabrique et des revenus communaux. On ne peut dire que le mot paroisse soit pris ici dans le sens de la commune civile, puisqu'il s'agit de la paroisse représentée par la fabrique. Jusqu'en 1855, l'administration civile a considéré comme étant toujours en vigueur cette loi du 14 février 1810, qui repose tout entière sur le principe de la personnalité des paroisses ; mais à partir de 1856, le ministère de l'intérieur et le Conseil d'Etat se sont écartés de ce principe, qu'ils sacrifient à celui de l'unité communale, bien que ce dernier comporte l'existence des *sections de commune* dans tous les cas où l'intérêt purement matériel des habitants le réclame. Ce changement se manifeste notamment dans les avis du Conseil d'Etat des 25 novembre et 5 décembre 1858. Journal des conseils de fabrique, 2e série, t. 9, p. 194. Mais cette loi n'en reste pas moins un monument qui atteste la législation du premier empire sur le point qui nous occupe .M. Aucoc, dans son traité *des sections de commune*, fait remarquer avec raison que le système de la loi du 14 février 1810 est plus équitable et plus rationel que la jurisprudence qui lui a été récemment substituée par l'administration. 1re édit., p. 207-217 ; 2me édit., p. 394-402. V. De la propriété ecclésiastique en France et en Belgique. — Dissertation sur la capacité civile des diocèses, des paroisses et des établissements diocésains et paroissiaux, p. 10-21. Le principe sur lequel repose la loi précitée du 14 février 1810 est d'ailleurs consacré par le décret réglementaire du 30 décembre 1809, dont l'article 100 porte : « Dans le cas où il serait reconnu que les habitants d'une *paroisse* sont dans l'impuissance de fournir aux réparations, même par levée extraordinaire, on se pourvoira devant nos ministres de l'intérieur et des cultes, sur le rapport desquels il sera fourni à cette paroisse tel secours qui sera par eux déterminé et qui sera pris sur le fonds commun établi par la loi du 15 septembre 1807 (art. 22), relative au budget de l'Etat. » Il y a lieu de s'étonner que, contrairement à cette disposition, les secours de cette nature soient aujourd'hui accordés aux communes au lieu de l'être aux paroisses. Nous ferons remarquer, au sujet de la loi précitée du 14 février 1810, que si les contributions extraordinaires dont elle parle ont été soumises aux formes prescrites par la loi du 15 mai 1818, elle n'en a pas moins conservé sa force et sa vigueur en ce qui concerne l'obligation de subvenir à l'insuffisance des revenus des fabriques. Rapport fait à la Chambre des pairs, le 19 mars 1835, par M. Mounier, au sujet de la loi du 18 juillet 1837 sur l'administration municipale.

18. ÉRECTION. — Les paroisses étant une institution ecclésiastique, l'autorité religieuse peut seule les établir, en déterminer le nombre, assigner à chacune son territoire, déterminer sa circonscription et procéder à son organisation. « L'érection des cures et des succursales, dit Portalis, a toujours appartenu aux évêques; cela *résulte* de l'article 24 de l'édit de 1695. » Rapport du 5e jour complémentaire an XI sur les articles organiques du 18 germinal an X. Quand l'auteur de ce rapport dit que l'érection des cures et des succursales a toujours appartenu aux évêques, il émet une proposition vraie; mais quand il ajoute que cela *résulte* de l'article 24 de l'édit de 1695, il s'exprime d'une manière inexacte. Il a sans doute voulu dire que ce droit des évêques leur a été, non pas conféré, mais *reconnu* par cet édit, qui l'a civilement sanctionné. Ce serait une erreur capitale de penser que les évêques tiennent ce droit de l'édit royal de 1695 ou de tout autre acte de l'autorité civile.

En France, par suite d'une clause du concordat de 1801, la circonscription paroissiale faite par l'évêque n'a son effet qu'après avoir obtenu le consentement du gouvernement. Cette clause, qui fait l'objet de l'article 9, est ainsi conçue : « Les évêques *feront* une nouvelle circonscription des paroisses de leurs diocèses, qui n'auront d'effet que d'après le consentement du gouvernement. »

Cette intervention du gouvernement s'explique par l'obligation qu'il a contractée, dans l'article 14 du même concordat, d'assurer un traitement convenable aux curés des paroisses à établir. Cet article porte : « Le gouvernement assurera un traitement convenable aux évêques et aux curés dont les diocèses et les paroisses seront compris dans la circonscription nouvelle. »

La loi du 18 germinal an X prescrit à l'évêque de concerter avec le préfet ses propositions d'érection. L'obligation de ce concert préalable étant une restriction du droit stipulé en faveur de l'évêque par l'article 9 du concordat, NN. SS. les évêques peuvent se dispenser de ce concert préalable, et adresser directement leurs propositions personnelles au ministre des cultes, en laissant au gouvernement le soin de consulter le préfet, s'il le juge à propos.

De 1802, époque de la réorganisation du culte, jusqu'en 1808, le nombre des paroisses n'était pas limité. Divers décrets, 11 prairial an XII (31 mai 1804), 5 nivôse an XIII (26 décembre 1804), avaient bien déterminé le nombre de paroisses dont les titulaires recevraient un traitement de l'Etat ; mais outre ces paroisses, les évêques conservaient la faculté d'en établir d'autres, dont les titulaires étaient rétribués par les communes (décret du 5 nivôse an XIII), faculté précieuse, qui permettait à NN. SS. les évêques de pourvoir à des besoins que le gouvernement n'aurait pas satisfaits.

Le décret du 30 septembre 1807 (art. 1 et 2) et la circonscription du 28 août 1808, qui en fut la conséquence, apportèrent à cet ordre de choses un changement notable. Le décret fixa à 30,000 le nombre des succursales dont les titulaires recevraient un traitement de l'Etat et les répartit entre les diocèses, sans consulter les besoins réels des localités, mais d'après un système conçu *a priori* et basé sur les éléments combinés de la superficie et de la population, supposant cette dernière uniformément distribuée sur le sol à tant de mètres carrés par individu. Cette conception spécieuse, ingénieuse même, si l'on veut, et propre seulement à faciliter les calculs du cabinet, avait le grave inconvénient de s'écarter énormément de la réalité et de ne tenir aucun compte de la manière si inégale et si variée dont la population de la France se fractionne et s'agglomère par groupes de familles pour former l'élément paroissial, comme ils forment l'élément communal, qui a, avec l'élément paroissial, la plus grande analogie. Quel trouble ne serait-il pas arrivé dans les relations civiles, si le gouvernement, sans tenir compte de l'état des communes existantes ni des conditions séculaires qui ont présidé à leur formation, eût fixé *a priori*, d'après l'élément combiné de la superficie et de la population de chaque département, le nombre de communes qu'il lui serait permis d'avoir, et ordonné la répartition de gré ou de force de la population des anciennes communes entre les nouvelles communes ainsi décrétées ! Aussi la répartition des succursales entre les diocèses par le décret du 30 septembre 1807, sans consulter ni les habitudes ni les besoins réels des populations, fut-elle très-défectueuse et créa, dans les contrées où la population est le plus fractionnée, des difficultés insurmontables, qui ne furent atténuées que par le dévouement avec lequel le clergé paroissial s'imposa les fatigues du binage pour la desserte des anciennes paroisses dont le titre fut supprimé. Si seulement le décret eût laissé, comme auparavant, aux Evêques, la faculté d'établir, selon les besoins, des succursales dont les titulaires eussent été rétribués par les habitants, ils auraient pu remédier au mal dans une certaine mesure ; mais il ordonna que la répartition du nombre de succursales qu'il assignait à chaque diocèse serait faite de manière que la nouvelle circonscription comprît *la totalité des communes*. Il est tel diocèse où il a fallu, pour rentrer dans le cadre fixé par ce décret, réunir forcément deux à deux, dans une même circonscription paroissiale, plus des deux tiers des communes, quoique de temps immémorial elles formassent chacune une paroisse distincte ; tandis qu'au contraire d'autres diocèses, dans lesquels la population est moins fractionnée, sont surabondamment pourvus.

Cet état de choses souleva de nombreuses réclamations. Le 24 décembre 1835, Mgr Parisis, alors évêque de Langres, adressa un mémoire sur ce sujet à M. le ministre des cultes ; les chambres législatives furent saisies de cette question et en 1836 des fonds furent alloués dans le budget de 1837 pour l'érection de quelques nouvelles succursales. En proposant d'allouer le crédit réclamé pour cet objet, la commission de la chambre des députés chargée de l'examen du projet de budget, exprima, par l'organe de son rapporteur, M. Havin, l'espoir que *la faculté accordée au ministre des cultes pourra faire rectifier les vices de la première organisation paroissiale*, et demanda qu'il soit distribué aux chambres, *dans la prochaine session*, un tableau des documents propres à éclairer le gouvernement et les chambres sur les véritables besoins du culte sous ce rapport. Depuis cette époque (13 avril 1836), la même recommandation fut renouvelée *chaque année* en termes de plus en plus pressants, et le 18 novembre 1845, après un délai de près de 10 ans, le ministre, M. Martin du Nord, se mit enfin en devoir d'y satisfaire ; mais, pendant ce long laps de temps, les érections autorisées chaque année furent distribuées dans l'intérêt de la politique bien plus que dans celui du culte et les députés y eurent plus de part que les évêques.

Le ministre, cédant enfin aux instances réitérées et persévérantes des assemblées législatives, se détermina donc à demander aux Evêques et aux Préfets des renseignements officiels sur les besoins des diocèses : C'était finir par où on eût dû commencer. Les évêques et les préfets étaient en effet les hommes les mieux placés pour éclairer le gouvernement sur ce point. Ils procédèrent de concert à cette importante enquête, dont les résultats furent communiqués en 1847, après onze ans d'attente, à la commission de la chambre des députés chargée de l'examen du projet de budget de 1848.

Le rapporteur, M. Bignon, nous en fait connaître les résultats généraux pour toute la France (séance de la chambre des députés du 29 mai 1847) ; mais le public ignore comment les besoins officiellement constatés se répartissent entre les diocèses de France. Nous croyons utile, surtout pour les administrations diocésaines et départementales, d'en publier le tableau ci-après extrait d'un état émané du ministère des cultes. Nous y ajoutons le chiffre dont le nombre des succursales s'est accru dans chaque diocèse depuis 1848, tel qu'il résulte des documents fournis par l'almanach du clergé de 1872, afin d'en faire ressortir l'état actuel des besoins de chaque diocèse. Le chiffre que nous avons ainsi obtenu peut n'être pas rigoureusement exact pour certains diocèses, soit parce qu'il se serait glissé quelques erreurs dans l'almanach du clergé, soit qu'il ait été satisfait par des érections de cures ou de chapelles vicariales à quelques-uns des besoins signalés. Mais ces inexactitudes sont sans importance pour l'ensemble du travail.

<h3 style="text-align:center">ÉTAT DES SUCCURSALES</h3>

existant au 1er juin 1848, et de celles qu'il paraîtrait encore utile de créer.

| | | | NOMBRE DES SUCCURSALES | | | | | |
N° D'ORDRE.	DIOCÈSES.	DÉPARTEMENTS.	existant au 1er juin 1848.	qui seraient encore nécessaires d'après les états transmis par les Préfets et les Évêques.	Total des unes et des autres.	existant au 1er janv. 1872 d'après l'almanach du clergé.	Différence en plus (*) ou en moins (-).	OBSERVATIONS.
1	2	3	4	5	6	7	8	9
1	Agen.	Lot-et-Garonne	380	35	415	397	-18	
2	Aire.	Landes.	265	31	296	291	- 5	
3	Aix.	Bouches-du-R^{ne} excepté l'arr^t de Marseille	175	2	97	105	* 8	
4	Ajaccio.	Corse.	322	71	393	347	-46	
5	Albi.	Tarn.	402	19	422	440	*18	
6	Amiens.	Somme.	546	119	665	602	-63	
7	Angers.	Maine-et-Loire	376	7	383	378	- 5	
8	Angoulême.	Charente.	290	68	358	337	-21	
9	Arras.	Pas-de-Calais.	630	80	710	679	-31	

1	2	3	4	5	6	7	8	9
10	Auch.	Gers.	430	77	507	471	-36	
11	Autun.	Saône-et-Loire	410	41	451	449	- 2	
12	Avignon.	Vaucluse.	138	19	157	143	-14	
13	Bayeux.	Calvados.	619	30	649	637	-12	
14	Bayonne.	Bas^{ses}-Pyrénées	402	28	430	433	* 3	
15	Beauvais.	Oise.	470	49	519	499	-20	
16	Belley.	Ain.	366	31	397	401	* 4	
17	Besançon.	Doubs.	381	15	786	747	-39	
		Haute-Saône.	322	68				
18	Blois.	Loir-et-Cher.	263	2	265	265	0	
19	Bordeaux.	Gironde.	361	74	435	427	- 8	
20	Bourges.	Cher.	202	22	428	428	0	
		Indre.	185	19				
21	Cahors.	Lot.	436	9	445	449	* 4	
22	Cambrai.	Nord.	541	50	591	579	-12	non compris 5 en Belgique.
23	Carcassonne	Aude.	351	63	414	375	-39	
24	Chalons.	Marne (excepté l'arrondissement de Reims)	305	46	351	313	-38	
25	Chartres.	Eure-et-Loir.	345	29	374	351	-23	
26	Clermont.	Puy-de-Dôme.	400	35	437	436	- 1	
27	Coutances.	Manche.	580	33	613	612	- 1	
28	Dignes.	Basses-Alpes.	310	16	326	314	-12	
29	Dijon.	Côte-d'Or.	447	104	551	474	-77	
30	Evreux.	Eure.	426	28	554	542	-12	
31	Fréjus.	Var.	196	10	206	202	- 4	
32	Gap.	Hautes-Alpes.	211	6	217	219	* 2	
33	Grenoble.	Isère.	446	73	519	513	- 6	
34	Langres.	Haute-Marne.	360	134	494	408	-86	
35	Limoges.	Haute-Vienne.	173	4	410	396	-14	
		Creuse.	202	31				
36	Luçon.	Vendée.	241	32	273	256	-17	
37	Lyon.	Rhône.	242	13	578	588	*10	
		Loire.	294	29				
38	Le Mans.	Sarthe.	349	0	349	350	* 1	Ce département n'a plus besoin de succursales.
	Laval.	Mayenne.	263	1	264	265	* 1	
39	Marseille.	Bouches-du-R^e arrond. de Marseille.	64	8	72	74	* 2	
40	Meaux.	Seine-et-Marne	373	15	388	398	*10	
41	Mende.	Lozère.	187	5	192	191	- 1	
42	Metz.	Moselle.	428	39	467	466	- 1	
43	Montauban.	Tarn-et-Garon^e	291	19	310	295	-15	
44	Montpellier.	Hérault.	285	33	318	305	-13	(a) Les tableaux constatant le nombre des succursales restant à créer dans le dép^t de la Seine ont été réclamés à diverses reprises à Mgr l'archevêque et au préfet; ils ne les ont pas encore transmis.
45	Moulins.	Allier.	244	20	264	271	* 7	
46	Nancy.	Meurthe.	503	34	542	547	* 5	
47	Nantes.	Loire-In'érieu^{re}	196	19	215	205	-10	
48	Nevers.	Nièvre.	259	20	279	270	- 9	
49	Nîmes.	Gard.	197	20	217	227	*10	
50	Orléans.	Loiret.	281	18	299	292	- 7	
51	Pamiers.	Ariège.	289	15	304	315	*11	
52	Paris.	Seine.	87	»	»	99	(a)	
53	Périgueux.	Dordogne.	405	13	418	453	*35	
54	Perpignan.	Pyrénées-Or^{les}.	165	51	216	189	-27	

1	2	3	4	5	6	7	8	9
55	Poitiers.	Vienne.	243	»	547	561	*14	Même observation pour la Vienne.
		Deux-Sèvres.	280	24				
56	Le Puy.	Haute-Loire.	230	5	235	239	* 4	
57	Quimper.	Finistère.	250	16	266	260	- 6	
58	Reims.	Marne (arr' de Reims)	123	39	617	533	-84	
		Ardennes.	380	75				
59	Rennes.	Ille-et-Vilaine.	315	3	318	322	* 4	
60	La Rochelle.	Charente-Inrér⁰	268	57	325	315	-10	
61	Rodez.	Aveyron.	580	36	616	612	- 4	
62	Rouen.	Seine-Inférieurᵉ	494	149	643	584	-59	
63	Sᵗ-Brieuc.	Côtes-du-Nord.	338	5	343	352	* 9	
64	Sᵗ-Claude.	Jura.	330	35	365	353	-12	
65	Saint-Dié.	Vosges.	337	25	362	366	* 4	
66	Sᵗ-Flour.	Cantal.	267	11	278	288	*10	
67	Séez.	Orne.	456	5	461	468	* 7	
68	Sens.	Yonne.	425	24	449	439	-10	
69	Soissons.	Aisne.	512	68	580	533	-47	
70	Strasbourg.	Bas-Rhin.	289	17	657	658	* 1	
		Haut-Rhin.	330	21				
71	Tarbes.	Hᵗᵉˢ-Pyrénées.	249	93	342	287	-45	
72	Toulouse.	Hᵗᵉ-Garonne.	441	56	497	490	- 7	
73	Tours.	Indre-et-Loire.	246	7	253	253	0	
74	Troyes.	Aube.	378	3	381	381	0	
75	Tulle.	Corrèze.	248	12	260	255	- 5	
76	Valence.	Drôme.	278	84	362	309	-53	
77	Vannes.	Morbihan.	226	4	230	236	* 6	
78	Verdun.	Meuse.	415	45	460	443	-17	
79	Versailles.	Seine-et-Oise.	506	10	516	521	* 5	
80	Viviers.	Ardèche.	318	4	322	331	* 9	
			29085	2915				

Il est facile de voir, d'après ce tableau, combien était défectueuse la répartition des succursales entre les divers diocèses de France. On eût dû, au moins, répartir les nouvelles érections autorisées chaque année depuis 1837, de manière à corriger autant que possible les défauts de la répartition de 1807 ; ce qui n'a pas été fait. Ce sujet a été l'objet d'une intéressante discussion au Sénat, dans sa séance du 29 juin 1852 ; discussion à laquelle ont pris part leurs Eminences le cardinal Mathieu, archevêque de Besançon et le cardinal Donet, archevêque de Bordeaux. On en trouve le compte-rendu dans les procès-verbaux des séances du Sénat.

19. DOTATION. — En érigeant une paroisse et avant d'en consacrer l'église, l'Evêque doit en déterminer et en régler la *dotation*, « Hoc tamen unusquisque Episcoporum meminerit, ut non prius dedicet ecclesiam, nisi antea dotem basilicæ et obsequium ipsius per donationem chartulæ confirmatum accipiat : nam non levis culpa est

ista temeritas, si sine luminariis, vel sine substantiali sustentatione eorum qui ibidem servituri sunt, tamquam domus privata consecretur ecclesia. » Canon *Placuit ut quoties*. — « Nemo ecclesiam ædificet, antequam Episcopus civitatis veniat, et ibidem crucem figat, publice atrium designet, et ante præfiniat qui ædificare vult, quœ ad luminaria, et ad custodiam, et ad stipendia custodum sufficiant : et ostensa donatione, sic domum ædificet, et posquam consecrata fuerit, atrium ejusdem ecclesiœ sancta aqua conspergat. » Decretum, pars 3ᵉ, de consecratione, distinctio 1ᵉ, cap. IX.

A défaut de fondateur, la dotation est à la charge des paroissiens. Leur obligation à cet égard est de droit naturel et ne peut s'éteindre par prescription. C'est ainsi que la confiscation des anciennes dotations paroissiales a fait, de nos jours, revivre, pour les paroissiens, des charges et des obligations dont ils avaient été affranchis pendant des siècles par les libéralités des fondateurs. Telle est, en dernière analyse, l'inévitable conséquence de toute confiscation des biens ecclésiastiques. Ce qui a fait dire à M. Portalis dans le rapport précité : « Les temples étant nécessaires à l'exercice du culte, ceux qui professent le culte doivent fournir les édifices destinés à servir de temple. Quand le clergé possédait des biens et percevait des dîmes, il était obligé de pourvoir à la construction et à l'entretien du sanctuaire ; la grande nef était seule à la charge des habitants. Aujourd'hui le clergé ne possédant plus rien, *tout est nécessairement à la charge des fidèles.* »

La dotation paroissiale est faite soit à titre d'*obligation*, soit à titre de *libéralité*. Elle est faite à titre d'obligation, quand elle est fournie : soit par la paroisse (ut universitas); soit par les paroissiens (ut singuli), au moyen d'une contribution répartie entre eux ; soit par un légataire ou donataire auquel l'obligation en a été imposée comme condition de la libéralité qu'il a acceptée. Elle est faite au contraire à titre de libéralité, quand elle est fournie par un fondateur ou des bienfaiteurs qui n'y sont pas obligés (10) ; et, dans ce cas,

----

(10) Il a été jugé par un arrêt de la cour de cassation du 7 avril 1829, confirmatif d'un arrêt rendu par la cour d'appel de Paris le 11 décembre 1827, qu'on ne doit pas considérer comme une disposition purement gratuite, sujette par conséquent aux formalités des donations, la souscription ou soumission faite par un PAROISSIEN de fournir une somme déterminée pour contribuer à la construction de l'ÉGLISE PAROISSIALE ; et qu'une cour d'appel a pu, sans violer les articles 932 et 937 du code civil, décider qu'un acte de ce genre était un véri-

la dotation a le caractère et les effets d'une donation modale ou d'un quasi-contrat : « fundatio et dotatio illa habet se per modum quasi-contractus ultro citroque obligatorii, seu donationis sub modo, quam cum Episcopus admiserit et provisus, dum institueretur, non recusaverit, non potest modo onus detrectare. » Fagnan. caput *Ex parte*, de constit. n° 24 ; Thes. resol. congregat. conc. Trident. t. 55, p. 164 (29 juin 1786) ; Zamboni, t. 6, parś 3e, pag. 320. Ce contrat fait la loi particulière des parties contractantes. Les parties contractantes sont, d'une part le fondateur qui donne, et de l'autre la paroisse, représentée par l'Evêque, qui accepte et stipule pour elle.

Le contrat peut déroger au droit commun en ce qui n'est pas d'ordre public. Voilà pourquoi, dans les difficultés et les contestations qui peuvent survenir au sujet de l'exécution du contrat, il faut avant tout s'en référer aux actes de fondation, à l'égard desquels le concile de Trente fait souvent une réserve expresse, comme on le voit notamment dans la session 22, décret de réformation, chap. 9, où il est dit : « Administratores, tam ecclesiatici, quam laici, fabricæ cujusvis ecclesiæ, etiam cathedralis, hospitalis, confraternitatis, eleemosynæ montis pietatis, et quorumcumque piorum locorum, singulis annis teneantur reddere rationem administrationis *Ordinario* : Consuetudinibus et privilegiis quibuscumque in contrarium sublatis, *nisi secus forte in institutione et ordinatione talis ecclesiæ seu fabricæ expresse cautum esset.* » V. card. Soglia, institutiones juris ecclesiastici privati, p. 146-148.

En France, la part que l'*Etat* prend à la dotation des paroisses, principalement en ce qui concerne le traitement des titulaires ecclésiastiques, n'est qu'une bien faible indemnité des biens ecclésiastiques dont il s'est emparé. Elle n'est d'ailleurs que l'exécution imparfaite d'une obligation qu'il a formellement et expressément contractée tant par le décret de confiscation du 2-4 novembre 1789, que par le concordat de 1801, véritable contrat synallagmatique passé entre le Saint-Siége et le gouvernement français.

---

table contrat commutatif ou contrat intéressé pour un service public qui devait profiter au souscripteur, ainsi qu'aux autres habitants. — La décision eût été sans doute différente, s'il se fut agi de l'église d'une paroisse autre que celle du souscripteur. Dans ce cas, la souscription eût été considérée comme une pure libéralité ; mais dans l'espèce des arrêts précités, la souscription ou soumission a dû être, au contraire, considérée comme la quote-part contributive du souscripteur dans une dépense commune, dont il devait partager la charge aussi bien que les avantages.

Les *communes* qui contribuent aux frais de la dotation paroissiale, le font, soit en exécution d'une obligation que le gouvernement leur a imposée à sa décharge, soit par représentation et à l'acquit des paroissiens, qui sont principalement, directement et personnellement obligés.

Ces contributions ou subsides de l'Etat et des communes n'ont donc pas le caractère d'une libéralité et ne leur confèrent pas les droits que l'Eglise attribue aux bienfaiteurs qui dotent une paroisse de leurs biens propres : « De suis propriis et patrimonialibus bonis. » Conc. Trid. sessio 14. Decret. de Reform. cap. 12.

Si par la suite la dotation primitive devient insuffisante, l'évêque doit y pourvoir par de nouveaux réglements. « In parochialibus etiam Ecclesiis, quarum fructus œque adeo exigui sunt, ut debitis nequeant oneribus satisfacere, curabit Episcopus, si per beneficiorum unionem, non tamen regularium, id fieri non possit, ut primitiarum vel decimarum assignatione, aut per parochianorum symbola ac collectas, aut qua commodiori ei videbitur ratione, tantum redigatur, quod pro Rectoris ac parochiæ necessitate decenter sufficiat. » Conc. Trid. sessio 24. Decret. de Réform. cap. 13.

La dotation paroissiale doit comprendre : 1º l'église, le cimetière et le presbytère ; 2º les moyens de pourvoir tant à leur entretien qu'aux frais du matériel du culte ; 3º le traitement des ecclésiastiques que l'Evêque juge devoir attacher à la paroisse ; 4º les autres institutions d'utilité paroissiale selon les besoins et les ressources des localités.

C'est parce que l'Evêque, en érigeant une paroisse, doit comprendre dans sa dotation l'église paroissiale, que, lors de la réorganisation du culte en 1802, les anciennes églises non aliénées nécessaires aux nouvelles paroisses, à raison d'un édifice par cure et par succursale, ont été mises à la disposition des Evêques par la loi du 18 germinal an x, dont l'article 75 porte : « Les édifices anciennement destinés au culte catholique, actuellement dans les mains de la nation, à raison d'un édifice par cure et par succursale, seront mis à la disposition des Evêques. »

Sous le nom d'*église paroissiale* considérée comme édifice, le droit ecclésiastique comprend, non-seulement le temple consacré au culte, mais encore le cimetière paroissial et le presbytère, qui sont des dépendances nécessaires et inséparables de toute église paroissiale ; ce qui explique pourquoi, dans le droit canonique, il est fait si rarement une mention expresse des cimetières et des presbytères.

« Nomine ecclesiarum.... etiam veniunt sacristia, porticus, atrium, præsertim *cœmeterium*. — Nomine autem ecclesiæ intelliguntur etiam ædes habitationi Parochi aut beneficiati destinatæ. » Zallinger. Institutiones Juris ecclesiastici, lib. 3, tit. 48 et 69, §§ 478 et 482.

Nous avons lieu de penser que, de la part du gouvernement, comme de celle du Saint-Siége, la dénomination d'église paroissiale, dans l'article 12 du concordat de 1801, a été entendue dans le sens du droit ecclésiastique. Cette observation s'applique également aux palais épiscopaux, considérés dans le droit ecclésiastique comme une dépendance nécessaire de toute église cathédrale. C'est ce qui explique l'absence de toute mention expresse des palais épiscopaux, des presbytères et des cimetières paroissiaux dans l'acte solennel du concordat de 1801, qui, comme toute convention, doit être interprété selon la commune intention des parties contractantes. C. c., 1156.

La preuve que le gouvernement a entendu le mot *églises* de l'article 12 du concordat dans le sens canonique, c'est qu'il a pourvu au logement des titulaires des églises cathédrales et des églises paroissiales par les articles 71 et 72 de la loi organique du 18 germinal an X. D'ailleurs, si les palais épiscopaux et les presbytères n'étaient pas compris dans l'article 12 du concordat, ils le seraient implicitement et nécessairement dans son article 14, qui est ainsi conçu : « Le gouvernement assurera un traitement convenable aux Evêques et aux curés dont les diocèses et les paroisses seront compris dans la circonscription nouvelle. » Le logement fait nécessairement partie du traitement. « On doit, dit Portalis, la subsistance aux ministres du culte. Conséquemment on leur doit le *logement*, que les jurisconsultes ont toujours regardé comme si nécessaire, qu'ils le comprennent sous le nom d'aliments. » Rapport sur les articles organiques, art. 71. On peut voir, pour ce qui concerne les palais épiscopaux, le décret d'érection des nouveaux Evêchés rendu le 10 avril 1802 par le cardinal Légat, ainsi que la bulle d'érection du siége de Laval.

Le traitement du titulaire doit être convenable et suffisant, non-seulement pour l'entretien personnel du titulaire, mais encore pour les charges particulières qui lui seraient imposées.

L'ordonnance d'érection rendue par l'Evêque doit comprendre dans la dotation paroissiale et attribuer au titulaire le traitement du gouvernement stipulé par le Saint-Siége dans l'article 14 du concor-

dat de 1801, ainsi que le prescrit le cardinal Caprara dans son décret du 9 avril 1802 concernant la nouvelle circonscription paroissiale des diocèses de France, et dans le titre d'érection de chacun
de ces diocèses. On lit dans le premier : « Singulis vero parochialibus Ecclesiis sic erigendis, pro congrua rectorum sustentatione eos
redditus qui, ut in supradicta conventione statutum est, assignandi
erunt, iidem Archiepiscopi et Episcopi dotationis locum habituros
fore declarabunt. » On lit également dans le titre d'érection de l'archevêché de Paris, portant la date du 10 avril 1802 : « Eos vero redditus, qui, ut in supradicta conventione statutum est, assignandi
erunt singulis parochialibus Ecclesiis earumque rectoribus pro
tempore futuris perpetuo attribuat, atque constituat. » V. le cours
de droit canon, 3e édit., t. 6, p. 257.

Il suit de là que les traitements ecclésiastiques payés par l'Etat en
exécution des stipulations du concordat, ont le caractère de biens
ecclésiastiques ; qu'ils doivent être assimilés aux bénéfices et faire
partie de la dotation paroissiale.

Du droit de l'Evêque de régler la dotation des paroisses découle
celui de régler les rétributions casuelles à percevoir par le clergé
paroissial et par les fabriques, tant pour leurs fournitures que pour
l'assitance des employés de l'église.

Que la dotation soit faite à titre d'obligation ou à titre de libéralité, elle est dans tous les cas un acte translatif de propriété en faveur
de la paroisse. Les biens qui composent cette dotation sont consacrés à Dieu, affectés à son culte et grevés d'une substitution perpétuelle en faveur des générations futures. L'acte de dotation leur
donne le caractère de biens ecclésiastiques, les fait entrer dans le
domaine de la paroisse et les soumet à la juridiction de l'Evêque :
« Certum est per illam (erectionem) bona dicari Deo, et, ex tempo-
ralibus, sacra effici et spiritualia. » Zamboni, t. 6, p. 52. — « Bona
immobilia aliaque dominia et jura, ex quibus beneficiorum reditus
proveniunt, debent esse extra sæcularia, dicata nimirum cultui di-
vino. Dicta jura et bona pertinent ad particulares Ecclesias, sunt
que communitatis, eorum tantummodo administratione existente
penes Episcopos aliosque ordinarios Ecclesiarum tum sæcularium,
tum regularium, Rectores. » *Leurenius*, forum beneficiale, pars 1a,
quæstio 6a. V. Layman, Theol. mor. l. 4, tractatus 2, caput 1, no 2 ;
St Thomam, 2. 2, quæst. 43, art. 8. — « Noverint conditores basili-
carum, in rebus quas eisdem ecclesiis conferunt, nullam se potesta-
tem habere ; sed, juxta canonum instituta, sicut ecclesiam, ita et

dotem ejus ad ordinationem Episcopi pertinere. » 4me conc. Tolet.,
c. 32.

C'est en conséquence de ces principes que les églises paroissiales,
les cimetières paroissiaux et les presbytères sont devenus la propriété des *paroisses*, lors même qu'ils ont été originairement construits ou acquis aux frais des communes, comme la loi civile elle-
même l'a reconnu dans le décret spoliateur du 6 mai 1791. Les
anciens jurisconsultes étaient unanimes sur ce point. « Il est certain, dit Pardessus, qu'avant la révolution de 1789, quels que fussent ceux qui avaient construit des églises, la consécration de ces
édifices à l'exercice du culte catholique, seule religion alors reconnue, les avait rendus propriétés ecclésiastiques. » Traité des servi-
tudes, 8e édit., t. 1er, p. 86. — Curasson dit également : « A l'égard
des églises des paroisses, qui souvent se composent de plusieurs
communes, il est certain qu'avant la révolution de 1789, quels que
fussent ceux qui avaient construit des églises, ou qui étaient chargés de leur entretien, la consécration de ces édifices à l'exercice du
culte catholique les avait rendus propriétés ecclésiastiques. »

La cour de cassation, par arrêt du 6 avril 1809, confirmatif de
celui rendu le 2 avril 1808 par la cour d'Amiens, a décidé que
l'érection d'une chapelle privée en succursale, faite du consentement du propriétaire, avait fait perdre à celui-ci son droit de propriété au profit de la paroisse représentée par la commune.
« Attendu, dit la Cour, qu'il résulte de l'arrêt attaqué que, lors de
l'érection de la chapelle de Bernay en succursale, toutes les conditions exigées à cette époque pour ces sortes d'érections ont été
accomplies, et notamment que les anciens propriétaires de la chapelle ont consenti à ladite érection, ce qui suffirait en pareil cas
pour que cette chapelle consacrée dès lors et depuis au culte public,
cessât d'être leur propriété individuelle et pour qu'elle ne pût être
réclamée ultérieurement par qui que ce soit, comme ayant droit de
ses anciens propriétaires ; — rejette. »

Le conseil d'Etat lui-même, dans un arrêt du 8 janvier 1836 a
encore décidé dans le même sens au sujet d'un ancien presbytère
revendiqué par la commune d'Uchaud comme sa propriété. Par
suite de la nouvelle circonscription ecclésiastique du département
du Gard, l'église d'Uchaud fut réunie à celle de Bernis. Le 3 juin
1813, le Préfet rend un arrêt par lequel il envoie en possession du
presbytère de l'église supprimée la fabrique de l'église de Bernis.
En 1831, la commune d'Uchaud exerce son recours devant le

ministre. Elle soutient que le presbytère, ayant toujours été une propriété de la commune, n'avait pas été mis sous le sequestre national, et que, par suite, le décret du 30 mai 1806 ne lui était pas applicable; que les fabriques n'étaient appelées à profiter que des biens ayant appartenu aux anciennes églises non rétablies, mais non des biens propres aux communes et seulement affectés au service religieux. Le ministre confirma l'arrêté du préfet. La commune se pourvut devant le conseil d'Etat, qui, sans s'arrêter à cette circonstance que le presbytère était primitivement la propriété de la commune, rejeta la requête par l'arrêt suivant : « Louis-Philippe, etc.; — Vu la loi du 2 novembre 1789; — celle du 26 fructidor an v, relative aux presbytères non vendus; — l'article 72 de la loi organique du 18 germinal an x, portant que les presbytères et jardins attenants, non aliénés, seront rendus aux curés et desservants des succursales; — enfin le décret du 30 mai 1806, relatif aux presbytères supprimés par suite de la nouvelle organisation ecclésiastique :

Considérant que *tous les biens affectés*, A QUELQUE TITRE QUE CE SOIT, *au service du culte, ont été* INDISTINCTEMENT *placés sous le sequestre, en vertu des lois relatives aux domaines nationaux;* que le décret du 30 mai 1806 a compris les presbytères supprimés par suite de la nouvelle circonscription ecclésiastique au nombre des biens restitués aux fabriques et les a réunis à celles des cures et succursales dans l'arrondissement desquelles ils sont situés; que le presbytère dont il s'agit est situé dans l'arrondissement de la succursale de Bernis, et que le préfet a fait, dès lors, par l'arrêté attaqué, une juste appréciation des dispositions de ce décret; — La requête de la commune d'Uchaud est rejetée. — 8 janvier 1836.

La question de la propriété des édifices paroissiaux construits ou acquis des deniers communaux a encore été résolue en faveur des paroisses, conformément aux anciens principes, dans un arrêt fortement motivé émané de la Cour d'appel de Savoie le 30 mai 1856. Aux termes de cet arrêt, les églises paroissiales sont la propriété exclusive des paroisses représentées par les conseils de fabrique, et les communes n'y peuvent prétendre aucun droit, même de nu-propriété, encore bien qu'elles auraient participé à l'achat du terrain sur lequel les églises ont été bâties, ainsi qu'aux frais de construction; la commune qui a ainsi concouru à la construction d'une église paroissiale, est réputée n'avoir agi qu'avec les fonds et pour le compte de la paroisse. Cet arrêt est, à la vérité, antérieur à la dernière réunion de la Savoie à la France; mais la Savoie, qui a reçu nos codes sous le premier empire, a été depuis lors régie par la législation française, comme elle l'est encore aujourd'hui. On trouve le texte de cet arrêt dans le Recueil périodique de Dalloz, t. 57, 2. 112.

L'autorité administrative s'est, de nos jours, écartée sur ce point, du droit ecclésiastique et de la jurisprudence civile suivie jusque-là; et depuis lors elle est tombée dans des fluctuations, qui ont conduit à des décisions contradictoires et ont fait naître des contestations sans fin et des difficultés souvent inextricables.

Nous ne doutons pas qu'à cet égard elle ne revienne, tôt ou tard, aux anciens principes, parce qu'ils sont fondés sur la nature même des choses; et nous ferons remarquer, comme symptôme de ce retour, que les tribunaux, soit civils, soit administratifs, ne contestent déjà plus aujourd'hui aux fabriques paroissiales le droit d'exercer toutes les actions judiciaires concernant les églises et les presbytères des paroisses, même dans le cas où ces édifices seraient considérés comme propriétés communales. On peut voir à ce sujet les arrêts suivants : 1º Nancy, 31 mai 1827; 2º Caen, 8 octobre 1837; 3º Bordeaux, 6 février 1838; 4º Cour de cassation, 12 mars 1839 et 7 juillet 1840; 5º Paris, 18 février 1851; 6º Cour de cassation, 15 novembre 1853; 7º Paris, 24 décembre 1857. Ces décisions sont motivées : 1º sur ce que les paroisses, représentées par leur fabrique, sont chargées de l'administration, de l'entretien et de la conservation de ces édifices; 2º sur ce qu'elles en ont la jouissance et l'usufruit perpétuel, ce qui, d'après notre droit actuel, équivaut à la propriété, C. c. 619; 3º enfin, sur ce qu'elles ont intérêt à la conservation de ces édifices, puisque, dans le cas où ils seraient usurpés, elles seraient tenues de les remplacer à leurs propres frais, si elles avaient les fonds nécessaires pour cela.

En cas d'érection d'une nouvelle paroisse par démembrement d'une ancienne, l'autorité ecclésiastique peut la doter d'une partie des revenus de celle dont la nouvelle est un démembrement; comme aussi en cas de suppression d'une paroisse par son incorporation avec une autre, ses biens sont réunis à ceux de cette dernière pour former tous ensemble le patrimoine de la paroisse ainsi agrandie. Ces principes du droit ecclésiastique ont été en partie admis et consacrés plus ou moins explicitement par la jurisprudence civile. C'est à cet ordre d'idées que se rapportent :

1º L'ordonnance du 28 mars 1820, dont l'article 3 porte : « Les évêques pourront nous proposer de distraire des biens et rentes possédés par une fabrique paroissiale, pour être rendus à leur destination originaire, soit en toute propriété, soit seulement en simple usufruit, suivant les distinctions établies ci-dessus, ceux ou partie de ceux provenant de l'Eglise érigée postérieurement en succursale ou chapelle, lorsqu'il sera reconnu |que cette distraction laissera à la fabrique possesseur actuel, les ressources suffisantes pour l'acquittement de ses dépenses. »

2° Le décret du 12 juillet-24 août 1790, sur la constitution civile du clergé, dont l'article 19 du titre 1er est ainsi conçu : « La réunion qui pourra se faire d'une paroisse à une autre emportera *toujours* la réunion des biens de la fabrique de l'Eglise supprimée à la fabrique de l'Eglise où se fera la réunion. »

3° L'arrêté du 7 thermidor an xi (26 juillet 1803) dont l'article 2 porte : « Les biens des fabriques des Eglises supprimées sont réunis à ceux des Eglises conservées. »

4° Le décret du 30 mai 1806 portant : « art. 1er. Les églises et presbytères qui, par suite de l'organisation ecclésiastique, seront supprimés, font partie des biens restitués aux fabriques, et sont réunis à celles des cures et succursales dans l'arrondissement desquelles ils sont situés. »

5° Le décret du 31 juillet 1806 ainsi conçu : « Napoléon, etc; — Vu l'article 2 de l'arrêté du gouvernement du 7 thermidor an XI, portant que les biens des fabriques des Eglises supprimées sont réunis à ceux des Eglises conservées et dans l'arrondissement desquelles ils se trouvent; — considérant que la réunion des Eglises est le seul motif de la concession des biens des fabriques de ces Eglises; que c'est une mesure de justice que le gouvernement a adoptée pour que le service des Eglises supprimées fût continué dans les Eglises conservées, et pour que les intentions des donateurs ou fondateurs fussent remplies; que par conséquent, il ne suffit pas qu'un bien de fabrique soit situé dans le territoire d'une paroisse ou succursale pour qu'il appartienne à celle-ci; qu'il faut encore que l'Eglise à laquelle ce bien a appartenu soit réunie à cette paroisse ou succursale; — Notre conseil d'Etat entendu, nous avons décrété et décrétons ce qui suit: article 1er. Les biens des Eglises supprimées appartiennent aux fabriques des Eglises auxquelles les Eglises supprimées sont réunies, quand même ces biens seraient situés dans des communes étrangères. »

Ainsi les biens des fabriques suivent le sort des *paroisses auxquelles ils appartiènnent*, pour employer les expressions mêmes du décret précité du 31 janvier 1806; ils se partagent ou se réunissent selon que les paroisses elles-mêmes, auxquels ils appartiennent, se partagent ou s'unissent, parce qu'ils sont inséparables des paroisses auxquelles ils appartiennent et sont incorporés.

Lorsque la dotation paroissiale primitivement réglée devient insuffisante, il y est suppléé par les habitants de la paroisse.

Nous croyons devoir à ce sujet rapporter ici le texte même de la loi du 14-24 fév. 1810 relative aux revenus des fabriques des Eglises et concernant les contributions à repartir, le cas échéant, entre les habitants pour suppléer à l'insuffisance de ces revenus. Cette loi est ainsi conçue : « Art. 1er. Lorsque dans une *paroisse*, les fabriques, ni, à leur défaut, les revenus communaux, ne seront pas suffisants pour *les dépenses annuelles de la célébration du culte*, la répartition entre les habitants, au marc le franc de la *contribution personnelle et mobilière*, pourra être faite et rendue exécutoire provisoirement par le préfet, si elle n'excède pas 100 francs dans les paroisses de 600 âmes et au-dessous, 150 francs dans les paroisses de 600 à 1200 âmes, et 300 francs au-dessus de 1200 âmes. — La répartition ne pourra être ordonnée provisoirement que par un décret délibéré en Conseil d'Etat, si elles sont au-dessus, et jusqu'à concurrence du double des sommes ci-dessus énoncées. — S'il s'agit de sommes plus fortes, l'autorisation par une loi sera nécessaire, et nulle imposition ne pourra avoir lieu avant qu'elle ait été rendue. — 2. Lorsque, pour *les réparations ou reconstrùctions des édifices du culte*, il sera nécessaire, à défaut des revenus de la fabrique ou communaux, de faire sur la *paroisse* une levée extraordinaire, il y sera pourvu *par voie d'emprunt*, à la charge du remboursement dans un temps déterminé, ou *par répartition, au marc le franc, sur les contributions foncière ou (et) mobilière.* — 3. L'emprunt et la répartition pourront être autorisés provisoirement par le préfet, si les sommes n'excèdent pas celles énoncées dans l'article 1er. La répartition en sera ordonnée provisoirement par un décret délibéré en conseil d'Etat, lorsqu'il s'agira de sommes de 100 à 300 francs, dans les paroisses de 600 habitants et au-dessous ; de 150 à 450 francs dans celles de 600 à 1200 habitants ; et de 300 à 900 francs dans les paroisses au-dessus de 1200 habitants ; au-delà de ces sommes, l'autorisation devra être ordonnée par une loi. — 4. Lorsqu'une paroisse sera composée de plusieurs communes, la répartition entre elles sera au marc le franc de leurs contributions respectives, savoir de la contribution mobilière et personnelle, s'il s'agit de la dépense pour la célébration du culte, ou de réparation d'entretien, et au marc le franc des contributions foncière et mobilière, s'il s'agit de grosses réparations et reconstructions. — 5. Les impositions provisoires ou emprunts autorisés par la présente loi, seront soumis à l'approbation du corps législatif à l'ouverture de chaque session. » Cette loi, qui repose tout entière sur l'idée de la personnalité et de la capacité civile des paroisses, est un monument qui atteste les principes qui, à cet égard, ont présidé à la réorganisation du culte en France après le concordat et à la rédaction du décret réglementaire du 30 décembre 1809.

Nous avons jugé devoir nous arrêter sur ces considérations, afin de mieux faire comprendre, d'une part, la nature véritable des biens possédés et administrés par les fabriques, et, de l'autre, l'erreur des adversaires de la propriété ecclésiastique, qui, sous le faux prétexte que les paroisses et les diocèses sont de pures *circonscriptions administratives*, leur contestent le caractère de *personnes morales* reconnues par la loi et conséquemment le droit de posséder des biens. Cette grave erreur a été combattue dans une brochure publiée en 1867 et intitulée : De la propriété ecclésiastique en France et en Belgique. — Dissertation sur la capacité civile des diocèses, des paroisses et des établissements diocésains et paroissiaux (11). Cette dissertation est un chapitre détaché d'un ouvrage inédit. Nous y renvoyons pour plus de détails sur la capacité civile des paroisses.

20. Domaine paroissial. — Le domaine paroissial se compose des biens de toute nature que la paroisse possède. Il se compose des biens de la dotation primitive et de ceux acquis postérieurement à l'érection de la paroisse, à quelque titre que ce soit. Il est assez généralement divisé en quatre parties; la première comprend les biens affectés aux besoins généraux de la paroisse auxquels il n'a pas été autrement pourvu par une affectation spéciale; la seconde comprend ceux qui sont affectés au personnel du clergé paroissial; la troisième comprend ceux qui sont affectés au matériel du culte; la quatrième comprend ceux qui sont affectés à des institutions d'instruction et de charité fondées dans l'intérêt de la paroisse.

Il est rare que de nos jours les paroisses, en France, possèdent des biens de la première classe. C'est un effet de l'établissement des menses curiales et des fabriques. Toutefois des libéralités peuvent

---

(11) Paris, Durand libraire-éditeur, rue Cujas, n° 9,

être faites à une paroisse pour ses besoins généraux sans affectation spéciale à un service paroissial déterminé. A l'égard des libéralités de ce genre, nous nous bornerons à faire remarquer qu'aux termes de l'article 73 de la loi organique du 18 germinal an x, elles doivent être acceptées par l'Evêque diocésain, qui en assigne l'emploi.

Les biens de la seconde classe forment la dotation du titre ecclésiastique ou le bénéfice du titulaire. C'est, en d'autres termes, la mense curiale.

Ceux de la troisième classe forment la dotation de la fabrique.

Ceux de la quatrième classe sont des fondations particulières régies par le titre même de la fondation. L'Eglise, toujours si féconde en bonnes œuvres, avait prodigieusement multiplié les fondations de ce genre; mais l'irréligion les a détruites ou dénaturées en les sécularisant et en les transformant en établissements civils, nationaux ou communaux.

L'Eglise n'en a pas moins encore le droit d'en fonder de nouvelles. Ce droit lui est garanti par une stipulation expresse du concordat de 1801, dont l'article 15 porte : « Le gouvernement prendra des mesures pour que les catholiques français puissent, s'ils le veulent, faire *en faveur des Eglises*, des fondations. Remarquons qu'il s'agit ici, bien moins des fondations de services religieux en faveur des particuliers, que des fondations d'établissements d'utilité diocésaine ou paroissiale, faites en faveur des diocèses et des paroisses, car le mot Eglise est employé ici, non dans le sens de temple, mais dans le sens de société ecclésiastique, tels que les diocèses et les paroisses, qui possédaient autrefois de nombreux établissements d'instruction et de charité. L'Eglise reproduira, au grand avantage des peuples, ces merveilles de la charité chrétienne, dès que les passions irréligieuses et les calculs d'une étroite politique cesseront de comprimer son légitime essor.

Nous n'avons pas à traiter ici des fondations de ce genre; nous parlerons plus loin des titres ecclésiastiques et des fabriques; mais les droits des paroisses sur leurs églises, presbytères et cimetières sont devenus de nos jours l'objet de tant de controverses que nous ne pouvons nous dispenser d'en faire ici l'objet d'un examen particulier.

Toute paroisse doit avoir son église, son cimetière et son presbytère. Ces trois établissements font essentiellement partie de sa dotation, et sont considérés comme des dépendances nécessaires de toute paroisse. Il y a même entre ces trois établissements une telle relation que, sous le nom d'*église paroissiale*, le droit canonique comprend, non-seulement le temple consacré au culte, mais encore le cimetière et le presbytère, ainsi que nous l'avons déjà fait remarquer.

Nous avons dit précédemment que la dotation d'une paroisse imprime aux biens qui la composent le caractère de biens ecclésiastiques et les fait passer dans le domaine de cette paroisse, dont ils deviennent par ce fait la propriété. C'est en effet la conséquence de la convention expresse ou tacite, mais toujours réelle, qui intervient en toute libéralité de ce genre entre les fondateurs et l'Evêque acceptant et stipulant pour la paroisse.

D'après les prescriptions du pontifical, il doit être dressé acte public de la dotation paroissiale. La preuve littérale est en effet fort utile pour prévenir les contestations, et nous engageons beaucoup à ne pas la négliger. Toutefois, nous ferons remarquer qu'elle n'est pas indispensable et qu'elle peut être suppléée par certains actes publics qui supposent le consentement réciproque des parties contractantes. Il en est ainsi particulièrement de la consécration d'une église, de la bénédiction d'un cimetière, de la mise du curé en possession d'un presbytère. C'est d'après ces principes que la cour d'Amiens et la cour de cassation, par leurs arrêts précités des 2 avril 1808 et 6 avril 1809, ont décidé que l'érection d'une chapelle privée en succursale et son affectation au culte pour le service paroissial importaient, de la part du propriétaire, la cession de son droit de propriété en faveur de la nouvelle paroisse.

Mais l'administration repousse l'application de ces principes du droit civil, quand il s'agit d'une église, d'un cimetière ou d'un presbytère affectés au service paroissial par une commune ou par l'Etat; elle prétend que cette affectation ne transfère pas à la paroisse la propriété de l'immeuble dont la jouissance perpétuelle lui est ainsi cédée; et cependant la loi met à la charge de la paroisse, représentée par la fabrique, les dépenses de toute nature à faire pour l'entretien, l'amélioration et la conservation de ces immeubles primitivement fournis par la commune et par l'Etat. Ainsi la paroisse doit, autant que ses revenus le lui permettent, les assainir, s'ils sont insalubres; les agrandir, s'ils sont insuffisants; les réparer, s'ils sont dégradés; les affranchir, s'il est possible, des servitudes dont ils seraient grevés; reconstruire les édifices, s'ils sont détruits. Ces charges ne sont pas celles d'un simple usufruitier; mais bien celles du propriétaire. C. c. 605. Le législateur ne les aurait pas imposées à la paroisse, s'il n'eût pas considéré ces immeubles comme étant devenus , conformément à l'ancienne jurisprudence, la propriété de cette paroisse par le seul fait de leur affectation au service poroissial, parce que cela serait contraire à toutes les règles consacrées par le droit civil. Les paroisses ne s'imposent des sacrifices considérables pour l'amérioration de ces immeubles que dans la confiance qu'elles n'en seront pas dépossédées. Toute incertitude à cet égard, en réfroidissant leur zèle, serait funeste aux édifices de ce genre et très-préjudiciable à l'intérêt des communes elles-mêmes.

D'ailleurs ceux-mêmes qui contestent aux paroisses la propriété de ces immeubles pour l'attribuer aux communes, reconnaissent que celles-ci ne peuvent en changer la destination et que les paroisses en ont l'usufruit perpétuel. Mais l'usufruit perpétuel se confond avec la propriété, puisque, d'après notre droit civil actuel, comme d'après le droit romain, l'usufruit ne peut être perpétuellement séparé de la nu-propriété. En effet , la durée de l'usufruit concédé à des particuliers ne peut excéder leur vie et celui qui n'est pas concédé à des particuliers ne peut durer plus de 30 ans. C. c. 617 et 619. V. Proudhon, traité des droits d'usufruit, n° 8. Ceux qui allèguent que les paroisses ne sont qu'usufruitières des édifices paroissiaux primitivement fournis par les communes ou par l'Etat et que ceux-ci en conservent la nu-propriété, devraient, pour être conséquents, soutenir également qu'après trente ans de jouissance usufruitière les paroisses sont obligées, par respect pour l'art. 619, C. c., d'abandonner cette jouissance et, à défaut de ressources propres pour s'en procurer d'autres elles-mêmes, de réclamer de la commune, en vertu de l'article 92 du décret du 30 décembre 1809, pour trente ans encore, une nouvelle église, un nouveau presbytère, un nouveau cimetière; mais nul n'oserait être conséquent à ce point. D'ailleurs les partisans de ce système ne nous disent pas comment ils le concilient avec la loi qui autorise les paroisses à faire dans les églises ainsi mises à leur disposition des concessions *perpétuelles* de bancs, de chapelles et de monuments. La raison et la loi déposent donc également en faveur des principes du droit canonique et de l'ancien droit civil que nous avons rappelés ci-dessus.

Le principal et presque le seul argument invoqué en faveur du droit de propriété des communes se tire des charges qui leur sont imposées relativement à ces immeubles. Mais : 1° ces charges ne dérivent pas, pour les communes, de la qualité de propriétaire; car si elles en dérivaient, elles seraient réglées par les articles 605-609, C. c., qui ne leur sont pas applicables; 2° elles ont uniquement leur principe dans la disposition d'une loi spéciale, qui oblige les communes, à suppléer, au lieu et place des paroissiens, à l'insuffisance des revenus de la paroisse dans tous les cas, sans qu'il y ait à distinguer celui où elles seraient propriétaires de celui où elles ne le seraient pas; car leurs obligations sont absolument les mêmes dans l'un et l'autre cas. On ne peut donc en rien inférer pour étayer le droit de propriété que l'on revendique en faveur des communes. Au contraire, cet argument peut, avec raison, être invoqué en faveur du droit de propriété des paroisses, puisqu'à l'égard des immeubles dont il s'agit, elles sont directement et principalement obligées de supporter toutes les charges inhérentes à la qualité de propriétaire. Dans un arrêt du 14 mai 1858, comme il l'avait déjà fait dans un avis du 21 août 1839, le conseil d'Etat a soin de rappeler lui-même « que l'obligation pour les fabriques de subvenir, lorsque leurs resssurces sont suffisantes, *à toutes les dépenses*, relatives à la *célébration*, aux *édifices*, ou au *logement des ministres* du culte, ressort également de leur destination, de celle des biens qui leur ont été affectés par l'Etat à titre de donation et des dispositions formelles des décrets qui régissent la matiére. » Les communes ne participent à ces charges que dans le cas où elles doivent suppléer à l'insuffisance des revenus de la fabrique et venir à son secours. La loyauté et la bonne foi ne permettent pas de faire d'un secours un moyen de dépouiller la victime que l'on prétend secourir.

Les observations qui précèdent concernent les églises, presbytères et cimetières paroissiaux considérés en général. Il nous reste à en faire l'application à l'examen de la question, aujourd'hui si controversée, de la propriété des églises, presbytères et cimetières paroissiaux confisqués par la loi du 2-4 novembre 1789, et par celle du 13 brumaire an II, mais non aliénés et rendus au culte par les articles 72 et 75 de la loi organique du 18 germinal an X, et 1 et 2 de l'arrêté du 7 thermidor an XI. Ce que nous dirons de chacun de ces trois établissements s'applique, par identité de raisons, aux deux autres (12).

---

(12) On peut consulter : 1° au sujet des églises et des presbytères, le journal des conseils de fabriques, t. 1er, pages 89-100; t. 5, p. 184-188; l'almanach du clergé pour 1837, p. 483-491; — 2° au sujet des cimetières paroissiaux, un article remarquable du dictionnaire de droit et de jurisprudence civile ecclésiastique par l'abbé Prompsault, t. 1. col. 870-910; —

Les jurisconsultes sont unanimes à reconnaître que les églises et les presbytères des paroisses supprimées sont la propriété, non des communes, mais des fabriques des paroisses conservées, parce que les actes législatifs qui les concernent sont tellement explicites sur ce point qu'il n'a pas été possible d'élever le moindre doute à cet égard ; et il en résulte tout d'abord la présomption qu'il doit à plus forte raison en être de même des églises et des presbytères des paroisses conservées ; et tel a été le sentiment général, jusqu'en 1829 ; néanmoins l'opinion qui attribue aux communes, à l'exclusion des fabriques, la propriété des églises et presbytères non aliénés, des anciennes paroisses conservées et rendues au culte par la loi du 18 germinal an x, compte de nombreux et zélés partisans, qui l'ont propagée dans ces derniers temps avec une telle ardeur, que, malgré son peu de fondement, elle est devenue aujourd'hui la jurisprudence de l'administration. Cette nouvelle jurisprudence exige de notre part un examen spécial.

Nous commencerons par reproduire ici l'opinion émise sur cette matière par deux graves jurisconsultes, parce qu'elles est de nature à restreindre le champ déjà trop vaste de la discussion.

« L'état vague et imparfait de la législation, dit M. Pardessus, laisse une assez grande incertitude sur la propriété de ces édifices (les églises).

« Un avis du conseil d'Etat du 2 pluviôse an XIII, approuvé le 6 par le chef du gouvernement, qui n'a point été inséré au Bulletin des lois, mais que le ministre de l'intérieur a transmis aux préfets par une circulaire du 30 du même mois, déclare que ces édifices doivent être considérés comme propriétés communales. Mais en rapprochant cette décision des actes et lois antérieurs et postérieurs, la propriété des communes ne paroît pas hors de contestation.

« Il est certain qu'avant la révolution de 1789, quels que fussent ceux qui avoient construit des églises, la consécration de ces édifices à l'exercice du culte catholique, seule religion alors reconnue,

---

3° au sujet des variations de la jurisprudence tant civile qu'administrative concernant la PROPRIÉTÉ des églises et presbytères, leur JOUISSANCE et les ACTIONS JUDICIAIRES auxquelles l'une et l'autre peuvent donner lieu, les mots FABRIQUE et PROPRIÉTÉ ECCLÉSIASTIQUE du dictionnaire général de jurisprudence, par Armand Dalloz ; les mêmes mots de la table alphabétique des 22 années, 1845-1857 du Recueil périodique de jurisprudence, par Dalloz aîné.

les avoit rendus propriétés ecclésiastiques. Ces églises furent, par suite du décret du 2 novembre 1789 et des lois nombreuses qui en ont réglé l'exécution, réputées biens nationaux. Une grande partie fut vendue, les autres restèrent consacrées à l'exercice du culte ou à d'autres usages publics. L'art. 106 de la loi du 3 frimaire an VII, en réglant comment elles seroient portées aux rôles des contributions, les considéroit évidemment encore comme biens nationaux, affranchis en conséquence de la contribution foncière. La question de propriété communale ne paroit point avoir été résolue par un arrêté du gouvernement du 7 nivôse an VIII, qui en délaissa la libre jouissance aux communes, ni même par l'article 75 de la loi du 18 germinal an X, portant que les églises non vendues seroient remises aux évêques pour l'exercice de la religion catholique. L'avis du conseil d'Etat cité plus haut, est donc jusqu'à présent le seul titre des communes. En lui-même, il laisse encore beaucoup à désirer, puisque dans la hiérarchie du culte catholique, il y a des églises métropolitaines ou cathédrales, dont l'existence intéresse un diocèse tout entier, et dont l'entretien n'est pas une simple charge communale. On ne peut même s'empêcher de reconnaître que la force de l'avis du 2 pluviôse an XIII, atténué déjà par la circonstance que jamais il n'a été inséré au Bulletin des lois, sembleroit anéantie par les décrets des 30 mai et 31 juillet 1806, qui ont attribué aux fabriques créées par la loi du 18 germinal an X, la propriété des églises et presbytères des paroisses supprimées, et par l'art 1er de celui du 30 décembre 1809, sur l'organisation et l'administration des fabriques, qui reconnoît à ces établissements le droit d'aliéner, échanger ou louer à leur profit, les églises et les presbytères des paroisses supprimées.

« Le système qui mettrait de côté l'avis du 2 pluviôse an XIII, pour s'en tenir aux conséquences légales des autres actes postérieurs, et pour considérer les églises comme propriétés des fabriques, sembleroit acquérir d'autant plus de force, que les démarcations administratives des municipalités ne concordent pas toujours avec celles des paroisses; que souvent une paroisse renferme plusieurs municipalités, et qu'alors on ne sauroit à laquelle l'église appartient. Ce n'est point d'ailleurs aux représentants de la commune qu'est confié le soin d'administrer, de conserver et d'entretenir ces édifices : le décret du 30 décembre 1809 l'attribue aux fabriques, dont les membres ne sont point à la nomination des maires ou des conseils municipaux. Les communes n'interviennent à cet entretien, que pour subvenir à l'insuffisance des revenus des fabriques.

« Au surplus que l'on se décide ultérieurement pour déclarer que les églises sont des propriétés communales, qu'on les considère comme propriétés des fabriques, ce n'est toujours qu'à la charge de ne point en changer la destination; et l'objet de cette destination apprend suffisamment qu'elles doivent jouir de la même immunité que les autres objets du domaine municipal, consacrés à un service public. Traité des seavitudes, 8e édit., t. 1er, p. 85-89.

« Par qui et contre qui, se demande Curasson, les actions concernant les églises doivent-elles être dirigées ?

« La législation laisse beauconp d'incertitude sur la question de propriété de ces édifices. Un avis du Conseil d'Etat du 2, approuvé le 6 pluviôse an 13, déclare que les églises doivent être considérées comme propriétés communales. Mais, quoique transmis aux préfets par le ministre de l'intérieur, ce décret, qui n'a point été inséré au Bulletin, ne saurait avoir force de loi ; il paraît même contraire aux principes de la matière.

« D'abord il serait impossible de regarder les communes comme propriétaires des églises métropolitaines et cathédrales, lesquelles sont entretenues aux frais des départements, à défaut de ressources des fabriques.

« A l'égard des églises de paroisses, qui souvent se composent de plusieurs communes, il est certain qu'avant la révolution de 1789, quels que fussent ceux qui avaient construit des églises, ou qui étaient chargés de leur entretien, la consécration de ces édifices à l'exercice du culte catholique les avait rendus propriétés ecclésiastiques. Aussi fut-il ordonné, par une loi du 15 mai 1791, que les églises paroirsiales ou succursales supprinées seraient vendues dans la même forme et aux mêmes conditions que les domaines nationaux ; les biens des fabriques desdites églises devaient seulement passer à celle de la paroisse établie et conservée. Les églises des paroisses, reconnues par la constitution civile du clergé, demeurèrent consacrées à l'exercice du culte, jusqu'à l'époque de 1794, où la folie révolutionnaire fit transformer les églises en temples de la Raison. Mais, après la Terreur, une loi du 11 prairial an 3 (30 mai 1795) déclare que « les citoyens des communes et sections de communes « de la république auront *provisoirement* le libre usage des édifices « non aliénés, destinés originairement aux exercices d'un ou de « plusieurs cultes, et dont elles étaient en possession au premier

« jour de l'an 2 de la république ; ils pourront s'en servir, sous la
« surveillance des autorités constituées, tant pour les assemblées
« ordonnées par la loi, que pour l'exercice de leur culte. » Cette
concession fut confirmée par un arrêté du gouvernement consulaire
du 7 nivôse an 8, déclarant aussi que les citoyens des communes
continueront à user librement des édifices originairement destinés
à l'exercice d'un culte, et qui n'auraient pas été aliénés. Ces actes
démontrent que les communes n'étaient point considérées comme
propriétaires des églises paroissiales.

« Les choses étaient en cet état, lorsque le culte catholique ayant été
rétabli, l'article 75 des lois organiques du concordat mit *à la disposition des évêques* les édifices anciennement destinés au culte, *actuellement dans les mains de la nation,* à raison d'un édifice par cure et
par succursale ; et l'art. 76 établit des fabriques, pour veiller à l'entretien et à la conservation des temples. Cette loi démontre encore
que le gouvernement ne reconnaissait pas aux communes le domaine
de propriété des églises ; et c'est ce que confirment, d'autant plus,
les décrets des 30 mai et 31 juillet 1806, qui ont attribué aux fabriques la propriété des églises des paroisses supprimées. Ainsi le gouvernement, se considérant comme maître des églises qui, avant la
révolution, étaient des propriétés ecclésiastiques, a rendu au culte
celles qui lui étaient nécessaires, et a disposé des autres, non aliénées, en faveur des fabriques.

« Le décret du 30 décembre 1809, sur l'administration de ces établissements, vient encore à l'appui. S'agit-il de concéder un banc,
une chapelle, au bienfaiteur d'une église pour lui et sa famille, c'est
à la fabrique, et non à la commune, que l'art. 72 accorde le droit de
faire cette concession avec l'approbation de l'évêque, et sauf l'auto-
risatisn du gouvernement, parce qu'il s'agit de l'aliénation d'un
droit immobilier. Enfin la commune n'est tenue que subsidiairement
des constructions et grosses réparations, car si la fabrique a des ressources suffisantes, elles doivent y être employées.

« En présence de cette législation, il est difficile de ne pas reconnaître que la propriété des églises n'entre point dans le domaine
des communes, que, par conséquent, c'est par ou contre les fabriques, que doivent être dirigées les actions concernant ces édifices.

« La question, au surplus, ne peut souffrir de difficulté au pos-
sessoire : dès l'instant que la loi charge les fabriques de veiller à
l'entretien et à la conservation des temples destinés au culte, c'est

au nom de ces établissements que doivent être formées les actions possessoires. Traité de la compétence des juges de paix, 2e édit., t. 2, p. 223-225.

Ces deux jurisconsultes font ici une juste appréciation des avis du conseil d'Etat des 3 nivôse an XI et 2-6 pluviôse an XIII. Ces avis, qui n'ont pas été insérés au bulletin des lois, étaient totalement tombés en oubli, quand ils ont été remis en lumière par un avis du conseil d'Etat du 3 juillet 1829, époque de la réaction politique qui s'est produite en 1828 et qui a été le prélude de la révolution de 1830. L'avis du 3 nivôse n'a qu'un rapport fort indirect à la question qui nous occupe. Celui du 2 pluviôse, approuvé le 6, est plus important et, pour en faciliter l'examen, nous allons mettre sous les yeux du lecteur le texte même de cet avis et du rapport sur lequel il a été émis.

Avis du 2 pluviôse an XIII (22 janvier 1805). « Le conseil d'Etat, qui, d'après le renvoi fait par S. M. l'Empereur, a entendu le rapport des sections de l'intérieur et des finances, sur ceux des ministres de l'intérieur et des finances, tendant à faire décider par S. M. impériale la question de savoir si les communes sont devenues propriétaires des églises et presbytères qui leur ont été *abandonnés* (13) en exécution de la loi du 18 germinal an x ;

Est d'avis que lesdits églises et presbytères doivent être considérés comme propriétés communales (14). »

Rapport sur lequel est intervenu cet avis du 2 pluviôse an XIII. « Les églises et presbytères *rendus* (13) aux communes et mis à la disposition des évêques pour l'exercice du culte, sont-ils redevenus propriétés commuuales ? Telle est la question que divers ministres ont traitée et que S. M. l'Empereur a cru devoir renvoyer à l'examen du conseil d'Etat.

Ce qui a donné lieu à cette question, est la demande de plusieurs communes, et notamment celle de la Branche du Pont de St-Maur, qui sollicitoient la faculté de démolir leurs églises, parvenues à un tel état de vétusté que leur existence compromet la sûreté publique.

Mais la démolition permise, sera-ce au profit de la *commune* ou à celui du *domaine* que se fera la vente des matériaux; à qui doit appartenir le terrain ? Il n'existe aucune loi assez positive pour

---

(13) Il n'est dit, ni dans la loi du 18 germinal an x, ni dans aucune autre que les églises et presbytères rendus au culte par l'Etat ont été, soit ABANDONNÉS, soit RENDUS AUX COMMUNES.

(14) Dans un avis du 14 juin 1832, le comité de législation et de justice administrative du conseil d'Etat a demandé que l'on fît insérer au bulletin des lois cet avis du 2 pluviôse an XIII ; mais cette insertion n'a jamais été faite.

trancher cette difficulté. Celle du 24 août, en confirmant celles du 2 novembre 1789 et 6 mai 1791, nous porteroit·à considérer toutes les églises, tous les presbytères comme propriétés nationales. — D'après la législation nouvelle, au contraire, d'après surtout la loi du 18 germinal an x, les arrêtés de ventôse et thermidor an xi, il paroît que les édifices rendus pour l'exercice du culte sont redevenus propriétés communales; puisque la nation, qui avoit cessé de se charger des dépenses, soumet les communes à en payer l'imposition et leur laisse le droit d'acquérir, de louer, de réparer leurs églises paroissiales ou succursales.

Tel est l'avis du ministre de l'intérieur : Ou les communes, dit-il, ne sont propriétaires ni des églises ni des presbytères, et dans ce cas ne doivent point en payer les charges ; ou elles payent les impositions, les réparations et par ce fait seul doivent être regardées comme propriétaires.

Le ministre des finances, celui dès cultes, le conseiller d'Etat directeur général des domaines, le préfet de la Seine, partagent la même opinion.

Les sections croyent comme eux que la législation nouvelle a rendu ces édifices propriétés communales, puisque l'Etat n'acquitte plus les charges qu'il s'était imposées en s'emparant de ces biens par les lois de 1789 et 1791 ; qu'il ne serait pas juste de dépouiller les communes, lorsqu'il s'agit de vendre, du droit qu'on leur donne lorsqu'il faut acquérir ; qu'on ne peut refuser de regarder les communes comme propriétaires du bien dont elles payent la contribution foncière ; qu'une *jouissance onéreuse et temporaire* commenceroit bientôt la dégradation et l'abandon de tous ces bâtiments, et qu'il est utile de conserver le droit de propriété des communes sur les édifices qui leur ont été rendus, afin de les encourager à les entretenir :

D'après ces considérations, vu la loi du 18 germinal an x, les sections réunies me chargent de proposer au conseil le projet d'avis suivant :

Projet d'avis. — Le conseil d'Etat, qui a entendu les sections de l'Intérieur et des finances, sur les rapports des ministres de ces deux départements : Est d'avis que les églises paroissiales et presbytères, rendus aux communes (15) pour l'exercice du culte, doivent être considérées comme propriétés communales. »

____

(15) Il n'est dit nulle part dans la loi que les églises et presbytères ont été RENDUS aux communes.

De quoi s'agissait-il donc dans cet avis ? Il s'agissait, non pas de savoir qui des communes ou des paroisses représentées par les fabriques étaient propriétaires des églises et presbytères rendus au culte en vertu des articles 72 et 75 de la loi organique du 18 germinal an x, mais de savoir si l'Etat, en les rendant au culte, s'en était ou non dessaisi et si, non obstant cette affectation, il continuait ou non d'en être propriétaire. Cet avis décide que l'Etat n'a pas seulement affecté ces édifices au culte en s'en réservant la propriété; qu'il s'en est au contraire totalement dessaisi en faveur du culte, et que, *par rapport à lui*, ils doivent, pour l'impôt et pour les réparations, être désormais considérés et traités de la même manière que le sont les biens communaux. Tel est le seul point décidé par l'avis précité. Cette décision, exclusive de la propriété à l'égard de l'Etat, sans être attributive à l'égard des communes, ne tranchait nullement la question des droits respectifs des paroisses et des communes sur ces édifices, ainsi que le reconnaît le conseil d'Etat lui-même dans son avis du 3 juillet 1829 dont nous parlerons bientôt, question qui n'était ni soulevée, ni surtout contradictoirement débattue dans les avis précités de l'an xiii.

Pour se faire une juste idée de ces décisions de l'an xiii, il faut savoir qu'à cette époque on ne se rendait pas encore bien compte de la nouvelle législation relative au culte, ni de la situation respective qui en résultait pour les paroisses et les établissements paroissiaux d'une part et pour les communes de l'autre. Il y avait à cet égard une grande confusion dans les esprits et surtout dans le langage.

Nous remarquerons à ce sujet : 1º que l'administration de ce temps appelait *biens communaux* des biens qu'elle déclarait elle-même être la propriété des fabriques et des paroisses. Nous en avons un exemple frappant dans une décision ministérielle du 6 thermidor an xii, que nous avons déjà citée p. 51. Elle porte : « Les biens légués à des *fabriques* deviennent *biens communaux*. La *fabrique* ou plutôt la COMMUNAUTÉ DES HABITANTS CATHOLIQUES en demeure PROPRIÉTAIRE. » La communauté catholique représentée par la fabrique est bien évidemment la paroisse, et non la commune civile. Ainsi le ministre appelle biens communaux des biens qu'il déclare lui-même être la propriété, non de la commune, mais de la paroisse représentée par la fabrique. On pourrait citer de cette époque de nombreux exemples de ce genre. C'était des artifices de langage employés pour ménager la susceptibilité des acquéreurs des biens ecclésiastiques, qui se croyaient menacés dans leurs droits de propriété par le rétablissement des institutions ecclésiastiques en France.

2º Qu'une des opinions qui avaient alors cours consistait à considérer les paroisses et les établissements paroissiaux comme des établissements communaux. Il est évident que, pour les partisans de cette opinion, les biens appartenant aux paroisses et possédés par les établissements paroissiaux, devaient être considérés comme une espèce particulière de biens communaux, distingués toutefois des autres biens communaux par leur administration particulière et par leur affectation perpétuelle au service du culte. Elle ralliait naturellement tous les adversaires de la propriété ecclésiastique, et ils étaient encore nombreux. Elle était une erreur : Portalis le démontre dans son rapport du 14 mars 1806 adressé à l'Empereur et cité ci-dessus, p. 82. Elle était professée par le ministre de l'intérieur : Portalis le démontre encore dans le même rapport. Elle était accréditée au conseil d'Etat, où les intérêts du culte n'étaient pas alors représentés (16), et où l'influence du ministre de l'intérieur était prépondérante. Elle était une transformation et un dérivé du principe révolutionnaire qui avait proclamé nationale toute propriété collective, principe d'absorption sous lequel avait succombé la propriété communale elle-même. L'Etat, succombant à son tour sous le poids de ses confiscations et de son effroyable centralisation, renonçait de lui-même à la propriété des biens communaux et des biens rendus au culte, afin de s'affranchir des charges que lui aurait imposées la conservation de ces biens. C'est dans cette circonstance que prit naissance l'opinion que nous examinons. Elle était celle des auteurs du projet du code civil soumis à cette époque à la discussion du conseil d'Etat. Comme nous l'avons vu

---

(16) On lit à ce sujet, dans les mémoires sur les affaires ecclésiastiques de France, sous la date du mois de décembre 1809, t. 2, p. 318 : « Napoléon renvoyait presque tous les rapports de ses ministres à l'examen du conseil d'Etat. Il y avait auprès des ministres de la justice, des finances, du Trésor, de l'intérieur, de la guerre et de la marine, un certain nombre d'auditeurs chargés de développer, dans les sections du conseil, les motifs, soit de propositions de lois ou de règlements faits par les ministres auxquels ils étaient attachés, soit des avis ou décisions sur les diverses matières qui faisaient l'objet de leurs rapports. Le MINISTRE DES CULTES, dont les rapports n'étaient pas les moins nombreux, et roulaient souvent sur des matières très-délicates, ÉTAIT LE SEUL QUI N'EUT PERSONNE AU CONSEIL POUR DONNER LES ÉCLAIRCISSEMENTS CONVENABLES. A l'époque dont il s'agit (décembre 1809), deux auditeurs de première classe, MM. de Jauzé et Jauffret, furent attachés à son ministère et à la section de l'intérieur. » M. Jauffret est l'auteur anonyme des mémoires précités.

en parlant des établissements sociaux, p. 27, ce projet n'admettait que trois classes de propriétaires, l'Etat, les communes et les particuliers. Dans ce système, les biens possédés et administrés par les établissements publics étaient nécessairement considérés, soit comme nationaux, soit comme communaux. Ce système fut attaqué au conseil d'Etat et sa solution ajournée quelque temps par des artifices de rédaction, que nous avons signalés. Il fut enfin formellement condamné dans l'article 2227 C. c., qui consacra définitivement la pleine et entière propriété des établissements publics, comme celle de l'Etat et celle des communes. Toutefois l'opinion ainsi condamnée a survécu à sa condamnation, et elle se produit encore souvent de nos jours dans la jurisprudence administrative en ce qui concerne la propriété ecclésiastique ; elle est ardemment patronée par les nombreux ennemis de cette propriété et devient ainsi entre leurs mains la source de ces conflits journaliers qui renaissent sans cesse entre les institutions ecclésiastiques et les institutions civiles ; ce qui les constitue en un état permanent d'antagonisme, qui afflige les gens de bien et ne profite qu'aux ennemis de l'ordre et de la société.

D'ailleurs dans ce système, qui fait des paroisses et des fabriques des établissements communaux, dire qu'un bien est communal, ce n'est nullement dire qu'il n'est pas la propriété de la paroisse et de la fabrique.

C'est sous l'influence de cette opinion erronée qu'ont été émis les avis précités de l'an XIII. Nous en avons la preuve dans le rapport sur lequel est intervenu l'avis du 2-6 pluviôse an XIII. Ce rapport, dont on trouve le texte dans l'*Almanach du clergé de France* pour 1837, p. 489, appuie le droit de propriété qu'il attribue aux communes, non-seulement sur les articles 72 et 75 de la loi du 18 germinal an X, qui n'en disent rien, mais encore sur l'arrêté de thermidor an XI. Cet arrêté ne peut être que celui du 7 thermidor, qui rend à leur destination et restitue aux *fabriques* leurs biens non aliénés et réunit les biens de fabrique des églises supprimées à ceux des églises conservées. Ainsi, bien loin d'exclure les fabriques de la propriété de ces biens, c'est au contraire du droit de propriété des fabriques que le conseil d'Etat fait dériver celui qu'il attribue aux communes, sous le faux prétexte que les fabriques sont des établissements communaux, possédant et administrant pour les communes. C'était une erreur sans doute ; mais c'en est une bien plus grande encore de se prévaloir aujourd'hui de ces décisions pour exclure les paroisses et les fabriques du droit de propriété sur lequel ces mêmes décisions fondent celui qu'elles semblent attribuer aux communes. C'est donc complétement dénaturer ces avis de l'an XIII que de les présenter maintenant comme ayant décidé que les églises et presbytères rendus au culte par la loi du 18 germinal an X doivent être considérés comme propriétés communales et appartiennent aux communes *à l'exclusion des paroisses et des fabriques*. Qu'on lise avec attention cette loi et ces avis; on n'y trouvera pas un mot qui justifie cette exclusion et autorise l'interprétation qui leur a été donnée par le conseil d'Etat dans ses avis des 3 juillet 1829 et 3 novembre 1836, qu'il nous reste à examiner.

L'avis du 3 juillet 1829 est ainsi conçu : « Les membres du conseil du Roi, composant le comité, qui, sur le renvoi de son Excellence le ministre des affaires ecclésiastiques, ont pris connaissance d'un rapport et d'un projet d'ordonnance tendant à autoriser la fabrique de l'église de Mauzat, département du Puy-de-Dôme, à céder, à titre d'échange, quelques bâtiments dépendant du presbytère, et à recevoir en contre échange d'autres bâtiments destinés à être réunis audit presbytère, à la charge par la commune de Mauzat, de payer une soulte de 200 fr.

Vu toutes les pièces du dossier et les avis du comité des 1er août et 24 octobre 1828, portant que le presbytère appartenant à la commune de Mauzat et non à la fabrique, c'était au nom de la première que ledit échange devait être fait ;

Considérant que le nouveau rapport joint au projet d'ordonnance tend à prouver que le comité, dans ses avis ci-dessus visés, s'est appuyé sur une base fausse en fondant son opinion sur l'avis du conseil d'Etat du 6 pluviôse an XIII, qui porte que les églises et presbytères doivent être considérés comme propriétés communales ; que cet avis ne doit pas être pris dans le sens que lui donne le comité et qui résulte des termes mêmes dans lesquels il est conçu ; que la question soumise à l'examen du conseil d'Etat était celle de savoir si, par suite des articles 72 et 75 de la loi du 18 germinal an X, les églises et presbytères rendus étaient devenus propriétés des communes dans lesquelles ils sont situés, ou si, au contraire, cette propriété résidait toujours dans les mains de la nation.

Considérant que tel fut bien, en effet, le principal but de cet avis ; mais que s'il n'a pas eu pour objet de décider si les presbytères rendus en vertu de la loi du 18 germinal an X, étaient la propriété des communes ou celle des fabriques, il suppose constant et comme établi que ces bâtiments avaient été rendus aux communes ; que c'est du moins ce qui résulte de la lettre même de l'avis et du rapport fait au conseil et représentant le projet par les sections de l'intérieur et des finances réunies; qu'ainsi si l'avis ne tranche pas la question soumise au comité, *il pose en fait qu'elle n'avait pas été soulevée;* que le ministre des cultes, qui avait été consulté n'avait élevé aucune prétention sur les presbytères en faveur des fabriques et reconnaissait que la jouissance avait été incontestablement donnée aux communes par la loi de l'an x; qu'*il s'agissait seulement d'examiner leurs droits de propriété vis-à-vis de l'Etat;*

Considérant que la doctrine du comité, loin d'être en opposition avec les dispositions des différentes lois ou ordonnances sur la matière, en est au contraire une conséquence naturelle; qu'en effet la loi du 18 germinal an x, qu'il s'agit d'interpréter, après avoir ordonné la restitution des presbytères non vendus, porte, article 72, qu'à défaut de presbytère, les conseils généraux des communes sont autorisés à procurer au desservant un logement et un jardin, tandis que, par l'article 76, elle ne met à la charge des fabriques que l'entretien des temples et la distribution des aumônes;

Considérant, que le décret du 30 décembre 1809 a été rédigé dans le même esprit; qu'ainsi il est naturel de penser que la loi a donné aux communes les presbytères dont elle a ordonné la restitution, puisqu'elle les oblige (décret du 30 décembre 1809, art. 92) à pourvoir aux grosses réparations de ces bâtiments, et, à leur défaut, à fournir un logement ou à payer une indemnité au desservant;

Considérant, d'un autre côté, qu'on ne peut citer aucun texte positif de loi en faveur des fabriques; que le décret du 7 thermidor an XI leur a seulement rendu leurs anciens biens qui n'avaient point été vendus, et que, sans qu'il soit nécessaire de prouver ici que les presbytères ne faisaient pas autrefois partie des biens de ces établissements (ce que l'on pourrait faire facilement), il est bien évident qu'un nouveau décret, celui du 30 mai 1806, ayant paru nécessaire pour donner aux fabriques des églises conservées les presbytères des succursales supprimées, on n'avait pas cru trouver cette disposition dans l'article 2 du décret (arrêté) du 7 thermidor an XI, quoiqu'il porte que les biens des fabriques des églises supprimées seront réunis à ceux des églises conservées.

Considérant d'ailleurs que les décrets et ordonnances cités dans le rapport ne peuvent servir à décider la question; qu'en effet, les fabriques étant chargées de pourvoir aux réparations locatives du presbytère (17), il était naturel que le décret du 6 novembre 1813, chargeât les trésoriers de ces établissements de faire l'état des lieux à chaque mutation ; que l'ordonnance du 3 mars 1825, n'est relative qu'à la jouissance et non à la propriété des presbytères ; qu'enfin dans le décret du 17 mars 1809, que l'on regarde comme décisif, parce qu'il vise en même temps les articles 72 et 75 de la loi du 18 germinal an x, et le décret du 30 mai 1806, on a visé la première de ces lois, pour en ordonner l'application, dans l'article 1er, aux presbytères rentrés dans la main du domaine pour cause de déchéance, tandis que le décret du 30 mai 1806, n'a été visé que parce qu'il est appliqué, dans l'article 3, aux chapelles de congrégations et aux églises de monastères non aliénées, qu'ainsi on ne peut tirer aucune conséquence de ce double visa ;

Considérant enfin que la distinction qui paraît avoir été faite par la loi, entre les presbytères des succursales conservées, qu'elle rend aux communes et ceux des succursales supprimées qu'elle rend aux fabriques, peut facilement se justifier, si l'on remarque que les communes sont chargées, dans le premier cas seulement, de pourvoir au logement du desservant ;

Sont d'avis : que les presbytères rendus par la loi du 18 germinal an x, sont la propriété des communes ; qu'ainsi ledit échange ne peut être autorisé au nom de la fabrique de Mauzat. »

Constatons d'abord que cet avis reconnaît : 1° que celui du 2-6 pluviôse an xiii n'avait pas eu pour objet de décider si les édifices rendus au culte en vertu de la loi du 18 germinal an x étaient la propriété des communes ou celle des fabriques, question qui n'avait pas été soulevée ; mais de décider si, nonobstant leur restitution au service du culte, l'Etat en conservait ou non la propriété ; 2° que cet avis de l'an xiii a décidé que l'Etat s'est totalement dessaisi de la propriété de ces édifices en les rendant au culte, et qu'il a cessé dès lors d'en être le propriétaire.

L'avis du 3 juillet 1829 renferme d'ailleurs de nombreuses inexactitudes, qui trouvent leur rectification anticipée dans ce que nous avons dit précédemment de la propriété ecclésiastique en général et de celle des édifices paroissiaux en particulier. Nous nous bornerons à en signaler quelques-unes. Ainsi, il fait une fausse applica-

---

(17) C'est une erreur : les réparations locatives des presbytères sont à la charge des titulaires et non à celle des fabriques. R. 44.

tion 1° de l'arrêté du 7 thermidor an XI, 2° du décret du 30 mai 1806, 3° de l'ordonnance du 3 mars 1825.

Il considère l'article 2 de l'arrêté du 7 thermidor an XI comme concernant tout à la fois les églises alors supprimées et celles qui le seront ultérieurement, ce qui lui fait donner au décret du 30 mai 1806 une fausse interprétation. L'article 2 de l'arrêté du 7 thermidor an XI concerne les églises ou paroisses *alors supprimées* par la première circonscription paroissiale ; tandis que le décret du 30 mai 1806 concerne les églises et presbytères qui *seront supprimés* par suite des changements ultérieurs des circonscriptions paroissiales.

Il est dit dans cet avis que l'ordonnance du 3 mars 1825 n'est relative qu'à la jouissance et non à la propriété des presbytères. C'est là une grave erreur. Après avoir, par son article 2, attribué au bineur la jouissance des presbytères et de leurs dépendances, l'ordonnance porte : Art. 3. Dans les communes qui ne sont ni paroisses ni succursales et dans les succursales où le binage n'a pas lieu, les presbytères et dépendances peuvent être amodiés, mais sous la condition expresse d'être immédiatement rendus libres, s'il est nommé un desservant ou si l'évêque autorise un curé, vicaire ou desservant voisin à y exercer le binage. — Art. 4. Le produit de cette location appartient à la *fabrique,* si le presbytère et ses dépendances *lui ont été remis en exécution de la loi du 8 avril 1802* (18 germinal an X), *de l'arrêté du gouvernement du 26 juillet 1803* (7 thermidor an XI), *des décrets des 30 mai et 31 juillet* 1806, si elle en a fait acquisition sur ses propres ressources, ou s'ils lui sont échus par legs ou donation : le produit appartient à la commune, quand le presbytère et ses dépendances ont été acquis ou construits de ses deniers, ou quand il lui en a été fait legs ou donation. »

Cette ordonnance est la condamnation la plus formelle de l'interprétation donnée aux avis de l'an XIII et de l'avis si laborieusement motivé du 3 juillet 1829. Remarquons en passant que cette ordonnance interprète l'arrêté du 7 thermidor an XI comme nous l'avons fait.

L'avis du 3 novembre 1836 est ainsi conçu : « Le conseil d'Etat consulté par M. le garde des sceaux, ministre de la justice et des cultes, sur la question de savoir si la propriété des presbytères et de leurs dépendances, restitués en exécution de la loi du 18 germinal an X, appartient aux *communes* ou aux *fabriques,* et si, par suite, les distractions d'une partie de ces presbytères, opérées pour le service des *communes, conformément à l'ordonnance du 3 mars* 1825, peuvent être grevées 'de clauses de retour ou de toute autre indemnité au profit des fabriques ;

Vu la loi du 18 germinal an x ; — les avis du conseil d'Etat des 3 nivôse, 2 pluviôse et 24 prairial an XIII ; — l'arrêté du 7 thermidor an XI ; — les décrets des 30 mai et 31 juillet 1806 ; 17 mars et 30 décembre 1809 ; — l'ordonnance du Roi du 3 mars 1825 ;

Considérant que l'article 72 de la loi du 18 germinal an x, ayant rendu aux curés et desservants, les presbytères et jardins y attenants, il s'est élevé la question de savoir si cette disposition renfermoit une simple affectation au service du culte d'un édifice appartenant à l'Etat, ou bien si elle avoit transporté aux communes la propriété desdits presbytères, en compensation de la charge à elles imposée de fournir un logement aux curés et desservants ;

Considérant que cette question de propriété a été formellement résolue en faveur des communes, par les avis du conseil d'Etat des 3 nivôse et 2 pluviôse an XIII, avis approuvés et ayant par conséquent force de loi ;

Considérant que les lois et décrets invoqués dans l'intérêt des fabriques, loin d'infirmer le droit des communes, le confirmeroient au contraire, s'il en étoit besoin ;

Que si les presbytères ont été mis sous la main de la nation, en vertu de la loi du 2 novembre 1789, relative aux biens ecclésiastiques, et non en vertu de la loi du 24 août 1793, relative aux biens communaux, il faut remarquer que cette même loi met à la charge de l'Etat, le logement des ministres du culte, obligation imposée de tout temps et notamment par l'édit de 1695, aux communautés d'habitants ; que cette circonstance explique suffisamment pourquoi l'Etat, en se substituant à une obligation spéciale des communes, s'est emparé des biens communaux destinés à l'accomplissement de cette obligation ; qu'au surplus en admettant même que les presbytères aient été mis, en 1789, à la disposition de la nation, à titre de biens ecclésiastiques et non à titre de biens communaux, ce qu'il importe de savoir, ce n'est pas à quelle condition l'Etat a acquis la propriété des presbytères, mais en faveur de qui il s'est dépouillé de cette propriété ; que les avis du conseil d'Etat ci-dessus cités, établissent qu'il y a eu, de la part de l'Etat, abandon de la propriété des presbytères, par la loi du 18 germinal an x, et que cet abandon a eu lieu au profit des communes ; que même cet abandon ne pouvait avoir eu lieu au profit des fabriques, puisqu'elles n'existaient pas lors que la loi du 18 germinal an x a été rendue, et qu'elles n'ont commencé à être dotées que par l'arrêté du 7 thermidor an XI ;

Considérant que si le décret du 30 mai 1806 a compris dans les biens restitués aux fabriques les églises et presbytères supprimés par suite de l'organisation ecclésiastique, il faut remarquer que ce même décret dispose que le produit de la location ou de la vente desdits édifices, sera employé aux dépenses du logement des curés et desservants ; qu'ainsi l'abandon de ces presbytères n'est pas fait aux fabriques purement et simplement, mais sous la condition d'en affecter l'émolument à l'accomplissement d'une obligation qui est à la charge des communes, et non à la charge des fabriques ; qu'ainsi se manifeste de nouveau la relation entre la propriété des presbytères et l'obligation de loger les curés et desservants, relation sur laquelle se fonde le droit de propriété des communes sur les presbytères des paroisses conservées, puisque la charge de fournir le logement aux curés et desservants leur est imposée par l'article 92 du décret du 30 décembre 1809 ; que, dans tous les cas, le décret du 30 mai 1806 n'étant relatif qu'aux églises et presbytères supprimés, le droit de propriété qui peut en résulter pour les fabriques, ne peut s'étendre aux églises et presbytères conservés ;

Considérant que les explications ci-dessus s'appliquent au décret du 17 mars 1809, et que même il est à remarquer que tandis que le 1er § de l'article 2 met à la charge des fabriques les remboursements dus aux acquéreurs déchus des presbytères qui leur sont abandonnés, le § 2 du même article fait profiter les communes des dommages intérêts dont lesdits acquéreurs déchus pouvoient être débiteurs ;

Qu'il résulte ainsi, de l'ensemble des lois, avis et décrets relatifs à la propriété des presbytères, qu'elle a été abandonnée par l'État aux communes en compensation de l'obligation de fournir le logement qui leur étoit imposée ; que l'attribution aux fabriques des presbytères supprimés, a été faite sous des conditions qui confirment ce principe, et qu'elle doit d'ailleurs être renfermée dans la limite posée par les décrets ;

Que l'ordonnance du 3 mars 1825 n'a pu ni voulu infirmer les droits de propriété établis par des lois ou des actes ayant force de loi ;

Qu'en effet, si l'article 4 de cette ordonnance suppose que l'abandon fait par la loi du 18 germinal an x a été fait au profit des fabriques, l'article 1er de la même ordonnance reconnoît le principe que la distraction des parties superflues des presbytères peut avoir lieu au profit des communes, et ne subordonne cette distraction à aucune indemnité au profit des fabriques;

Est d'avis que la propriété des presbytères des paroisses conservées par l'organisation ecclésiastique appartient aux communes dans la circonscription desquelles ces paroisses sont situées, et que la distraction des parties superflues desdits presbytères doit être ordonnée, sans indemnité pour les fabriques. »

Au sujet de cet avis du 3 novembre 1836, nous ferons remarquer : 1° qu'il dénature la plupart des documents sur lesquels il s'appuie; 2° qu'il invoque un texte *altéré* du décret du 17 mars 1809; 3° qu'il est en opposition manifeste avec d'autres avis émanés du même conseil avant et depuis celui du 3 novembre 1836.

1° Il dénature les avis des 3 nivôse, 2-6 pluviôse et 24 prairial an XIII, en leur donnant une portée qu'ils n'ont pas, comme on peut le voir par les observations dont nous avons fait suivre le texte même du second de ces avis. Si les avis de l'an XIII, invoqués par les adversaires de la propriété ecclésiastique, avaient réellement le sens qu'on leur attribue aujourd'hui, on ne comprendrait pas comment, dans les actes si nombreux par lesquels, de 1803 et 1824, le gouvernement a rendu au culte les biens non aliénés des anciennes paroisses, il les a toujours restitués aux *fabriques* et jamais aux *communes*. Si des décisions spéciales ont remis à quelques communes *en instance* près du gouvernement, certains de ces biens, c'est uniquement dans les cas particuliers où ces communes agissaient au nom et dans l'intérêt des fabriques, aux besoins desquelles elles étaient obligées de subvenir. C'est au sujet d'instance de cette nature qu'ont été rendus les avis des 3 nivôse et 2 pluviôse an XIII. D'ailleurs ces actes sont des décisions d'espèces, qui n'ont rien de législatif et qui ne peuvent en aucun cas prévaloir contre la loi.

L'avis du 3 novembre 1836 dénature également, et d'une manière plus évidente encore, l'ordonnance du 3 mars 1825. En effet, l'article 1er de cette ordonnance porte : « A l'avenir aucune distraction des parties superflues d'un presbytère, *pour un autre service*, ne pourra avoir lieu sans notre autorisation spéciale, notre conseil d'Etat entendu. — Toute demande à cet effet sera revêtue de l'avis de l'évêque et du préfet et accompagnée d'un plan qui figurera le logement à laisser au curé ou desservant et la distribution à faire pour isoler ce logement. — Toutefois il n'est pas dérogé aux emplois et dispositions *régulièrement* faits jusqu'à ce jour. » Comme on le voit, cet article ne fait aucune mention ni de *commune*, ni de *service communal*; il est général et s'applique à tous les presbytères, quelle qu'en soit l'origine. Il ne détermine en aucune sorte la nature du service pour lequel la distraction peut être opérée; elle peut l'être pour un service peroissial, et dans ce cas il n'est pas dû d'indemnité à la paroisse, par la raison que la paroisse ne se doit pas d'indemnité à elle-même. Aussi pensons-nous que la distraction d'une partie *superflue* d'un presbytère pour l'agrandissement de l'église ou du cimetière paroissial, pourrait être opérée sans indemnité envers la paroisse (18); il en serait autrement si la distraction avait lieu pour un service public étranger à la paroisse. On comprend par là comment l'article 1ᵉʳ de l'ordonnance du 3 mars 1825, faisant abstraction de l'origine du presbytère et laissant indéterminée la nature du service public en faveur duquel la distraction pourrait être autorisée, devait laisser également indéterminée la question de l'indemnité, puisque celle-ci devait nécessairement dépendre des circonstances.

Que fait le conseil d'Etat dans son avis du 3 novembre 1836 ? Il suppose que l'article 1ᵉʳ de l'ordonnance reconnait le principe que la distraction peut avoir lieu au profit de la commune et ne subordonne cette distraction à aucune indemnité au profit des fabriques; d'où il conclut que la propriété des presbytères des paroisses conservées par l'organisation ecclésiastique appartient aux communes et *non aux fabriques*. C'est dénaturer complétement l'article 1ᵉʳ de l'ordonnance du 3 mars 1825. Cette ordonnance, bien loin de consacrer les principes que lui attribue ici l'avis précité du conseil d'Etat, les condamne au contraire de la manière la plus explicite; car elle porte en termes formels, dans son article 4 : « Le produit de cette location (celle des presbytères) appartient à la fabrique si le presbytère et ses dépendances lui ont été remis en exécution de la loi du 8 avril 1802 (18 germinal an x), de l'arrêté du gouvernement du 26 juillet 1803 (7 thermidor an xi), des décrets des 30 mai et 31 juillet 1806, si elle en a fait l'acquisition sur ses propres revenus ou s'ils lui sont échus par legs ou donation. Le produit en appartient à la commune, quand le presbytère et ses dépendances ont été

---

(18) Mais une indemnité serait due aux titulaires, si le presbytère, au lieu d'avoir été restitué à la paroisse ou acquis par elle à titre onéreux, lui avait été donné ou légué à la condition que la jouissance en serait entièrement réservée aux titulaires.

acquis ou construits de ses deniers ou quand il lui en a été fait legs ou donation. » On voit par là que l'ordonnance du 3 mars 1825 attribue formellement aux fabriques paroissiales la propriété des presbytères restitués par l'Etat en exécution de la loi du 18 germinal an x; et on ne s'explique pas comment, en 1836, le conseil d'Etat, qui avait rédigé lui-même cette ordonnance, a pu tomber à cet égard dans une erreur aussi évidente.

2° L'avis précité du 3 novembre 1836 invoque un texte *altéré* du décret du 17 mars 1809, dans lequel le mot *fabrique* a été remplacé par le mot *commune*. En effet, l'article 2 de ce décret est ainsi conçu : « Néanmoins dans le cas de cédules souscrites par les acquéreurs déchus, à raison du prix de leur adjudication, le remboursement du montant de cette cédule sera à la charge de la *paroisse* à laquelle l'église ou le presbytère sera remis. — Comme aussi dans le cas où les acquéreurs déchus auraient commis des dégradations par l'enlèvement de quelques matériaux, ils seront tenus de verser la valeur de ces dégradations dans la caisse de la *fabrique*, qui, à cet effet, est mise à la place du domaine. » Au mot *fabrique* a été substitué le mot *commune*. Cette substitution est rendue évidente, non-seulement par le contexte et par le rapport sur lequel a été rendu ce décret; mais encore et surtout par le décret du 8 novembre 1810, qui, faisant application de celui du 17 mars 1809 aux maisons vicariales non aliénées, les attribue expressément aux fabriques, et non aux communes.

Loin de nous la pensée d'imputer l'altération du texte du décret précité du 17 mars 1809, à une manœuvre frauduleuse de qui que ce soit; nous n'y voyons qu'une erreur involontaire ; mais il faut avouer qu'elle est capitale; et si le conseil d'Etat l'eût remarquée, il eût sans doute modifié son avis.

Toutes les fois que le gouvernement a eu l'occasion d'appliquer le décret du 17 mars 1809 à des presbytères dont les acquéreurs étaient déclarés déchus, ces presbytères ont été constamment attribués aux fabriques et non aux communes, comme on le voit par les décisions des 26 septembre et 20 décembre 1822, des 4 juillet et 6 août 1823. Les deux premières sont ainsi formulées : « Les biens des *fabriques* aliénés réunis au domaine de l'Etat par suite de la déchéance des acquéreurs et encore disponibles, seront *restitués à ces établissements*, nonobstant toutes décisions contraires, qui demeureront comme non avenues, à la charge expresse par les fabriques de verser dans la caisse du domaine, pour être remis à l'acquéreur déchu, les à-comptes qu'il aurait payés. » — « La déchéance du sieur N.. est valablement encourue et consommée, et la *fabrique* de N... est maintenue en possession du presbytère de N.., à charge par cette fabrique de verser dans la caisse du domaine, pour être remis à l'acquéreur déchu, le montant de ce qui pourra lui revenir d'après le décompte, etc. » Le Besnier, 3e édit., p. 78. Il ne peut donc subsister aucun doute sur le texte véritable du dernier § de l'article 2 du décret du 17 mars 1809, ni sur l'altération que son texte a subie dans diverses éditions, notamment dans les ouvrages suivants : Recueil des circulaires et autres actes émanés du ministère de l'intérieur, t. 2, p. 241 ; — Recueil des circulaires et autres actes relatifs aux affaires ecclésiastiques, p. xiii ; — Almanach du clergé de France pour 1837, p. 486 ; — Projet de code ecclésiastique, par Reverchon, p. 130. Dans le cas où l'altération que nous signalons n'existerait pas, il faudrait dire que la commune est mise aux lieu et place du domaine, non pour la propriété du presbytère, qui est formellement attribuée à la paroisse, mais uniquement pour le recouvrement de l'indemnité due par l'acquéreur déchu, à raison des dégradations commises par lui.

3° L'avis du 3 novembre 1836 est en contradiction avec d'autres décisions émanées du même conseil avant et depuis 1836. En effet, lorsque le projet qui devint plus tard l'ordonnance du 3 mars 1825, fut soumis au conseil d'Etat, celui-ci consigna ses observations dans un avis du 9 février 1825. Le projet d'ordonnance considérait tous les presbytères, quelle qu'en fût l'origine, comme appartenant aux paroisses et, à ce titre, attribuait aux fabriques, dans tous les cas, le produit de la location des presbytères, lorsque la paroisse vacante n'était pas desservie par binage. Cette solution, qui était la plus conforme au droit ecclésiastique, était aussi, à notre avis, la plus rationnelle ; mais le conseil d'Etat la combattit dans son avis, qui porte : « Considérant aussi que, dans l'état actuel des choses, la propriété des presbytères ou de leurs dépendances appartient aux fabriques ou aux communes, suivant qu'ils ont été remis aux premières en vertu de la loi du 8 avril 1802 (18 germinal an x) ou des décrets des 30 mai et 31 juillet 1806, ou qu'ils ont été achetés ou construits des deniers des secondes, conformément aux obligations qui leur sont imposées par la loi ; — qu'il est donc juste et utile de prononcer que dans le premier cas, les presbytères et dépendances sont loués par les fabriques, et dans le second, par les communes. » Cette disposition, proposée par le conseil d'Etat, passa dans la rédaction définitive de l'ordonnance, dont l'article 4, ainsi que nous l'avons déjà dit, porte : « Le produit de cette location (celle des presbytères et de leurs dépendances) appartient à la fabrique, *si le presbytère et ses dépendances lui ont été remis, en exécution de la loi du 8 avril* 1802 (18 germinal an x), de l'arrêté du gouvernement du 26 juillet 1803 (7 thermidor an xi), des décrets des 30 mai et 31 juillet 1806, si elle en a fait l'acquisition de ses propres ressources ou s'ils lui sont échus par legs ou donation ; — le produit appartient à la commune, quand le presbytère et ses dépendances ont été acquis ou construits de ses deniers, ou qu'il lui en a été fait legs ou donation. » Le conseil d'Etat lui-même reconnaissait donc en 1825 que les presbytères rendus au culte par la loi du 18 germinal an x appartenaient, non aux communes, mais aux fabriques ; tandis qu'en 1836, il décide qu'ils appartiennent, non aux fabriques, mais aux communes. Il est donc sur ce point en contradiction avec lui-même.

D'un autre côté, il motive son avis du 3 novembre 1836 en faveur des communes, sur ce que la cession des presbytères non aliénés est corrélative à l'obligation de pourvoir aux dépenses du logement des curés ou desservants, et que cette obligation est à la charge des communes, et *non à la charge des fabriques*. Il n'avait sans doute pas alors remarqué, comme il l'a fait plus tard, que si l'article 92 du décret du 30 décembre 1809 impose aux communes l'obligation de fournir le presbytère et de supporter les grosses réparations des édifices consacrés au culte, les articles 93 et 94 du même décret démontrent que ces charges sont imposées d'abord et principalement aux fabriques, et que les communes ne sont obligées d'y contribuer que subsidiairement, et seulement dans les cas d'insuffisance des *revenus* des fabriques ; il a d'ailleurs pris soin de se réfuter lui-même dans un avis du 21 août 1839 et dans un arrêt du 14 mai 1858, où il rappelle au contraire que « l'obligation pour les fabriques de subvenir, lorsque leurs ressources sont suffisantes, *à toutes les dépenses relatives à la célébration, aux édifices, ou au logement des ministres du culte*, ressort également de leur destination, de celle des biens qui leur ont été affectés par l'Etat à titre de donation et des dispositions formelles des décrets qui régissent la matière. » Il est vrai que dans l'espèce de l'avis du 3 novembre 1836, il s'agissait de priver les paroisses d'une propriété qui leur est nécessaire et que dans celles des décisions des 21 août 1839 et 14 mai 1858, il s'agissait de leur imposer des charges dont on les avait, naguère encore, déclarées affranchies; mais cela ne peut justifier cette diversité des arguments employés selon les besoins de la cause, surtout quand cette diversité va jusqu'à une contradiction aussi peu déguisée.

Les charges imposées par l'Etat aux communes relativement au culte par les articles 67 et 72 de la loi du 18 germinal an x, par les arrêtés des 7 ventôse et 18 germinal an xi (26 février et 8 avril 1803) et par l'article 92 du décret du 30 décembre 1809, les constituent à l'égard des paroisses dans la situation d'un débiteur envers son créancier. Si un tiers acquitte la dette du débiteur, il lui fait sans doute une libéralité en ce sens qu'il le libère de sa dette; mais l'objet donné en payement devient la propriété du créancier et non celle du débiteur libéré. C'est ainsi que les édifices paroissiaux rendus au culte par l'Etat en exécution des articles 72 et 75 de la loi du 18 germinal an x, ont été remis aux paroisses à la décharge des communes. En ce sens on a pu dire que cette remise avait été faite au profit de ces dernières; mais on ne trouve ni dans la loi du 18 germinal an x, ni dans aucun document législatif, que la propriété de ces édifices ait été attribuée aux communes à l'exclusion des paroisses, comme le conseil d'Etat le prétend aujourd'hui. La loi du 18 germinal an x mentionne les communes, non pour leur conférer un droit quelconque, mais uniquement pour leur imposer, relativement au culte, des obligations et des charges qu'il avait contractées lui-même en s'emparant des biens ecclésiastiques et qu'il a transmises aux communues, en compensation des centimes communaux qui leur ont été accordés à cette fin sur le budget de l'Etat. Si, comme on ne peut en douter, l'Etat s'est dessaisi de la propriété des édifices paroissiaux non aliénés et rendus au culte, il est naturel de penser qu'il s'en est dessaisi en faveur des paroisses, qu'il s'agissait de reconstituer et d organiser. La restitution de ces édifices profitait sans doute aux communes, dont elle diminuait les charges; mais elle ne leur attribuait aucun droit de propriété sur ces immeubles. Cette loi ne renferme pas un mot qui autorise cette interprétation.

Une décision du ministre de l'intérieur, insérée dans son bulletin de 1870, sous le n° 2, porte textuellement : « Lorsque la commune chef-lieu d'une paroisse qui comprend d'autres communes dans sa circonscription, pourvoit au logement du desservant, à défaut des ressources de la fabrique, en construisant ou en acquérant, *à titre onéreux*, une maison presbytérale, les communes annexes sont tenues de lui payer chaque année une part proportionnelle de la valeur locative de cet immeuble. Mais aucune disposition de loi ou de règlement d'administration publique ne permet de mettre à leur. charge une semblable dépense, quand le presbytère a été concédé à la commune chef-lieu paroissial par la loi du 18 germinal an x, ou lui appartient par suite d'une donation, soit entre vifs, soit testamentaire. » Cette décision surprend de prime abord, car la commune est également propriétaire de ce qu'elle acquiert à titre gratuit et de ce qu'elle acquiert à titre onéreux ; et on se demande quelle peut être, sous le rapport des charges des communes coparoissiales, la raison de la différence mise ici entre un presbytère acquis à titre onéreux et un presbytère acquis à titre gratuit, soit par *application de la loi du 18 germinal an* x, soit par *legs ou donation*. La raison est sans doute que, dans le premier cas, le presbytère est considéré comme étant la propriété de la *commune* qui l'a acquis de ses deniers, tandis que dans le second il est considéré comme ayant été, dans la réalité, restitué ou donné à la paroisse elle-même, et non à une des communes de la circonscription paroissiale à l'exclusion des autres.

Nous avons vu précédemment que les anciens cimetières paroissiaux ont été confisqués. comme biens ecclésiastiques avec les églises paroissiales, dont ils étaient une dépendance, et qu'au rétablissement du culte, ils ont été rendus aux paroisses par l'arrêté du 7 thermidor an xi.

Le ministre de l'intérieur et celui des cultes, dans une lettre concertée entre eux et adressée le 7 juillet 1854 à Mgr Parisis, alors Evêque d'Arras, reconnaissent formellement que les anciens cimetières qui n'ont pas été vendus par l'Etat et ont cessé d'être affectés aux inhumations se trouvent compris dans les dispositions de l'arrêté du 7 thermidor an xi, qui a rendu aux nouvelles paroisses les biens non aliénés des anciennes paroisses supprimées; mais ils prétendent que cet arrêté n'est pas applicable aux cimetières des paroisses conservées ; cette lettre porte : « Quant aux anciens cimetières servant actuellement de lieux de sépulture des paroisses conservées, *ils n'ont pas été formellement exceptés, à la vérité, des biens rendus aux fabriques par l'arrêté du 7 thermidor an* xi; mais les principes de la législation depuis 1789. les dispositions et l'esprit des lois intervenues sur la matière, les actes du gouvernement et la jurisprudence du conseil d'Etat, des ministères de l'intérieur et des cultes, s'accordent pour démontrer que les terrains servant maintenant de cimetières doivent être considérés comme des propriétés communales, jusqu'à ce que les fabriques aient justifié de leurs droits en produisant des titres d'acquisition ou donation. » Nous avons lieu de penser que si les auteurs de la lettre avaient eu une raison péremptoire à donner, ils n'auraient pas eu recours à des généralités comme celles qu'ils allèguent ici.

Quoiqu'il en soit, nous en concluons du moins que les fabriques qui ont d'anciens titres de propriété peuvent encore les invoquer utilement aujourd'hui. V. le Journal des conseils de fabriques, t. 7, p. 364-367-372.

Il existe dans certaines grandes villes, comme Paris, des cimetières *communaux* acquis par elles depuis la révolution de 1789 et affectés aux inhumations sans aucune distinction ni de culte, ni de paroisse. Ce sont de véritables nécropoles, sans aucun caractère religieux. Cet ordre de choses, qui a pris naissance à l'époque et comme conséquence de la suppression de tout culte public en France, s'est maintenu et perpétué jusqu'à nos jours dans quelques grands centres de population, contrairement aux prescriptions formelles de l'article 15 du décret du 23 prairial an XII (12 juin 1804), qui dispose, comme conséquence du rétablissement et de la réorganisation du culte, que chaque culte doit avoir un lieu particulier d'inhumation. Depuis 1804, ces cimetières sont donc devenus illégaux, et, chose étrange! malgré leur illégalité, ils sont le type auquel on prétend, de nos jours, ramener tous les cimetières en France.

C'est à ces cimetières *communaux* que peuvent s'appliquer les articles 9 et 11 du décret du 23 prairial an XII, le § 9 de l'article 31 de la loi du 18 juillet 1837 et les articles 3 et 5 de l'ordonnance du 6 décembre 1843, concernant les concessions de terrain que les communes sont autorisées à y faire; mais l'administration, généralisant ces dispositions, les applique peu à peu à nos cimetières paroissiaux. C'est ainsi que s'opère insensiblement leur sécularisation et leur transformation en cimetières *communaux*, en attendant leur suppression, et leur conversion en places publiques. Comme les cimetières ont été établis par paroisse et non par commune, cette transformation met l'administration civile en présence de problèmes nouveaux et imprévus, dont la solution exerce chaque jour la sagacité du ministère de l'intérieur. L'histoire de cette transformation est à faire. Elle ne serait pas moins intéressante qu'instructive; mais ce qu'il y a surtout de particulièrement désastreux pour nos paroisses, c'est l'application que l'on fait de cette fausse jurisprudence aux cimetières qui entourent les églises et forment, de temps immémorial, leur enclos protecteur.

Le décret du 30 décembre 1809 a été rédigé dans un ordre d'idées bien différent. D'après ce décret, le cimetière est un établissement *paroissial*, au même titre que l'église et le presbytère, auxquels il est constamment assimilé. La fabrique en a l'administration, comme elle a celle de l'église et du presbytère. Chaque paroisse doit avoir son cimetière, car chaque paroisse a sa fabrique et le revenu de chaque fabrique, d'après l'art. 36, se forme... 4° du produit spontané des terrains servant de cimetières, seul produit dont soient susceptibles des terrains qui, comme les cimetières, ne peuvent être livrés à la culture; et on ne prévoit pas le cas d'un cimetière indivis et commun à plusieurs paroisses. Il en est de même des charges : chaque paroisse supporte les charges de son cimetière, comme elle en perçoit le revenu. R. 36 et 37. Nous engageons les fabriques à ne pas décliner ces charges et à les revendiquer au contraire avec soin, parce que ces charges sont une garantie de leurs droits et une protestation contre l'atteinte qu'on voudrait y porter.

En fait, aussi bien qu'en droit, le cimetière a toujours été tellement considéré comme un établissement paroissial, qu'autrefois la suppression d'une paroisse entraînait nécessairement celle de son cimetière. Le décret du 6-15 mai 1791, que nous avons déjà eu l'occasion de citer, ordonne même la vente des cimetières des paroisses supprimées. Aujourd'hui encore, il y a un cimetière partout où il y a une église paroissiale, tandis que les communes dépourvues d'église le sont également de cimetière. Un cimetière est si bien considéré comme l'annexe nécessaire de toute église paroissiale, qu'aux termes des circulaires ministérielles des 11 mars 1809 et 4 juillet 1810, quand on demande l'érection d'une paroisse, fût-ce d'une simple chapelle vicariale, on doit justifier qu'elle possèdera, non-seulement une église et un presbytère, mais encore un cimetière.

On nous objecte certaines dispositions du décret du 23 prairial an XII sur les sépultures. Il nous suffira de faire remarquer que ce décret est un règlement de *police*, qui n'a pas eu et n'a pu avoir pour effet de statuer, sur des questions de *propriété*. Il a été rendu sur le rapport du ministère de l'intérieur à une époque où la nature de la capacité civile des établissements publics n'était pas encore bien fixée par la législation, ainsi que nous l'avons déjà fait observer, pages 27 et 28. Une opinion erronée, alors fort accréditée et hautement professée par ce ministère, considérait comme communaux les établissements et les biens paroissiaux. C'est sous l'influence de cette fausse idée qu'a été rédigé ce décret du 23 prairial an XII. Il faut tenir compte de cette circonstance pour l'interpréter sainement. Quel que soit le vague de sa rédaction en ce qui concerne la propriété des cimetières, ce décret n'a pu avoir pour objet, ni de transmettre, ni d'attribuer, ni de conférer, aux communes un droit quelconque de propriété ; nous pouvons donc nous dispenser de le discuter à ce point de vue.

Nous ne contestons nullement à l'autorité municipale son droit de police sur les lieux d'inhumation ; mais il ne faut, ni confondre un droit de *police* avec un droit de *propriété*, ni faire dériver celui-ci de celui-là, comme le font certains jurisconsultes. On est allé jusqu'à prétendre : 1º qu'il n'appartient qu'à la commune de faire à son profit des concessions de terrains dans un cimetière possédé en toute propriété par une fabrique ; 2º qu'une fabrique ne doit pas être propriétaire d'un cimetière et que si, par inadvertance, une fabrique avait été autorisée par le gouvernement à acquérir, soit à titre onéreux, soit à titre gratuit, un cimetière paroissial, il y aurait lieu de l'exproprier au profit de la commune. V. Journal des conseils de fabrique, t. 2, p. 176-187. Ainsi une paroisse pourra être propriétaire d'un champ, d'une vigne, d'un pré, mais non du sol béni consacré par l'Eglise à la sépulture chrétienne des paroissiens.

De ce que le maire a la police des lieux de sépultures, quelques auteurs en concluent que les cimetières sont la propriété des communes et que le maire a seul le droit d'en avoir les clefs et de nommer les fossoyeurs ; mais le maire a aussi la police des hôtelleries, des cafés, des cabarets et des théâtres ; en concluera-t-on pour cela que ces établissements sont la propriété des communes et que le maire a seul le droit d'en avoir les clefs et d'en nommer les employés ?

Nous ne mentionnons ces écarts que pour montrer à quel degré d'aberration peut conduire le système mal conçu que nous combattons.

En ce qui concerne la propriété des églises, presbytères et cimetières paroissiaux confisqués en 1789 et rendus au culte en 1802, la jurisprudence belge, sans être irréprochable de tous points, s'écarte bien moins des vrais principes que ne le fait la jurisprudence française de nos jours. Elle nous paraît suffisamment exposée dans les

quatre décisions ci-après, que nous croyons devoir rapporter ici
textuellement :

1° *Arrêté royal concernant la propriété des presbytères.* — 2 janvier 1824. — « Nous, Guillaume, etc. Sur la requête de l'administration communale de Braine-Lalleud, tendante à obtenir : 1° l'annu-
lation d'une décision du ci-devant conseil de préfecture du
département de la Dyle, du 22 septembre 1812, par laquelle le
presbytère de ce lieu est désigné comme devant faire partie des
biens communaux à partager entre Waterloo et Braine-Lalleud, par
suite de la séparation de ces deux communes, effectuée en l'an v de
l'ère française ; 2° de pouvoir encore interjeter appel de cette décision, les pétitionnaires soutenant que les presbytères ne peuvent
nullement être considérés comme biens communaux, puisqu'en
vertu de la loi du 18 germinal an x, ces édifices n'ont point été
abandonnés aux communes, mais bien aux curés et desservants, et
que les fabriques d'églises doivent seules pourvoir à leur entretien,
conformément au décret du 30 décembre 1809 ; — Vu le rapport
de notre ministre de l'intérieur et du waterstaat, etc.; — Vu le rapport du directeur général pour les affaires du culte catholique
romain, etc.; — Le conseil d'Etat entendu ;

Considérant, relativement à la faculté de l'administration communale de Braine-Lalleud de se pourvoir encore en appel de la
décision précitée du conseil de préfecture du département de la
Dyle, que si cette décision est considérée comme un acte administratif devant être confirmé par le gouvernement, d'après le décret
du mois de septembre 1805, avant de pouvoir être mis à exécution,
c'est certainement à nous, puisque l'approbation requise n'a jamais
été accordée, qu'il appartient d'examiner ladite question en dernier
ressort ; tandis que si elle est envisagée comme décidant sur une
question de propriété, il est hors de doute que, d'après le décret du
22 juillet 1806, et plus particulièrement d'après celui du 17 avril
1812, la signification de ce prononcé aurait dû avoir eu lieu en déans
les trois mois, et que, vu cette omission, l'administration communale de Braine-Lalleud peut encore être admise à réclamer notre
décision sur cet objet ;

Considérant en outre, quant au point de contestation à l'égard
dudit presbytère, que ce bâtiment ayant primitivement appartenu au
chapitre de Cambrai, et, en conséquence, était réuni au domaine, n'a
cessé d'être un bien national que cinq années après l'époque où Waterloo fut séparé de Braine-Lalleud, et déclaré commune particulière ;

qu'ainsi la première de ces communes ne peut aucunement être autorisée à comprendre la maison dont il s'agit dans le partage à faire des biens communaux ; qu'en outre, dans aucun cas, l'on ne peut prétendre que les presbytères soient la propriété des communes, puisque non-seulement les maisons pastorales, en vertu de l'article 72 des lois organiques du concordat de 1801, sont formellement abandonnées aux curés et desservants ; mais qu'aussi les fabriques d'églises, aux termes du décret du 30 décembre 1809, sont chargées de l'entretien de ces édifices, lors même qu'ils sont fournis par les communes ; qu'en conséquence, la commune de Braine-Lalleud, n'ayant aucun droit à la propriété du presbytère dont il s'agit, c'est à tort que ledit conseil de préfecture a compris cette maison au nombre des biens communaux à partager.

Avons trouvé bon et entendu de déclarer que le presbytère de Braine-Lalleud a été compris à tort par le ci-devant conseil de préfecture du département de la Dyle, au nombre des biens communaux à partager entre ladite commune et celle de Waterloo ; en conséquence, le prononcé dudit conseil, en date du 22 septembre 1812, est abrogé en ce qui concerne cet objet. Notre ministre susdit est autorisé à inviter les états députés du Brabant méridional à faire procéder au partage dont il s'agit, en ne perdant pas de vue la présente disposition. »

2° *Dépêche du ministre de l'intérieur* aux Etats députés de la Flandre occidentale, relative à la propriété des *cimetières* et des *presbytères*. — 7 novembre 1828. — « Par dépêches des 25 juin et 11 septembre derniers, n° 51 B et 43 T, vous m'avez demandé, nobles et puissants seigneurs, quelques éclaircissements sur la question de savoir, à qui doit être attribuée la propriété des cimetières et des maisons presbytérales : J'ai l'honneur d'y répondre par la présente.

Les cimetières sont en général la propriété des fabriques d'églises par le motif qu'autrefois ils étaient établis sur *des biens-fonds* appartenant à des fondations, lesquelles en vertu de l'arrêté du 7 thermidor an XI et de l'arrêté royal du 19 août 1817 n° 29, ont été rendues aux fabriques d'églises.

Mais les lieux de sépulture peuvent également appartenir à des communes, même à des particuliers, ainsi que cela résulte de l'article 16 du décret du 23 prairial an XII, pour autant qu'ils existeraient sur des *biens-fonds* acquis ou loués à cette fin par les communes.

L'avis du conseil d'Etat de France en date du 24 avril 1807, cité par vos seigneuries, n'est pas inséré dans le *bulletin des lois*, et il m'est inconnu ; et quant aux expressions dudit arrêté (art. 9) il est clair qu'elles ne concernent que les cas où les cimetières supprimés auraient existé sur des biens communaux ; car il est évident que cet article ne peut avoir la portée de transporter un droit de propriété à des tiers.

De ces observations, vous concluerez, nobles et puissants seigneurs, qu'on ne peut ici poser de règle générale, et que dans toutes les affaires de ce genre, il faut avoir égard à l'origine de ces *biens-fonds* et aux circonstances qui s'y rattachent, ainsi que cela se fait pour toutes les autres questions de propriété, quelles qu'elles soient.

Ce qui précède peut aussi être appliqué au droit de propriété des maisons presbytérales. Les arrêtés royaux du 2 janvier 1824, n° 26 et du 5 septembre 1816, n° 34, dont une copie est ci-jointe, quoique relatifs à des cas particuliers, donneront du reste à vos seigneuries des éclaircissements suffisants à cet égard. — *Le Ministre de l'intérieur*, Van Gobbelscroy. »

3° *Décision adressée par le ministre de l'intérieur* à la députation des Etats de la province du Hainaut et relative à la propriété des *cimetières*. — 21 septembre 1835. — « Messieurs, j'ai l'honneur de vous informer, en réponse à votre lettre en date du 12 de ce mois, B, 981. que je ne puis penser avec vous que le décret du 23 prairial an XII ait abrogé l'édit de Joseph II du 26 juin 1784 et qu'en conséquence les anciens cimetières soient présumés être la propriété des communes.

En effet, il résulte des dispositions des articles 10, 15 et 18 de cet édit, que je vais transcrire pour satisfaire au désir que vous manifestez dans votre lettre prérappelée ; il résulte, dis-je, que les cimetières appartiennent aux fabriques et que le prix de ceux dont la vente était ordonnée devait leur appartenir intégralement.

Art. 10. Les emplacements désignés pour les nouveaux cimetières par les magistrats des villes en conséquence de notre présent édit, seront acquis par les administrateurs des paroisses ou Eglises, au prix à convenir avec les propriétaires, soit de gré à gré, ou à dire d'experts ; notre présent édit leur servant à cet effet d'octroi et de lettres d'amortissement.

15. Nous voulons que les administrateurs des paroisses procèdent, sous l'inspection et approbation des magistrats, à la vente publique et au plus offrant des cimetières actuels situés dans les villes ou

bourgs en autant de parties qu'ils jugeront pouvoir produire le plus d'avantages (19).

18. Les sommes qui proviendront de ces ventes appartiendront aux paroisses qui sont chargées des frais de construction des nouveaux cimetières.

Ces dispositions ne laissent aucun doute que les fabriques ne soient propriétaires des cimetières existant avant 1784, ainsi que de ceux acquis en vertu de l'édit de cette année.

Ces biens, s'ils ont été nationalisés, ont été rendus aux fabriques par l'arrêté du 7 thermidor an XI ; dans le cas contraire, ils n'ont point cessé d'être la propriété de celles-ci, parce qu'aucune loi n'a eu pour but de les transférer aux communes.

Le décret du 23 prairial an XII n'a pas voulu dépouiller les fabriques au profit des communes. Rien ne révèle une semblable intention de la part de son auteur.

Ce décret ne statue point sur les droits respectifs des communes et des fabriques aux cimetières ; il ne prescrit que des mesures d'organisation et de police.

Si dans son article 11 il porte que les concessions ne seront accordées qu'aux personnes qui offriront de faire des fondations ou donations en faveur des pauvres et des hôpitaux, indépendamment d'une somme qui sera donnée à la commune, c'est que le législateur se trouvait sous l'influence de l'idée que les cimetières appartenaient aux communes. Il raisonnait dans le sens de la législation française, qui différait de la législation de notre pays.

En effet une ordonnance qui contenait des mesures analogues à celles de l'édit de Joseph II déclarait, contrairement à celui-ci, que les communes feraient l'acquisition des cimetières.

Ces considérations suffiront, je pense, messieurs, pour vous con-

---

(19) Cet article ajoute : « Défendant néanmoins aux acquéreurs et à tous autres d'élever sur ces terrains des bâtiments trop près des églises, de façon qu'ils pourraient les offusquer ou y empêcher la libre circulation de l'air. Et pour prévenir tout inconvénient à cet égard, nous déclarons que tous ceux qui voudront construire quelque bâtiment sur ces terrains, devront avant tout présenter leur plan à l'approbation des magistrats, à peine que ces bâtiments seront démolis à leurs frais. » — L'article 16 du même édit porte : « Nous exceptons de la vente ordonnée par l'article précédent les terrains des cimetières qui pourront utilement servir à l'usage du public, comme pour des marchés, ou pour l'agrandissement et communication des rues, etc., et les magistrats des villes ou des bourgs pourront, avec l'agrément du gouvernement, retenir ces terrains, MOYENNANT QU'ILS EN FASSENT PAYER LA VALEUR A DIRE D'EXPERTS A L'ADMINISTRATION DES PAROISSES. »

vaincre que le décret du 23 prairial an XII n'a pas abrogé l'édit de Joseph II.

Quant à cette observation que les cimetières reçoivent les restes de tous les individus sans distinction de croyances, elle ne peut rien contre les conséquences que j'ai tirées de l'édit, puisque celui-ci déclare dans son article 21 que les protestants pourront être enterrés dans les cimetières appartenant aux fabriques.

La circulaire de mon prédécesseur que vous m'avez transmise ne m'a pas convaincu qu'il aurait suivi une autre marche ; car il peut avoir entendu parler des cimetières acquis par les communes en vertu du décret du 23 prairial et non des cimetières anciens dont il s'agit dans l'édit de Joseph II.

Quoiqu'il en soit j'ai toujours, relativement à cette question, partagé l'opinion que je viens de vous communiquer. — *Le ministre de l'intérieur,* DE THEUX. »

4° *Décision du ministre de l'intérieur* adressée au gouverneur du Luxembourg et relative à la propriété des *cimetières.* — 18 mai 1837. — « M. le Gouverneur, dans votre lettre du 3 de ce mois, 2e division, n° 2982, vous émettez l'opinion que les arbres croissant sur les cimetières ne peuvent logiquement être envisagés comme des produits spontanés, dont l'article 36, n° 4, du décret du 30 décembre 1809 fait mention ; mais qu'il convient, au contraire, de les regarder comme appartenant au fonds auquel ils sont inhérents.

Je partage, M. le gouverneur, votre manière de voir à cet égard ; mais je ne puis admettre la conclusion que vous en tirez, celle que ces arbres appartiendraient, en conséquence, aux communes, parce que je ne pense pas, comme vous, que les cimetières sont, en général, la propriété de ces dernières.

Avant l'entrée des troupes de la république française, en 1794, les cimetières de notre pays appartenaient, en général, aux Eglises, parce qu'ils étaient établis sur des terrains appartenant à ces dernières. Cela résulte d'un édit de Joseph II en date du 26 juin 1784.

Dans cet édit l'Empereur statue que les nouveaux cimetières, dont il ordonne l'établissement, soient acquis par les Eglises et amortis à leur profit.

J'estime, M. le gouverneur, que l'on doit dire, d'après ce qui précède, que les cimetières établis antérieurement à 1784 et ceux qui ont été créés par suite de l'édit de la même année, appartiennent, en général, aux fabriques d'église.

Ce n'est donc qu'à partir de l'émanation du décret du 23 prairial an XII, que l'on a dû faire une distinction entre les cimetières anciens et ceux établis d'après ce décret.

Ces derniers appartiennent évidemment aux villes et bourgs qui les ont achetés, mais, en revanche, la présomption doit être que ceux des villages, les anciens cimetières qui entourent les églises, appartiennent aux fabriques qui les ont acquis.

Je sais, du reste, M. le gouverneur, qu'on a prétendu interpréter l'article 9 du décret du 23 prairial dans ce sens que le législateur aurait voulu donner tous les cimetières aux communes, mais cette prétention était peu fondée. Le législateur n'a pu vouloir faire une donation du bien d'autrui et s'il s'est exprimé dans le sens que les cimetières, en général, appartenaient aux communes, c'est qu'il était imbu de la législation existant en France, où les cimetières étaient depuis longtemps la propriété des communes.

Ce principe une fois admis, peut amener la solution de plusieurs difficultés que les communes et les fabriques se suscitent à l'égard de la propriété des lieux de sépulture. — *Le ministre de l'intérieur,* DE THEUX. »

On voit, par ces documents, que la jurisprudence belge interprète, comme nous l'avons fait : 1º les articles 72 et 75 de la loi organique du 18 germinal an X; 2º les articles 1 et 2 de l'arrêté du 7 thermidor an XI; 3º l'article 9 du décret du 23 prairial an XII.

Il n'est pas fait mention des *églises* dans ces actes officiels; mais les règles qu'ils tracent à l'égard des presbytères et des cimetières sont également applicables aux églises.

En ce qui concerne particulièrement les cimetières, la jurisprudence belge signale avec raison une différence notable de rédaction entre la déclaration rendue, *sur la demande du clergé,* par Louis XVI, le 10 mars 1776, et l'édit précité de Joseph II; et nous convenons que cet édit de l'Empereur Joseph II, postérieur à la déclaration de Louis XVI, est, dans sa rédaction, plus explicite et plus précis que la déclaration du Roi de France; mais cette différence de rédaction ne nous semble pas entraîner, pour les cimetières en France, les conséquences qu'en déduisent les jurisconsultes belges.

La déclaration de Louis XVI en date du 10 mars 1776 porte :
« Art. 7. En conséquence des précédentes dispositions, les cimetières qui se trouveront insuffisants pour contenir les corps des fidèles, seront agrandis; et ceux qui, placés dans l'intérieur des habitations, pourraient nuire à la salubrité de l'air, seront portés,

autant que les circonstances le permettront, hors de ladite enceinte, *en vertu des ordonnances des Archevêques et Evêques diocésains ;* et seront tenus les juges des lieux, les officiers municipaux et *habitants* d'y concourir *chacun en ce qui les concernera.* — Art. 8. Permettons aux villes et *communautés* qui seront tenues de porter ailleurs leurs cimetières, en vertu de l'article précédent, d'acquérir les terrains nécessaires pour lesdits cimetières, dérogeant à cet effet, en tant que de besoin, à l'édit du mois d'août 1749 ; voulons que lesdites villes et *communautés* soient dispensées, pour lesdites acquisitions, de tous droits d'indemnité ou d'amortissement, dont nous leur faisons pareillement remise, à condition toutefois, et non autrement, que les terrains ainsi acquis ne seront employés à aucun autre usage ; Nous réservant au surplus de pourvoir sur ce qui concerne les cimetières de notre bonne ville de Paris, d'après le mémoire que nous voulons nous être incessamment remis, tant par le sieur archevêque de Paris, que par notre cour de Parlement, même par les curés de notre dite ville ou autres personnes intéressées. »

Le mot de *communautés* employé dans cet article 8 s'applique aussi bien aux communautés paroissiales qu'aux communautés communales. Quoiqu'il en soit, les nouveaux cimetières établis en exécution de cette déclaration du 10 mars 1776 ont constamment conservé leur caractère de cimetières paroissiaux, et jusqu'à la révolution de 1789 les fabriques ont continué d'y exercer tous les droits qu'elles exerçaient sur les cimetières paroissiaux d'une création plus ancienne. En 1789 et 1793, ils ont été confisqués avec les autres, comme propriétés ecclésiastiques et non comme propriétés communales ; et, conséquemment au rétablissement du culte en 1802, ils ont été rendus, comme les autres, à leur ancienne destination et restitués aux paroisses par l'arrêté du 7 thermidor an XI.

Nous venons d'examiner la jurisprudence de l'autorité *administrative* concernant la propriété des églises, presbytères et cimetières paroissaux confisqués en 1789 et 1793 par l'Etat et rendus au culte en 1802. Il nous reste à examiner la jurisprudence de l'autorité *judiciaire* concernant cette même matière.

Les tribunaux civils se sont partagés sur la question de savoir à qui des paroisses ou des communes appartiennent les églises et presbytères non aliénés par l'Etat et rendus par lui au culte en vertu des articles 72 et 75 de le loi organique du 18 germinal an X. On peut citer en faveur des communes les arrêts suivants : 1° Poitiers, 29 février 1835 ; 2° Grenoble, 2 janvier 1836 ; 3° Limoges, 3 mai 1836 ;

et en faveur des paroisses, les arrêts et jugements suivants : 1º Nancy, arrêt du 10 mai 1827 ; 2º Chartres, jugement du 13 juin 1835 ; 3º Vendôme, jugement du 13 décembre 1835 ; 4º arrêt de la cour de cassation du 6 décembre 1836.

Si les choses avaient été laissées à leur cours naturel, il n'est pas douteux que la cour de cassation, qui s'était formellement déclarée, même postérieurement à l'avis du Conseil d'Etat du 3 novembre 1836, en faveur du droit de propriété des paroisses, n'eût fini par fixer la jurisprudence, en ramenant à la sienne celle des tribunaux de première instance et celle des cours d'appel.

La divergence d'opinion qui existait entre les tribunaux civils sur la question de *propriété*, n'existait nullement sur la question de *compétence*. Toutes les cours royales, soit qu'elles se fussent prononcées en faveur des paroisses, soit qu'elles l'aient fait en faveur des communes, avaient du moins reconnu explicitement ou implicitement la compétence de la juridiction civile pour statuer sur la question de *propriété*. La cour d'Agen, entre autres, avait rendu en ce sens, le 26 novembre 1835, un arrêt parfaitement motivé et confirmé par l'arrêt précité de la cour de cassation du 6 décembre 1836 ; mais le conseil d'Etat, par un arrêt du 31 janvier 1838 décida, au contraire, qu'il était seul compétent pour juger cette question, sous le spécieux prétexte qu'en ce cas la propriété était fondée sur des *actes administratifs*. Cet arrêt porte : « Louis-Philippe, etc. : Vu la loi du 18 germinal an x ; l'article 12 de la convention du 26 messidor an IX et les 72ᵉ et 75ᵉ articles organiques de ladite convention ; — Vu l'arrêté du 7 thermidor an XI ; les avis du conseil d'Etat des 29 frimaire, 3 nivôse et 2-6 pluviôse an XIII ; les décrets des 30 mai et 31 juillet 1806, 17 et 30 mars 1809, et 8 novembre 1810 ; l'ordonnance royale du 3 mars 1825 ; — Sur la *compétence* : — Considérant qu'il s'agit dans l'espèce, de statuer sur la question de l'abandon fait par le domaine de l'ancien presbytère de Bay-en-Cinglais ; — que cette question ne peut être résolue que par l'*interprétation* et l'application des décrets et autres actes du gouvernement qui ont remis à la disposition des communes ou des fabriques les églises et presbytères qui étaient devenus nationaux ; — *que les tribunaux sont incompétents pour déterminer le sens et la portée de ces actes administratifs*, et qu'il n'appartient qu'à nous, en notre conseil d'Etat, d'en connaître. — Au fond : — Considérant que, aux termes du décret du 30 mai 1806, les églises et presbytères qui, par suite de l'organisation ecclésiastique, ont été supprimés, font partie des biens restitués aux fabriques par l'arrêté du 7 thermidor an XI, et peuvent être échangés, loués et aliénés au profit des églises et presbytères, ou de tout autre manière aux dépenses du logement des curés et desservants dans les chefs-lieux ; — que l'ancien presbytère de Bray-en-Cinglais fait partie des biens désignés audit décret et que notre ordonnance du 6 décembre 1833, en autorisant le trésorier de la fabrique de Fontenay-le-Pin à aliéner cet ancien presbytère, a prescrit que le produit de cette aliénation fût employé aux réparations du presbytère du chef-lieu de la succursale; qu'ainsi cette ordonnance est conforme aux dispositions de ce même décret ; — Les requêtes et conclusions de la commune de Bray-en-Cinglais sont rejetées. »

Ainsi cet arrêt, dont le dispositif nous paraît irréprochable en lui-même, fonde, en cette matière, la compétence contentieuse du conseil d'Etat sur ce que la *loi* du 18 germinal an X, l'*arrêté* du 7 thermidor an XI et les *décrets* des 30 mai et 31 juillet 1806, des 17 et 30 mars 1809, celui du 8 novembre 1810 et l'*ordonnance royale* du 3 mars 1825, visés par le conseil d'Etat en tête de son arrêt, sont des actes *administratifs*, dont les tribunaux civils ne peuvent connaitre. C'est là une erreur évidente, péremptoirement réfutée d'avance par la cour d'Agen dans son arrêt précité du 26 novembre 1835 et par la cour de cassation dans son arrêt du 6 décembre 1836.

La cour d'Agen établit ce point de doctrine ainsi : « La Cour : Attendu qu'il est défendu aux tribunaux d'*interpréter les actes de l'administration*, parce qu'en interprétant ces actes, l'autorité judiciaire pourrait porter atteinte à l'autorité administrative ; que la loi a voulu que ces autorités fussent indépendantes l'une de l'autre et qu'il ne puisse jamais y avoir d'empiétement de l'une sur l'autre ; — mais qu'il ne peut en être de même lorsqu'il s'agit de la simple *application d'un acte administratif* ou de l'*interprétation de la loi* : parce qu'au premier cas, l'acte administratif étant clair et positif, il ne peut y avoir lieu à l'*interprétation* ; il ne peut s'agir, par conséquent, que d'en *appliquer* le texte et de lui faire produire ses effets ; que, dans le second cas, les tribunaux, comme l'administration, ne peuvent se dispenser de juger d'après la *loi*, et sont nécessairement appelés à l'*interpréter*, suivant leurs lumières et leur conscience;

Attendu que l'on oppose en vain, dans la cause, qu'il s'agit d'un acte administratif, puisque l'église de Tarraube, antérieurement confisquée par l'Etat, n'est devenue la propriété de la commune que par suite de la *loi* du 18 germinal an X, qui l'a mise à la disposition de l'évêque par arrêté du préfet ; — mais attendu que cet arrêté n'est pas représenté ; qu'il ne peut, par conséquent, y avoir lieu à l'interpréter ; qu'en supposant qu'il existe, il ne peut qu'être conforme aux dispositions de la loi qui met l'église à la disposition de l'évêque, sans condition ni réserve ; — attendu qu'il ne peut s'agir, dans l'espèce, que de l'interprétation de la *loi* du 18 germinal an x, et que cette interprétation rentre nécessairement dans les attributions des tribunaux. »

La cour de cassation, dans son arrêt du 6 décembre 1836 a confirmé celui de la cour d'Agen en ces termes : « Considérant que l'Etat, en vertu de l'article 75 de la loi de germinal an x, a remis, soit à l'évêque, soit à la fabrique de la commune de Tarraube, cette église, sans attacher à cette remise aucune condition ni réserve ; — considérant que, dès lors, l'église, la tribune et le deuxième clocher, sont devenus la *propriété de la fabrique* de la commune de Tarraube ; — sur le deuxième moyen, pris de la violation des lois qui interdisent aux tribunaux de s'immiscer dans les actes de l'administration, en ce que l'arrêt attaqué aurait interprété l'arrêté administratif d'envoi en possession de l'église et de ses accessoires ; considérant que le sieur de Gallard ne justifie d'aucun acte administratif qui lui aurait rendu la tribune et le clocher de cette église, en lui faisant remise de ses biens ; que, dès lors, la cour d'Agen n'a eu aucun *acte administratif à interpréter*, mais a dû seulement faire à la cause l'*application des lois*, ce qu'elle a fait *dans les bornes de sa compétence* ; — rejette. »

L'arrêt du conseil d'Etat du 31 janvier 1838 nous semble effectivement contraire à tous les principes, en assimilant les lois, ainsi que les arrêtés généraux et les décrets réglementaires, visés en tête de cet arrêt, aux actes de l'administration ou purement administratifs. Les tribunaux civils ne seraient incompétents que s'il s'agissait d'*interpréter* un décret ou arrêté *particulier* émané de *l'administration* et prescrivant ou opérant la remise d'un bien spécialement déterminé à telle personne ou à tel établissement. Ils ne le sont plus quand il s'agit d'*interpréter* et d'*appliquer* les lois, décrets, ordonnances ou arrêtés *généraux* concernant les matières qui sont du ressort de la juridiction civile, telles que les questions de propriété. Les décrets et arrêtés *généraux* émanés, non de l'admimistration, mais du gouvernement, sont des actes législatifs ou réglementaires ; des actes de *commandement* et non des actes d'*administration*. Nous sommes confirmés dans cette appréciation par l'observation dont MM. de Villeneuve et Carette accompagnent l'arrêt du conseil d'Etat du 31 janvier 1838 dans leur recueil général des lois et des arrêts, faisant suite à la collection de Sirey, t. 38. 2. 395.

« La cour de cassation, disent-ils, a décidé, au contraire, que les tribunaux sont seuls *compétents pour déterminer les effets de la mise des églises à la disposition des évêques*, ordonnée par le concordat de l'an x, s'il n'y a aucun acte administratif à interpréter. C'est aussi en ce sens que le ministre des cultes s'était prononcé dans l'espèce. — Il est remarquable que, pour adopter le système opposé, le conseil d'Etat qualifie d'*actes administratifs*, dont il lui appartient de déterminer le sens et la portée, les différents actes *législatifs* qui ont ordonné la remise des anciens presbytères. A ce compte, il n'y aurait pas de question d'interprétation de loi qui ne fût du ressort de l'administration. S'il s'agissait de l'interprétation d'un décret ou arrêté *particulier* ordonnant la remise spéciale d'un bien, nous concevrions que le roi, en conseil d'Etat, fût seul compétent ; mais quand il s'agit de l'interprétation de décrets et arrêtés généraux, l'autorité judiciaire est, ce semble, *seule* investie du droit de prononcer, alors du moins que la contestation est étrangère aux intérêts de l'Etat. »

Par ses décisions du 3 novembre 1836 et du 31 janvier 1838, le conseil d'Etat avait suffisamment préparé le terrain à l'administration, qui s'empressa d'user des armes mises à sa disposition. Le ministre de l'intérieur (M. de Montalivet), dans une circulaire du 23 juin 1838, prescrivit à MM. les Préfets de suivre et de faire suivre pour règle aux administrations municipales l'avis du conseil d'Etat du 3 novembre 1836, en recommandant à ces fonctionnaires, si quelques contestations de cette nature étaient portées devant la juridiction civile, de proposer le déclinatoire et de prendre, au besoin, des arrêtés de conflit, pour la dessaisir et en ramener la connaissance au conseil d'Etat. C'est ainsi que cette grave question de la propriété des églises, presbytères et cimetières non aliénés par l'Etat et rendus par lui au culte, a été, je ne dirai pas définitivement résolue, mais momentanément étouffée. Nous ne pouvons attribuer qu'à un entraînement de circonstance les décisions précitées du 3 novembre 1836 et du 31 janvier 1838. Des exemples récents nous font espérer de l'impartialité du conseil d'Etat et nous donnent la confiance que la question sera, peut-être dans un avenir prochain, remise à l'étude et recevra enfin une solution plus conforme aux vrais principes.

En attendant, nous conseillons aux fabriques de se maintenir avec soin dans leur possession, et, en cas de contestations judiciaires, d'invoquer, s'il y a lieu, la prescription, de préférence à tout acte émané de l'autorité administrative.

Remarquons d'ailleurs, qu'à l'égard des édifices paroissiaux en général, la question de *propriété* contestée entre les communes et les paroisses est sans influence sur la question d'*administration*. Sous ce dernier rapport, d'après la jurisprudence actuelle, les obligations et les droits respectifs des communes et des paroisses sont les mêmes, soit que ces édifices appartiennent à la commune, soit qu'ils appartiennent à la paroisse, sauf en ce qui concerne la distraction des parties superflues d'un presbytère, distraction qui pourrait sans indemnité s'opérer en faveur d'un service public paroissial ou en faveur d'un service public communal, selon que la paroisse ou la commune serait reconnue propriétaire.

Nous aurions voulu restreindre davantage le champ trop vaste de cette discussion ; mais il nous fallait combattre les erreurs amoncelées pendant plus de soixante ans sur ce sujet par les adversaires de la propriété ecclésiastique ; et, malgré notre désir d'être bref, nous n'avons pu nous renfermer dans des limites plus étroites.

On trouvera dans notre *Code des fabriques* les documents législatifs concernant les anciens biens ecclésiastiques non aliénés par l'Etat et rendus par lui au culte. Il nous suffira, pour l'intelligence de ces documents, d'ajouter ici les observations suivantes :

1º Les anciens biens restitués ou attribués aux paroisses leur ont été rendus exempts de toutes dettes et libres de toutes charges autres que celles des services religieux dont ils étaient grevés. Les créanciers qui auraient des droits à faire valoir sur ces biens doivent donc réclamer, non aux paroisses, mais à l'Etat lui-même, le payement de leurs créances, et pour cela se pourvoir devant le ministre des finances, depuis la suppression de la liquidation générale (avis du conseil d'Etat du 30 novembre 1810 approuvé le 9 décembre suivant et inséré au bulletin des lois ; arrêt du même conseil du 20 juin 1821) ; mais l'Etat n'a pu éteindre la dette des services religieux, parce qu'une dette de cette nature n'est pas susceptible de liquidation et de remboursement ; elle est inséparable des biens qui en sont grevés.

2º D'après une instruction du directeur des finances en date du 27 juillet 1808, il n'y a pas à revenir sur la *rentrée en possession* d'une fabrique opérée avant le 6 juin 1806, de quelque manière que cette rentrée ait eu lieu, soit en vertu d'arrêtés spéciaux, soit *sans arrété*. Mgr Affre, p. 670.

3º Aux termes d'un avis du conseil d'Etat du 25 janvier 1807, les fabriques ne doivent prendre possession de ces biens qu'en vertu d'un arrêté spécial d'envoi en possession rendu par le Préfet, sur l'avis du directeur des domaines et revêtu de l'approbation du ministre des finances. Mais on n'a pas assez remarqué que cet avis n'a statué que pour l'*avenir*, ainsi que cela est dit expressément tant dans le préambule que dans le dispositif. Il n'est donc pas applicable aux biens restitués dont les fabriques avaient pris possession avant 1807. Dans tous les cas, l'irrégularité provenant du défaut d'envoi en possession, si elle existait, serait aujourd'hui couverte par la prescription, que les paroisses peuvent opposer à l'Etat et aux communes comme aux particuliers. C. c., 2227. La paroisse qui possède un immeuble ou une rente depuis trente ans à titre de propriétaire ou de créancière peut se dispenser d'invoquer d'autre titre que la prescription résultant de cette possession.

4º Ne sont pas compris dans les restitutions ou attributions faites aux fabriques : 1º les biens non aliénés des anciens chapitres autres que ceux des fabriques de ces chapitres ; 2º ceux des évêchés ; 3º ceux des ordres religieux ; 4º ceux des confréries établies hors de l'enceinte des anciennes églises paroissiales; 5º ceux qui formaient la dotation des bénéfices simples à patronage laïque, dont les titulaires touchaient les revenus et passaient les baux en leur nom personnel; ceux qui étaient affectés à la dotation des curés, vicaires, chapelains, à moins que le titulaire ne fût chargé d'acquitter, avec les revenus desdits biens, une fondation de services religieux ; 7º les biens ecclésiastiques dont les hospices et bureaux de bienfaisance ont été mis en possession par application de l'arrêté du 15 brumaire an ix (6 novembre 1800), de la loi du 4 ventôse an ix (23 février 1801), quand cette mise en possession a été *régulièrement* prononcée antérieurement aux actes législatifs qui ont décrété la restitution de certaines classes de ces biens en faveur des fabriques; car, à partir de ces actes de restitution l'envoi en possession de ces biens n'a pu être valablement prononcé en faveur des hospices ou des bureaux de bienfaisance. Aussi, a-t-il été décidé, par les avis du conseil d'Etat des 30 avril 1807 et 20 septembre 1809, que les immeubles et les rentes provenant des fabriques paroissiales, de confréries, de fondations de services religieux et des fabriques d'anciens chapitres, dont l'aliénation ou le transfert n'a pas été légalement consommé antérieurement à la promulgation des actes de restitution des 7 thermidor an XI (26 juillet 1803), 25 frimaire an XII (17 décembre 1803), 15 ventôse et 28 messidor an XIII (6 mars et 17 juillet 1805), retournent aux fabriques paroissiales et doivent leur être restitués, quelles qu'aient été les démarches préliminaires des hospices pour en obtenir la jouissance, et que ces démarches leur donnent seulement le droit de répéter, contre les fabriques, le remboursement des frais faits pour parvenir à la découverte et à l'envoi en possession desdits biens.

5° Ce que nous venons de dire des biens ecclésiastiques non compris dans les restitutions ou attributions faites aux fabriques des nouvelles paroisses, ne s'applique pas à ceux de ces biens qui ont le caractère de *biens célés* ou de *domaines usurpés;* quelle qu'en soit l'origine, tant que la prescription n'en a pas été acquise aux détenteurs, ils peuvent toujours être revendiqués par les fabriques qui en font la découverte, ou au profit desquelles ils sont révélés. Décision du ministre des finances du 6 août 1817.

21. *Etablissements paroissiaux.* — Nous avons distingué deux sortes d'établissements ecclésiastiques ; les uns ayant le caractère de société, et les autres celui de la dotation d'un service social *personnifié*. La paroisse est un établissement ecclésiastique de la première classe ; les établissements paroissiaux et d'utilité paroissiale sont des établissements ecclésiastiques de la seconde classe. Au nombre de ces derniers sont : 1° le *titre ecclésiastique*, qui consiste dans la dotation du *personnel* du clergé paroissial et que l'on désigne par les noms de cure, succursale, chapelle vicariale, et quelque fois par celui de mense curiale : 2° la *fabrique paroissiale*, qui consiste dans la dotation et l'administration du *matériel* du culte ; 3° les diverses institutions de *charité* et d'*instruction* créées dans l'intérêt de la paroisse.

Nous ne mentionnons ces dernières institutions qu'au point de vue du droit : l'autorité civile s'opposant en fait à leur création et à leur développement, au grand détriment de la société chrétienne, et, disons-le, de la société civile elle-même. Espérons qu'il viendra un jour où cette opposition disparaîtra devant la raison publique revenue à une plus juste appréciation des choses. Nous ne parlerons donc ici que du titre ecclésiastique et de la fabrique.

Ces deux établissements paroissiaux ont été reconstitués en France et en Belgique, à l'époque de la réorganisation du culte, en même temps que les paroisses, dont ils sont une dépendance;

cela résulte des articles 72, 73, 74 et 76 de la loi du 18 germinal an x, ainsi qu'on le voit d'ailleurs par les décrets des 17 novembre 1811 et 6 novembre 1813.

La dotation du titre et celle de la fabrique ont le même fondement et sont l'une et l'autre la propriété de la paroisse pour laquelle elles ont été constituées. Elles ont une origine commune et provenaient primitivement du partage de la dotation paroissiale. Aussi, en cas de nécessité, les deux établissements devaient-ils, comme les membres d'une même famille, se secourir mutuellement du superflu de leurs revenus. C'est ainsi que la fabrique était tenue de suppléer à l'insuffisance de la dotation du titulaire et de lui procurer au besoin un presbytère, et que, de son côté, le titulaire devait employer le superflu de son revenu à venir, s'il le fallait, au secours de la fabrique. Les paroissiens qui avaient constitué ou pour lesquels on avait constitué la dotation de ces deux établissements, n'étaient obligés de contribuer personnellement aux frais du culte que dans le cas d'insuffisance des revenus de l'un et de l'autre de ces établissements, comme on le voit par le chapitre 7 du décret de réformation rendu par le saint concile de Trente dans sa 21e session.

Dans certaines contrées la dotation paroissiale n'est pas ainsi partagée entre le titre ecclésiastique et la fabrique. Dans ce cas, il n'y a pas de fabrique, et le titulaire a l'administration et la jouissance de la dotation paroissiale à la charge d'employer les revenus tant à son entretien personnel qu'aux autres frais du culte et au soulagement des pauvres. C'est même là le droit commun dans l'Eglise. En France même, avant la révolution de 1789, il était encore suivi dans certaines provinces, où l'institution des fabriques n'existait pas. C'est à ce régime que fait allusion un décret du 26 décembre 1813, déjà cité, et dans lequel il est dit qu'il n'est rien innové à l'égard des curés qui, *à raison de leur dotation, sont chargés des frais du culte.* C'est aussi à ce régime que se rapportent un grand nombre de prescriptions canoniques concernant l'usage que les bénéficiers ecclésiastiques doivent faire des revenus de leur bénéfice.

Les obligations réciproques du titulaire ecclésiastique et de la fabrique pourraient donner lieu à de fréquentes contestations ; mais d'une part, elles ont été fixées par les règlements canoniques de manière à prévenir, autant que possible, les difficultés ; de l'autre, la haute intervention de l'autorité diocésaine terminerait, au besoin, les différends qui pourraient s'élever, et, par ses décisions, fixerait le droit et le devoir de chacun.

Toutes ces règles sur les obligations réciproques des deux établissements paroissiaux dont nous parlons, sont une conséquence de ce qu'ils sont l'un et l'autre la propriété de la paroisse, pour laquelle ils possèdent. Ce n'est ni déroger à leur destination primitive, ni blesser la justice que d'employer accidentellement le superflu de leur revenu à une autre dépense paroissiale, quand le service particulier pour lequel des biens leur ont été *affectés* ne doit pas en souffrir. Mais nous devons faire remarquer qu'en France les traitements ecclésiastiques accordés par l'Etat étant strictement réduits à la portion congrue, le clergé n'y est plus tenu de venir en aide à la fabrique; tandis qu'au contraire les fabriques sont fréquemment dans le cas de suppléer à l'insuffisance du revenu du titre ecclésiastique. C'est ainsi, par exemple, qu'elles sont maintenant obligées de pourvoir à l'entretien du presbytère, au traitement des vicaires et, en cas de besoin, à l'insuffisance du traitement du titulaire ecclésiastique.

Le traitement des vicaires était autrefois à la charge de la mense curiale. Aujourd'hui encore une fondation faite pour l'entretien d'un vicaire, sans désignation d'un donataire ou d'un légataire spécial, doit être acceptée, non par la fabrique, mais par le curé ou desservant, comme faite en faveur du titre ecclésiastique avec une affectation déterminée. En effet, l'ordonnance du 2 avril 1817 porte dans son article 3 : « L'acceptation desdits legs ou dons, ainsi autorisée, sera faite, savoir :... par le curé ou desservant, lorsqu'il s'agira de legs ou dons faits à la cure ou succursale, ou *pour la subsistance des ecclésiastiques employés à la desservir.* » Ce qui prouve toujours davantage que la dotation des titres ecclésiastiques de cure et de succursale rétablis comme personnes civiles en même temps que les fabriques paroissiales, lors de la réorganisation du culte en 1802, a été constituée, ainsi que celle des anciens bénéfices-cures, pour l'entretien du *clergé paroissial,* et que les fabriques ne contribuent aux charges de cette nature que pour suppléer au défaut ou à l'insuffisance de la dotation du titre ecclésiastique.

Nous avons jugé devoir entrer dans ces détails afin de mieux faire comprendre la nature du domaine paroissial, celle de la dotation des établissements paroissiaux et les rapports réciproques qui existent entre ces établissements.

22. Titres ecclésiastiques des cures, succursales et chapelles

VICARIALES. — Les titres ecclésiastiques des cures, des succursales et des chapelles vicariales, sont des établissements paroissiaux reconnus par la loi civile comme personnes morales, capables, ainsi que les fabriques, d'acquérir et de posséder toutes sortes de biens, meubles et immeubles. On nomme biens de cure, de succursale, de chapelle vicariale, les biens qui constituent la dotation du titre ecclésiastique et dont le titulaire de la paroisse a la possession, la jouissance et l'administration, sous la direction et l'autorité de l'évê-que du diocèse.

Ces établissements paroissiaux ont été rétablis et reconnus comme personnes morales, ainsi que les fabriques, par la loi organique du 18 germinal an x portant : « Art. 72. Le presbytère et les jardins attenants, non aliénés, seront *rendus aux curés et aux desservants* des succursales. — 73. Les fondations qui ont pour objet *l'entretien des ministres* et l'exercice du culte ne pourront consister qu'en rentes constituées sur l'Etat : elles seront acceptées par l'Evêque diocésain et ne pourront être exécutées qu'avec l'autorisation du gouvernement. — 74. Les immeubles *autres que les édifices destinés au logement et les jardins attenants* ne pourront être affectés à des *titres ecclésiastiques,* ni possédés par les ministres du culte à raison de leurs fonctions. »

Cette restriction concernant la nature des biens que les titres ecclésiastiques pouvaient posséder a été bientôt révoquée, comme le prouvent le décret du 17 novembre 1811, celui du 6 novembre 1813 et la loi du 2 janvier 1817.

On voit, par les articles 72 et 74 précités de la loi organique du 18 germinal an x, que les presbytères non aliénés des paroisses conservées ont été rendus par elle, non aux communes ou aux fabriques, mais aux titres ecclésiastiques; tandis que les presbytères non aliénés des paroisses supprimées ont été, ainsi que leurs églises, restitués, non aux communes, mais aux fabriques des paroisses conservées, par application du décret du 30 mai 1806. Le conseil d'Etat, dans son avis du 3 novembre 1836 sur la propriété des anciens presbytères non aliénés des paroisses conservées, pro-priété qu'il attribue aux communes, paraît avoir perdu de vue les dispositions des articles 72 et 74 de la loi organique du 18 germinal an x, et dans tous les cas n'en a pas fait une juste application.

Ainsi que nous l'avons déjà fait remarquer, les presbytères et jar-dins en dépendant dont parle l'article 72 de la loi précitée du 18 germinal an x, ont été rendus aux paroisses et attribués pour la possession et la jouissance, au titre ecclésiastique. Quant à ceux des paroisses supprimées dont parle le décret du 30 mai 1806, ils ont été également rendus aux paroisses conservées; mais ils ont été attribués, pour la propriété et la jouissance, aux fabriques, à la charge d'en employer, au besoin, le produit à doter d'un presbytère convenable celles des paroisses conservées qui en étaient dépourvues. Comme nous l'avons déjà fait observer p. 118, il y a. à cet égard, entre l'article 2 de l'arrêté du 7 thermidor an xi et l'article 1er du décret du 30 mai 1806, cette différence que le premier s'applique aux presbytères des paroisses supprimées par la première circonscription paroissiale et que le second s'applique à ceux des paroisses qui, ayant été rétablies, ont été supprimées depuis ou le seraient à l'avenir. En effet, le premier parle des paroisses supprimées et le second, de celles qui le seront.

Par jardins *attenants* aux presbytères, il faut entendre, non-seulement ceux qui sont *contigus* aux bâtiments d'habitation, mais encore ceux qui sont *dépendants* des presbytères d'une manière quelconque, lors même qu'ils seraient éloignés des bâtiments d'habitation. La loi du 18-23 octobre 1790 définit elle-même ce qu'il faut entendre par jardin du presbytère. Elle porte, dans son article 9 : « Par jardins l'Assemblée nationale entend les fonds qui *dépendoient* du presbytère, dont le sol étoit en nature de jardin, *en quelque endroit de la paroisse qu'ils soient situés.* » Voir au surplus les arrêts du conseil d'Etat des 6 avril 1865 et 28 janvier 1869, qui décident que les jardins des presbytères sont, comme le presbytère lui-même, exempts de la contribution foncière et de la taxe des biens de main morte, lors même qu'ils sont séparés des bâtiments d'habitation.

Les biens composant la dotation du titre ecclésiastique des cures, succursales et chapelles vicariales, sont régis conformément aux dispositions des articles 1 à 28 du règlement du 6 novembre 1813. En cas de vacance par décès ou changement du titulaire, les biens composant la dotation sont administrés par le trésorier de la fabrique. Le règlement du 6 novembre 1813 porte à ce sujet : « Art. 21. Le trésorier de la fabrique poursuivra les héritiers pour qu'ils mettent les biens de la cure dans l'état de réparation où ils doivent les rendre. — Les curés ne sont tenus, à l'égard du presbytère. qu'aux réparations locatives, les autres étant à la charge de la commune. — 22. Dans le cas où le trésorier aurait négligé d'exercer ses poursuites à l'époque où le nouveau titulaire entrera en possession, celui-ci sera tenu d'agir lui-même contre les héritiers, ou de faire une sommation au trésorier de la fabrique de remplir à cet égard ses obligations. Cette sommation devra être dénoncée par le titulaire au procureur impérial, afin que celui-ci contraigne le trésorier de la fabrique d'agir ou que lui-même il fasse d'office les poursuites, aux risques et périls des paroissiens. — 23. Les Archevêques et Evêques s'informeront dans le cours de leur visite, nonseulement de l'état de l'église et du presbytère, mais encore de celui des biens de la cure, afin de rendre, au besoin, des *ordonnances* à l'effet de poursuivre, soit le précédent titulaire, soit le nouveau. Une expédition de l'ordonnance restera aux mains du trésorier pour l'exécuter; et une autre expédition sera adressée au procureur impérial, à l'effet de contraindre, en cas de besoin, le trésorier par les moyens ci-dessus. — 24. Dans tous les cas de vacance d'une cure, les revenus de l'année courante appartiennent à l'ancien titulaire ou à ses héritiers, jusqu'au jour de l'ouverture de la vacance, et au nouveau titulaire depuis le jour de sa nomination. Les revenus qui ont eu cours du jour de l'ouverture de la vacance jusqu'au jour de la nomination du nouveau titulaire, doivent être mis en réserve dans la caisse à trois clefs pour subvenir aux grosses réparations des bâtiments de la dotation. — 25. Le produit des revenus pendant l'année de la vacance doit être constaté par les comptes rendus par le trésorier pour le temps de la vacance et par le titulaire pour le reste de l'année. Ces comptes doivent porter ce qui aurait été reçu par le précédent titulaire pour la même année, sauf reprise contre sa succession, s'il y a lieu. »

Les fruits industriels obtenus par la culture se partagent, déduction faite des frais d'ensemencement, de culture et de récolte. Ces frais doivent donc, avant tout partage, être prélevés par ceux qui les ont supportés. Ces frais, ainsi que l'impôt foncier, sont une charge des fruits. Ils doivent être prélevés sur le produit de la récolte à quelque époque qu'ils aient été faits ou payés, mais quelle que soit la nature des fruits à partager, qu'il s'agisse de fruits naturels, de fruits industriels ou de fruits civils, l'année pour le partage court du 1er janvier au 31 décembre de l'année de la vacance. Rendons cela plus sensible par un exemple :

Je suppose que la cure jouisse d'une rente ou d'un fermage de 100 francs payable chaque année en un seul terme, le 31 mars; que la vacance arrive le 30 juin et qu'elle cesse le 30 septembre de la même année. La part de l'ancien titulaire ou de ses héritiers sera de

50 francs composés : 1° de 25 francs, provenant des arrérages produits du 1er janvier au 31 mars et qui devront être précomptés sur la rente de 100 francs perçue par l'ancien titulaire le 31 mars; 2° de 25 francs, provenant des arrérages produits du 1er avril au 30 juin. La part du nouveau titulaire sera de 25 francs, provenant des arrérages produits du 1er octobre au 31 décembre. La part à percevoir par le trésorier de la fabrique pour les trois mois de la vacance sera de 25 francs, qui devront être versés dans la caisse à trois clefs, où ils seront tenus en réserve pour être employés, par le nouveau titulaire, sous la direction de l'autorité diocésaine, aux grosses réparations des bâtiments appartenant à la dotation. Chacune de ces trois parts sera perçue par l'ayant droit à la prochaine échéance de la rente ou du fermage. On procéderait de la même manière pour le partage des fruits naturels et industriels, déduction faite des impenses; mais les produits du *potager* d'un presbytère sont généralement d'une valeur trop minime pour donner lieu à un partage de cette nature. Il en serait autrement du produit d'un verger, d'un pré, d'une chenevière, d'un champ, annexés au jardin potager.

L'article 26 du même décret attribue aux conseils de préfecture le jugement des contestations élevées sur les comptes ou sur la répartition des revenus dans les cas indiqués aux deux articles précédents; mais les parties intéressées préféreront sans doute, et avec raison, s'en référer à la décision de l'autorité diocésaine, plus apte à juger les contestations de cette nature, comme elle juge les contestations élevées entre les fabriques et le trésorier au sujet des comptes de fabrique.

Le titre ecclésiastique est représenté par le titulaire dans les actes administratifs, civils et judiciaires. Sa dotation comprend tous les biens affectés au logement et à l'entretien des ecclésiastiques chargés par l'évêque de desservir la paroisse. Ord. du 2 avril 1817, art. 3. Ces biens appartiennent à la paroisse; mais ils sont à perpétuité attribués aux titulaires successifs; lesquels, ainsi que nous l'avons déjà dit, en ont la possession, la jouissance et l'administration, sous la direction et l'autorité de l'évêque.

Dans le cas où le presbytère serait, non la propriété du titre ecclésiastique, mais la propriété de la commune, le titulaire n'en conserverait pas moins l'*usufruit*, qui seul alors entre dans la dotation du titre ecclésiastique. Cet usufruit, qui constitue un *droit réel*, est régi, comme la propriété elle-même, par les articles 1 à 24 du décret du 6 novembre 1813. Cette règle est formellement rappelée

dans une décision ministérielle du 20 août 1857 portant : « Les
« communes, quoique étant propriétaires des presbytères, doivent
« respecter *le droit de jouissance* que la législation, et notamment
« *l'article* 6 *du décret du* 6 *novembre* 1813, attribue aux curés. »

Le revenu des anciens biens non aliénés que l'Etat a restitués
aux titulaires ecclésiastiques dans certaines provinces de l'empire,
est précompté en déduction du traitement payé aux titulaires par
le gouvernement; mais il en est autrement des biens acquis par ces
établissements depuis le rétablissement du culte en 1802 ; les bienfaiteurs qui les ont donnés ont voulu en gratifier les titulaires et
améliorer leur position. On ne peut déroger à leur intention, en
imputant le revenu de ces biens sur le traitement dû par le gouvernement en vertu des stipulations du concordat de 1801.

Les poursuites à fin de recouvrement des *revenus* sont faites par
le titulaire à ses frais et risques ; mais en ce qui concerne les *droits
fonciers*, les frais de procès sont supportés de la même manière que
ceux des réparations. Dans le premier cas, le titulaire agit personnellement et pour son propre compte ; dans le second il agit par
représentation et pour le compte de l'établissement dont il a l'administration.

La fabrique et à son défaut les paroisses doivent pourvoir à la
dotation du titre et, au besoin, suppléer à son insuffisance. R. 49,
92. Il suit de là que la fabrique est intéressée à veiller à la conservation des biens qui composent la dotation du titulaire, et qu'elle
peut, à raison de cet intérêt, exercer, au défaut du titulaire, toutes
les actions judiciaires nécessaires pour le maintien des *droits fonciers* de cette dotation. C'est ainsi que, dans le cas où le titulaire,
par négligence ou défaut de ressources, ne défendrait pas le presbytère contre les envahissements d'un voisin, la fabrique devrait
intervenir et intenter ou soutenir en justice les actions nécessaires
pour la défense et la conservation des droits des titulaires successifs
de la paroisse.

« Les fabriques, est-il dit dans un avis émis le 3 juin 1820 par
« les comités réunis de législation et de l'intérieur du conseil d'Etat,
« ne sont point appelées à s'immiscer dans la surveillance et l'ad-
« ministration des biens affectés, par les testateurs ou donateurs, à
« l'entretien des curés ou desservants. Vainement on prétendrait
« que les ministres du culte n'ont que la *jouissance usufruitière* de
« ces biens ; on est forcé de reconnaître, au contraire, qu'ils en ont
« la *propriété réelle*. A la vérité, cette propriété est indéfiniment

« substituée au profit de leurs successeurs futurs, mais ils doivent
« en avoir l'administration et la conservation, *sans surveillance*
« *aucune de la part de la fabrique.* »

Cet avis donne une fort juste idée de la nature du droit des titulaires sur les biens composant leur dotation ; mais il nous semble
aller trop loin en excluant les fabriques de toute surveillance, sinon
en ce qui concerne la perception des revenus, que le titulaire fait
à ses risques et périls, pour son compte personnel, du moins en ce
qui concerne la *conservation* des biens.

Le titulaire a, comme nous l'avons dit, la possession, la jouissance
et l'administration des biens formant la dotation de son titre ; mais
il doit conserver ces biens pour les transmettre intacts à ses successeurs. La fabrique, sans doute, n'a pas à s'immiscer dans la gestion
du titulaire en ce qui concerne les actes de simple jouissance et de
pure administration ; mais elle doit veiller à la conservation des
biens, et même en prendre l'administration en cas de vacance, sans
toutefois pouvoir jamais s'en approprier les revenus. Ces revenus
doivent être tenus en réserve pour subvenir en temps utile aux
grosses réparations des biens composant la dotation du titulaire.

La dotation du titre comprend : 1° Les traitements ecclésiastiques
mis à la charge du gouvernement par les stipulations du concordat ;
2° le produit des oblations et des droits casuels assignés au clergé
paroissial ; 3° le presbytère en propriété ou en usufruit, et, à défaut
de presbytère, l'indemnité de logement due par la fabrique et subsidiairement par la commune ou par les communes de la circonscription paroissiale ; 4° les biens qui ont pu être attribués au titre
ecclésiastique par l'Etat, lui advenir soit par legs soit par donation,
ou être acquis par lui à titre onéreux.

Ce que nous avons dit des cures et des succursales s'applique à
toute chapelle (vicariale ou communale) érigée en paroisse avec une
circonscription propre, conformément aux dispositions du décret
du 30 septembre 1807. Ord. du 12 janvier 1825.

Pour l'administration des biens composant la dotation des cures
et succursales nous renvoyons à ce que nous avons dit précédemment de l'administration des bénéfices ecclésiastiques, pages 74
à 79.

Nous conseillons à MM. les curés de se bien pénétrer de cette
législation concernant la dotation de leur titre. Ils y touveront le
moyen d'améliorer à cet égard leur position et celle de leurs successeurs. Nous ne souhaitons pas au clergé la richesse, qu'il doit plutôt

redouter que rechercher ; mais nous lui souhaitons le nécessaire qui lui permette de se consacrer, sans partage et sans les préoccupations des besoins matériels, aux fonctions de son divin ministère. C'est d'ailleurs ce que l'Eglise s'est proposé en instituant les bénéfices ecclésiastiques, et en prescrivant au clergé le désintéressement.

23. Fabriques paroissiales. — Le curé était autrefois seul chargé d'administrer les biens de la paroisse sous la direction et l'autorité de l'Evêque diocésain. Tel est encore aujourd'hui le droit commun dans l'Eglise. C'est dans certaines contrées seulement que les Evêques, assemblés en conciles provinciaux, ont résolu de diviser le domaine paroissial en plusieurs parties et d'établir des fabriques, en associant quelques paroissiens au curé, non pour le remplacer, mais pour le seconder dans l'administration de la partie du domaine paroissial affectée à l'entretien de l'église et aux frais de la célébration du culte. En France même l'institution des fabriques n'était pas générale avant la révolution de 1789 ; et c'est à cet état de choses, comme nous l'avons déjà dit, que fait allusion un décret du 26 décembre 1813, où il est dit qu'il n'est rien innové à l'égard des curés qui, à raison de leur dotation, sont chargés des frais du culte.

Si le curé a cessé, dans quelques provinces, d'être l'*unique* administrateur des biens de sa paroisse, il en est resté l'administrateur *principal*. C'est en cette qualité qu'il est premier membre de droit du conseil de fabrique ; qu'il est également membre de droit du Bureau ; qu'il occupe, tant dans les assemblées générales du conseil que dans les assemblées particulières du Bureau, la première place après le président, quand il n'est pas lui-même élu président ; qu'il est dépositaire d'une des trois clefs, tant de la caisse destinée à renfermer le numéraire de la fabrique, que de l'armoire destinée à renfermer les titres et autres documents composant les archives de cet établissement ; qu'il doit être informé par les notaires des actes contenant donation entre vifs ou dispositions testamentaires faites en faveur de la fabrique, comme des actes contenant des dispositions du même genre faites en faveur des titulaires successifs de la cure ; qu'il exerce, à l'égard des dépenses intérieures de la célébration du culte, un droit de proposition, lors de la formation du budget de la fabrique et que l'état de ses propositions, sur lesquelles le Bureau et le conseil sont tenus de délibérer, doit être annexé au projet du budget pour être envoyé, avec celui-ci, à l'autorité diocésaine chargée de régler les dépenses de la fabrique.

Dans le principe, les fabriques, dont l'établissement a été prescrit,

dans certaines contrées, par les conciles provinciaux, étaient exclusivement régies par le droit canonique et par des règlements émanés
de l'autorité diocésaine. Ces règlements étaient quelquefois soumis
par les Evêques à l'*homologation* des parlements. Vers la fin du dernier siècle, les parlements supprimèrent la formule d'homologation,
publièrent ces règlements comme émanés de leur autorité propre
et en ordonnèrent l'observation dans le ressort de leur juridiction.
C'est par ce procédé que les parlements entreprirent de se substituer
à l'autorité ecclésiastique pour la réglementation des fabriques;
mais nous avons lieu de penser qu'il en fût de ces règlements émanés
des parlements comme du décret impérial du 30 décembre 1809, qui
est resté près de trente ans sans exécution et qui n'est passé peu à
peu dans la pratique que sous l'impulsion des autorités diocésaines.

L'administration des biens est l'attribut de la propriété. Les biens
privés sont administrés par les particuliers qui les possèdent; mais
ceux qui appartiennent à une société sont administrés par les chefs
qui la gouvernent et la représentent dans les actes de la vie civile.
C'est ainsi que les biens ecclésiastiques doivent être administrés par
l'Eglise elle-même, représentée par ses chefs. Cette administration
doit être réglée, conformément au droit canonique, par l'autorité
ecclésiastique, qui, dans ses règlements, a égard aux lois civiles de
chaque contrée en ce qui est de leur ressort.

Les fabriques doivent donc être régies par le droit ecclésiastique
et par le droit civil, selon que la matière est du ressort de l'autorité
ecclésiastique ou du ressort de l'autorité civile. On voit par là que
ceux qui considèrent l'administration des fabriques uniquement du
point de vue de l'autorité civile, s'exposent à tomber dans de graves
erreurs. De ce nombre sont les jurisconsultes qui contestent à l'Eglise
son autonomie. Mais les idées sur ces matières sont tellement faus-
sées parmi nous, qu'il est difficile de revenir aux vrais principes.
Ce ne pourra être que l'œuvre du temps. Disons toutefois que ce
côté de la question paraît avoir été entrevu par le judicieux Carré,
qui, dans son traité du gouvernement des paroisses, p. 8, observe,
avec le bon sens qui le distingue, que l'administration des biens et
revenus de la paroisse appartient aux fabriques instituées par la loi
du 8 avril 1802 et organisées par le décret du 30 décembre 1809,
sauf, dit-il, *les droits que la loi canonique confère aux Evêques et aux
pasteurs.*

Sans prétendre tracer ici la ligne de démarcation entre les deux
juridictions ecclésiastique et civile, nous dirons : 1° que ce qui con-

cerne la restitution des biens non aliénés des anciennes fabriques et les charges imposées aux communes relativement au culte, est du domaine de l'autorité civile ; 2° qu'il en est de même de ce qui concerne, soit la forme et les effets civils des contrats, soit l'exercice des actions judiciaires ; ce à quoi ont suffisamment pourvu le code civil et le code de procédure ; 3° que ce qui est de pure administration peut, sans aucun inconvénient, et devrait être laissé à la direction de l'autorité ecclésiastique, qui, en certains cas, soumettrait, au besoin, ses règlements à l'homologation de l'autorité civile, ainsi que cela se pratiquait sous l'ancienne législation. De cette manière tous les droits seraient garantis ; on ferait cesser une multitude de conflits et on éviterait les fréquentes et pénibles contestations, qu'une bonne politique doit s'attacher à prévenir.

A la réorganisation du culte en 1802, les Evêques rétablirent les fabriques paroissiales et leur donnèrent spontanément des règlements émanés de leur seule initiative, conformément aux principes du droit ecclésiastique. C'était, avec raison, donner une origine canonique à une institution ecclésiastique. Mais, par un arrêté du 9 floréal an XI (23 avril 1803), le gouvernement, revenant pour son compte au système de l'homologation, demanda aux Evêques de soumettre à son approbation leurs règlements diocésains sur les fabriques, afin de les rendre civilement exécutoires, ce qu'ils firent avec d'autant plus d'empressement, que, d'une part, rien dans le droit ecclésiastique, ne s'oppose à ce que les règlements épiscopaux de cette nature reçoivent l'homologation de l'autorité civile, pourvu que celle-ci ne prétende ni les modifier, ni les transformer de son chef, ce qui serait les dénaturer ; et que, de l'autre, cette homologation est toujours avantageuse, en ce qu'elle rend civilement exécutoires les règlements ecclésiastiques revêtus de cette formalité.

Cette organisation des fabriques paroissiales était à peine terminée qu'un arrêté, rendu à Bruxelles, le 7 thermidor an XI (26 juillet 1803), sur le rapport du *ministre de l'intérieur*, qui accompagnait l'Empereur, restitua aux paroisses les biens non aliénés des anciennes fabriques. Cette décision était d'une haute importance pour la Belgique, où il restait encore un assez grand nombre de biens ecclésiastiques non aliénés. Cet arrêté créa en même temps des commissions temporaires chargées de la recherche et de l'administration provisoire des biens ainsi restitués aux paroisses. Il portait : « Art. 3. Ces biens seront administrés dans la forme particulière aux biens communaux par trois *marguilliers* que nommera le préfet, sur une liste double présentée par le maire et le curé ou desservant. — 4. Le curé ou desservant aura voix *consultative.* — 5. Les marguilliers nommeront parmi eux un *caissier.* Les comptes seront rendus dans la même forme que ceux des dépenses communales. »

On donna à ces commissions le nom de *fabrique* (décret du 22 fructidor an XIII, 9 septembre 1805). Ces commissions subsistèrent jusqu'en 1810.

Nous aurons plus d'une fois l'occasion de faire remarquer les traces profondes et durables laissées dans la jurisprudence administrative par cette institution passagère due au ministère de l'intérieur. C'est ce qui nous détermine à entrer dans plus de détails à son sujet.

On comprend les raisons qui ont pu déterminer l'établissement de ces commissions temporaires. D'une part, le gouvernement ayant décrété la restitution des biens non aliénés des anciennes fabriques, était pressé de s'en dessaisir : 1º pour s'affranchir des charges que lui aurait imposées l'entretien de quelques-uns d'entre eux, surtout celui des édifices, qui ne devaient plus lui être d'aucune utilité du moment qu'ils ne pouvaient plus être aliénés à son profit ; 2º pour assujettir à l'impôt ceux de ces biens qui en étaient susceptibles. D'autre part, il y aurait eu de graves inconvénients à faire immédiatement la remise de ces biens aux paroisses créées par la première circonscription. Cette circonscription, opérée précipitamment, afin de pourvoir aux besoins les plus pressants avec les ressources insuffisantes d'un clergé doublement décimé par le schisme et la persécution, était considérée avec raison comme défectueuse et purement provisoire. Que serait-il arrivé si les anciens biens non aliénés rendus au culte eussent été immédiatement remis aux paroisses créées par cette première circonscription ? Des immeubles eussent été aliénés, des rentes eussent été éteintes par remboursement, et, quand une nouvelle circonscription, mieux appropriée aux besoins des populations, eût créé d'autres paroisses, celles-ci eussent été frustrées des biens qui devaient naturellement leur revenir.

Pour parer à ces inconvénients, le gouvernement institua des commissions spéciales chargées : 1º de rechercher et de recueillir les anciens biens non aliénés rendus au culte ; 2º de les conserver et de les administrer en attendant le moment d'en faire la remise définitive aux paroisses, remise qui ne devait s'effectuer que quand une nouvelle circonscription considérée comme définitive, aurait établi et réparti les paroisses d'après des bases plus stables que celles qui avaient servi à la première circonscription. Ces commissions étaient placées sous la direction, non du ministre des cultes, mais sous celles du ministre de l'intérieur et du ministre des finances.

Le décret du 30 septembre 1807 prescrivit, par ses articles 2, 4 et 7, de procéder à une nouvelle circonscription générale et à la constitution définitive des paroisses.

Cette nouvelle circonscription fut approuvée par le décret du 28 août 1808; et le décret du 30 décembre 1809, publié en juillet 1810, remit définitivement aux paroisses ainsi constituées les biens rendus à leur ancienne destination, ce qui entraina la suppression des commissions temporaires créées par l'arrêté précité du 7 thermidor an XI.

De 1803 à 1810 il y eut donc deux sortes de fabriques : les fabriques établies par les Evêques en exécution de l'article 76 de la loi du 18 germinal an X, et les fabriques établies par les préfets, en exécution de l'arrêté du 7 thermidor an XI. Les premières étaient paroissiales, étant établies par paroisses; les secondes étaient communales, non qu'elles eussent à administrer des biens devenus communaux, car, en ce cas, elles auraient été inutiles, l'administration municipale suffisant; mais parce qu'elles étaient établies par communes, partout où il y avait d'anciens biens rendus au culte. Les premières étaient chargées de veiller, sous la direction et l'autorité de l'Evêque, à l'entretien et à la conservation des temples, ainsi qu'à l'administration des aumônes, des oblations et des biens nouvellement acquis par elles; les secondes. essentiellement temporaires, étaient chargées d'administrer, au nom de l'Etat, sous la direction et l'autorité du préfet, les anciens biens non aliénés rendus au culte, en attendant la remise définitive de ces biens aux paroisses.

Le curé faisait de droit partie des premières et y avait voix délibérative; tandis qu'il n'était admis dans les secondes qu'avec voix consultative.

Les premières rentraient dans les attributions du ministre des cultes, et les secondes dans celles du ministre de l'intérieur, comme on le voit par une circulaire adressée aux préfets le 15 juillet 1806 et mieux encore par l'avis du conseil d'Etat du 21 décembre 1808, dans lequel il est dit que l'emploi des capitaux remboursés aux fabriques doit être autorisé par un décret rendu en conseil d'Etat, sur l'avis du ministre de l'intérieur ou de celui des cultes; ce qui signifie, non pas que l'avis sera donné par l'un ou par l'autre *indifféremment*, mais qu'il sera donné par l'un *ou* par l'autre, selon qu'il s'agira des fabriques placées dans les attributions du ministre de l'intérieur, ou qu'il s'agira des fabriques placées dans les attributions du ministre des cultes.

On comprend par là dans quelles erreurs tombent ceux qui confondent ces deux institutions d'ordre si différent, et qui appliquent, comme on le fait encore journellement, aux fabriques actuelles les dispositions propres aux fabriques créées par l'arrêté du 7 thermidor an xi et supprimées depuis plus de soixante ans.

La nature ambigüe de ces commissions temporaires fit naître, au sujet de la propriété des biens qu'elles administraient, deux erreurs opposées : 1° celle des jurisconsultes qui prétendent que l'Etat ne s'est pas dessaisi de ces biens; qu'il en est resté propriétaire, et qu'il les a seulement *affectés* au service du culte. Cette thèse a été soutenue en 1837, dans la discussion à laquelle a donné lieu, au sein des chambres législatives, la cession, de la part de l'Etat, à la ville de Paris, des terrains qu'occupait l'ancien archevêché (Voir le journal des conseils de fabriques, t. 3, p. 290-324) ; 2° celle des jurisconsultes qui prétendent au contraire que l'Etat s'est réellement dessaisi de ces biens, et qu'il l'a fait, non au profit des *paroisses*, mais au profit des *communes*, à la charge par celles-ci de les *affecter* au service du culte et d'en laisser l'*usufruit perpétuel* aux paroisses.

L'existence simultanée de ces deux sortes de fabriques soumises à deux directions différentes, donna lieu à de nombreux conflits, auxquels mit fin le décret du 30 décembre 1809.

Ce décret intervint, comme nous l'avons déjà dit, à la suite de la circonscription générale des paroisses prescrite par celui du 30 septembre 1807. 1° Il maintint, en les organisant sur de nouvelles bases, les fabriques paroissiales, dont l'article 76 de la loi du 18 germinal an x avait ordonné l'établissement, R. 1 à 4 ; 2° il leur attribua l'administration de tous les biens affectés à l'exercice du culte, notamment celle des anciens biens restitués et jusque-là administrés par les fabriques temporaires établies en exécution de l'arrêté du 7 thermidor an xi. R. 1, 36 ; 3° par le seul fait de cette dernière disposition, il supprima les fabriques temporaires créées par cet arrêté et opéra la remise définitive des biens qu'elles administraient aux paroisses quant à la propriété et aux fabriques paroissiales quant à l'administration.

Ces actes successifs, dont on se rend aujourd'hui difficilement compte, avaient leur raison d'être dans les circonstances sous l'empire desquelles ils se sont produits ; et quand on les considère de ce point de vue, ils projettent une vive lumière sur la législation transitoire des fabriques.

Sous le rapport du droit ecclésiastique, le décret du 30 décembre 1809 donne lieu à de justes critiques. Par ce décret, le gouvernement substitua aux règlements *diocésains* émanés des évêques, un règlement *général* émané de sa seule autorité. Ce fut là une grave innovation, qui souleva de vives réclamations, notamment de la part du cardinal Fesch, archevêque de Lyon et oncle de l'empereur.

Ce n'est pas que ce règlement ne contienne des dispositions fort sages empruntées à d'anciens règlements ecclésiastiques; mais l'on trouva que le gouvernement avait réglé minutieusement une foule de choses qui auraient dû être laissées à la décision des Evêques. S'il renferme quelques dispositions qui ne pouvaient émaner que du pouvoir civil, telles que celles qui concernent les secours que les communes doivent aux fabriques en certains cas, il en renferme aussi un grand nombre d'autres qui ne pouvaient légitimement émaner que de l'autorité ecclésiastique. Cette irrégularité fut cause qu'il resta longtemps sans exécution, comme nous l'avons déjà fait remarquer. Ce n'est que sous l'impulsion de l'épiscopat qu'il reçut successivement son exécution dans les différents diocèses de la France et de la Belgique ; et l'application que, dans un esprit de sage conciliation, NN. SS. les Evêques se sont peu à peu déterminés à faire de la plupart de ses dispositions, leur a conféré jusqu'à un certain point l'existence canonique qui leur manquait ; — c'est ainsi qu'elles sont passées dans le droit ecclésiastique particulier qui régit aujourd'hui les fabriques en France, en Belgique, et même dans une partie des provinces rhénanes.

Cette laborieuse transformation aura eu, du moins, pour résultat avantageux, celui de substituer à la diversité des usages locaux l'uniformité d'un règlement général pour toutes les fabriques soumises au régime du décret du 30 décembre 1809. Mais le pouvoir réglementaire que le gouvernement s'est attribué à cet égard exige, de notre part, des observations, par lesquelles nous terminerons cette dissertation.

QUATRIÈME SECTION. — Attributions respectives de l'autorité religieuse et de l'autorité civile, relativement aux biens ecclésiastiques.

24. Attributions de l'autorité religieuse. — 25. Attributions de l'autorité civile. — 26. Caractère des lois civiles relatives aux matières ecclésiastiques.

24. Attributions de l'autorité religieuse. — Dans les sections précédentes nous avons traité de la *propriété* des biens ecclésiastiques. Nous n'avons à nous occuper ici que de leur *administration* ; encore ne le ferons-nous que relativement à l'autorité qui doit y présider.

Dans toute société l'administration de ses biens est une partie essentielle et intégrante de son gouvernement ; et cela est d'autant plus fondé en raison que ces biens, qui composent le domaine social, ont précisément pour objet de pourvoir aux besoins matériels de ce gouvernement. Il suit de là que l'administration de ces biens doit, par la nature même des choses, être subordonnée à l'autorité préposée au gouvernement de la société. Ce principe s'applique aux sociétés religieuses comme aux sociétés civiles. C'est de là que dérivent les droits de l'autorité religieuse à l'administration des biens ecclésiastiques, ainsi que ceux de l'autorité civile à l'administration des biens de l'Etat.

L'administration des biens ecclésiastiques est l'objet de règlements généraux et d'actes particuliers d'exécution ou d'application de ces règlements.

Le pouvoir réglementaire en matières ecclésiastiques réside dans le souverain Pontife et dans les évêques et autres prélats agissant soit conciliairement, soit individuellement, mais toujours selon les règles de la subordination hiérarchique. Le souverain Pontife et les conciles généraux l'exercent dans toute l'Eglise ; les conciles provinciaux, dans leur province ; les archevêques et évêques dans leur diocèse ; les supérieurs des ordres religieux et leurs chapitres dans leur communauté ou leur congrégation.

L'Eglise a toujours exercé ce pouvoir règlementaire au sujet de l'administration de ses biens. Le corps du droit ecclésiastique en renferme de nombreux monuments, dont l'étude, trop négligée de nos jours, n'est pas moins utile qu'intéressante et instructive. Les règlements de cette nature émanés de l'autorité ecclésiastique se concilient et s'harmonisent avec les lois civiles qui, dans chaque contrée, régissent EN GÉNÉRAL la *propriété* des biens et les *contrats* dont ils sont l'objet.

Les biens ecclésiastiques doivent donc être administrés au nom de l'Eglise par les administrateurs qui ont reçu d'elle cette mission, et conformément aux prescriptions des saints canons. C'est ce qui s'est constamment pratiqué depuis l'origine du christianisme et ce que proclame le droit ecclésiastique de tous les temps. Ses dispositions à cet égard sont nombreuses. Nous nous bornerons à rapporter les suivantes :

1° « Omnium rerum Ecclesiarum Episcopus gerat et eas administret, tanquam Deo intuente. — Præcipimus ut in potestate sua Episcopus Ecclesiæ res habeat. » *Canones Apostolorum*, 37 et 40.

2° « Quæcumque res Ecclesiæ sunt, convenit cum omni diligentia et bona fide, quæ Deo debetur, gubernari et dispensari cum judicio et potestate Episcopi. » 3ᵐ *concilium Antioch.* c. 24. anno 341.

3° « Placuit omnem Ecclesiam habentem Episcopum habere œconomum de clero proprio, qui dispenset res ecclesiasticas secundum sententiam proprii Episcopi. » *Conc. chalcedon.* c. 26 ; *canon* : Quoniam in quibusdam Ecclesiis. *an.* 451.

4° « Decretum est ut omnes Ecclesiæ, cum dotibus suis, et decimis, et omnibus suis, in Episcopi potestate consistant, atque ad ordinationem suam semper pertineant. » 2ᵐ *concil. cabill. an.* 579.

5° « Ut Episcopi protestatem habeant res ecclesiasticas providere, regere, gubernare, atque dispensare, secundum canonum auctoritatem, volumus. » *Conc. Mogunt.* c. 4. *an.* 847.

6° « Apostolorum canonibus statum est ut omnium negotiorum ecclesiasticorum curam Episcopus habeat, et ea, veluti Deo contemplante, dispenset. » 1ᵐ *Conc. gener. Lateran. an.* 1123.

7° « Laïci, sine assensu Pœlatorum et capitulorum, bona fabricæ ecclesiæ deputata administrare non possunt. » 4ᵐ *conc. Salzburg.* c. 53. *an.* 1420.

8° « Administratores tam ecclesiastici quam laici, fabricæ cujusvis Ecclesiæ, etiam cathedralis, hospitalis, confraternitatis, eleemosynæ montis-pietatis, et quorumcumque piorum locorum, singulis annis, teneantur reddere rationem administrationis Ordinario : consuetudinibus et privilegiis quibuscumque in contrarium subtalis, nisi secus forte in institutione et ordinatione talis Ecclesiæ seu fabricæ.

expresse cautum esset. Quod si ex consuetudine, aut privilegio, aut ex constitutione aliqua loci, aliis ad id deputatis ratio reddenda esset, tunc cum iis adhibeatur etiam Ordinarius : et aliter factæ liberationes dictis administratoribus minime suffragentur. » *Conc. Trident. Sess.* XXII, *Decret. de Reform. Cap.* 9. *an.* 1562. On sait que les hôpitaux et autres établissements de charité étaient dans l'origine des institutions purement ecclésiastiques.

Le Saint-Siége est attentif à rappeler cette règle dans les nouveaux concordats, soit en y insérant une clause expresse à cet égard, soit en y suppléant par une clause générale qui la renferme implicitement. C'est ainsi que dans les uns on trouve une disposition spéciale conçue en ces termes ou autres équivalents : « L'administration des biens ecclésiastiques et de tout ce qui forme le patrimoine de l'Eglise est laissée à la libre disposition des Evêques et des autres auxquels il appartient, conformément au droit canon ; » et que dans la plupart on trouve cette disposition générale : « Tout ce qui concerne les personnes et les choses ecclésiastiques, et dont mention n'a pas été faite dans les articles précédents sera *réglé* et *administré* d'après la doctrine de l'Eglise et d'après la discipline maintenant en vigueur et approuvée par le St-Siége. Par l'effet de la présente convention, les lois, ordonnances et décrets portés jusqu'à ce jour en quelque manière que ce soit dans le royaume seront tenus pour entièrement abrogés dans tout ce qui lui est opposé. »

Le concordat français conclu en 1801 renferme, dans son article 1er, une disposition générale équivalente à celle dont nous venons de parler. En effet, il porte : « La religion catholique, apostolique et romaine sera *librement* exercée en France. » Or le libre exercice de la religion catholique comprend avant tout la liberté du gouvernement de l'Eglise et par conséquent celle de l'administration de ses biens. En France et en Belgique, comme ailleurs, les biens ecclésiastiques doivent donc, en vertu du concordat de 1801, être *librement* administrés au nom de l'Eglise par des administrateurs qui aient reçu d'elle cette mission et conformément aux dispositions du droit canonique.

Et quand on voit le St-Siége, dans ses concordats, d'une part consentir si facilement à subordonner la nomination des évêques à l'élection du souverain, s'il est catholique, et à son agrément, s'il ne l'est pas ; et, de l'autre, maintenir avec tant de fermeté l'Eglise dans son droit d'administrer librement ses biens, conformément aux prescriptions canoniques, on comprend mieux encore toute l'importance qu'il attache à cette libre administration des biens ecclésiastiques.

Si des circonstances particulières et locales déterminent le St-Siége à admettre à cet égard le concours de l'autorité civile, il le fait de manière à toujours sauvegarder les droits de l'Eglise.

Comme il peut être utile de connaître les principes qui dirigent le Saint-Siége dans le règlement de ces matières difficiles, nous croyons devoir reproduire ici les dispositions des concordats les plus récents en ce qui concerne les biens ecclésiastiques :

1° *Concordat de la République italienne conclu le 16 septembre 1803.* — « Art. 9. Les chapitres des cathédrales seront conservés ainsi que ceux des collégiales, au moins les plus remarquables. Ces chapitres jouiront d'une dotation convenable, ainsi que les menses archiépiscopales et épiscopales, les séminaires, les fabriques des cathédrales et les *paroisses.* Ces dotations seront établies dans le plus court délai, de concert entre Sa Sainteté et le Président. — Art. 11. Les conservatoires, les hôpitaux, les fondations de charité et autres établissements pieux de même nature, gouvernés antérieurement par les seuls ecclésiastiques, seront à l'avenir administrés dans chaque diocèse par une congrégation composée moitié d'ecclésiastiques et moitié de séculiers. Le Président de la République choisira les séculiers de même que les ecclésiastiques, qui lui seront proposés par l'Evêque. Les congrégations seront toujours présidées par l'Evêque, qui aura également la liberté de visiter les lieux qui sont sous l'administration légitime des laïques. — Art. 15. Aucune suppression de fondation ecclésiastique ne pourra se faire sans l'intervention du St-Siége apostolique. — Art. 20. Quant aux autres objets ecclésiastiques qui ne sont pas expressément mentionnés dans les présents articles, les choses resteront et seront réglées d'après la discipline actuelle de l'Eglise. Quant aux difficultés qui pourraient survenir, le Saint-Père et le Président s'en réservent la connaissance de concert entre eux. — Art. 21. Le présent concordat est substitué à toutes les lois, ordonnances et décrets émanés jusqu'ici de la république en matière de religion. »

2° *Concordat de la Bavière conclu le 5 juin 1817.* — « Art 4. Les menses archiépiscopales et épiscopales seront établies en biens et fonds stables, qui seront laissés à l'administration libre des prélats. — Les chapitres des églises métropolitaines et cathédrales et les vicaires ou prébendés des mêmes églises, jouiront de la même nature de biens et du même droit d'administrer. — Art. 8. Les biens des séminaires, des paroisses, des bénéfices, des fabriques et de toutes les autres fondations ecclésiastiques, seront toujours conservés en entier, et ne pourront être détournés ni changés en pensions. L'Eglise aura de plus le droit d'acquérir de nouvelles possessions, et tout ce qu'elle acquerra de nouveau, sera à elle, et jouira des mêmes droits que les anciennes fondations ecclésiastiques ; et on ne pourra faire aucune suppression ou union, ni de celles-ci ni de nouvelles, sans l'intervention de l'autorité du St-Siége, sauf les pouvoirs accordés par le saint concile de Trente aux évêques. — Art. 12. Il sera libre aux archevêques et évêques de faire, dans l'administration de leurs diocèses, tout ce qui appartient à leur ministère pastoral, d'après la déclaration ou la disposition des saints canons, suivant la discipline présente de l'Eglise et approuvée par le St-Siége. — Art. 16. Les lois, ordonnances et décrets portés jusqu'ici en Bavière seront regardés comme abrogés par la présente convention en ce qu'ils offriraient de contraire à ses dispositions. — Art. 17. Les autres choses qui concernent les affaires et les personnes ecclésiastiques et dont il n'est pas fait une mention expresse en ces articles, seront réglées suivant la doctrine de l'Eglise et sa discipline existante et approuvée. S'il survenait, par la suite, quelques difficultés, Sa Sainteté et Sa Majesté se réservent d'y pourvoir ensemble, et de terminer le tout à l'amiable. »

3° *Concordat français conclu le 11 juin 1817.* — « Art. 3. Les *articles dits organiques*, qui furent faits à l'insu de Sa Sainteté et publiés sans son aveu, le 8 avril 1802, en même temps que ledit concordat du 15 juillet 1801, *sont abrogés en ce qu'ils ont de contraire à la doctrine et aux lois de l'Eglise.* — Art. 8. Il sera assuré à tous les siéges, tant existants qu'à ériger de nouveau, une dotation convenable *en biens-fonds et en rentes sur l'Etat,* aussitôt que les circonstances le permettront, et, en attendant, il sera donné à leurs pasteurs un revenu suffisant pour améliorer leur sort; il sera pourvu également à la dotation des chapitres, des cures et des séminaires, tant existants que ceux à établir. — Art. 10. Sa Majesté très-chrétienne, voulant donner un nouveau témoignage de son zèle pour la religion, emploiera, de concert avec le Saint-Père, tous les moyens qui sont en son pouvoir pour faire cesser le plus tôt possible les désordres et les obstacles qui s'opposent au bien de la religion et à l'*exécution des lois de l'Eglise.*

4° *Concordat du royaume des Deux-Siciles conclu le 16 février 1818.* — Art. 12. Tous les biens ecclésiastiques non aliénés par le gouvernement militaire, et qui, au retour de Sa Majesté, se sont trouvés sous l'administration du domaine, soit restitués à l'Eglise. Aussitôt après la ratification du présent concordat, l'administration des susdits biens sera entièrement confiée à quatre personnes choisies, dont deux nommées par Sa Sainteté et deux par Sa Majesté, et qui administreront fidèlement, jusqu'à ce que ces biens soient destinés et appliqués suivant le mode convenable. — Art. 15. L'Eglise aura le droit d'acquérir de nouvelles possessions, et tout acquêt fait de nouveau lui appartiendra en propre, et elle en jouira comme des anciennes fondations ecclésiastiques. Cette faculté aura lieu dorénavant, sans qu'elle préjudicie aux effets des lois d'amortissement qui sont encore en vigueur, ou à l'exécution de ces lois à l'avenir, pour les cas non encore consommés et pour les conditions non encore accomplies. Il ne pourra être fait aucune suppression ou union des fondations ecclésiastiques sans l'intervention de l'autorité du Saint-Siége, sauf les pouvoirs attribués aux évêques par le saint concile de Trente. — Art. 16. Les fâcheuses circonstances ne permettant pas que les ecclésiastiques jouissent de l'exemption des charges publiques, tant de celles de l'Etat que de celles des villes, Sa Majesté promet de faire cesser l'abus introduit dans les temps passés, et par lequel les ecclésiastiques et leurs biens étaient plus imposés que les laïques mêmes ; comme aussi, dans des moments plus heureux pour l'Etat, le roi aidera le clergé de ses largesses. — Art. 17. L'établissement du *Mont-des-Grains* érigé à Naples, où l'administratiom royale des dépouilles et des revenus des menses épiscopales, abbayes et autres bénéfices vacants, restera supprimé. Aussitôt après l'exécution de la nouvelle circonscription des diocèses, on établira, dans chacune, des administrations diocésaines, composées de deux chanoines, que le chapitre métropolitain ou cathédrale élira et renouvellera de trois ans en trois ans à la pluralité des voix, et d'un procureur du roi, qui sera nommé par Sa Majesté. A chaque administration présidera l'évêque ou son vicaire général, ou le vicaire capitulaire pendant la vacance du siége. L'Ordinaire et Sa Majesté, par l'organe de son agent, appliqueront de concert les fruits perçus dans les susdites vacances au bien des églises, des hopitaux, des séminaires, en secours de charité et en autres œuvres pies ; on réservera pourtant la moitié des revenus des menses épiscopales vacantes en faveur de l'évêque futur. L'obligation encore en vigueur de déposer au *Mont-des-Grains* le tiers des revenus des évêchés et bénéfices, sous le nom de *tiers des pensions*, est abrogé d'après le présent article, sans que les pensionnaires actuels soient privés des pensions dont ils jouissent. Quand on pourvoiera aux évêchés et bénéfices *de nomination royale*, on continuera à admettre la réserve des pensions suivant les formes canoniques ; les personnes nommées à ces pensions par Sa Majesté obtiendront du St-Siége les bulles requises pour les rendre habiles à les posséder durant leur vie ; et à leur mort, l'évêché ou le bénéfice chargé de ces pensions en demeurera libre. — Art. 20. Les archevêques et évêques seront libres dans l'exercice de leur ministère pastoral, suivant les saints canons. — Art. 27. La propriété de l'Eglise sera sacrée et inviolable dans ses possessions et acquisitions. — Art. 30. Quant aux autres objets ecclésiastiques dont il n'est pas fait mention dans les présents articles, les choses seront réglées suivant la discipline de l'Eglise, et s'il survient quelque difficulté, le Saint-Père et Sa Majesté se réservent de se concerter ensemble. — Art. 31. Le présent concordat est substitué à toutes les lois, ordonnances et décrets émanés jusqu'ici dans la royaume des Deux-Siciles sur les matières de religion.

5º *Concordat de Russie conclu le 3 août 1847.* — « Art. 13. L'évêque est seul juge et administrateur des affaires ecclésiastiques de son diocèse, sauf la soumission canonique due au St-Siége apostolique. — Art. 14. Les affaires qui doivent être soumises préalablement aux délibérations du consistoire diocésain sont : 1º Quant aux personnes ecclésiastiques du diocèse.....; 2º Quant aux laïques......; 3º Quant aux affaires mixtes.....; 4º Quant aux affaires économiques : le budget ou la note préalable des sommes qui sont destinées à l'entretien du clergé, l'examen des dépenses, le compte-rendu de ces sommes, les affaires qui regardent la réparation ou la construction d'églises ou de chapelles. — Art. 15. Les affaires sus-indiquées sont décidées par l'évêque, après qu'elles ont été examinées par le consistoire, qui n'a cependant que voix consultative. L'évêque n'est nullement tenu d'apporter les raisons de sa décision, même dans les cas où son opinion différerait de celle du consistoire. — Art. 17. Toutes les personnes du consistoire sont ecclésiastiques ; leur nomination et leur révocation appartiennent à l'évêque ; les nominations sont faites de manière à ne pas déplaire au gouvernement. Si l'évêque, averti par sa conscience, juge opportun de révoquer un membre du consistoire, il le remplacera immédiatement par un autre, qui pareillement ne soit pas désagréable au gouvernement. — Art. 18. Le personnel de la chancellerie du consistoire sera confirmé par l'évê-

que, sur la présentation du secrétaire du consistoire. — Art. 20.
Les fonctions des membres du consistoire cessent dès que l'évêque
meurt ou se démet de l'épiscopat, et aussi dès que l'administration
du siége vacant finit. Si l'évêque meurt ou se démet de l'épiscopat,
son successeur ou celui qui, temporairement tient sa place (soit
qu'il ait un coadjuteur avec future succession, soit que le chapitre
élise un vicaire capitulaire, suivant la règle des sacrés canons)
reconstituera aussitôt un consistoire qui, comme il a déjà été dit,
soit agréé du gouvernement. — Art. 31. Les églises catholiques et
romaines sont librement réparées aux frais des communautés ou
des particuliers qui veulent bien se charger de ce soin. Toutes les fois
que leurs propres ressources ne suffiront pas, ils pourront s'adresser
au gouvernement impérial pour en obtenir des secours. Il sera procédé à la construction de nouvelles églises, et à l'augmentation du
nombre des paroisses, lorsque l'exigeront l'accroissement, l'étendue
trop vaste des paroisses existantes ou la difficulté des communica-
tions.

6° *Concordat d'Espagne conclu le 16 mars 1851.* — Art. 4. Dans
toutes les autres choses, qui appartiennent au droit et à l'exercice
de l'autorité ecclésiastique, ainsi qu'au ministère des ordres sacrés,
les Evêques et le clergé qui dépendent d'eux, jouiront de la pleine
liberté qu'établissent les sacrés canons. — (Les articles 31 à 36
règlent les dotations ecclésiastiques.) — Art. 37. Les rentes qui
courront pendant la vacance des siéges épiscopaux, déduction faite
des émoluments de l'économe que le chapitre choisira en même
temps qu'il élira le vicaire capitulaire, et des dépenses pour les
réparations nécessaires du Palais épiscopal, seront appliquées en
portion égale au bénéfice du séminaire et du nouveau Prélat. —
Egalement, les rentes qui courront pendant les vacances des digni-
tés, canonicats, paroisses et bénéfices de chaque diocèse, déduction
faite des charges respectives, formeront un fonds de réserve à la
disposition de l'Ordinaire pour parer aux dépenses extraordinaires
et imprévues des églises et du clergé, comme aussi aux graves et
urgentes nécessités du diocèse. Il sera aussi versé pour le même
objet, dans ledit fonds de réserve, une somme équivalente au dou-
zième de leur dotation annuelle par les nouveaux nommés aux pré-
bendes, cures ou autres bénéfices : ce versement sera opéré une
seule fois, et dans la première année de leur nomination, tout autre
décompte fait antérieurement, en vertu de quelque usage, disposition ou privilège, devant cesser. — Art. 38. Les fonds qui doivent

être appliqués à la dotation du culte et du clergé seront : 1º le produit des biens dévolus au clergé par la loi du 3 avril 1845 ; 2º le produit des offrandes de la cruzada ; 3º le produit des commanderies et grandes maîtrises des quatre ordres militaires vacants ou qui seront vacants ; 4º une imposition sur les propriétés rurales et urbaines jusqu'à concurrence de ce qui sera nécessaire pour compléter la dotation, en tenant compte des produits désignés dans les paragraphes 1, 2 et 3, et autres rentes qui, à l'avenir et d'accord avec le Saint-Siége, seront assignées pour cet objet. — Le clergé percevra cette imposition en nature, espèce ou argent, après un accord préalable avec les provinces, les populations, les paroisses ou les particuliers ; il sera aidé, au besoin, dans le recouvrement de cet impôt, par les autorités publiques, qui appliqueront à cet effet les moyens établis pour le recouvrement des contributions.

Tous les biens ecclésiastiques non compris dans la loi de 1845 et qui ne sont pas encore aliénés seront immédiatement dévolus à l'Eglise, y compris ceux qui restent des communautés religieuses d'hommes. Mais attendu les circonstances actuelles où se trouvent ces biens et l'utilité évidente qui doit en résulter pour l'Eglise, le Saint-Père dispose que leur capital sera sur-le-champ converti en inscriptions inaliénables de la dette de l'Etat du 3 pour cent, en observant exactement la forme et les règles établies dans l'article 33 au sujet de la vente des biens des religieuses. — Art. 39. Le gouvernement de Sa Majesté, sauf le droit des Prélats diocésains, prendra les dispositions nécessaires pour que les personnes auxquelles ont été distribués les biens des chapellenies et fondations pieuses assurent les moyens de remplir les charges auxquelles ces biens ont été affectés. — Il prendra de semblables dispositions pour procurer de la même manière l'accomplissement des charges qui pesaient sur les biens ecclésiastiques qui ont été aliénés. — Le gouvernement répondra toujours et exclusivement des charges qui grevaient les biens vendus par l'Etat comme libres de cette obligation. — Art. 40. Il est déclaré que tous lesdits biens et rentes appartiennent en propriété à l'Eglise et que le clergé en jouira et les administrera en son nom. — Les fonds de la *cruzada* seront administrés dans chaque diocèse par les Prélats diocésains, comme revêtus à cet effet des pouvoirs de la Bulle, pour les appliquer suivant la dernière prorogation de concession apostolique y relative, sauf les obligations qui pèsent sur cette partie par suite de conventions passées avec le Saint-Siége. Le mode et la forme de cette administration seront réglés d'accord avec le Saint-Père et Sa Majesté catholique. — Les Prélats diocésains administreront également les fonds de l'Indult quadragésimal, les appliquant à des établissements de bienfaisance et à des actes de charité dans leurs diocèses, suivant les concessions apostoliques. — Les autres pouvoirs apostoliques relatifs à cette partie et les attributions qui s'y rapportent, seront exercés par l'archevêque de Tolède dans l'étendue et dans la forme que déterminera le Saint-Siège. — Art. 41. L'Eglise aura en outre le droit d'acquérir à tout titre légitime; et sa propriété, dans tout ce qu'elle possède aujourd'hui ou dans tout ce qu'elle acquerra à l'avenir, sera solennellement respectée. Par conséquent il ne pourra être fait ni suppression, ni réunion dans les fondations ecclésiastiques anciennes et dans les nouvelles sans l'intervention du Saint-Siége, sauf les pouvoirs qui compètent aux Evêques, suivant le saint concile de Trente. — 43. Tout ce qui peut appartenir à des personnes ou à des choses ecclésiastiques, et sur qui il n'est rien spécifié dans les articles précédents, sera régi et administré suivant la discipline de l'Eglise canoniquement en vigueur. — Art. 45. Les lois, ordonnances et décrets publiés jusqu'ici dans le royaume d'Espagne seront tenus pour révoqués en vertu de ce concordat, en tant qu'ils sont en opposition avec lui, et le même concordat fera règle pour toujours à l'avenir, comme loi de l'Etat, dans le même royaume. — Si à l'avenir quelque difficulté se présentait, le Saint-Père et Sa Majesté catholique s'entendront pour la résoudre à l'amiable..

7º *Concordat du duché de Toscane conclu le 25 avril 1851.* — Article 1er. L'autorité ecclésiastique n'éprouvera aucun obstacle dans l'exercice de son saint ministère. L'autorité laïque devra concourir, par tous les moyens en son pouvoir, à protéger la morale, le culte et la religion, en empêchant les scandales qui les blessent; elle prêtera aussi à l'Eglise l'appui nécessaire pour l'exercice de l'autorité épiscopale. — Art. 13. Les biens ecclésiastiques seront librement administrés par les Evêques et les curés des paroisses et des bénéfices pendant la possession, conformément aux dispositions canoniques. — Art. 14. En cas de vacance, l'administration desdits biens, sous la protection et l'assistance du gouvernement, est tenue par une commission mixte d'ecclésiastiques et de laïques présidée par l'Evêque. — Art. 15. Toutes les fois qu'il s'agira de legs pieux et de déroger aux dispositions particulières, en changeant la destination des biens ecclésiastiques, l'autorité ecclésiastique et l'autorité séculière marcheront d'accord pour obtenir, au besoin, et selon les saints canons, le consentement du Saint-Siége, sauf toujours aux Evêques de faire usage de la faculté qui leur est accordée, principalement par le très-saint concile de Trente.

8° *Concordat de la République de Costa-Rica conclu le 7 octobre 1852.* — Art. 5. Le gouvernemant de Costa-Rica s'oblige à fournir, sur les fonds de l'Etat, et à maintenir entière la dotation nécessaire pour l'évêque, le chapitre, le séminaire et les frais tant du culte divin que des édifices sacrés, telle qu'elle est désignée à la fin de cette convention. Et toutes les fois que de nouveaux diocèses devront être érigés, la même règle devra être observée pour la dotation de l'Eglise, du chapitre et des séminaires. Mais comme ces dotations sont assignées en compensation et même en remplacement des dîmes, auxquelles il doit être suppléé de la sorte, à la demande du gouvernement qui en a sollicité et obtenu l'autorisation du St-Siége dans l'intérêt particulier de cet Etat, ces dotations seront considérées comme étant constituées à titre onéreux, ainsi qu'elles le sont effectivement. C'est pourquoi le gouvernement reconnaît que ces dotations sont une vraie dette de l'Etat de Costa-Rica envers l'Eglise, en sorte qu'elles acquièrent la nature, le caractère et l'indépendance de revenus entièrement libres. — Art. 6. Jusqu'à ce qu'une dotation convenable, sûre et indépendante leur ait été attribuée par le gouvernement de concert avec l'Ordinaire, les curés continueront à percevoir les prémices et les émoluments dits de l'Etole, sauf le droit de l'Ordinaire de déterminer convenablement ces émoluments par un règlement diocésain. — Art. 17. L'Eglise jouira du droit d'acquérir de nouveaux biens à tout titre légitime. Ses possessions ou fondations pieuses seront sacrées et inviolables comme les propriétés des autres citoyens de la République. En conséquence nulle fondation ne peut être supprimée ou réunie sans l'intervention de l'autorité du Siége apostolique, sauf les droits accordés aux évêques par le concile de Trente. — Art. 18. A raison du temps et des circonstances, le Saint-Siége consent à ce que les biens ecclésiastiques soient soumis aux impôts comme ceux des autres citoyens de la République de Costa-Rica, à l'exception toutefois des églises et autres édifices consacrés au culte. — Art. 25. Tout ce qui concerne les personnes et les choses ecclésiastiques et dont mention n'a pas été faite dans les articles précédents, sera réglé et administré d'après la discipline en vigueur dans l'Eglise catholique, apostolique, romaine. — Art. 26. Par l'effet de la présente convention, les lois, ordonnances et décrets portés jusqu'à ce jour, en quelque manière que ce soit, dans la République de Costa-Rica, sont tenus pour entièrement abrogés en tout ce qui est opposé à la présente convention, qui sera désormais en vigueur à perpétuité comme loi de l'Etat.

9° *Concordat de la République de Guatimala conclu le 7 octobre 1852.* — Art. 5. Le gouvernement de Guatimala s'engage formellement à maintenir les dîmes, et au besoin à interposer son autorité pour qu'elles soient payées intégralement ; dans la vacance du siége archiépiscopal, ou des bénéfices de ce diocèse, elles seront employées en entier à la dotation de ce siége archiépiscopal, du chapitre et du séminaire, aux frais du culte divin et à la restauration de la métropole. — Il sera établi une commission d'eccclésiastiques que l'Ordinaire choisira, autant que possible, parmi les chanoines de là métropole. L'Ordinaire en sera le président, et, en cas de vacance du siége, ce sera le vicaire capitulaire. — Cette commission, quand le siége ou les bénéfices vacqueront, sera chargée d'exiger et d'administrer les revenus de la vacance, et les emploiera suivant l'opportunité et les besoins, comme elle le jugera convenable, soit à la restauration des églises, soit en aumônes ou en œuvres pies. — Si des évènements qui ne peuvent se prévoir, exigent quelques changements relativement aux dîmes, ce changement, selon le droit, ne pourra avoir lieu qu'autant que le Saint-Siége sera intervenu le premier, et que le gouvernement de Guatimala aura accordé d'autres fonds suffisants pour assurer des revenus convenables, libres et indépendants, tels que les comporte la véritable propriété de l'Eglise, jouissant elle aussi de tous les droits dont jouit chaque propriétaire de la République. — Mais comme, dans l'état actuel, les dîmes sont loin de pouvoir suffire aux dépenses nécessaires, le gouvernement, pour ce motif, s'engage à les acquitter avec les deniers publics et par une somme annuellement versée, et qui continuera à être payée comme une vraie dette de l'Etat envers l'Eglise, lors même que les dîmes se seraient améliorées. Elle sera de quatre mille écus d'argent répartis dans les proportions suivantes : mille à l'archevêque, trois cents à chacun des cinq dignitaires du chapitre, deux cents à chacun des cinq autres chanoines, et cinquante à la fabrique de la métropole. — Art. 6. Les curés continueront à percevoir, jusqu'à ce que des revenus sûrs, convenables et indépendants, approuvés d'ailleurs par l'Ordinaire, leur aient été assignés, les prémices et les émoluments dits de l'*Etole* ; ces honoraires seront du reste établis, sauf toujours le droit de l'Ordinaire, dans un règlement spécial dressé selon leur conscience et soumis, comme cela doit être, à l'examen et à l'approbation du même Ordinaire, qui se concertera avec le gouvernement afin d'en obtenir l'aide nécessaire pour que les curés puissent sûremeut et en réalité en retirer le bénéfice. — Quant à quelques fonds qui existent à Guatimala provenant des droits, ou, comme on dit, des *taxes* de la fabrique, et qui sont affectés à l'utilité de l'église, aux dépenses du culte divin, et au soulagement des pauvres des paroisses, pour que ces fonds soient réellement appliqués à leur destination, le gouvernement lui-même pourra, *sans toutefois avoir jamais aucun droit de les administrer*, veiller avec soin à ce que ces mêmes fonds soient dépensés de la manière dont il est dit plus haut, et, à chaque cas d'abus, réclamer de l'Ordinaire qu'il y apporte le remède voulu. Quand les fonds nécessaires pour secourir l'indigence dans les paroisses, feront défaut. le gouvernement s'engage, après s'être concerté avec l'Ordinaire, de pourvoir lui-même aux besoins des pauvres. — Art. 18. L'Eglise jouira du droit d'acquérir de nouveaux biens à tout titre légitime. Ses possessions ou fondations pieuses seront inviolables comme les propriétés des autres citoyens de la République du Guatimala. En conséquence nulle fondation ne peut être supprimée ou réunie sans l'intervention de l'autorité du siége apostolique, sauf les droits accordés aux évêques par le concile de Trente — Art. 19. Vu l'exigence du temps et des circonstances, le Saint-Siège consent à ce que les biens ecclésiastiques soient imposés comme ceux de tous les autres citoyens de la République de Guatimala, à l'exception toutefois des églises et autres édifices consacrés au culte divin. — Art. 26. Tout ce qui. du reste, concerne les personnes et les choses ecclésiastiques, et dont mention n'a point été faite dans les articles précédents, sera réglé et administré d'après la discipline en vigueur dans l'Eglise catholique, apostolique, romaine. — Art. 27. Par l'effet de la présente convention, les lois, ordonnances et décrets portés jusqu'à ce jour, en quelque manière et sous quelque forme que ce soit, dans la République de Guatimala, seront tenus pour abrogés dans toutes celles de leurs dispositions qui lui sont contraires, et désormais cette convention sera en vigueur à perpétuité, comme loi de l'Etat.

10° *Concordat d'Autriche conclu le 18 août* 1855. — Art. 4. Les Archevêques et Evêques auront aussi toute liberté d'exercer pour le gouvernement de leurs diocèses tous les droits qui leur appartiennent en vertu des déclarations et dispositions des sacrés canons, conformément à la discipline présente de l'Eglise, approuvée par le Saint-Siége. — Art. 27. Comme le droit sur les biens ecclésiastiques dérive de l'institution canonique, tous ceux qui auront été nommés ou présentés pour des bénéfices quelconques, grands ou petits, ne pourront prendre l'administration des biens temporels y annexés qu'en vertu de l'institution canonique. En outre, dans la possession des Eglises cathédrales et des biens qui en dépendent, on observera exactement ce que prescrivent les règles données par les canons, et surtout celles du pontifical et du cérémonial romain, tout usage ou coutume contraire étant aboli. — Art. 29. L'Eglise jouira de son droit d'acquérir librement de nouveaux biens à tout titre légitime; la propriété de ce qu'elle possède en ce moment ou qu'elle acquerra par la suite, lui sera solennellement assurée d'une manière inviolable. Et quant aux anciennes et aux nouvelles fondations ecclésiastiques, elles ne pourront être supprimées ou réunies sans l'intervention de l'autorité du siége apostolique, sauf les droits accordés aux Evêques par le saint concile de Trente. — Art. 30. L'administration des biens ecclésiastiques appartiendra à ceux à qui elle doit appartenir d'après les canons. Toutefois, *tenant compte des subsides que l'auguste Empereur veut bien fournir dès à présent et à l'avenir sur le trésor public*, ces mêmes biens ne pourront être ni vendus ni grevés d'une manière notable que du consentement soit du Saint-Siége et de Sa Majesté impériale, soit de ceux auxquels ils auront jugé convenable de confier l'examen de ces questions. — Art. 31. Les biens qui constituent les fonds dits de Religion et d'Etudes font partie, par leur origine, de la propriété ecclésiastique; ils seront administrés au nom de l'Eglise, sous l'inspection des Evêques, qui exerceront ce droit dans la forme dont le Saint-Siége conviendra avec Sa Majesté impériale. — Les revenus du fonds de Religion, jusqu'à ce que d'un commun accord entre le Saint-Siége apostolique et le gouvernement impérial ce fonds soit divisé en dotations ecclésiastiques stables, seront employés à l'entretien du culte divin, des églises, des séminaires et de tout ce qui tient au ministère ecclésiastique. — Sa Majesté continuera à fournir, comme elle l'a fait gracieusement jusqu'à présent, les suppléments nécessaires, et même, si les circonstances le permettent, elle donnera pour tout cela des subsides plus considérables. — Pareillement, les revenus du fonds d'Etudes seront uniquement employés à l'instruction catholique, selon la pieuse intention des fondateurs. — Art. 32. Les fruits des bénéfices vacants, selon l'usage reçu jusqu'à ce jour, seront joints au fonds de religion, et Sa Majesté impériale y joint aussi *proprio motu*, les revenus des Evêchés et des abbayes sécularisées, vacants en Hongrie et dans les territoires annexés à ce royaume, revenus dont ses prédécesseurs sur le trône de Hongrie ont eu depuis de longs siècles la paisible jouissance. — Dans les provinces de l'Empire où le fonds de Religion n'existe pas, il sera établi pour chaque diocèse des commissions mixtes, qui administreront, pendant la vacance, dans la forme et selon les règles dont le St-Siége conviendra avec Sa Majesté impériale, les biens de la mense épiscopale et de tous les bénéfices. — Art. 33. Les vicissitudes des temps ont été la cause que dans presque toutes les parties de l'empire d'Autriche, les dîmes ecclésiastiques ont été abolies par la loi civile, et les circonstances sont telles qu'il n'est pas possible de les rétablir dans tout l'empire. C'est pourquoi, sur les instances de Sa Majesté et dans l'intérêt de la tranquillité publique, qui importe tant à la religion, Sa Sainteté permet et décide que, sauf le droit d'exiger les dîmes là où ce droit existe de fait, dans les autres lieux, à la place de ces dîmes, et *à titre de compensation*, le gouvernement impérial assignera des dotations soit en biens-fonds et stables, soit en rentes sur l'Etat, lesquelles seront attribuées à tous et chacun de ceux qui jouissaient du droit d'exiger les dîmes. De même Sa Majesté impériale déclare que ces dotations, telles qu'elles seront fixées, doivent être considérées comme étant constituées *à titre onéreux* de la part de l'Etat, et qu'elles doivent être perçues et possédées en vertu du même droit que les dîmes qu'elles remplacent. — Art. 34. Tout ce qui, du reste, concerne les personnes et les choses ecclésiastiques, et qui n'a pas été mentionné dans les articles précédents, sera réglé et administré d'après la doctrine de l'Eglise et d'après la discipline maintenant en vigueur, et approuvée par le St-Siége. — Art. 35. Par l'effet de cette convention solennelle, les lois, règlements et décrets portés jusqu'à ce jour en quelque manière et sous quelque forme que ce soit dans l'Empire d'Autriche et dans chacun des Etats dont il se compose, seront tenus pour abrogés dans toutes celles de leurs dispositions qui lui sont contraires, et désormais cette convention sera en vigueur à perpétuité, comme loi de l'Etat, dans toutes les parties de l'Empire. Chacune des parties contractantes s'engage, en son nom et au nom de ses successeurs, à observer fidèlement tous et chacun des points convenus entre elles. S'il survenait par la suite quelque difficulté, Sa Sainteté et Sa Majesté impériale s'entendront réciproquement pour la résoudre à l'amiable.

11° Concordat du royaume de Wurtemberg, conclu le 8 avril 1857.
— Art. 4. Dans l'administration de son diocèse, l'évêque sera libre
d'exercer tous les droits qui lui appartiennent, en vertu de son
ministère pastoral, et qui résultent de la teneur et des dispositions
des saints canons, selon la discipline actuelle de l'Eglise approuvée
par le St-Siége. — Art. 10. Les biens temporels que l'Eglise possède en propre et qu'elle acquerra dans la suite seront toujours et
intégralement conservés ; et l'on ne pourra ni les aliéner ni en
employer le fonds ni les revenus à d'autres usages sans le consentement de la puissance ecclésiastique ; toutefois, ils seront soumis
aux charges publiques et aux impôts, ainsi qu'à toutes les lois *générales* du royaume, aussi bien que les autres propriétés. — Les biens
ecclésiastiques seront administrés, sous l'inspection de l'évêque et
au nom de l'Eglise, par ceux auxquels cette administration appartient légitimement, en vertu des dispositions canoniques, ou de la
coutume, ou d'un privilège et de quelque constitution locale ; mais
tous les administrateurs devront, lors même que comme tels ils
seraient tenus de rendre compte de leur administration à d'autres,
en rendre également compte tous les ans à l'Ordinaire ou à ses délégués. — Prenant en considération les situations particulières des
choses, le St-Siége consent à ce que les fabriques de toutes les églises et les autres fondations ecclésiastiques de chaque localité soient
administrées au nom de l'Eglise, dans la forme déjà admise dans le
royaume, pourvu que les curés et les doyens ruraux remplissent,
sous l'autorité de l'Evêque, l'office qui leur est dévolu en ce point.
Le gouvernement royal s'entendra avec l'Evêque pour l'exécution
spéciale de cet article. — Le Saint-Siége consent en outre à ce que,
*aussi longtemps que le trésor public subviendra aux nécessités générales
ou locales de l'Eglise,* les bénéfices vacants et le fonds résultant de
l'accumulation de leurs revenus soient administrés, *sous l'autorité
de l'Evêque et au nom de l'Eglise,* par une commission mixte composée de membres généralement ecclésiastiques nommés par les
Evêques et de catholiques choisis en égal nombre par le gouvernement royal. Cette commission sera présidée par l'Evêque lui-même
ou par son délégué. Une convention spéciale entre le gouvernement
royal et l'Evêque réglera avec plus de précision ce point particulier.
— Les revenus de ce fonds seront avant tout employés à compléter
d'une manière convenable les revenus des curés, à donner aux bénéficiaires trop âgés ou infirmes des pensions dont ils ont besoin, à
reconstituer des titres d'ordination pour les clercs, à fournir des

traitements pour des vicaires à nommer; ce qui pourra rester ne servira qu'aux usages de l'Eglise. — La commission administrative rendra toujours compte au gouvernement de la conservation des fonds et de l'emploi des revenus. — Lorsque sera constituée la commission mixte pour l'administration de ce fonds, les autres bénéfices seront administrés par leurs titulaires, selon les canons, sous la surveillance générale de ladite commission. — Art. 12. Sont abrogés tous les décrets et édits royaux qui ne sont pas en accord avec le présent concordat, et seront changées les dispositions des lois en ce qu'elles ont de contraire à la même convention. — Art. 13. S'il survenait à l'avenir quelques difficultés sur ce qui fait l'objet de la présente convention, Sa Sainteté et Sa Majesté royale s'entendront entre elles pour les terminer à l'amiable.

12° *Concordat de la République de l'Equateur conclu le 26 septembre 1862.* — Le Saint-Siége permet que les personnes et les biens des ecclésiastiques soient soumis aux impôts publics, de la même façon que les personnes et les biens des autres citoyens de la république, à la condition toutefois que l'autorité civile ait soin de s'entendre avec l'autorité ecclésiastique pour obtenir l'autorisation d'en venir aux moyens de co-action, quand ils seront nécessaires. Sont exemptés de ces impôts les séminaires, les biens et les choses dont la destination immédiate est d'entretenir le culte divin, ainsi que les institutions de bienfaisance. — Art. 10. Pour honorer la maison de Dieu, qui est le Roi des Rois et le Maître des Maîtres, l'immunité des temples sera respectée. Lorsque les exigences de la sécurité publique et de la justice le réclameront, le St-Siége consent que l'autorité ecclésiastique, les curés ou les supérieurs des réguliers accordent au gouvernement, sur sa demande, l'autorisation de saisir ceux qui se seraient réfugiés dans des édifices consacrés. — Art. 11. Les revenus des dîmes étant destinés à l'entretien du culte divin et des ministres du Seigneur, le gouvernement de l'Equateur s'engage à conserver cette institution catholique, et le St-Siége consent à ce que le gouvernement continue à percevoir le tiers des dîmes. Quant à la manière de percevoir et d'administrer les revenus des dîmes, la puissance ecclésiastique et la puissance civile s'entendront pour édicter un réglement convenable. — Art. 17. Est abrogé le décret dit exécutif du 28 mai 1836, touchant le rachat des cens imposés en faveur de l'Eglise; mais le Saint-Siége, considérant le bien qui doit résulter de la présente convention, et mû par le désir de pourvoir à la tranquillité publique et de remédier aux maux causés à l'Etat par le transfert de ces cens à la caisse du trésor national, cède aux prières réitérées du président sus-nommé, et décide et déclare que, en aucun temps ni en aucune façon, Sa Sainteté ni les pontifes romains ses successeurs n'inquièteront ceux qui, à partir de l'année 1836, ont opéré ou provoqué ces transferts, non plus que les possesseurs des fonds ainsi rachetés, ni ceux qui, à quelque titre que ce soit, auront succédé aux possesseurs de ces mêmes fonds. — Art. 18. Quant aux engagements contractés par le gouvernement vis-à-vis de ses créanciers par le fait des transferts susdits, le St-Siége consent que le gouvernement soit délié de toute obligation par le simple payement de la dixième partie tant du capital transféré au fisc que des fruits qui ont été perçus. — Pour assurer le payement de cette somme, le gouvernement, qui perçoit le tiers du produit des dîmes, assigne le quart de ce tiers, lequel quart sera déposé entre les mains des Ordinaires. Cette même somme sera partagée proportionnellement entre les créanciers légitimes et les capitaux placés d'une manière également sûre et avantageuse par les soins des Ordinaires, qui établiront dans ce but des règles, en s'entendant avec le délégué du St-Siége. Celui-ci sera muni, par ce même siége, de tous les pouvoirs nécessaires et convenables. — A l'avenir, nul possesseur de biens soumis aux cens ne pourra transférer au fisc aucun capital reconnu, et si l'on veut libérer son fonds des cens qui le grèvent, il faudra s'adresser à l'autorité ecclésiastique et remettre les capitaux reconnus dans les mains de l'Ordinaire, lequel jouira de la faculté d'opérer, s'il en est besoin, une réduction sur ces mêmes capitaux, en agissant avec prudence et équité, et en consultant, dans tous les cas, l'intérêt de l'Eglise. — Art. 19. L'Eglise jouira pleinement du droit qui lui appartient d'acquérir des biens à quelque titre légitime que ce soit : les biens qu'elle possède maintenant ou qu'elle acquerra plus tard lui seront garantis inviolables par la loi. *L'administration des biens ecclésiastiques sera déférée à ceux à qui elle revient d'après les canons et qui seuls reçoivent les comptes et veilleront avec soin à l'observation de toutes les règles économiques.* Les biens de fondation ecclésiastique de toute espèce qui sont affectés au service des hôpitaux et des autres établissements de bienfaisance, et qui présentement ne sont pas administrés par l'autorité ecclésiastique, lui seront confiés, pour que cette même puissance ecclésiastique en fasse, comme il convient, l'inscription sans aucun retard. — Quant aux fondations ecclésiastiques anciennes ou nouvelles, elles ne pourront subir aucune suppression ni aucune réunion sans l'autorisation du Siége apostolique, sauf les priviléges accordés aux Evêques par le saint concile de Trente. — Art. 23. Tout ce qui concerne d'ailleurs les personnes et les biens ecclésiastiques, et dont il n'est pas fait mention dans les articles précédents, sera réglé d'après la discipline canonique en vigueur dans l'Eglise et approuvée par le St-Siége. — Art. 24, En vertu de cette convention, toutes les lois et tous les décrets qui auraient été édictés dans la république de l'Equateur, sous n'importe quel titre, demeurent abrogés en tant qu'ils sont contraires à cette même convention, laquelle dorénavant sera admise à perpétuité dans la république comme loi de l'Etat. Chacune des parties contractantes s'engage pour elle-même et pous ses successeurs à garder inviolablement tous les articles qui y sont contenus. S'il survenait quelque difficulté, Sa Sainteté et le Président de l'Equateur s'entendraient pour la résoudre à l'amiable. (Le *Monde*, 13 juillet 1863.)

Les dispositions finales de ces admirables monuments de la sage condescendance du St-Siége, ont sans doute été inspirées par la manière dont le concordat français de 1801 a été exécuté, et nous autorisent à penser qu'en cela l'expérience acquise a été mise à profit par le St-Siége. En stipulant en termes exprès l'abrogation de toute disposition législative contraire au concordat, les parties contractantes rétablissent le règne du droit ecclésiastique dans toute sa pureté et rendent la paix intérieure aux Etats longtemps agités par de graves dissensions et profondément troublés par les révolutions.

Pour les Etats dans lesquels les matières religieuses sont ainsi régies par un concordat, le droit ecclésiastique consiste dans le droit commun expliqué ou modifié en certains points par le concordat et constitue un droit particulier, également admis par les deux pouvoirs, et fondé sur des principes fixes, sûrs, certains, positifs et connus. Il est l'unique code ecclésiastique à consulter; ce code, entre les mains de tous, devient la règle commune du clergé, des fidèles et des magistrats de tous ordres. A cet égard chacun sait parfaitement à quoi s'en tenir, et cette situation, qui inspire à tous sécurité et confiance, est la plus favorable au règne de la justice, de la paix et de l'union dans la société.

Au contraire, dans les Etats où le pouvoir civil prétend dominer l'Eglise et régir lui-même les matières ecclésiastiques en souverain, il n'y a pour les intérêts religieux, toujours si graves et si prompts à s'alarmer, ni fixité, ni garantie, ni sécurité; tout y est journellement livré à la discrétion du gouvernement, ainsi qu'à l'arbitraire de ses nombreux agents de tous grades; et nous n'hésitons pas à dire que cette situation est pleine de dangers et d'écueils pour le gouvernement lui-même. Aussi les concordats religieux, qui donnent une satisfaction légitime à tous les intérêts, doivent-ils être considérés comme un grand bienfait pour les gouvernements qui les obtiennent et qui les exécutent loyalement.

Au moment même où nous écrivons ces lignes, le *Moniteur* français nous apporte la lettre adressée par l'Empereur le 24 juin 1863 au président du conseil d'Etat, sur la décentralisation administrative. Le travail demandé par cette lettre serait une occasion des plus heureuses pour rendre à la France la paix religieuse en la ramenant à l'exécution pure et simple du concordat; ce qui permettrait en même temps d'opérer de grandes économies en simplifiant ou en supprimant l'administration des cultes, et d'améliorer la situation des diocèses et des paroisses, sans augmentation de dépense de la part de l'Etat. On trouverait facilement, dans les dispositions concordataires que nous avons rapportées ci-dessus, le moyen d'opérer cette réforme, qui ne serait pas moins utile à l'Etat qu'à l'Eglise.

Le gouvernement d'une communauté, avons-nous dit, est inséparable de l'administration de ses biens. L'Evêque, préposé au gouvernement d'un diocèse, est donc, par cela même, préposé à l'administration des biens ecclésiastiques de son diocèse. C'est ce qui s'est constamment pratiqué depuis l'origine du christianisme et ce que proclame le droit ecclésiastique de tous les temps.

Si aux monuments de l'antiquité on ajoute les dispositions des récents concordats reproduites plus haut, on verra que de tout temps l'Evêque a été l'administrateur né des biens ecclésiastiques de son diocèse. C'est de lui que les administrateurs secondaires de ces biens doivent tenir leur mission et recevoir leur direction, comme c'est également à lui qu'ils doivent rendre compte de leur gestion.

L'Evêque exerce donc à cet égard, non-seulement un droit de délégation et de surveillance, mais encore une autorité de direction. Il peut exercer cette autorité de direction, non-seulement par des décisions particulières, mais encore par des instructions générales et par des règlements obligatoires pour tous les administrateurs secondaires, qui lui sont subordonnés. Ainsi, par exemple, il peut leur prescrire la forme et la disposition à donner tant aux comptes soumis à son contrôle, qu'aux budgets présentés à son approbation; déterminer le mode à suivre, les conditions à imposer et les garanties à exiger dans les baux et autres contrats, afin de prévenir les irrégularités, les contestations et les préjudices qui pourraient en résulter ; assujétir à son *autorisation préalable* les projets, plans et devis concernant la construction ou l'entretien des édifices, et à son *approbation ultérieure* les adjudications et marchés concernant les travaux et fournitures.

Dans l'exercice de cette juridiction administrative, l'Evêque se conforme aux règles du droit canonique et à celles du droit civil, selon que la matière est par sa nature du domaine de l'autorité ecclésiastique ou du domaine de l'autorité civile.

Les attributions de l'Evêque à cet égard sont inhérentes à sa charge et dérivent de la nature même de ses fonctions. Il les exerce, non par commission ou délégation du pouvoir civil, mais en vertu de son titre et de son institution canonique. La loi civile les lui reconnait, mais elle ne les lui confère pas. Chargé de diriger le culte et de pourvoir aux besoins religieux dans son diocèse, il faut qu'il ait en son pouvoir les moyens d'accomplir sa mission. Or ces moyens lui manqueraient si l'administration des biens et l'emploi des revenus consacrés au culte et aux besoins religieux de son diocèse n'étaient pas soumis à son autorité.

La juridiction administrative des Evêques concernant les biens ecclésiastiques de leur diocèse était professée par le chancelier d'Aguesseau, qui dit à ce sujet : « Les biens des fabriques, comme biens temporels dépendent du magistrat séculier quant à la *législation*. Mais quant à l'*administration*, ces mêmes biens ne dépendent que de l'Evêque, qui, de droit commun, est l'administrateur de tous les biens de l'Eglise. L'administrateur des biens d'une communauté dépend de celui qui est le chef de la communauté. L'Evêque est le chef de la communauté des Eglises de son diocèse. Tels sont les principes et le droit commun et ancien de la matière. » Arrêt intervenu en faveur de l'évêque de Langres contre les officiers de Chaumont-en-Bassigny, le 15 décembre 1728. *Denisard*, collection de décisions nouvelles, t. 8, p. 386.

Cette juridiction administrative des Evêques, malgré les attaques dont elle est constamment l'objet, est de nos jours encore plus ou moins explicitement reconnue par la jurisprudence civile. Il serait d'ailleurs difficile qu'il en fût autrement, puisque cette juridiction est fondée sur la nature même des choses.

25. *Attributions de l'autorité civile.* — Nous avons vu précédemment que le droit d'administrer un bien appartient au propriétaire

ou à son représentant, et que, dans toute société, l'administration de ses biens est une partie essentielle et intégrante de son gouvernement et doit, par la nature même des choses, être subordonnée à l'autorité préposée à ce gouvernement. Ce principe s'applique aux sociétés religieuses comme aux sociétés civiles ; d'où il suit que l'administration des biens de l'Eglise est uniquement du ressort de l'autorité ecclésiastique, au même titre que l'administration des biens de l'Etat est uniquement du ressort de l'autorité civile. A cet égard, l'autorité sociale gère et administre le domaine commun, de même que tout propriétaire gère et administre son domaine privé, en accomodant ses actes aux lois civiles qui, dans chaque contrée, régissent EN GÉNÉRAL la *propriété* des biens et les *contrats* dont ils sont l'objet. C'est dans ce sens restreint que le mot *législation* doit, à notre avis, être entendu dans la citation que nous avons faite du chancelier d'Aguesseau, p. 180.

Le droit d'administrer un bien étant une émanation du droit de propriété est de même nature que celui-ci ; or ce dernier est un droit naturel ; le premier l'est donc aussi. Il s'en suit que le pouvoir civil, qui le reconnaît et le protége, ne le crée pas et ne peut dès lors lui porter atteinte. La juridiction qu'il exerce à ce sujet est toute de *protection* et non d'*administration*. Son action protectrice se manifeste à cet égard par voie législative et par voie judiciaire, comme à l'égard des biens des particuliers ; ce à quoi ont suffisamment pourvu le Code civil et le Code de procédure, en déterminant la forme et les effets civils des contrats, ainsi que l'exercice des actions judiciaires.

Quelque soit en lui-même le pouvoir de l'autorité civile à ce sujet, son exercice, dans tout pays régi par un concordat religieux, est nécessairement subordonné aux dispositions synallagmatiques de ce concordat. Il en est ainsi notamment en France et en Belgique, où le concordat du 26 messidor an IX (15 juillet 1801) est toujours en vigueur. La constitution belge, décrétée le 7 février 1831 n'a pas dérogé sous ce rapport au concordat de 1801. Son article 16 porte, il est vrai, cette disposition : « L'Etat n'a le droit d'intervenir ni dans la nomination ni dans l'installation des ministres d'un culte quelconque. » Mais cette disposition ne constitue, de la part de la Belgique, qu'une simple renonciation à exercer une *faculté* conférée par le concordat et non le refus d'exécuter une *obligation* contractée dans ce même concordat, lequel, du reste, conserve toute sa vigueur en Belgique comme en France.

Nous croyons devoir reproduire ici intégralement en français et en latin le texte même de ce concordat souvent invoqué et néanmoins fort peu connu. Il est ainsi conçu :

CONVENTION ENTRE LE GOUVERNEMENT FRANÇAIS ET SA SAINTETÉ PIE VII, PASSÉE A PARIS LE 26 MESSIDOR AN IX (15 JUILLET 1801), ÉCHANGÉE LE 23 FRUCTIDOR AN IX (10 SEPTEMBRE 1801) ET PROMULGUÉE LE 18 GERMINAL AN X (8 AVRIL 1802).

Le premier Consul de la République française, et sa Sainteté le Souverain Pontife *Pie VII*, ont nommé pour leurs plénipotentiaires respectifs ; — Le premier Consul, les citoyens *Joseph Bonaparte*, conseiller d'État ; *Cretet*, conseiller d'État, et *Bernier*, docteur en théologie, curé de Saint-Laud d'Angers, munis de pleins pouvoirs ; — Sa Sainteté, son Eminence monseigneur *Hercule Consalvi*, cardinal de la sainte Eglise romaine, diacre de Sainte-Agathe *ad Suburram*, son secrétaire d'Etat ; *Joseph Spina*, archevêque de Corinthe, prélat domestique de sa Sainteté, assistant du trône pontifical, et le père *Caselli*, théologien consultant de sa Sainteté, pareillement munis de pleins pouvoirs en bonne et due forme ; — Lesquels, après l'échange des pleins pouvoirs respectifs, ont arrêté la convention suivante :

Convention entre le Gouvernement français et sa Sainteté Pie VII.

Le Gouvernement de la République française reconnaît que la religion catholique, apostolique et romaine, est la religion de la grande majorité des citoyens français. — Sa Sainteté reconnaît également que cette même religion a retiré et attend encore en ce moment le plus grand bien et le plus grand éclat de l'établissement du culte catholique en France, et de la profession particulière qu'en font les Consuls de la République. — En conséquence, d'après cette reconnaissance mutuelle, tant pour le bien de la reli-

Sanctitas Sua summus Pontifex Pius VII, atque primus Consul gallicæ Reipublicæ, in suos respective plenipotentiarios nominarunt :

Sanctitas Sua, Eminentissimum Dominum *Herculem* CONSALVI, S. R. E. Cardinalem-diaconum S. Agathæ *ad Suburram*, suum a secretis status ; *Josephum* SPINA, Archiepiscopum Corinthi, S. S. prælatum domesticum ac pontificio solio assistentem ; et patrem CASELLI, theologum consultorem S. S. pariter, munitos facultatibus in bona et debita forma ;

Primus Consul, cives *Josephum* BONAPARTE, consiliarium status ; CRETET, consiliarium pariter status ; ac BERNIER, doctorem in S. theologia, parochum S. Laudi Andegavensis, plenis facultatibus munitos ;

Qui, post sibi mutuo tradita respectivæ plenipotentiæ instrumenta, de iis quæ sequuntur convenerunt :

Inter summum Pontificem Pium septimum, et Gubernium Gallicanum.

Gubernium Reipublicæ recognoscit Religionem catholicam, apostolicam, romanam eam esse Religionem, quam longe maxima pars civium Gallicanæ Reipublicæ profitetur.

Summus Pontifex pari modo recognoscit eandem Religionem, maximam utilitatem, maximumque decus percepisse, et hoc quoque tempore præstolari ex catholico cultu in Gallia constituto, necnon ex peculiari ejus professione quam faciunt Reipublicæ Consules.

Hæc cum ita sint atque utrinque recognita, ad Religionis bonum

gion, que pour le maintien de la tranquillité intérieure, ils sont convenus de ce qui suit :

Art. 1er. La religion catholique, apostolique et romaine sera librement exercée en France. Son culte sera public, en se conformant aux règlements de police que le Gouvernement jugera nécessaires pour la tranquillité publique.

2. Il sera fait par le Saint-Siége, de concert avec le Gouvernement, une nouvelle circonscription des diocèses français.

3. Sa Sainteté déclarera aux titulaires des évêchés français qu'elle attend d'eux avec une ferme confiance, pour le bien de la paix et de l'unité, toute espèce de sacrifices, même celui de leurs siéges. — D'après cette exhortation, s'ils se refusaient à ce sacrifice commandé par le bien de l'Eglise (refus néanmoins auquel sa Sainteté ne s'attend pas), il sera pourvu, par de nouveaux titulaires, au gouvernement des évêchés de la circonscription nouvelle, de la manière suivante.

4. Le premier Consul de la République nommera, dans les trois mois qui suivront la bulle de sa Sainteté, aux archevêchés et évêchés de la circonscription nouvelle. Sa Sainteté conférera l'institution canonique, suivant les formes établies par rapport à la France avant le changement de gouvernement.

5. Les nominations aux évêchés qui vaqueront dans la suite seront également faites par le premier Consul, et l'institution canonique sera donnée par le Saint-Siége, en conformité de l'article précédent.

6. Les évêques, avant d'entrer en fonctions, prêteront directement, entre les mains du premier Consul, le serment de fidélité qui était en usage avant le changement de gouvernement, exprimé

internæque tranquillitatis conservationem, ea quæ sequuntur inter ipsos conventa sunt :

Art. I. Religio catholica, apostolica, romana, libere in Gallia exercebitur. Cultus publicus erit, habita tamen ratione ordinationum quoad politiam, quas Gubernium pro publica tranquillitate necessarias existimabit.

II. Ab Apostolica Sede, collatis cum Gallico Gubernio consiliis novis finibus Galliarum diœceses circumscribentur.

III. Summus Pontifex titularibus Gallicarum Ecclesiarum Episcopis significabit se ab iis, pro bono pacis et unitatis, omnia sacrificia firma fiducia exspectare, eo non excepto, quo ipsas suas episcopales sedes resignent.

Hac hortatione præmissa, si huic sacrificio, quod Ecclesiæ bonum exigit, renuere ipsi vellent (fieri id autem posse Summus Pontifex suo non reputat animo), gubernationibus gallicarum Ecclesiarum novæ circumscriptionis de novis titularibus providebitur, eo qui sequitur modo.

IV. Consul primus Gallicanæ Reipublicæ, intra tres menses qui promulgationem Constitutionis Apostolicæ consequentur, Archiepiscopos et Episcopos novæ circumscriptionis diœcesibus præficiendos nominabit. Summus Pontifex institutionem canonicam dabit juxta formas, relate ad Gallias, ante regiminis commutationem statutas.

V. Item Consul primus ad episcopales sedes, quæ in posterum vacaverint, novos Antistites nominabit, iisque, ut in articulo præcedenti constitutum est, Apostolica Sedes canonicam dabit institutionem.

VI. Episcopi, antequam munus suum gerendum suscipiant, coram primo Consule, juramentum fidelitatis emittent, quod erat in more ante regiminis commutationem, sequentibus verbis expressum :

dans les termes suivants : — « Je « jure et promets à Dieu, sur les « saints Évangiles, de garder « obéissance et fidélité au Gouvernement établi par la Constitution « de la République française. Je « promets aussi de n'avoir aucune « intelligence, de n'assister à aucun conseil, de n'entretenir aucune ligue, soit au dedans, soit au « dehors, qui soit contraire à la « tranquillité publique ; et si, « dans mon diocèse ou ailleurs, « j'apprends qu'il se trame quelque chose au préjudice de l'état, « je le ferai savoir au Gouvernement. »

7. Les ecclésiastiques du second ordre prêteront le même serment entre les mains des autorités civiles désignées par le Gouvernement.

8. La formule de prière suivante sera récitée à la fin de l'office divin, dans toutes les églises catholiques de France, *Domine, salvam fac Rempublicam; Domine, salvos fac Consules.*

9. Les évêques feront une nouvelle circonscription des paroisses de leurs diocèses, qui n'aura d'effet que d'après le consentement du Gouvernement.

10. Les évêques nommeront aux cures. — Leur choix ne pourra tomber que sur des personnes agréées par le Gouvernement.

11. Les évêques pourront avoir un chapitre dans leur cathédrale, et un séminaire pour leur diocèse, sans que le gouvernement s'oblige à les doter.

12. Toutes les églises métropolitaines, cathédrales, paroissiales et autres non aliénées, nécessaires au culte, seront remises à la disposition des évêques.

13. Sa Sainteté, pour le bien de la paix et l'heureux rétablissement de la religion catholique, déclare que ni elle ni ses successeurs ne troubleront en aucune manière les acquéreurs des biens ecclésiastiques aliénés, et qu'en consé-

« Ego juro et promitto, ad sancta « Dei Evangelia, obedientiam et « fidelitatem Gubernio per Constitutionem gallicanæ Reipublicæ « statuto. Item, promitto me nullam communicationem habituram, nulli consilio interfuturum « nullamque suspectam unionem « neque intra, neque extra conservaturum, quæ tranquillitati « publicæ noceat; et si, tam in « diœcesi mea quam alibi, noverim aliquid in Status damnum « tractari, Gubernio manifestabo. »

VII. Ecclesiastici secundi ordinis idem juramentum emittent coram auctoritatibus civilibus a gallicano Gubernio designatis.

VIII. Post divina Officia, in omnibus catholicis Galliæ templis, sic orabitur :

Domine, salvam fac Rempublicam; Domine, salvos fac Consules.

IX. Episcopi, in sua quisque Diœcesi, novas parœcias circumscribent; quæ circumscriptio suum non sortietur effectum, nisi postquam Gubernii consensus accesserit.

X. Iidem Episcopi ad parœcias nominabunt, nec personas seligent, nisi Gubernio acceptas.

XI. Poterunt iidem Episcopi habere unum capitulum in cathedrali ecclesia, atque unum seminarium in sua quisque diœcesi, sine dotationis obligatione ex parte Gubernii.

XII. Omnia templa metropolitana, cathedralia, parochialia, atque alia quæ non alienata sunt, cultui necessaria, Episcoporum dispositioni tradentur.

XIII. Sanctitas Sua, pro pacis bono felicique Religionis restitutione, declarat eos, qui bona Ecclesiæ alienata acquisiverunt, molestiam nullam habituros, neque a se, neque a Romanis Pontificibus successoribus suis, ac consequence, la propriété de ces mêmes biens, les droits et revenus y attachés, demeureront incommutables entre leurs mains ou celles de leurs ayans-cause.

14. Le Gouvernement assurera un traitement convenable aux évêques et aux curés dont les diocèses et les paroisses seront compris dans la circonscription nouvelle.

15. Le Gouvernement prendra également des mesures pour que les catholiques français puissent, s'ils le veulent, faire en faveur des Eglises des fondations.

16. Sa Sainteté reconnait dans le premier Consul de la République française les mêmes droits et prérogatives dont jouissait près d'elle l'ancien Gouvernement.

17. Il est convenu entre les parties contractantes que, dans le cas où quelqu'un des successeurs du premier Consul actuel ne serait pas catholique, les droits et prérogatives mentionnés dans l'article ci-dessus, et la nomination aux évêchés, seront réglés par rapport à lui, par une nouvelle convention. — Les ratifications seront échangées à Paris dans l'espace de quarante jours.

Fait à Paris, le 26 messidor an 9.

Signé : Joseph Bonaparte (L. S.). Hercules, cardinalis Consalvi (L. S.). Cretet (L. S.). Joseph, archiep. Corinthi (L. S.). Bernier (L. S.). F. Carolus Caselli (L. S.).

quenter proprietas eorumdem bonorum, redditus et jura iis inhærentia, immutabilia penes ipsos erunt atque ab ipsis causam habentes.

XIV. Gubernium gallicanæ Reipublicæ in se recipit, tum Episcoporum, tum parochorum, quorum diœceses atque parochias nova circumscriptio complectetur, sustentationem, quæ cujusque statum deceat.

XV. Item Gubernium curabit, ut catholicis in Gallia liberum sit, si libuerit, Ecclesiis consulere novis fundationibus.

XVI. Sanctitas Sua recognoscit in primo Consule Gallicanæ Reipublicæ, eadem jura ac privilegia, quibus apud Sanctam Sedem fruebatur antiquum regimen.

XVII. Utrinque conventum est, quod in casu quo aliquis ex successoribus hodierni primi Consulis catholicam Religionem non profiteretur, super juribus et privilegiis in superiori articulo commemoratis, nec non super nominatione ad Archiepiscopatus et Episcopatus, respectu ipsius, nova conventio fiet.

Ratificationum autem traditio Parisiis fiet quadraginta dierum spatio.

Datum Parisiis, die 15 mensis Julii 1801.

Herculus, Cardinalis Consalvi. (L. S.). *Jos. archiep. Corinthi.* (L. S.). *F. Carolus* Caselli (L. S.). *Jos.* Bonaparte. (L. S.). Cretet. (L. S.). Bernier. (L. S.).

Comme l'article premier de ce concordat est souvent mal interprété, il est nécessaire d'en bien déterminer le sens.

Remarquons avant tout que le mot *culte* étant employé dans l'article 1er concurremment avec le mot *religion*, ne peut avoir le même sens que ce dernier. Cet article distingue donc la *Religion* de son *culte;* conséquemment le mot *culte* y est employé dans son sens propre et non comme synonime du mot Religion. Le culte proprement dit n'est, en effet, qu'une partie de la Religion.

La distinction entre le libre exercice de la Religion et la publicité de son culte est également reproduite dans la Bulle *Ecclesia christi* du 15 août 1801, portant ratification du concordat. En effet, on y lit : « Illud *præ omnibus* constitutum est ut Religio catholica apostolica romana libere in Gallia exerceatur. — Illud étiam sancitum est ut publicus sit illius cultus, habita tamen ratione ordinationum quoad politiam quas regimen pro publica tranquillitate necessarias existimabit. » Passage que la traduction officielle rend ainsi : « Il a été statué que la Religion catholique, apostolique et romaine serait librement exercée en France ET que son culte serait public, en se conformant aux réglements de police que le gouvernement jugera nécessaires pour la tranquillité publique. » Cette traduction défectueuse, qui réunit les deux phrases en une seule, permettrait de croire que la restriction finale s'applique au libre exercice de la Religion comme à la publicité de son culte; mais le texte latin de la Bulle, comme celui du concordat, condamne de la manière la plus formelle une interprétation aussi erronée. Ainsi, après avoir stipulé avant tout et d'une manière absolue le libre exercice de la Religion catholique en France, l'article premier du concordat attribue ou reconnaît au gouvernement civil le droit de faire, mais au sujet de la *publicité du culte* seulement, les réglements de police jugés nécessaires *pour la tranquillité publique*. Il faut donc admettre que la disposition restrictive et finale de l'article premier du concordat s'applique, non au libre exercice de la Religion, mais uniquement à la publicité de son culte; c'est-à-dire, comme il a été expliqué entre les plénipotentiaires, à l'exercice de son culte public *hors des temples*. L'histoire des négociations du concordat ne peut laisser subsister aucun doute à cet égard.

L'article premier, tel qu'il avait été convenu et arrêté entre les plénipotentiaires, portait : « La Religion catholique, apostolique et romaine, sera librement exercée en France. — Son culte sera public. »

Au moment de la signature du concordat, on mit sous la main du cardinal Consalvi une copie, qui lui était présentée comme fidèle et sur laquelle il devait apposer sa signature, mais dans laquelle on avait, à son insu, introduit d'importantes modifications expressément rejetées dans le cours des négociations. Entre autres changements, dans l'article premier, à la suite des mots : *son culte sera public*, on avait ajouté ceux-ci : *en se conformant aux réglements de police*. Le cardinal, qui allait signer, parcourut des yeux la copie et

s'aperçut de la manœuvre. On conçoit sa surprise, son légitime mé-
contentement et son refus d'apposer sa signature. Cet incident faillit
faire échouer la conclusion du concordat. L'addition faite à l'article
premier parut au cardinal d'autant plus grave que le mot *politia*,
police, peut s'entendre, non-seulement de l'ordre public, mais encore du pouvoir civil chargé de le maintenir ; en sorte que l'addition pouvait équivaloir à ces mots : *en se conformant aux réglements
du pouvoir civil* ; ce qui eût été attribuer ou reconnaître à celui-ci
une autorité sur le culte lui-même ; et comme, d'autre part, le mot
culte, quand rien n'en limite et n'en détermine le sens, est fréquemment employé, particulièrement par les publicistes de nos jours,
pour désigner la *Religion* elle-même, l'article premier aurait pu se
traduire ainsi : « La Religion catholique, apostolique et romaine
sera librement et publiquement exercée en France, en se conformant aux réglements du pouvoir civil. »

En effet, encore aujourd'hui et malgré le changement de rédaction laborieusement obtenu par le cardinal Consalvi, plusieurs
auteurs semblent entendre ainsi l'article premier du concordat.
Alzog, par exemple, dans son histoire universelle de l'Eglise, tra-
duite par L. Groschlier, t. 3, p. 431, rend cet article en ces termes :
« La Religion catholique s'exerce librement et publiquement en
France, en se conformant aux ordonnances de police rendues
dans l'intérêt de la sureté publique. »

M. Thiers, dans son histoire du consulat et de l'empire, dit en
parlant du concordat : « Les deux autorités établissaient (article
premier) que la Religion catholique serait exercée en France *et* que
son culte serait public en se conformant aux règlements de police
jugés nécessaires pour le maintien de la tranquillité. » En supprimant, dans la première partie de l'article, le mot *librement*, et en
réunissant en une seule les deux phrases dont l'article se compose,
il donne à penser que la restriction contenue dans la disposition
finale de l'article, s'applique à l'exercice de la Religion comme à la
publicité de son culte, ce qui est manifestement contraire au texte
même du concordat.

C'est pour éviter et prévenir une aussi dangereuse équivoque,
que le cardinal s'est constamment refusé à admettre l'addition sans
limitation, et qu'on est convenu d'en restreindre la généralité en y
ajoutant ces mots : » que le gouvernement jugera nécessaires *pour
la tranquillité publique.* » On peut voir, dans les mémoires du cardinal Conzalvi, l'intéressante histoire de ces négociations. La discus-

sion qui eut lieu au sujet de la disposition finale de l'article premier du concordat démontre que les règlements de l'autorité civile dont parle cet article, ne peuvent avoir pour objet ni le libre exercice de la Religion, ni le culte public lui-même, mais *uniquement les mesures de police à prendre, à l'occasion de l'exercice du culte public hors des temples, pour le maintien de l'ordre.* Telle est la disposition de l'article 45 de la loi du 18 germinal an x, qui est ainsi conçu : « Aucune cérémonie religieuse n'aura lieu hors des édifices consacrés au culte catholique, dans les villes où il y a des temples destinés à différents cultes. » Ces règlements ne peuvent porter sur le culte public lui-même, et moins encore sur la doctrine. la discipline et le gouvernement de l'Eglise. Tout homme sensé comprendra qu'à cet égard le Saint-Siége ne pouvait admettre aucune restriction à la liberté stipulée en faveur de l'Eglise dans la première partie de l'article premier du concordat. Cette liberté envers le pouvoir politique, comme envers les particuliers, est donc garantie aux catholiques, non-seulement par les constitutions de l'Etat qui ont décrété la liberté des cultes, mais encore par une convention particulière. A l'époque de cette convention, la stipulation du libre exercice de la Religion catholique en France avait une grande importance, qu'elle a perdue depuis que la liberté des cultes est passée dans notre droit public.

Il est des jurisconsultes qui, confondant d'une part le *culte* avec la *Religion* et de l'autre l'*exercice* de celle-ci avec la *publicité* de celui-là, prétendent justifier, par la disposition finale de l'article premier du concordat de 1801, toutes les dispositions des articles organiques ajoutés au concordat par le gouvernement et publiés avec cette convention le 18 germinal an x. « Le principe des dispositions de la loi organique, dit M. Serrigny, dans son traité du droit public de France, t. 1er, p. 538, se trouve *tout entier* dans le texte de l'article premier du concordat. » M. Vuillefroy, dans son traité de l'administration du culte catholique, p. 42, avait déjà professé la même doctrine. « L'exercice public du culte, dit-il, est soumis aux règlements de police que le gouvernement juge nécessaires pour la tranquillité publique (convention du 26 messidor an ix, article premier). » Puis, développant cette proposition, il ajoute : « Les dispositions des lois et règlements relatifs à l'exercice du *culte*, ont quatre objets principaux : — 1° *Les rapports des fidèles avec le Pape.* Elles règlent les rapports et les conditions de ces rapports, lorsqu'ils sont directs et lorsqu'ils sont indirects : il y a rapport direct toutes les fois qu'il y a correspondance, réception, publication et observance des bulles, brefs, constitutions et autres expéditions de la cour de Rome ; il y a rapports indirects, lorsqu'ils ont lieu avec les nonces ou les légats envoyés en France par le Pape. — 2° *Les rapports des fidèles avec les conciles.* Elles règlent la forme des rapports des fidèles avec les conciles étrangers, et déterminent celles des conciles nationaux. — 3° *L'exercice du ministère ecclésiastique.* Elles règlent la compétence et la procédure à suivre pour obtenir la réformation des abus commis par les ecclésiastiques dans l'exercice extérieur de leur ministère. — 4° *La célébration du culte.* Elles déterminent les formes et les conditions de certains actes qui se rattachent à la célébration du culte. Les actes dont elles s'occupent principalement sont : les cérémonies religieuses dans les édifices du culte, les cérémonies extérieures, la célébration des dimanches et fêtes, les prières publiques, le droit de préséance des autorités, les sermons et prônes, l'usage des cloches, la bénédiction nuptiale, la liturgie, le catéchisme, la tenue des registres ecclésiastiques. » M. Vuillefroy, comme M. Serrigny, découvre tout cela dans la disposition finale de l'article premier du concordat de 1801.

Cela nous rappelle le souvenir de ce passage des Mémoires du cardinal Consalvi : « Les légistes des rois nous avaient trop bien fait connaître leurs prétentions sur l'hypothétique droit du prince à réglementer le culte extérieur, auquel on donnait ensuite tant d'extension dans la pratique, que l'Eglise ne se trouve exemptée en presque rien, ou même en rien du tout de la jnridiction laïque. »

On voit par là combien il importe de signaler et de combattre une erreur qui, si elle prévalait, établirait entre le concordat de 1801 et la loi du 18 germinal an X, une sorte de solidarité, qui associerait le St-Siége lui-même à des dispositions législatives qu'il a formellement condamnées et contre lesquelles il n'a jamais cessé de protester.

Les articles organiques, empruntés à la constitution civile du clergé décrétée par l'Assemblée constituante le 12 juillet et publiée comme loi le 24 août 1790, sont le résumé des doctrines élaborées pendant plusieurs siècles par les légistes attachés aux gouvernenements. C'est de ces légistes que M. Guizot, dans son histoire de la civilisation en France, a dit : « Ce qui domine dans le jurisconsulte, c'est l'habitude de pousser un principe jusqu'à ses dernières conséquences ; la subtilité, la vigueur logique, l'art de suivre, sans en jamais perdre le fil, un axiome fondamental dans son application à une multitude de cas différents : tel est le caractère essentiel de l'esprit légiste ; et les jurisconsultes romains en sont le plus éclatant exemple. A peine donc la royauté avait-elle donné aux légistes, ses principaux instruments, un principe à appliquer, que, par cette pente naturelle de leur profession, ils travaillaient à développer ce principe. à en tirer chaque jour de nouvelles conséquences, et faisaient ainsi pénétrer le pouvoir royal dans une multitude d'affaires et de détails de la vie auxquels naturellement il serait resté étrange. » Edit. de 1856, t. 4. p. 173. Voir p. 179 à 183.

A l'occasion des diverses réclamations dont la loi organique du 18 germinal an x fut l'objet de la part du St-Siége, M. Portalis, qui avait été le rédacteur et le promoteur de cette loi, entreprit d'en justifier les dispositions dans un long mémoire adressé au premier consul le 22 septembre 1803. Ce mémoire confidentiel était resté inédit et ignoré du public jusqu'en 1845. (Discours, rapports et mémoires inédits sur le concordat de 1801 par Jean-Etienne-Marie Portalis, p. 111.) Si les dispositions de la loi organique du 18 germinal an x eussent eu leur principe dans les stipulations du concordat, comme le prétendent les auteurs précités, M. Portalis, dans son mémoire justificatif, n'eût sans doute pas négligé un argument aussi péremptoire ; et cependant il n'en dit rien. Il connaissait trop bien l'histoire des discussions dont la disposition finale de l'article 1er du concordat avait été l'objet de la part de négociateurs pour l'interpréter comme le font MM. Vuilefroy, Serrigny et d'autres après eux. Il se borne à invoquer, à l'appui de sa thèse, le titre d'Evêque du dehors, celui de Protecteur des saints canons et les droits régaliens, attribués au souverain. Mais on ne devrait pas oublier, dans les gouvernements constitutionnels surtout, qu'en matière religieuse, comme en toute autre, les droits régaliens varient selon la constitution des Etats. Ils ne sont pas, dans une monarchie constitutionnelle qui reconnaît la liberté des cultes, les mêmes que dans une monarchie absolue qui ne reconnaît pas cette liberté. Les droits régaliens du souverain, dans la France de nos jours, par exemple, ne sont pas, grâce à Dieu, les mêmes que ceux de l'empereur de Russie ou du Grand-Turc, Quel abus, d'ailleurs les légistes n'ont-ils pas fait de ces mots *droits régaliens* ! Ils les ont exagérés au point de soutenir que le droit de travailler est un droit régalien, que le souverain peut vendre et que les sujets doivent acheter. C'est par cette étrange maxime qu'ils prétendaient justifier les édits burseaux concernant les maîtrises et jurandes des arts et métiers. Louis XVI répudia hautement cette doctrine dans son édit du mois de février 1776 portant suppression des jurandes. « La finance, y est-il dit, a cherché de plus en plus à étendre les ressources qu'elle trouvait dans l'existence de ces corps. C'est sans doute l'appât de ces moyens de finance qui a prolongé l'illusion sur le préjudice immense que l'existence des communautés (d'arts et métiers) cause à l'industrie, et sur l'atteinte qu'elle porte au *droit naturel*. — Cette illusion a été portée chez quelques personnes jusqu'au point d'avancer que le droit de travailler était un droit royal, que le prince pouvait vendre, et que les sujets devaient acheter. — Nous nous hâtons de rejeter une pareille maxime. — Dieu, en donnant à l'homme des besoins, en lui rendant nécessaire la ressource du travail, a fait du droit de travailler la propriété de tout homme ; et cette propriété est la première, la plus sacrée et la plus imprescriptible de toutes. — Nous regardons comme un des premiers devoirs de notre justice et comme un des actes les plus dignes de notre bienfaisance, d'affranchir nos sujets de toutes les atteintes portées à ces droits inaliénables de l'humanité. »

Espérons qu'un jour il se rencontrera un législateur bien inspiré qui fera à l'égard du droit régalien *circa sacra*, ce que Louis XVI a fait à l'égard du droit de travailler, que les légistes du fisc avaient érigé, lui aussi, en *droit régalien*.

26. *Caractère des lois civiles relatives aux matières ecclésiastiques.* — Nous ne contestons pas à l'autorité civile le droit de faire des lois au sujet de la religion ; nous reconnaissons même qu'elle peut en faire concernant les matières religieuses dont le règlement appartient exclusivement à la juridiction ecclésiastique ; mais il faut bien comprendre le caractère particulier de ces lois et la nature des obligations qu'elles imposent. Ces lois, qu'on le remarque bien, sont uniquement des lois de *protection* et nullement des lois de *domination*. C'est ce qui avait fait donner aux rois de France le titre d'Evêques du dehors et de Protecteurs des saints canons.

Il y a deux sortes de lois civiles : les unes créent et sanctionnent une obligation ; les autres sanctionnent seulement une obligation qu'elles ne créent pas, comme sont celles qui sanctionnent une obligation, soit contractuelle, soit simplement naturelle. Par cette sanction, le pouvoir civil s'approprie et s'assimile une prescription qui ne dérive pas de lui. C'est dans cette seconde classe qu'il faut ranger les lois civiles concernant les matières religieuses qui sont exclusivement du domaine de l'autorité ecclésiastique. Dans l'ancien droit, ces lois étaient désignées avec raison sous le nom de pragmatique SANCTION. Ce sont des lois de pure homologation.

L'autorité civile ne peut régler elle-même les matières ecclésiastiques, puisque ce règlement n'est pas de son ressort ; mais elle peut et souvent même elle *doit* sanctionner les règlements faits à cet égard par l'autorité ecclésiastique, personnifiée dans l'Episcopat et son chef. Nous disons qu'elle *doit* souvent sanctionner ces règlements ecclésiastiques ; et la raison en est qu'elle est instituée pour protéger les citoyens dans tous leurs droits, aussi bien dans leurs droits religieux que dans tout autre.

Les lois rendues à ce sujet par l'autorité civile ne peuvent donc être que l'*homologation* et la *sanction* civile d'une disposition émanée de l'autorité ecclésiastique compétente.

La sanction civile des règlements ecclésiastiques résulte de leur homologation par le pouvoir séculier. Elle est utile pour leur exécution et sous ce rapport leur homologation est désirable ; mais elle n'est pas nécessaire pour leur validité ; elle suppose leur préexistence et ne peut les suppléer. L'homologation est l'*exequatur* et la *sanction* donnés par le pouvoir civil à un acte qui n'émane pas de lui et qui, par cette homologation, acquiert, dans l'ordre civil, la même force que s'il en émanait.

L'autorité civile est sans doute libre d'accorder ou de refuser son homologation à des règlements ecclésiastiques, à moins qu'elle n'en ait contracté l'obligation, soit dans un concordat, soit dans la constitution de l'Etat (20) ; mais elle ne peut ni les invalider, ni les

---

(20) Nous lisons à ce sujet, dans le journal LE MONDE du 19 janvier 1862 : « La cour d'appel de Cologne vient de décider une question intéressante relativement aux fabriques des Eglises. Jusqu'à ce jour les fabriques ne pouvaient commencer un procès sans y être autorisées par le gouvernement. Cependant l'article 15 de la constitution prussienne reconnaît à l'Eglise catholique le droit de régler et d'administrer librement ses propres affaires, et il est évident qu'aux termes de cet article, l'autorisation en question n'est plus nécessaire. Mais une autre question se présentait : celle de savoir si un conseil de fabrique n'avait pas besoin, dans le cas dont il s'agit, de l'autorisation épiscopale. La décision récente de la cour de Cologne répond affirmativement, par ce motif que l'autorisation épiscopale est exigée par le droit canonique pour les affaires ecclésiastiques catholiques. Il n'est pas nécessaire d'insister sur la portée de cette décision, qui remet en vigueur, pour les tribunaux de l'Etat, toutes les stipulations canoniques pour les affaires ecclésiastiques catholiques. » Il semble qu'il devrait en être ainsi en France, non-seulement en vertu de la constitution qui garantit aux catholiques la liberté de leur culte, mais encore en exécution des stipulations du concordat de 1801, dont l'article premier garantit aux catholiques le libre exercice de leur religion en France, ce qui emporte avant tout la liberté de son gouvernement. V. Archiv fur Katholischer Kirchenrecht de Moy de Sons et Vehring. — Archives pour le droit ecclésiastique catholique de Moy de Sons et Vehring, 2e cahier du premier volume de la nouvelle série, p. 266 du volume.

abroger, ni les modifier en quoi que ce soit, parce que la matière n'est pas de son domaine. Si elle le faisait de son chef, son acte serait nul par défaut de juridiction et resterait sans effet; c'est une conséquence nécessaire de la distinction et de l'indépendance des deux puissances.

L'homologation civile rend la disposition canonique ainsi homologuée, civilement obligatoire pour les particuliers et pour les dépositaires ou agents de l'autorité civile dans l'ordre administratif et dans l'ordre judiciaire; mais elle ne lie pas la juridiction ecclésiastique, dont le libre exercice ne peut être entravé, et qui peut toujours, dans sa sphère, modifier ou abroger les dispositions canoniques qui auraient été l'objet de cette homologation.

Si, par une erreur de l'autorité civile, la disposition canonique qu'elle entend homologuer et sanctionner, n'existe pas; si elle n'est pas consacrée ou adoptée par l'autorité ecclésiastique compétente, l'homologation ou la sanction civile ne peut lui donner l'existence ou la régularité qui lui manque, puisque la matière n'est pas du ressort de la puissance séculière; dans ce cas, la sanction civile ne porterait sur rien; elle serait un accident sans sujet, et devrait être considérée comme un acte non avenu et sans valeur. Examinons de ce point de vue la loi du 18 germinal an x, relative à l'organisation des cultes.

Cette loi renferme trois parties fort distinctes : 1º la sanction du concordat de 1801, comme loi de l'Etat; 2º les articles organiques du concordat; 3º les articles organiques des cultes protestants. Nous n'avons pas à nous occuper ici de cette troisième partie.

Le concordat a été présenté et soumis au conseil d'Etat, au tribunat et au corps législatif, non comme un projet de *loi* à discuter et à *voter*, mais comme une *convention à sanctionner*. Sous ce rapport la loi est irréprochable.

Quant aux articles organiques du concordat, ils ont été également présentés et soumis au conseil d'Etat, au tribunat et au corps législatif, non comme un projet de loi à discuter et à voter, mais comme une convention ou traité à sanctionner. Le concordat était effectivement une convention régulièrement conclue entre le St-Siége et le gouvernement français; mais il n'en était pas de même des articles organiques du concordat, rédigés par le gouvernement français seul sans le recours et même à l'insu du St-Siége.

Dans le discours prononcé devant le corps législatif le 15 germinal an x (5 avril 1802), M. Portalis expliquait, comme il suit, la forme donnée au concordat et aux articles organiques, ainsi que le caractère de la loi qui devait les *sanctionner* : « Après avoir développé les principes qui ont été la base des opérations du gouvernement, dit-il, je dois m'expliquer sur la *forme* qui a été donnée à ces opérations. — Dans chaque religion, il existe un *sacerdoce* ou un ministère chargé de l'enseignement du dogme, de l'exercice du culte, et du maintien de la discipline. Les choses religieuses ont une trop grande influence sur l'ordre public pour que l'*Etat* demeure indifférent sur leur administration. — D'autre part, *la Religion en soi*, qui a son asile dans la conscience, *n'est pas du domaine direct de la loi* : c'est une affaire de croyance et non de volonté. *Quand une religion est admise, on admet, par raison de conséquence, les principes et les règles d'après lesquelles elle se gouverne.*

« Que doit donc faire le magistrat politique en matière religieuse? connaître et fixer les conditions et les règles sous lesquelles l'Etat peut autoriser, sans danger pour lui, l'exercice public d'un culte. — C'est ce qu'a fait le gouvernement français relativement au culte catholique. *Il a traité avec le Pape*, non comme souverain étranger, mais comme chef de l'Eglise universelle, dont les catholiques de France font partie. Il a fixé *avec ce chef* le régime sous lequel les catholiques continueront à professer leur culte en France. Tel est l'objet de la convention passée entre le gouvernement et Pie VII, *et des articles organiques de cette convention.*

« Les protestants français n'ont point de chef, mais ils ont des ministres et des pasteurs; ils ont une discipline, qui n'est pas la même dans les diverses confessions. *On a demandé les instructions convenables; et d'après ces instructions, les articles organiques des diverses confessions protestantes ont été réglés.*

« *Toutes ces opérations ne pouvaient être matière à projet de loi;* car s'il appartient aux lois d'admettre ou de rejeter les divers cultes, les divers cultes ont par eux-mêmes une existence qu'ils ne peuvent tenir des lois, et dont l'origine n'est pas réputée prendre sa source dans les volontés humaines.

« En second lieu, la loi est définie par la constitution, *un acte de la volonté générale*. Or ce caractère ne saurait convenir à des institutions qui sont nécessairement particulières à ceux qui les adoptent par conviction et par conscience. La liberté des cultes est le bienfait de la loi, mais la nature, l'enseignement et la discipline de chaque culte sont des faits qui ne s'établissent pas par la loi, et qui ont leur sanctuaire dans le retranchement impénétrable de la liberté du cœur.

« *La convention avec le Pape et* LES ARTICLES ORGANIQUES DE CETTE CONVENTION, *participent à la nature des traités diplomatiques, c'est-à-dire, à la nature d'un véritable* CONTRAT. Ce que nous disons de la convention avec le Pape, s'applique aux articles organiques des cultes protestants. On ne peut voir en tout cela l'expression de la volonté souveraine et nationale; on n'y voit au contraire que l'expression et la déclaration particulière de ce que croient et de ce que pratiquent ceux qui appartiennent aux différents cultes.

« Telles sont les considérations majeures qui ont déterminé la *forme* dans laquelle le gouvernement vous présente, citoyens législateurs, les divers actes relatifs à l'exercice des différents cultes, dont la liberté est solennellement garantie par nos lois; et ces mêmes considérations déterminent l'espèce de SANCTION que ces actes comportent. »

Le petit-fils va compléter la révélation commencée par son illustre aïeul. Dans l'introduction du Recueil des discours, rapports et travaux inédits de M. Portalis sur le concordat de 1801, ouvrage publié en 1845 (21) par M. le vicomte Frédéric Portalis, conseiller à la cour royale de Paris, nous lisons ce qui suit au sujet des articles organiques du concordat : « Ce nouveau code devait être promulgué dans la forme législative, pour avoir force et vigueur. Si l'on a présentes à l'esprit les discussions du tribunat pendant les premières années du consulat, et spécialement à l'époque de la présentation des premiers titres du code civil, et qu'on se figure des orateurs véhéments, peu versés dans les matières ecclésiastiques, imbus des préjugés révolutionnaires, s'exerçant à l'envi sur les articles organiques, on comprendra facilement qu'au milieu de ces redoutables écueils, un seul *expédient* pouvait les sauver du naufrage : il fut employé. *Les articles organiques, placés à la suite de la convention diplomatique, furent proposés comme ne formant qu'un tout avec elle.* Le conseil d'Etat les reçut sans examen ni discussion. Ils furent transmis de la même manière au

------

(21) En décembre 1844, Mgr Parisis, alors évêque de Langres, publia son premier examen sur la liberté de l'Eglise sous ce titre : DES EMPIÉTEMENTS : Est-ce l'Eglise qui empiète sur l'Etat ? Est-ce l'Etat qui empiète sur l'Eglise. Le prélat, dans une note insérée p. 36, tout en rendant hommage aux services rendus à l'Eglise par M. Portalis, met en doute son orthodoxie. Nous avons lieu de penser que c'est en partie pour répondre à cette note que le petit-fils de M. Portalis a publié, peu de mois après, ce recueil des discours, rapports et travaux inédits de son noble aïeul sur le concordat de 1801.

tribunat et au Corps législatif avec un projet de loi qui se bornait à ordonner leur promulgation et à les revêtir du commandement nécessaire pour les rendre exécutoires. »

Dans leur proclamation du 27 germinal an x (17 avril 1802), les consuls eux-mêmes disaient : « Le chef de l'Eglise a pesé dans sa sagesse et dans l'intérêt de l'Eglise, les propositions que l'intérêt de l'Etat avait dictées ; sa voix s'est fait entendre aux pasteurs. *Ce qu'il approuve, le gouvernement l'a consenti, et les législateurs en ont fait une loi de la République.* »

Ainsi donc les articles organiques du concordat ont été sanctionnés ou homologués par le pouvoir législatif et présentés à la nation entière comme ayant le caractère, non d'une *loi*, mais d'un *contrat* passé entre les deux puissances et comme ayant été consentis et même approuvés par le Saint-Siége. Cela n'était qu'un *expédient*, comme le dit M. Frédéric Portalis ; mais dans la réalité ces articles organiques, loin d'avoir été concertés avec le Saint-Siége et d'avoir été consentis et approuvés par lui, ont été au contraire publiés à son insu, et n'ont cessé d'être de sa part l'objet des plus vives et des plus constantes réclamations. A cet égard, le prétendu contrat soumis à l'homologation et à la sanction du pouvoir législatif existait effectivement pour le concordat, mais n'existait pas pour les articles organiques ; en sorte que l'acte législatif qui avait pour objet de sanctionner les articles organiques est resté, sous ce rapport, un accident sans sujet et n'a pu conférer l'existence à un contrat qui n'avait aucune réalité. Il en est de cet acte législatif comme d'un jugement d'homologation prononcé par un tribunal sur une prétendue convention qui n'existerait pas. Un tel jugement ne pourrait avoir pour effet de donner à cette prétendue convention la réalité qui lui manque.

L'*expédient* qui avait réussi au conseil d'Etat, au tribunat et au Corps législatif, ne pouvait réussir également auprès du St-Siége. On ne pouvait lui alléguer que les articles organiques du concordat étaient un traité, un contrat passé entre les deux puissances ; et, comme le dit M. Frédéric Portalis, avec une parfaite justesse, « *Ce qui aplanissait les difficultés en France, ne pouvait manquer d'en susciter à Rome.* » Dans cette situation critique, le gouvernement recourut à un nouvel *expédient*, en présentant, dans ses relations diplomatiques avec Rome, les articles organiques comme étant, non plus un *contrat*, qui supposait le concours des deux puissances et le consentement du St-Siége, mais une *loi*, à laquelle le St-Siége avait dû rester totalement étranger. C'est ce que l'on vit dans les négociations relatives au sacre.

Le serment que l'empereur devait prononcer au sacre portait : « Je jure de maintenir l'intégrité du territoire de la République, de « respecter et de faire respecter LES LOIS DU CONCORDAT et la liberté « des cultes. » Le souverain Pontife, avant de consentir à venir en France sacrer l'empereur, fit des observations et demanda des explications sur ce serment. Le serment, disaient les cardinaux, n'est pas catholique : 1° en ce qu'il consacre la tolérance des cultes; 2° en ce qu'il assimile au concordat les lois organiques, que la cour de Rome regarde comme étant, en quelques points importants, subversives de l'autorité de l'Eglise.

M. Portalis, ministre des cultes, avait dit au Corps législatif : « La convention avec le Pape et *les articles organiques* de cette con- « vention participent à la nature des *traités* diplomatiques, c'est-à- « dire, à la nature d'un véritable *contrat.* » Ce même M. Portalis, dans une note adressée au légat le 15 nivôse an XII (6 janvier 1804) dit au contraire : « Le concordat est un *traité* : les articles organi- « ques sont une *loi* d'exécution. Il est impossible de confondre des « objets qui ne se ressemblent pas. » Cette différence entre la nature du concordat et celle des articles organiques, imaginée après coup, pour les besoins de la cause, par M. Portalis, fut adoptée avec empressement par les diplomates comme un heureux *expédient,* ainsi que nous allons le voir.

M. Bernier, alors évêque d'Orléans et ancien commissaire du gouvernement français dans les négociations du concordat, fut consulté sur la réponse à faire au Saint-Siége au sujet du serment. Dans un rapport adressé à M. de Talleyrand, ministre des relations extérieures, il dit : « J'ai prouvé que le serment de l'empereur ne présentait pas le sens qu'on lui attribuait. M. Portalis a dit, le 15 nivôse dernier, dans une note adressée au légat : « Le concordat est un traité : « les articles organiques sont une loi d'exécution. Il est impossible « de confondre des objets qui ne se ressemblent pas. » *J'ai dû suivre ces mêmes principes...* J'ai dû répondre d'une manière *évasive* sur les articles organiques. Vouloir aborder cette question, c'eût été renoncer au voyage : toute la cour romaine se fût soulevée. Il vaut mieux renvoyer cette affaire à l'époque du séjour du Pape à Paris : alors il n'aura pas auprès de lui ceux qui le tourmentent, et, ne jugeant que d'après son propre cœur, il prononcera mieux. D'ailleurs (je le dis avec franchise), on mêle avec nos libertés beaucoup trop de maximes des anciens parlements : on les donne pour le *palladium* de l'Eglise gallicane, tandis qu'elles ne sont que les prétentions de quelques présidents et avocats jansénistes, ou plutôt indépendants, qui voulaient fronder l'autorité de l'Eglise et du monarque par des maximes nouvelles. *C'est à ces maximes outrées que nous devons et les murmures de Rome et les mécontentements de l'intérieur en matière ecclésiastique. »*

M. de Talleyrand, faisant à son tour un rapport à l'empereur sur le même sujet, répond : « Il (le serment) prescrit l'obéissance aux lois du concordat, parce que, en langage du droit public, les stipulations de deux puissances sont des lois que les publicistes appellent *lois de la lettre. Les lois organiques sont des lois d'une autre nature.* Le prince ne peut pas jurer de les faire observer, parce qu'elles peuvent être changées, et s'il avait été dans l'intention du constituant de le prescrire, il n'aurait pas dit *les lois du concordat*, mais *les lois organiques du concordat. »*

M. Frédéric Portalis adopte ce dernier système et essaie de le justifier. Après avoir dit : « *Les articles organiques, placés à la suite de la convention diplomatique, furent proposés comme ne formant qu'un tout avec elle,* » ajoute aussitôt : « En fait, les articles organiques n'avaient point été communiqués au Saint-Siége ; en droit, ils ne devaient pas l'être ; son intervention n'était nullement nécessaire dans un acte *purement législatif* ; jamais les rois de France n'avaient fait d'une de leurs ordonnances la matière d'une négociation ; mais le langage tenu à cette occasion par le gouvernement était loin d'être explicite. Il avait intérêt à ne pas laisser pénétrer la nature du lien intime qui, dans sa pensée, unissait la convention diplomatique aux dispositions législatives ; c'était de son *habileté* à éluder tout combat de tribune et toute controverse officielle, à éviter que les diverses oppositions mises en cause ne vinssent débattre publiquement des questions périlleuses, dont la discussion pouvait compromettre ou détruire un accord indispensable, que dépendait le rétablissement du culte public en France. »

Ainsi quand il s'agit d'éluder tout combat de tribune en France, les articles organiques sont présentés, non comme un projet de loi à discuter et à voter, mais comme une convention à sanctionner ; et quand il s'agit d'éluder toute controverse officielle avec le Saint-Siége, ces mêmes articles organiques sont présentés, non plus comme une convention entre les deux puissances, mais comme une loi civile, à laquelle le Saint-Siége devait rester étranger. Les uns appellent ce procédé de l'*habileté*, les autres l'appelleront de la *duplicité*.

C'est vers 1836 seulement que les réclamations réitérées et constantes du Saint-Siége au sujet des articles organiques furent publiées en France. Encore n'y furent-elles connues qu'imparfaitement, même par les jurisconsultes et les conseillers d'Etat. Jusque-là on ignorait généralement que ces articles n'avaient pas été ratifiés, au moins diplomatiquement, par le Saint-Siége.

M. de Cormenin, conseiller d'Etat, dans un article publié en 1850 dans l'Encyclopédie du 19e siècle, nous dit : « On ne peut pas nier qu'un acte ultérieur, un règlement spécial ne fût nécessaire pour compléter l'acte primitif du concordat, pour le mettre en mouvement, en exercice, pour organiser le service du culte; mais on ne peut pas nier non plus que ce règlement n'aurait dû recevoir son exécution qu'après avoir été débattu contradictoirement avec le Pape et qu'après avoir obtenu son assentiment. Ce débat avait-il eu lieu? Cet assentiment avait-il été donné? — On le croyait généralement jusqu'à ces temps-ci, *nous tout les premiers;* car les plaintes de Rome furent, dans l'origine, tempérées et secrètes. Il n'y avait pas de presse alors; comment s'en serait-elle émue? L'Empire, avec le mutisme étouffant de son oppression, passa par là-dessus. La Restauration ne donna pas lieu au clergé de récriminer. Il n'y eut pas jusqu'au nom du vénérable et savant Portalis, rédacteur des articles organiques, qui ne permettait pas de mettre en doute l'existence, non pas législativement, mais diplomatiquement ratifiée des organiques.

« Mais la question s'étant élevée, il y a peu de temps, de savoir si l'enseignement de la déclaration de 1682 ressortait obligatoirement, pour les Evêques, de la prescription du Pape aussi bien que de la prescription du Gouvernement, on s'avisa de remonter à l'origine de ces articles organiques et d'en étudier la composition, les circonstances, la forme, le lien, les signes. — Il ne fallait être ni grand jurisconsulte, ni grand diplomate pour s'apercevoir, au premier toucher, que les organiques ne sonnaient que le faux; qu'elles constituaient une véritable *supercherie;* et que, si elles liaient les Evêques d'eux à l'Etat, comme loi de l'Etat, elles ne liaient pas et ne pouvaient lier le Pape de lui à la France, comme traité diplomatique et supplémentaire, puisque ce traité n'avait pas été préalablement discuté, approuvé et signé par le Pape, ainsi que le concordat, dont il paraissait n'être et dont il n'était en effet que le corollaire. »

L'auteur commente ensuite, avec la verve incisive qu'on lui connaît, l'article 6 sur les appels comme d'abus, et l'article 24, concernant l'enseignement de la déclaration de 1682 dans les séminaires; puis il ajoute :

« Napoléon, vif et prompt en despotisme, n'écouta point les protestations du Siége, et, comme il avait trompé Rome, il trompa la France. Il fit coudre des articles organiques à la Convention du 26 messidor, et, quoique ce fût là deux lois distinctes et séparées, il ne donna point aux Organiques une date certaine. On lia le tout ensemble et on le présenta, avec un beau discours d'apparat, à l'admiration et à la sanction du corps législatif, qui le reçut avec une docilité, un mutisme et des respects inimaginables : ah, il en aurait reçu bien d'autres! — Les commentateurs du concordat ont gardé sur toutes ces menées de dessus et de dessous un silence prudent; ils nous ont bien assuré que la convention du 26 messidor an IX, et ses articles organiques, formaient un tout indivisible, sous le nom de *loi du 18 germinal an* X; mais ils ne nous ont pas montré le lien, si important à voir, de cette prétendue indivisibilité; ils ne nous ont pas expliqué pourquoi la signature du Pape, qui se trouve au bas de la convention du 26 messidor an IX, ne se trouvait pas au bas des articles organiques; pourquoi la première avait une date et pourquoi l'autre s'en était passée; pourquoi l'on n'a pas averti le corps législatif que le Pape, par sa ratification de tel jour, aurait consenti le surajouté des articles organiques. Le concordat, proprement dit, n'est que la convention du 26 messidor an IX, avec ses 17 articles. La convention n'est qu'un traité diplomatique; or les Organiques ne pouvaient être considérées comme une dépendance du traité qu'autant qu'elles eussent été, de même que le traité, signées par le Pape. — La duperie consiste à présenter, comme indivisible, ce qui a été divisé; comme joint, ce qui avait été disjoint; comme une seule loi en un seul tout, ce qui n'était *loi* que pour les Organiques, et *traité* que pour la convention; comme signé et ratifié, pour l'ensemble, par le Pape, ce qui ne l'a été que pour partie; comme reconnu ce qui a été contesté avant, pendant et après; et enfin comme obligatoire pour Rome, ce qui ne l'est que pour la France. Voilà en quoi consiste la duperie, et elle est grande !

« En résumé, ce n'est qu'au bout de plus d'un demi-siècle que la question des Organiques a été éclaircie, et j'allais dire soulevée. Cela est incroyable, mais cela est. *Le concordat du 26 messidor an* IX *avait proclamé la liberté, et les Organiques l'ont foulée aux pieds.* Le Pape a signé le Concordat; il n'a pas signé les Organiques; il a protesté contre elles en 1802, il a protesté contre elles en 1809, et il a eu, aux deux époques, deux fois raison.

« Les Organiques du despote Napoléon mettent le Pape au-dessous des conciles, d'après les déclarations du despote Louis XIV, et c'est là une usurpation, au premier chef, du pouvoir temporel sur le pouvoir spirituel. — Les Organiques rendent le consul, l'empereur, le Roi, juge des actes canoniques du clergé, et c'est là une usurpation, au premier chef, du pouvoir temporel sur le pouvoir spirituel. — Les Organiques violent, par la restauration de ces deux points, notamment la liberté des cultes proclamée par la chartre de 1830, et refont une religion d'Etat, en contradiction avec les promesses de juillet.

« Il était temps de rétablir, sur la vérité du Concordat, les contemporaines altérations de l'histoire. »

Les articles organiques sont une nouvelle *constitution civile du clergé*, placée frauduleusement sous l'égide du concordat conclu avec le Saint-Siége ; sauf la nomination et l'institution des Evêques et des curés, qui rétablirent heureusement la hiérarchie ecclésiastique dans une situation normale, cette nouvelle constitution civile diffère très-peu de son aînée, dont elle n'est qu'une seconde édition, revue, corrigée et augmentée, de manière à lui donner l'apparence de la légitimité, bien que dans la réalité elle ne soit pas plus légitime que celle du 12 juillet-24 août 1790. Aussi le Saint-Siége protesta-t-il contre la seconde comme il avait fait à l'égard de la première, et avec non moins de raison.

Dans un consistoire tenu le 24 mai 1802, Pie VII prononça une allocution dans laquelle il dit : « Nous nous apercevons qu'avec ledit concordat on a publié d'autres articles qui ne nous étaient pas connus. Suivant les traces de nos prédécesseurs, nous ne pouvons nous dispenser de solliciter qu'ils reçoivent des modifications et des changements opportuns et *nécessaires*. Nous nous adresserons avec empressement au premier consul, afin de l'obtenir de sa religion. » Ce passage de l'allocution pontificale est ainsi annoté dans le Moniteur de l'an x, p. 1063 : « Ceci a rapport à la discussion qui existe depuis saint Louis, c'est-à-dire depuis 600 ans, sur les *libertés de l'Eglise gallicane*, que les Papes n'ont jamais voulu formellement reconnaître. Les lois organiques rappellent lesdites dispositions. » Par cette note, le gouvernement français donnait à entendre que les articles organiques n'étaient que la reproduction pure et simple des anciennes maximes de l'Eglise gallicane. C'est sans doute pour répondre à cette note que le Saint-Siége, dans la dépêche adressée le 18 août 1803 par le cardinal Caprara à M. de Talleyrand, ministre des relations extérieures, s'attacha particulièrement à faire ressortir la différence qui existe entre les anciennes doctrines de l'Eglise gallicane et les articles organiques du concordat, et à démontrer que ceux-ci vont bien au-delà des premières.

Le cardinal Consalvi remit à M. Cacault, ministre plénipotentiaire de France à Rome, une note diplomatique (22) dans laquelle on lit : — « Par ordre du St-Père, le soussigné ne doit pas vous laisser ignorer que plusieurs *concomitances* qui ont suivi la publication faite en France du concordat du 15 juillet 1801 et de la bulle qui le contient, ont affecté la sensibilité de Sa Sainteté et l'ont mise dans un embarras difficile relativement même à la publication qu'on doit faire ici du concordat. Le soussigné entend parler, et toujours par ordre de Sa Sainteté, des *articles organiques*, qui, inconnus à Sa Sainteté ont été publiés avec les dix-sept articles du concordat, comme s'ils en faisaient partie (ce que l'on croit d'après la date et le mode de publication). Ces articles organiques sont représentés comme la forme et la condition du rétablissement de la religion catholique en France. Cependant plusieurs de ces *articles organiques* s'étant trouvés, aux yeux du St-Père, en opposition avec les règles de l'Eglise, Sa Sainteté ne peut pas, à cause de son ministère, ne pas désirer qu'ils reçoivent les modifications convenables et les changements nécessaires. Le St-Père a la plus vive confiance dans la religion et la sagesse du premier Consul, et le prie directement d'accorder ces changements. »

Le cardinal Caprara, de son côté, reçut l'ordre de faire des réclamations à ce sujet ; et, le 18 août 1803, il adressa à M. Talleyrand, ministre des affaires extérieures, la dépêche suivante : — « Monseigneur, je suis chargé de réclamer contre cette partie de la loi du 18 germinal que l'on a désignée sous le nom d'*articles organiques*. Je remplis ce devoir avec d'autant plus de confiance que je compte

---

(22) La remise de cette note, dont nous ignorons la date précise, a eu lieu avant le 27 mai 1802 ; car dans sa réponse verbale au cardinal, M. Cacault dit : « Votre protestation va partir ; elle est décente. réservée dans les termes et avec cela courageuse au fond. Il reste la grande affaire du concordat, qui est complète. Celle-là marche bien. JE RÉUNIRAI LE 27 MAI toute la cour de Rome dans un grand diner de cent couverts. »

davantage sur la bienveillance du gouvernement et sur son attachement sincère aux vrais principes de la Religion.

« La qualification qu'on donne à ces *articles* paraîtrait d'abord supposer qu'ils ne sont que la suite naturelle et l'application du concordat religieux ; cependant il est de fait qu'ils n'ont pas été concertés avec le St-Siége ; qu'ils ont une extension plus grande que le concordat, et qu'ils établissent en France un code ecclésiastique sans le concours du St-Siége. Comment Sa Sainteté pourrait-elle l'admettre, n'ayant pas même été invitée à l'examiner ? Ce Code a pour objet la doctrine, les mœurs, la discipline du clergé, les droits et les devoirs des Evêques, ceux des ministres inférieurs, leurs relations avec le St-Siége, et le mode d'exercice de leur juridiction. Or, tout cela tient aux droits imprescriptibles de l'Eglise : « Elle a reçu « de Dieu seul l'autorisation de décider les questions de la doctrine « sur la foi ou sur la règle des mœurs, et de faire des canons ou « des règles de discipline. » *(Arrêts du conseil du 16 mars et du 31 juillet 1731.)*

« M. d'Héricourt, *(Lois ecclésiastiques, partie première, chapitre 19, préambule, page 119)*, l'historien Fleury, les plus célèbres avocats généraux, et M. de Castillon lui-même, avouaient ces vérités. Ce dernier reconnaît dans l'Eglise « le pouvoir qu'elle a reçu de Dieu pour conserver, par l'autorité de la prédication, des lois et des jugements, la règle de la foi et des mœurs, la discipline nécessaire à l'économie de son gouvernement, la succession et la perpétuité de son ministère. » *(Réquisitoire contre les actes de l'Assemblée du clergé en 1765)*.

« Sa Sainteté n'a donc pu voir qu'avec une extrême douleur, qu'en négligeant de suivre ces principes, la puissance civile ait voulu régler, décider, transformer en loi des *articles* qui intéressent essentiellement les mœurs, la discipline, les droits, l'instruction et la juridiction ecclésiastique. N'est-il pas à craindre que cette innovation n'engendre les défiances, qu'elle ne fasse croire que l'Eglise de France est asservie, même dans les objets purement spirituels, au pouvoir temporel, et qu'elle ne détourne de l'acceptation des places beaucoup d'ecclésiastiques méritants ? Que sera-ce si nous envisageons chacun de ces *articles* en particulier ?

« Le *premier* veut qu'aucune bulle, bref, etc., émanés du Saint-Siége, ne puisse être mis à exécution ni même publiés sans l'autorisation du gouvernement.

« Cette disposition prise dans toute cette étendue ne blesse-t-elle pas évidemment la liberté de l'enseignement ecclésiastique? Ne soumet-elle pas la publication des vérités chrétiennes à des formalités gênantes ? Ne met-elle pas les décisions concernant la foi et la discipline sous la dépendance absolue du pouvoir temporel ? Ne donne-t-elle pas à la puissance qui serait tentée d'en abuser, les droits et les facilités d'arrêter, de suspendre, d'étouffer même le langage de la vérité, qu'un Pontife fidèle à ses devoirs voudrait adresser aux peuples confiés à sa sollicitude ?

« Telle ne fut jamais la dépendance de l'Eglise, même dans les premiers siècles du christianisme. Nulle puissance n'exigeait alors la vérification de ses décrets. Cependant elle n'a pas perdu de ses prérogatives, en recevant les empereurs dans son sein. « Elle doit « jouir de la même juridiction dont elle jouissait sous les empereurs « païens. Il n'est jamais permis d'y donner atteinte, parce qu'elle « la tient de Jésus-Christ. » *(D'Héricourt. Lois ecclésiastiques.* Vide supra.) Avec quelle peine le St-Siége ne doit-il pas voir les entraves qu'on veut mettre à ses droits ?

« Le clergé de France reconnaît lui-même que les jugements émanés du Saint-Siége, et auxquels adhère le corps épiscopal, sont irréfragables : pourquoi auraient-ils donc besoin de l'autorisation du gouvernement, puisque, suivant les principes gallicans, ils tirent toute leur force de l'autorité qui les prononce et de celle qui les admet? Le successeur de Pierre doit confirmer ses frères dans la foi, suivant les expressions de l'écriture; or comment pourra-t-il le faire, si sur chaque article qu'il enseignera, il peut être à chaque instant arrêté par le refus ou le défaut de vérification de la part du gouvernement temporel? Ne suit-il pas évidemment de ces dispositions que l'Eglise ne pourra plus savoir et croire que ce qu'il plaira au gouvernement de laisser publier?

« Cet *article* blesse la délicatesse et le secret constamment observés à Rome dans les affaires de la pénitencerie. Tout particulier peut s'y adresser avec confiance et sans crainte de voir ses faiblesses dévoilées. Cependant cet *article*, qui n'excepte rien, veut que les brefs, même personnels, émanés de la pénitencerie, soient vérifiés. Il faudra donc que les secrets de famille et la suite malheureuse des faiblesses humaines soient mis au grand jour, pour obtenir la permission d'user de ces brefs? quelle gêne! quelles entraves! Le parlement lui-même ne les admettait pas, car il exceptait de la vérification les *provisions,* les *brefs de la pénitencerie* et *autres expéditions concernant les affaires des particuliers.*

« Le *second article* déclare : « Qu'aucun légat, nonce ou délégué
« du Saint-Siége ne pourra exercer ses pouvoirs en France sans la
« même autorisation. » Je ne puis que répéter ici les justes observations que je viens de faire sur le premier *article* : l'un frappe la
liberté de l'enseignement dans sa source, l'autre l'atteint dans ses
agents ; le premier met des entraves à la publication de la vérité, le
second à l'apostolat de céux qui sont chargés de l'annoncer. Cependant, Jésus-Christ a voulu que sa divine parole fût constamment
libre, qu'on pût la prêcher sur les toits, dans toutes les nations et
auprès de tous les gouvernements. Comment allier ce dogme catholique avec l'indispensable formalité d'une vérification de pouvoirs
et d'une permission civile de l'exercer ? Les apôtres et les premiers
pasteurs de l'Eglise naissante eussent-ils pu prêcher l'Evangile si les
gouvernements eussent exercé sur eux un pareil droit ?

« Le *troisième article* étend cette mesure aux canons des conciles
même généraux. Ces assemblées si célèbres n'ont eu nulle part plus
qu'en France de respect et de vénération ; comment se fait-il donc que
chez cette même nation elles éprouvent tant d'obstacles, et qu'une
formalité civile donne le droit d'en éluder, d'en rejeter même les décisions ? On veut, dit-on, les examiner. Mais *la voie d'examen, en matière religieuse, est proscrite dans le sein de l'Eglise catholique ;* il n'y a
que les communions protestantes qui l'admettent ; et de là est venue
cette étonnante variété qui règne dans leurs croyances. — Quel
serait d'ailleurs le but de ces examens ? celui de reconnaître si les
canons des conciles sont conformes aux lois françaises ? mais si plusieurs de ces lois, telles que celles sur le divorce, sont en opposition
avec le dogme catholique, il faudra donc rejeter les canons, et préférer les lois, quelque injuste ou erroné qu'en soit l'objet ? Qui
pourra adopter une pareille conclusion ? Ne serait-ce pas sacrifier la
Religion, ouvrage de Dieu même, aux ouvrages toujours imparfaits
et souvent injustes des hommes ?

« Je sais que notre obéissance doit être raisonnable ; mais n'obéir
qu'avec des motifs suffisants n'est pas avoir le droit, non-seulement
d'examiner, mais de rejeter arbitrairement tout ce qui nous
déplaît.

« Dieu n'a promis l'infaillibilité qu'à son Eglise : les sociétés
humaines peuvent se tromper ; les plus sages législateurs en ont été
la preuve. Pourquoi donc comparer les décisions d'une *autorité
irréfragable* avec celle d'une puissance qui peut errer, et faire, dans
cette comparaison, pencher la balance en faveur de cette dernière ?

Chaque puissance a d'ailleurs les mêmes droits; ce que la France ordonne, l'Espagne et l'Empire (d'Autriche) peuvent l'exiger; et comme les lois sont partout différentes, il s'ensuivra que l'enseignement de l'Eglise devra varier suivant les peuples, pour se trouver d'accord avec les lois.

« Dira-t-on que le parlement français en agissait ainsi? Je le sais; mais il n'examinait, suivant sa déclaration du 24 mai 1766, que ce qui pouvait, dans la publication des canons et des bulles, altérer ou intéresser la tranquillité publique, et non leur conformité avec des lois qui pouvaient changer dès le lendemain.

« Cet abus, d'ailleurs, ne pourrait être légitimé par l'usage, et le gouvernement en sentait si bien les inconvénients, qu'il disait au parlement de Paris, le 5 avril 1757, par l'organe de M. Daguesseau : « Il semble que l'on cherche à affaiblir le pouvoir qu'a l'Eglise de « faire des décrets, en le faisant tellement dépendre de la puissance « civile et de son concours, que, sans ce concours, les plus saints « décrets de l'Eglise ne puissent obliger les sujets du roi. »

« Enfin, cet examen n'avait lieu dans les parlements, suivant la déclaration de 1766, que pour rendre les décrets de l'Eglise lois de l'Etat, et en ordonner l'exécution, avec défense, sous les peines temporelles, d'y contrevenir. Or ces motifs ne sont plus ceux qui dirigent aujourd'hui le gouvernement, puisque la Religion catholique n'est plus la Religion de l'Etat, mais uniquement celle de la majorité des Français.

« L'*article* 6 déclare qu'il y aura recours au conseil d'Etat pour tous les cas d'abus. Mais quels sont-ils? L'article ne les spécifie que d'une manière générique et indéterminée.

« On dit, par exemple, qu'un des cas d'abus est l'*usurpation* ou l'*excès* du pouvoir. Mais en matière de juridiction spirituelle, l'Eglise en est le seul juge; il n'appartient qu'à elle de déclarer *en quoi l'on a excédé ou abusé des pouvoirs qu'elle seule peut conférer :* la puissance temporelle ne peut connaître de l'*abus excessif* d'une chose qu'elle n'accorde pas.

« Un second *cas d'abus* est la contravention aux lois et règlements de la République; mais si ces lois, si ces règlements sont en opposition avec la doctrine chrétienne, faudra-t-il que le prêtre les observe de préférence à la loi de Jésus-Christ? Telle ne fut jamais l'intention du gouvernement.

« On range encore dans la classe des abus l'*infraction* des règles consacrées en France par les saints canons. Mais ces règles ont dû émaner de l'Eglise ; c'est donc à elle seule de prononcer sur leur infraction ; car elle seule en connaît l'esprit et les dipositions.

« On dit enfin qu'il y a lieu à l'appel comme d'abus pour toute entreprise qui tend à compromettre l'honneur des citoyens, à troubler leur conscience, ou qui dégénère contre eux en oppression, injure ou scandale public.

« Mais si un divorcé, un hérétique connu en public se présente pour recevoir les sacrements, et qu'on les lui refuse, il prétendra qu'on lui a fait injure, il criera au scandale, il portera sa plainte, on l'admettra d'après la loi ; et cependant le prêtre inculpé n'aura fait que son devoir, puisque les sacrements ne doivent jamais être conférés à des personnes notoirement indignes.

« En vain s'appuierait-on sur l'usage constant des *appels comme d'abus*. Cet usage ne remonte pas au-delà du règne de Philippe de Valois, mort en 1350 ; il n'a jamais été constant et uniforme ; il a varié selon les temps ; les parlements avaient un intérêt particulier à l'accréditer : ils augmentaient leurs pouvoirs et leurs attributions ; mais ce qui flatte n'est pas toujours juste. Ainsi, Louis XIV, par l'édit de 1695, articles 34, 36 et 37, n'attribuait aux magistrats séculiers que l'examen des *formes*, en leur *prescrivant* de renvoyer le *fond* au *supérieur ecclésiastique*. Or, cette restriction n'existe nullement dans les *articles organiques*. Ils attribuent indistinctement au conseil d'Etat le jugement de la forme et celui du fond.

« D'ailleurs, les magistrats qui prononçaient alors sur ces cas d'abus étaient nécessairement catholiques ; ils étaient obligés de l'affirmer sous la foi du serment ; tandis qu'aujourd'hui ils peuvent appartenir à des sectes séparées de l'Eglise catholique, et avoir à prononcer sur des objets qui l'intéressent essentiellement.

« L'*article* 9 veut que le culte soit exercé sous la direction des archevêques, évêques et des curés. Mais le mot *direction* ne rend pas ici les droits des archevêques et des évêques : ils ont *de droit divin*, non-seulement le droit de *diriger*, mais encore celui de *définir*, d'*ordonner* et de *juger*. Les pouvoirs des curés dans les paroisses ne sont point les mêmes que ceux des évêques dans les diocèses ; on n'aurait donc pas dû les exprimer de la même manière et dans un même article, pour ne pas supposer une identité qui n'existe pas.

« Pourquoi d'ailleurs ne pas faire ici mention des droits de Sa Sainteté, chef des archevêques et des évêques ? A-t-on voulu lui ravir un droit général qui lui appartient essentiellement ?

« L'*article* 10, en abolissant toute exemption ou attribution de la juridiction épiscopale, prononce évidemment sur une matière purement spirituelle. Car si les territoires exempts sont aujourd'hui soumis à l'Ordinaire, ils ne le sont qu'en vertu d'un règlement du Saint-Siége. Lui seul donne à l'Ordinaire une juridiction qu'il n'avait pas. Ainsi, en dernière analyse, la puissance temporelle aura conféré des pouvoirs qui n'appartiennent qu'à l'Eglise. Les exemptions, d'ailleurs, ne sont point aussi abusives qu'on l'a imaginé. Saint Grégoire lui-même les avait admises, et les puissances temporelles ont eu souvent le soin d'y recourir.

« L'*article* 11 supprime tous les établissements religieux, à l'exception des séminaires ecclésiastiques et des chapitres. A-t-on bien réfléchi sur cette suppression? Plusieurs de ces établissements étaient d'une utilité reconnue; le peuple les aimait; ils le secouraient dans ses besoins; la piété les avait fondés; l'Eglise les avait solennellement approuvés, sur la demande même des souverains : *elle seule pouvait donc en prononcer la suppression.*

« L'*article* 14 ordonne aux archevêques de veiller « au maintien « de la foi et de la discipline dans les diocéses de leurs suffra-« gants. » Nul devoir n'est plus indispensable ni plus sacré; mais il est aussi le devoir du Saint-Siége pour toute l'Eglise. Pourquoi donc n'avoir pas fait mention dans l'article de cette surveillance générale? Est-ce un oubli? Est-ce une exclusion?

« L'*article* 15 autorise les archevêques à connaître des réclamations et des plaintes portées contre la conduite et les décisions des évêques suffragants. Mais que feront les évêques si les métropolitains ne leur rendent pas justice? A qui s'adresseront-ils pour l'obtenir? A quel tribunal en appelleront-ils de la conduite des archevêques à leur égard? C'est une difficulté d'une importance majeure et dont on ne parle pas. Pourquoi ne pas ajouter que le Souverain-Pontife peut alors connaître de ces différends par voie d'appellation. et prononcer définitivement suivant ce qui est enseigné par les saints canons?

« L'*article* 17 paraît établir le gouvernement juge de la foi, des mœurs et de la capacité des Evêques nommés. C'est lui qui les fait examiner, et qui prononce d'après les résultats de l'examen. Cependant le Souverain-Pontife a seul le droit de faire par lui ou ses délégués cet examen, parce que lui seul doit instituer canoniquement, et que cette institution canonique suppose évidemment, dans celui qui l'accorde, la connaissance acquise de la capacité de celui qui la reçoit. Le gouvernement a-t-il prétendu nommer tout à la fois et se constituer juge de l'idonéité? ce qui serait contraire à tous les droits et usages reçus. Ou veut-il seulement s'assurer par cet examen que son choix n'est pas tombé sur un sujet indigne de l'épiscopat? C'est ce qu'il importe d'expliquer.

« Je sais que l'ordonnance de Blois prescrivait un pareil examen; mais le gouvernement consentit lui-même à y déroger. *Il fut statué par une convention secrète que les nonces de Sa Sainteté feraient seuls ces informations.* On doit donc suivre aujourd'hui cette même marche, parce que l'article 4 du concordat veut que l'*institution canonique* soit conférée aux Evêques dans les formes établies avant le changement de gouvernement.

« L'article 22 ordonne aux évêques de visiter leurs diocèses dans l'espace de cinq années. La discipline ecclésiastique restreignait davantage le temps de ces visites. L'Eglise l'avait ainsi ordonné pour de graves et solides raisons. Il semble, d'après cela, qu'il n'appartenait qu'à elle seule de changer cette disposition.

« On exige, par l'*article* 24, que les directeurs des séminaires souscrivent à la déclaration de 1682, et enseignent la doctrine qui y est contenue. Pourquoi jeter de nouveau au milieu des Français ce germe de discorde? Ne sait-on pas que les auteurs de cette déclaration l'ont eux-mêmes désavouée? Sa Sainteté peut-elle admettre ce que ses prédécesseurs les plus immédiats ont eux-mêmes rejeté? Ne doit-elle pas s'en tenir à ce qu'ils ont prononcé? Pourquoi souffrirait-elle que l'organisation d'une Eglise qu'elle rélève aux prix de tant de sacrifices, consacrât des principes qu'elle ne peut avouer? Ne vaut-il pas mieux que les directeurs des séminaires s'engagent à enseigner une morale saine, plutôt qu'une déclaration qui fut et sera toujours une source de divisions entre la France et le Saint-Siége?

« On veut, *article* 25, que les évêques envoient tous les ans l'état des ecclésiastiques étudiant dans leur séminaire; pourquoi leur imposer cette nouvelle gêne? Elle a été inconnue et inusitée dans tous les siècles précédents.

« L'*article* 26 veut qu'ils ne puissent ordonner que des hommes de vingt-cinq ans; mais l'Eglise a fixé l'âge de vingt et un an pour le sous-diaconat, et celui de vingt-quatre ans accomplis pour le sacerdoce. Qui pourrait abolir ces usages, sinon l'Eglise elle-même? Prétend'on n'ordonner, même des sous-diacres, qu'à vingt-cinq ans? Ce serait prononcer l'extinction de l'Eglise de France par défaut de ministres; car il est certain que plus on éloigne le moment de recevoir les ordres, et moins ils sont conférés. Cependant tous les diocèses se plaignent de la disette des prêtres ; peut-on espérer qu'ils en obtiendront, quand on exigera pour les ordinands un titre clérical de 300 francs de revenus ? Il est indubitable que cette clause fera déserter partout les ordinations et les séminaires. Il en sera de même de la clause qui oblige l'Evêque à demander la permission du gouvernement pour *ordonner*. Cette clause est évidemment opposée à la liberté du culte garantie à la France catholique par l'article premier du dernier concordat. Sa Sainteté désire, et le bien de la Religion exige, que le gouvernement adoucisse les rigueurs de ces dispositions sur ces trois objets.

L'article 35 exige que les évêques soient autorisés par le gouvernement pour l'établissement des chapitres. Cependant cette autorisation leur était accordée par l'article 11 du concordat. Pourquoi donc en exiger une nouvelle, quand une convention solennelle a déjà permis ces établissements. La même obligation est imposée par l'article 23 pour les séminaires, quoiqu'ils aient été, comme les chapitres, spécialement autorisés par le gouvernement. Sa Sainteté voit avec douleur qu'on multiplie de cette manière les entraves et les difficultés pour les évêques. L'édit de mai 1763 exemptait formellement les séminaires de prendre des lettres-patentes (*Mémoires du clergé, tome* 2), et la déclaration du 16 juin 1659, qui paraissait les y assujettir, ne fut enregistrée qu'avec cette clause : « Sans pré-« judice des séminaires qui seront établis par les Evêques, pour « l'instruction des prêtres seulement. » Telles étaient aussi les dispositions de l'ordonnance de Blois, article 24, et de l'édit de Melun, article 1er. Pourquoi ne pas adopter ces principes ? A qui appartient-il de régler l'instruction dogmatique et morale et les exercices d'un séminaire, sinon à l'Evêque ? De pareilles matières peuvent-elles intéresser le gouvernement temporel ?

« Il est de principe que le vicaire-général et l'Evêque sont une seule personne, et que la mort de celui-ci entraîne la cessation des pouvoirs de l'autre. Cependant, au mépris de ce principe, l'*article* 36 proroge aux vicaires généraux leurs pouvoirs après la mort de l'Evêque. Cette prorogation n'est-elle pas évidemment une concession de pouvoirs spirituels faite par le gouvernement sans l'aveu et même contre l'usage reçu dans l'Eglise ?

« Ce même article veut que les diocésains, pendant la vacance du siége, soient gouvernés par le métropolitain ou le plus ancien Evêque. Mais ce gouvernement consiste dans une juridiction purement spirituelle. Comment le pouvoir temporel pourrait-il l'accorder ? Les chapitres seuls en sont en possession ; pourquoi la leur enlever, puisque l'article 11 du concordat autorise les évêques à les établir ?

« Les pasteurs appelés par les époux pour bénir leur union, ne peuvent le faire, d'après l'*article* 54, qu'après les formalités remplies devant l'officier civil ; cette clause restrictive et gênante a été jusqu'ici inconnue dans l'Eglise. Il en est résulté deux espèces d'inconvénients. L'un affecte les contractants, l'autre blesse l'autorité de l'Eglise et gêne ses pasteurs. — Il peut arriver que les contractants se contentent de remplir les formalités civiles et, qu'en négligeant d'observer les lois de l'Eglise, ils se croient légitimement unis, non-seulement aux yeux de la loi, quant aux effets purement civils, mais encore devant Dieu et devant l'Eglise. — Le deuxième inconvénient blesse l'autorité de l'Eglise et gêne les pasteurs en ce que les contractants, après avoir rempli les formalités légales, croient avoir acquis le droit de forcer les curés à consacrer leur mariage par leur présence, lors même que les lois de l'Eglise s'y opposeraient. Une telle prétention contrarie ouvertement l'autorité que Jésus-Christ a accordée à son Eglise, et fait à la conscience des fidèles une dangereuse violence. Sa Sainteté, conformément à l'enseignement et aux principes qu'a établis pour la Hollande un de ses prédécesseurs, ne pourrait voir qu'avec peine un tel ordre de choses. Elle est dans l'intime confiance que les choses se rétabliront à cet égard, en France, sur le même pied sur lequel elles étaient d'abord, et telles qu'elles se pratiquent dans les autres pays catholiques ; les fidèles, dans tous les cas, seront obligés à observer les lois de l'Eglise, et les pasteurs doivent avoir la liberté de les prendre pour règle de conduite, sans qu'on puisse, sur un sujet aussi important, violenter leurs consciences. Le culte public de la religion catholique, qui est celle des consuls et de l'immense majorité de la nation, attend ces actes de justice de la sagesse du gouvernement. (23)

« Sa Sainteté voit aussi avec peine (article 55) que les registres de l'état civil soient enlevés aux ecclésiastiques, et n'aient plus,

---

(23) La loi anglaise concilie heureusement les droits de l'Etat et ceux de l'Eglise. Depuis les RELIEF-ACTES de 1836, le mariage des catholiques se célèbre conformément aux prescriptions canoniques. Seulement le magistrat civil y assiste et se transporte à cette fin dans les chapelles catholiques où se fait la cérémonie. Il dresse ensuite l'acte qui constate le mariage religieux célébré en sa présence et les effets civils qui en résultent. Sous ce rapport la loi anglaise est plus conforme au principe de la liberté des cultes que la législation française.

pour ainsi dire d'autre objet que de rendre les hommes étrangers à la religion dans les trois instants les plus importants de la vie : la naissance, le mariage et la mort. Elle espère que le gouvernement rendra aux registres tenus par les ecclésiastiques la consistance légale dont ils jouissaient précédemment. Le bien de l'Etat l'exige presque aussi impérieusement que celui de la Religion.

« *Article* 61. Il n'est pas moins affligeant de voir les Evêques obligés de se concerter avec les préfets pour l'érection des succursales. Eux seuls doivent être juges des besoins spirituels des fidèles. Il est impossible qu'un travail ainsi combiné par deux hommes trop souvent divisés de principes offre un résultat heureux. Les projets de l'Evêque seront contrariés, et, par contre coup, le bien spirituel des fidèles en souffrira.

« *L'article* 74 veut que « les immeubles, autres que les édifices destinés au logement et les jardins attenants, ne puissent être affectés à des titres ecclésiastiques, ni possédés par les ministres du culte à raison de leurs fonctions. » Quel contraste frappant entre cet article et l'article 7 concernant les ministres protestants. Ceux-ci jouissent non-seulement d'un traitement qui leur est assuré, mais ils conservent tout à la fois et les biens que leur Eglise possède et les oblations qui leur sont offertes. Avec quelle amertume l'Eglise ne doit-elle pas voir cette énorme différence ! Il n'y a qu'elle qui ne puisse posséder des immeubles ; les sociétés séparées d'elle peuvent en jouir librement ; on les leur conserve, quoique leur religion ne soit professée que par une minorité bien faible ; tandis que l'immense majorité des Français et les consuls eux-mêmes professent la Religion que l'on prive *légalement* du droit de posséder des immeubles.

« Telles sont les réflexions que j'ai dû présenter au gouvernement français par votre organe. J'attends tout de l'équité, du discernement et du sentiment de religion qui anime le premier consul. La France lui doit son retour à la foi ; il ne laissera pas son ouvrage imparfait, et il en retranchera tout ce qui ne sera pas d'accord avec les principes et les usages adoptés par l'Eglise.

« Vous seconderez par votre zèle ses intentions bienveillantes et ses efforts. La France bénira de nouveau le premier consul, et ceux qui calomnieraient le rétablissement de la Religion catholique en France, et qui murmureraient contre les moyens adoptés pour l'exécuter, seront pour toujours réduits au silence. — Paris, le 18 août 1803. — J.-B. cardinal Caprara. »

Il en fut du concordat italien comme du concordat français. « La triste expérience qu'il avait faite pour le concordat français, dit le cardinal Consalvi dans ses mémoires, engagea le Pape à prendre ses précautions, afin d'empêcher qu'à l'aide de lois organiques ou de quelque autre moyen on ne battit en brèche le nouvel édifice aussitôt qu'il serait élevé. Le Saint-Père signa donc le concordat italien, dans lequel il avait intercalé plus d'articles avantageux à l'Eglise que dans le concordat français... Le Pape y fit insérer en outre un article très-net par lequel il fut stipulé qu'on ne pourrait rien innover dans les affaires ecclésiastiques sans s'être concerté avec le Saint-Siége. Mais cet article, très-clair cependant, ne garantit pas le Pape des atteintes qu'il redoutait.

« A l'instar des lois organiques françaises sur le concordat, on vit apparaître, avec le concordat d'Italie, d'abord les décrets du vice-président Melzi, et ensuite, sur les réclamations du Pape, les ordonnances du ministre des cultes et les décrets de l'Empereur lui-même, révoquant en apparence les arrêtés de Melzi et les maintenant en réalité. C'est ainsi que ce concordat, comme celui de la France, fut bouleversé au moment où il voyait la lumière, et bouleversé malgré les oppositions incessantes du Pape, qui, soit par l'intermédiaire de ses ministres, soit par ses démarches personnelles, par ses brefs ou par ses lettres, continua ses plaintes à ce sujet, jusqu'après son départ de Rome, et même pendant sa longue captivité, qui dure encore. »

Le cardinal écrivit ses mémoires en exil pendant son séjour à Reims de 1810 à 1812.

A l'occasion du sacre, qui eut lieu le 2 décembre 1804, le Souverain-Pontife renouvela, sans succès, ses réclamations à l'égard des articles organiques. Il le fit également, tant dans une allocution prononcée en consistoire le 16 mars 1808, que dans la bulle *Cùm memorenda illa die* publiée à Rome le 10 juin 1809.

Quelle est la valeur juridique des articles dits organiques? Nous né sommes pas compétent pour décider cette grave question. Toutefois nous en dirons, en toute simplicité, notre sentiment, que nous soumettons, comme tout ce que nous publions, au jugement de l'autorité ecclésiastique.

En l'an x, la France et la Belgique étaient régies par la constitution consulaire du 22 frimaire an viii (13 décembre 1799). Cette constitution portait : « Art. 25. Il ne sera promulgué de lois nouvelles que lorsque le projet en aura été proposé par le gouvernement, communiqué au tribunat et décrété par le corps législatif. —

28. Le tribunat discute les projets de loi ; il en vote l'adoption ou le rejet. Il envoie trois orateurs pris dans son sein, par lesquels les motifs du vœu qu'il a exprimé sur chacun de ces projets sont exposés et défendus devant le corps législatif. — **34.** Le corps législatif fait la loi en statuant par scrutin secret, et sans aucune discussion de la part de ses membres, sur les projets de loi débattus devant lui par les orateurs du tribunat et du gouvernement. — **44.** Le gouvernement propose les lois, *et fait les règlements nécessaires pour assurer leur exécution.*

Nous avons vu que les articles organiques ont été présentés au tribunat, non comme un projet de loi à discuter et à voter, mais comme une convention ou traité à *sanctionner.* Ils ont été décrétés par le corps législatif dans les termes où ils lui ont été présentés. Mais, si le concordat était une convention, les articles organiques n'en étaient pas une, et les votes émis par le tribunat et par le corps législatif n'ont pu leur conférer le caractère contractuel qui leur manquait. Il suit de là que les articles organiques ne sont ni une loi proprement dite, ni un traité sanctionné par une loi, comme l'est le concordat.

Toutefois, aux termes de l'article 44 de la constitution précitée de l'an VIII, le gouvernement, qui a dressé les articles organiques et les a publiés, avec le concordat, le 28 germinal an X, était autorisé à *faire les règlements nécessaires pour assurer l'exécution des lois ;* et nous nous demandons si, nonobstant les subterfuges employés à cet égard, les articles organiques dressés par le gouvernement et publiés par lui, en même temps que le concordat devenu loi de l'Etat, constituent un règlement légal de cette nature ? Nous inclinons à répondre, *affirmativement* en ce qui concerne celles de leurs dispositions qui sont conformes au droit ecclésiastique, et *négativement* en ce qui concerne celles de leurs dispositions qui ne sont pas conformes au droit ecclésiastique. En effet, dans le premier cas, elles assurent l'exécution du concordat devenu loi de l'Etat ; dans le second, au contraire, loin d'assurer l'exécution de la loi qui a sanctionné le concordat, elles constitueraient sa violation. Aussi regardons-nous comme légales et obligatoires pour les tribunaux celles des dispositions des articles organiques qui sont conformes au droit canonique, et comme nulles et non avenues pour les mêmes tribunaux toutes celles qui lui sont contraires. Il suit de là que l'Eglise et les fidèles peuvent invoquer les premières sans qu'on puisse leur opposer les secondes. Mais le discernement des dispositions valables et de celles qui ne le sont pas n'est pas chose facile pour ceux qui ne sont pas suffisamment versés dans une étude du droit canonique puisée aux meilleures sources; ce qui rend très-désirable la réformation des articles organiques faite de concert entre le gouvernement et le Saint-Siége.

Toutefois la sagacité des magistrats parvient encore à séparer l'ivraie du bon grain et à faire d'heureuses applications de celles des dispositions des articles organiques qui sont fondées sur le droit canonique.

C'est ainsi qu'en compulsant les monuments de la jurisprudence civile concernant les matières ecclésiastiques, nous remarquons qu'elle considère l'Evêque : 1° comme *autorité publique*; 2° comme *autorité administrative*; 3° comme *juge administratif*; 4° enfin comme *autorité disciplinaire*.

Ces dénominations, empruntées à l'ordre civil, surprennent tout d'abord quand elles sont appliquées aux Evêques; mais elles ne sont employées à leur égard par les magistrats que dans la nécessité où ils sont de s'accomoder aux dispositions législatives sur lesquelles ils fondent leurs décisions.

C'est en considérant l'Evêque comme *autorité publique* dans l'ordre ecclésiastique, que la cour de cassation, a jugé : 1° par son arrêt du 29 août 1840, que la falsification de lettres d'ordination délivrées par un Evêque, constitue le faux en écriture authentique et publique prévu par l'article 147 du code pénal ; 2° par son arrêt du 13 août 1852, que les actes émanés des évêques et des vicaires généraux concernant la discipline ecclésiastique, constituent des écritures publiques et authentiques, dont la falsification a le caractère de faux criminel.

Mais si l'évêque est une autorité publique dans l'ordre ecclésiastique, il n'est pas pour cela un *fonctionnaire public* dans l'ordre civil, comme le conseil d'Etat l'a reconnu dans son arrêt du 23 juin 1831. Cet arrêt porte que l'article 75 de la constitution du 22 frimaire an VIII, concernant les agents du gouvernement, n'est pas applicable aux ecclésiastiques, parce qu'ils ne sont pas fonctionnaires publics dans l'ordre civil. Cet article ne peut en effet s'appliquer aux ecclésiastiques, puisqu'ils ne sont pas des agents du gouvernement, et que d'ailleurs le culte n'était pas légalement rétabli, lors de la publication de cette constitution de l'an VIII; mais au moment même du rétablissement légal du culte, une disposition analogue à celle insérée dans l'article 75 de la constitution de l'an VIII, en faveur des fonctionnaires publics, a été édictée en faveur des ecclésiastiques dans l'article 8 de la loi du 18 germinal an X, comme le fait observer M. le comte Portalis dans une note ainsi conçue : « On trouve dans ces dispositions relativement aux fonctionnaires publics ecclésiastiques l'*équivalent* de celles que renferme l'article 75 de l'acte constitutionnel de l'an VIII, quant aux agents du gouvernement. Toutes les fois que l'on a à se plaindre d'un fonctionnaire ecclésiastique pour des faits relatifs à ses fonctions, la voie du recours est la seule qui soit ouverte, et les tribunaux ne peuvent être saisis qu'après qu'il a été décidé par le conseil d'Etat si l'affaire est de sa nature administrative ou judiciaire. » — Les ecclésiastiques, sans être ni fonctionnaires publics dans l'ordre civil, ni agents du gouvernement, jouissent néanmoins, à titre de fonctionnaires ecclésiastiques ou de ministres du culte, d'une protection analogue à celle accordée, par la constitution de l'an VIII, aux fonctionnaires publics dans l'ordre civil ou aux agents du gouvernement.

C'est en considérant l'Evêque comme *autorité administrative* dans l'ordre ecclésiastique, que la jurisprudence lui reconnaît le droit de faire des règlements concernant : 1º les droits casuels à percevoir par le clergé, les employés des églises et les fabriques pour les services religieux demandés par les familles ; 2º les quêtes dans les églises ; 3º la sonnerie des cloches ; 4º la célébration du culte et en général la police intérieure des temples. Loi du 18 germinal an X, articles 9, 48 et 69 ; décret du 23 prairial an XII, art. 20, modifié par l'article 6 du décret du 18 mai 1806 ; décret du 30 décembre 1809, art. 36 et 75.

Ces règlements épiscopaux ont sans doute force légale auprès des tribunaux civils sous le rapport des intérêts privés qui peuvent en naître ; mais ont-ils une sanction pénale, que les tribunaux de répression puissent appliquer ? La jurisprudence a peu de précédents sur lesquels elle puisse se fonder, et cela nous semble tenir à ce qu'avant 1832 on était incertain sur la pénalité à appliquer en cas de contravention ; mais cette incertitude a cessé depuis la loi du 28 avril 1832, concernant la révision du code pénal de 1810, et nous pensons, avec Paillet, qu'à défaut d'une sanction spéciale, les règlements faits par l'Evêque, conformément aux dispositions des lois civiles et dans le cercle des attributions administratives que ces lois lui reconnaissent, devraient en avoir une générale dans l'art. 471, nº 15, du code pénal révisé en 1832. Cet article est ainsi conçu : « Seront

punis d'amende depuis 1 fr. jusqu'à 5 fr. inclusivement :...... 15º.
Ceux qui auront contrevenu aux règlements *légalement* faits par
l'autorité administrative. » Cette disposition devrait, à notre avis,
être appliquée à ceux qui contreviennent aux règlements de police
intérieure faits par MM. les Curés et NN. SS. les Evêques pour le
maintien du bon ordre et de la décence dans les églises et dans les
cérémonies extérieures du culte, en vertu du droit de direction qui
leur est reconnu par le 9e des articles organiques. Ces règlements
sont des *règlements administratifs,* qui doivent, comme ceux des
maires et des préfets, trouver, au besoin, leur sanction dans l'article
471 du code pénal.

C'est comme *juge administratif,* qu'aux termes des articles 30 et
87 du décret réglementaire du 30 décembre 1809, l'Evêque est
reconnu par la jurisprudence civile seul juge compétent en dernier
ressort pour statuer : 1º sur les contestations élevées par les particuliers au sujet de la forme, du placement, du déplacement, de la
réduction, de la suppression des bancs d'église au point de vue de
la célébration du culte, et de la police intérieure de l'église (arrêt de
la cour de cassation du 22 avril 1868. Bulletin des lois civiles ecclésiastiques de M. de Champeaux, 1868, p. 172 à 186) ; 2º sur les contestations élevées entre le conseil de fabrique et le trésorier au sujet
des articles contestés du compte annuel de ce dernier. Les tribunaux
civils sont incompétents pour connaître des contestations élevées en
ces matières, et si l'un d'eux retenait la connaissance d'une contestation du ressort de la juridiction administrative de l'Evêque, le
préfet devrait l'en dessaisir, en élevant en faveur de cette juridiction, le conflit d'attribution. Arrêts du conseil d'Etat des 29 avril
1809, 17 mai 1809, 18 décembre 1827, 6 juin 1856, 14 décembre
1857, 24 juillet 1862 et 15 décembre 1865.

C'est en considérant l'Evêque comme *autorité disciplinaire,* que
le tribunal correctionnel de Montpellier, par jugement du 31 décembre 1850, le tribunal correctionnel de Bordeaux par jugement du
18 août 1851, la cour d'appel de Bordeaux par arrêt du 27 février
1852 et la cour de cassation par arrêt du 24 juin 1852, ont jugé que
le port de l'habit ecclésiastique par un prêtre *auquel l'Evêque l'a
interdit par mesure disciplinaire,* constitue le délit prévu par l'article 259 du code pénal. — C'est encore en considérant l'Evêque
comme autorité disciplinaire, que la cour de cassation, par arrêt
du 12 avril 1851, a jugé : 1º que la dénonciation calomnieuse faite
par écrit à un Evêque contre l'un des ecclésiastiques qui lui sont

subordonnés, constitue le délit prévu par l'article 373 du code pénal ; 2° qu'à cet égard l'Evêque doit être assimilé aux officiers de police administrative ; 3° que les tribunaux appelés à prononcer sur la poursuite sont incompétents pour constater la vérité ou la fausseté des faits allégués par le dénonciateur ; 4° que cette constatation et l'appréciation du caractère calomnieux de la dénonciation appartiennent au supérieur ecclésiastique auquel la dénonciation a été adressée.

Nous avons jugé devoir mentionner ces diverses décisions, afin de mieux faire voir comment la jurisprudence civile reconnaît et consacre la juridiction des Evêques en matière ecclésiastique, et comment, en s'appuyant sur le concordat, qui a stipulé le libre exercice de la Religion catholique en France, elle est amenée par la nature même des choses et par la nécessité de maintenir l'ordre dans la société, à sanctionner les dispositions du droit canonique et les actes de l'autorité ecclésiastique. — Observons toutefois, en finissant, qu'à défaut de concordat, le principe de la *liberté* et de la PROTECTION des cultes, proclamé par nos constitutions modernes, conduit encore, sous ce rapport, au même résultat.

Sanction civile des règlements ecclésiastiques. L'autorité civile, avons-nous dit p. 192 et 193, ne peut régler elle-même les matières ecclésiastiques, puisque ce règlement n'est pas de son ressort ; mais elle peut et souvent même elle doit sanctionner les règlements faits à cet égard par l'autorité ecclésiastique, personnifiée dans l'épiscopat et son chef. Cette sanction résulte de l'homologation par laquelle l'autorité civile confère à un acte qui n'émane pas d'elle la même force que s'il en émanait. Si, par une erreur de l'autorité civile, avons-nous ajouté, la disposition canonique qu'elle entend homologuer et sanctionner, n'existe pas ; si elle n'est pas consacrée ou adoptée par l'autorité ecclésiastique compétente, l'homologation ou la sanction civile ne peut lui donner l'existence ou la régularité qui lui manque, puisque la matière n'est pas du ressort de la puissance séculière ; dans ce cas la sanction civile ne porterait sur rien ; elle serait un accident sans sujet, et devrait être considérée comme non avenue et sans valeur. Appliquons ces règles à quelques exemples.

Premier exemple. L'article 9 de la loi du 18 germinal an x porte ; « Le culte catholique sera exercé sous la direction des archevêques et évêques dans leurs diocèses et sous celle des curés dans leurs paroisses. » C'est là une disposition canonique, reconnue, promulguée et sanctionnée par l'autorité civile. On dit, dans ce cas, que l'autorité civile *reconnaît* le droit de l'évêque et celui du curé. Ce serait une erreur, fort commune cependant, de dire qu'elle le leur *confère*, ou qu'elle le leur *attribue*, parce que l'évêque et le curé tiennent le droit dont il s'agit de la loi canonique et non de l'autorité civile. Celle-ci ne fait que le reconnaître, le promulguer et le sanctionner. L'effet de cette reconnaissance, de cette promulgation et de cette sanction est de rendre la disposition canonique civilement obligatoire pour les particuliers, qui doivent s'y conformer, et pour les magistrats de l'ordre administratif et de l'ordre judiciaire, qui doivent la faire observer et en réprimer les infractions.

Deuxième exemple. L'article 38 du décret du 30 décembre 1809 sur les fabriques est ainsi conçu : « Le nombre des vicaires habitués à chaque Eglise sera fixé par l'évêqne, après que les marguilliers en auront délibéré et que le conseil municipal de la commune aura donné son avis. » Cet article renferme deux dispositions : la premierè concerne le droit qui appartient à l'évêque de déterminer le nombre d'ecclésiastiques qu'il convient d'attacher à chaque Eglise ; la seconde concerne la procédure dont l'évêque doit faire précéder sa décision. La première est une disposition canonique reconnue et sanctionnée par l'autorité civile. On peut donc lui appliquer les observations que nous venons de faire au sujet de l'art. 9 de la loi du 18 germinal an x. La seconde disposition, bien que n'étant pas consacrée par le droit canonique, rentre néanmoins dans son esprit, qui veut que les parties intéressées soient préalablement entendues. Aussi NN. SS. les Evêques ne font-ils aucune difficulté d'adopter cette disposition et d'admettre le curé, les marguilliers et même les conseils municipaux de la circonscription paroissiale à émettre leurs observations, à moins qu'il ne soit pourvu aux frais de l'établissement du vicariat par une fondation particulière. C'est ainsi qu'une disposition civile, nulle ou irrégulière dans l'origine, peut devenir valide et régulière par le consentement exprès ou tacite de l'autorité ecclésiastique. Cette remarque peut s'appliquer à la plupart des dispositions du décret du 30 décembre 1809.

Troisième exemple. L'article 32 de ce décret porte : « Les prédicateurs seront nommés par les marguilliers à la pluralité des suffrages sur la présentation faite par le curé ou desservant. » Cette disposition n'est pas fondée sur le droit canonique. Dès lors elle manque de base et ne porte sur rien. Elle est un pur accident sans sujet et doit être considérée comme nulle et non avenue.

Quatrième exemple. Il en faut dire autant des décrets des 25 janvier, 10 mars, 23 avril, 11 et 31 mai, 1er juin, 12 août, 30 septembre 1807 et 3 août 1808, concernant diverses communautés ou congrégations religieuses de femmes et contenant une disposition ainsi conçue : « Toutes réclamations d'une ou de plusieurs sœurs de l'institution ci-dessus désignée contre des actes d'autorité de la supérieure générale, ou d'une des supérieures particulières, ou du conseil, ou contre des élections ou autres actes capitulaires, seront portées devant l'Evêque, lequel décidera. — Il y aura recours contre les décisions de l'Evêque devant le conseil d'Etat, en la forme prescrite par le règlement sur les affaires contentieuses, et le comité du contentieux en fera le rapport, après que notre ministre de la justice aura pris l'avis de notre ministre des cultes.

Le savant Macarel, dans son traité des tribunaux administratifs, p. 278, dit que les annales de la jurisprudence du conseil d'Etat n'offrent pas un seul exemple de recours exercé devant le conseil d'Etat en vertu de la disposition précitée contre les décisions des évêques. Cela n'est pas étonnant, car nos bonnes religieuses ne pourront jamais rien comprendre à un recours de cette nature. M. Macarel n'est pas entièrement satisfait de cette disposition, et il propose mieux encore; car il ajoute : « On conçoit au surplus les raisons qui ont pu faire *attribuer* à ces prélats cette juridiction contentieuse de première instance; mais elles ne nous semblent pas assez fortes pour la leur faire *conserver.* C'est une *choquante anomalie* de voir, dans l'ordre *civil*, des ministres de Dieu exercer un pouvoir temporel de cette nature. Il serait beaucoup plus régulier de remettre ce jugement à l'autorité des conseils de préfecture; on pourrait seulement les astreindre à ne jamais statuer avant d'avoir pris l'*avis* des évêques diocésains. » Et si l'évêque diocésain ne se prête pas à dicter ainsi la sentence à porter par l'autorité civile, que fera le conseil de préfecture? Il s'abstiendra sans doute, et c'est ce qu'il aura de mieux à faire. Au surplus, nos bonnes religieuses lui épargneront tout embarras à cet égard, comme elles l'ont épargné au conseil d'Etat, et continueront à tenir pour non avenue la disposition dont nous parlons. C'est à quoi s'expose le législateur dévoyé, lorsqu'il s'engage sur un terrain qui n'est pas le sien.

Cinquième exemple. Il faut ranger dans la même classe les divers règlements de l'autorité civile concernant le mode de nomination des aumôniers chargés de desservir les établissements publics. Ces règlements présentent une diversité singulière, qui prouve que chaque administration se croit le droit de réglementer à sa guise cette matière essentiellement ecclésiastique. Ainsi :

1º En ce qui concerne les lycées et les colléges; l'arrêté du 21 prairial an XI porte, art. 100 : « L'aumônier du lycée sera *désigné* par le proviseur et *nommé par l'évêque*. — L'ordonnance du 8 avril 1824 porte, article 2 : « Quant aux nominations des proviseurs, principaux, censeurs et *aumôniers* des colléges, elles continueront d'être faites par *le grand-maître*, conformément à l'article 1ᵉʳ de l'ordonnance du 1ᵉʳ juin 1822. »

2º En ce qui concerne les hospices : l'ordonnance du 31 octobre 1820 porte, article 18 : « Les aumôniers sont nommés par *les évêques diocésains, sur la présentation de trois candidats par les commissions administratives.* »

3º En ce qui concerne les prisons : l'arrêté du ministre de l'intérieur du 30 octobre 1841 porte, article 49 : « Un aumônier *nommé par le préfet, sur la proposition de l'évêque*, est attaché à chaque prison. » — D'après une lettre du ministre de l'intérieur du 18 décembre 1850, les aumôniers des maisons centrales de détention, de force et de correction, sont nommés par *le ministre de l'intérieur, sur la présentation d'un candidat faite par l'évêque au préfet*, qui transmet au ministre, *avec son avis*, la proposition du prélat. » — Le décret du 13 avril 1861, rendu sur le rapport du ministre de l'intérieur, porte, article 5 : « Ils (les préfets) nommeront directement, sans l'intervention du gouvernement, par addition à l'article 5 du décret du 25 mars 1852, aux fonctions et emplois suivants : 1º les membres des commissions de surveillance des maisons d'arrêt, de justice et de correction; les employés de ces établissements, *aumôniers*, médecins, gardiens-chefs et gardiens. »

4º En ce qui concerne l'hôtel impérial des invalides, le décret du 29 juin 1863 porte, relativement au service du culte, article 63 : « Le curé est nommé *par l'Empereur*, sur la présentation des *ministres de la guerre et des cultes*. — Les chapelains sont nommés par le *ministre de la guerre*, sur la présentation du *ministre des cultes*. »

On conçoit ce que deviendrait la hiérarchie ecclésiastique si elle était ainsi livrée à la réglementation des bureaux des administrations civiles. Ces règlements émanés de l'autorité civile, sans aucune participation de l'autorité ecclésiastique compétente, n'étant fondés sur aucune disposition canonique, doivent être considérés comme nuls et non avenus; mais ils ont le grave inconvénient de fausser les idées du public sur la constitution divine de l'Eglise, ainsi que sur les attributions du pouvoir séculier en ce qui concerne les matières ecclésiastiques.

Sous ce rapport, l'étude peu approfondie de la jurisprudence civile en ce qui regarde les matières religieuses n'est pas sans quelque danger, même pour le clergé. Aussi conseillons-nous, à ceux qui entreprennent cette étude, de contrôler avec le plus grand soin les dispositions émanées du pouvoir civil en les comparant avec celles du droit ecclésiastique concernant les mêmes matières.

Il est regrettable que les actes de l'autorité civile relatifs aux affaires ecclésiastiques ne soient pas toujours rédigés dans une forme particulière qui en fasse mieux connaître la nature et les effets. Examinons à ce point de vue la forme donnée à quelques actes de ce genre.

1º Les décrets concernant les érections de succursales sont ainsi formulés : « Napoléon, par la grâce de Dieu et la volonté nationale, à tous présents et avenir, salut. — Sur le rapport de notre ministre secrétaire d'Etat au département de la justice et des cultes; — Vu les articles 61 et 62 de la loi du 18 germinal an x; Vu les *propositions* de l'évêque de... et du préfet de...; avons décrété et décrétons ce qui suit : Article premier. Est érigée en succursale l'Eglise dénommée ci-après... — 2. Notre ministre secrétaire d'Etat au ministère de la justice et des cultes est chargé de l'exécution du présent décret, qui sera inséré au bulletin des lois. » Cette forme donnée au décret fait naturellement supposer : 1º que l'évêque et le préfet interviennent au même titre dans l'érection d'une succursale; ce qui n'est pas exact; 2º que l'intervention de l'évêque dans cette circonstance se borne à proposer l'érection au gouvernement, qui l'opère par son décret; et telle paraît si bien être la pensée du ministère des cultes lui-même, qu'il notifie aux évêques les décrets de cette nature par une lettre d'envoi ordinairement formulée en ces termes : « Monseigneur; j'ai l'honneur de vous adresser une ampliation du décret en date du... *qui érige en succursale* l'Eglise de... Je vous prie de vouloir bien assurer l'exécution de ce décret, en ce qui vous concerne, et de m'en accuser réception. » D'après le droit canonique, c'est à l'autorité ecclésiastique seule qu'il appartient d'ériger une paroisse. L'article 9 du concordat de 1801 porte à ce sujet : « Les évêques *feront* une nouvelle circonscription des paroisses de leurs diocèses, qui n'aura d'effet que d'après le *consentement* du gouvernement. » En admettant que cette disposition ne doive pas être limitée à la première circonscription générale, nous devons reconnaître que l'acte épiscopal qui érige une nouvelle paroisse est, quant à ses effets, subordonné au *consentement* du gouvernement. Celui-ci devrait donc, dans son décret, exprimer ce consentement et rien de plus.

2° Le décret du 16 août 1862 concernant la réunion de l'évêché de Nice à la métropole d'Aix porte : « Art. 1er. L'évêché de Nice, qui dépendait de la métropole de Gênes, en Piémont, *est réuni* à la métropole d'Aix. » Cette formule est analogue à celle employée au sujet des érections de succursales; mais celui du 20 décembre 1863 est plus explicite et porte : « Vu notre décret du 16 août 1862, *qui a réuni* l'évêché de Nice à la métropole d'Aix. » Le lecteur ne sera-t-il pas porté à en conclure que c'est l'autorité civile, et non l'autorité ecclésiastique, qui a opéré la réunion de l'évêché de Nice à la métropole d'Aix ?

La forme donnée aux actes de ce genre émanés de l'autorité civile en ce qui concerne les matières ecclésiastiques, est de nature, comme nous l'avons déjà dit, à induire le public en erreur et à fausser les idées. Il serait préférable de reproduire textuellement et intégralement la disposition canonique ou l'acte ecclésiastique qu'il s'agit de sanctionner et de l'accompagner de la formule d'une simple homologation.

C'est sous la forme d'une simple homologation qu'autrefois les règlements épiscopaux concernant l'administration des fabriques étaient, à la requête des prélats, rendus civilement exécutoires par les parlements. Nous citerons, comme exemples : 1° le règlement donné par Mgr l'évêque d'Orléans à la fabrique de St-Paterne d'Orléans le 15 décembre 1720 et homologué par arrêt du parlement le 13 août 1721; 2° le règlement donné également par Mgr l'évêque d'Orléans à la fabrique de Romorantin le 9 juin 1724 et homologué par arrêt du parlement le 16 avril 1725. Plus tard, dans la seconde moitié du 18e siècle, les parlements, qui s'étaient attribué un pouvoir réglementaire, supprimèrent la formule d'homologation et publièrent ces règlements ecclésiastiques comme émanés de leur propre autorité, sur la requête du ministère public. C'est ainsi qu'ils usurpèrent une attribution exercée jusque-là par l'autorité diocésaine. Tout pouvoir réglementaire ayant été retiré à l'autorité judiciaire par les lois révolutionnaires, il est devenu l'héritage du gouvernement, qui, sous ce rapport, s'est substitué aux parlements.

La forme donnée par le pouvoir civil aux actes législatifs ou réglementaires concernant les matières ecclésiastiques donne lieu à des inexactitudes et à des erreurs, dont les juristes du gouvernement s'emparent ensuite avec une ardeur souvent passionnée, pour en tirer des conséquences et en faire des applications, que l'Eglise ne peut accepter et qui deviennent une source intarissable de débats journaliers et de luttes séculaires, qui ne profitent qu'aux artisans du désordre et aux ennemis de la paix publique.

Un autre inconvénient plus grave encore de la forme donnée aux lois et décrets dont nous parlons, et auxquels nous donnons la qualification de *sanctionnels*, est d'exposer le gouvernement lui-même à dénaturer, peut-être à son insu, les dispositions canoniques et les actes ecclésiastiques qu'il se propose d'homologuer et de sanctionner. Nous citerons, pour exemple, le décret du 18 décembre 1858 relatif à l'établissement du nouveau chapitre de St-Denis. Ce décret substitue une constitution civile à une constitution canonique. Cette manière de procéder est pleine d'écueils et peut susciter des difficultés, qu'on éviterait en homologuant purement et simplement l'acte même de l'autorité ecclésiastique pour le rendre civilement exécutoire. Sous ce rapport, il nous semble qu'au lieu de traduire et de remanier, avec des additions et des suppressions, le bref apostolique du 31 mars 1857, comme on l'a fait dans le décret du 18 décembre 1858, il eut été préférable, à tous égards, de reproduire textuellement le bref lui-même et de le faire suivre de l'article 1er du décret du 17 juin 1857, portant : « Le bref donné à Rome le 31 mars 1857 par Sa Sainteté le Pape Pie IX et qui, sur notre demande, constitue canoniquement le chapitre impérial de St-Denis, est reçu et sera publié dans l'empire en la forme ordinaire. »

Si on compare le bref apostolique du 31 mars 1857 avec le décret impérial du 18 décembre 1858, on remarquera que ce dernier reproduit certaines dispositions du bref, mais qu'il en retranche et en ajoute d'autres, comme on le voit notamment dans les articles 7, 8, 9, 11 et 12.

En effet : 1º Le bref porte : « Comme il est nécessaire de pourvoir à l'administration spirituelle du chapitre, de l'église et desdites maisons impériales pour le temps où le primicériat viendrait à vaquer, soit par suite de décès, soit par toute autre cause légitime, nous mandons et ordonnons que, dans le délai de huit jours, les chanoines élisent, au suffrage secret, un vicaire capitulaire, qui recevra l'administration temporaire de ces mêmes lieux. — Si l'élection n'était pas faite dans le temps fixé, le droit d'élection sera dévolu pour cette fois à l'archevêque de Paris, qui désignera un membre du chapitre. » .

On voit que le bref ne subordonne en aucune sorte l'administration capitulaire à la nécessité d'obtenir pour l'administrateur l'agrément du chef de l'Etat. Le décret, au contraire, porte, dans son article 7 : « Si le primicériat vient à vaquer, soit par suite de décès, soit pour toute autre cause légitime, les chanoines élisent, dans le délai de huit jours, un vicaire capitulaire, qui recevra l'administration temporaire. — Si l'élection n'est pas faite dans le délai fixé, l'archevêque de Paris désigne un des membres du chapitre pour remplir les fonctions d'administrateur temporaire. — *Le vicaire capitulaire ou l'administrateur provisoire, ne peut entrer en fonction qu'avec notre agrément.* » Et si cèt agrément fait défaut, qu'adviendra-t-il ? Le rédacteur du décret ignorait sans doute que le chapitre qui a fait une première élection valide a épuisé son pouvoir et ne pourrait en faire une seconde.

2º Le bref porte : « Nous ordonnons que le *chapitre* ainsi canoniquement érigé par nous, dans l'année à partir de la date de nos présentes lettres, *dresse des statuts pour être ensuite soumis à l'examen du siége apostolique et recevoir la sanction nécessaire.* — Nous recevons et établissons sous notre tutelle particulière et celle de nos successeurs cette Eglise, le primicier, les chanoines et chapitre et tous ceux qui sont appelés à faire partie du chapitre, ainsi que toutes les personnes ecclésiastiques ou laïques attachées de fait au service de ladite Eglise ; *nous ordonnons qu'ils nous soient soumis à perpétuité, à Nous et au Siége apostolique, pour tout ce qui concerne le culte intérieur dans ladite église, les offices divins, la discipline du chœur, l'exécution des charges pieuses, le soin de la fabrique et la perception des revenus.* — Nous désignons et préposons le primicier de ce chapitre pour exercer en notre nom et par l'autorité du Siége apostolique, cette juridiction sur l'Eglise, sur le clergé et les personnes employées pour le service ; et nous ordonnons par nos présentes lettres que cette autorité lui soit dévolue comme une attribution de la dignité primicériale, aussitôt qu'il aura pris légitime possession de ladite dignité. »

C'est dans les statuts et règlements du chapitre que se détermine ce qui concerne la résidence, les absences, les vacances et le service du chœur et de l'église et nous venons de voir que d'après le bref les statuts doivent être dressés par le chapitre et être ensuite soumis à l'examen et à la sanction du St-Siége. A ces dispositions du bref,

le décret substitue les suivantes : Art. 8 « Ils (les chanoines-Evê-
ques) *ne sont pas astreints à la résidence. — 9. Les chanoines-prê-*
tres sont astreints à la résidence. *S'ils n'ont pas justifié dans les six*
mois de leur nomination qu'ils ont fixé leur résidence à St-Denis, ils
sont réputés démissionnaires et immédiatement remplacés. — Ils ne
peuvent prendre plus de trois mois de vacances et ne s'absentent
qu'avec l'agrément du primicier, qui en informe notre ministre des
cultes. — Il sera fait sur le traitement de ceux qui s'absenteront sans
autorisation une retenue, dont la quotité sera réglée, suivant le cas,
par une décision ministérielle. — 12. Le service de l'église et du cha-
pitre est réglé par le primicier, SOUS NOTRE APPROBATION. »

3º Le bref règle ainsi qu'il suit ce qui concerne les *insignes* du
chapitre : « Par nos présentes lettres, Nous déclarons donc canoniquement institué le chapitre de St-Denis ainsi composé. Nous lui
concédons et attribuons tous les droits, honneurs et prérogatives
des chapitres, avec des *insignes particuliers,* savoir : pour les chanoines du premier ordre, la soutane violette et le mantelet de même
couleur sur le rochet, avec la croix épiscopale sur la poitrine, et
une croix en or de moindre dimension, à huit pointes, portant au
centre l'effigie de Saint-Denis, évêque et martyr, suspendue au cou
par un ruban de soie violet avec liseret blanc; et pour les chanoines du second ordre, la soutane noire, avec bordure violette et
fourrure blanche, ainsi que la susdite croix d'or à huit pointes, portant au centre l'effigie de St-Denis, évêque et martyr, suspendue au
cou par un ruban de soie violet avec liseret blanc. »

A cette disposition du bref, l'article 11 du décret substitue cette
autre : « *Les insignes des chanoines de Saint-Denis* CONTINUENT *à être*
réglés par le décret du 9 mars 1853. » Or ce dernier est conçu ainsi
qu'il suit : « Napoléon par la grâce de Dieu et la volonté nationale,
Empereur des Français, à tous présents et à venir, salut. — Sur le
rapport de notre ministre secrétaire d'Etat au département de l'instruction publique et des cultes; — *Vu le décret du 20 février 1806,*
qui a fondé le chapitre impérial de Saint-Denis; — Vu l'ordonnance
du 23 décembre 1816; — *Vu la décision royale du 28 décembre de la*
même année, qui a fixé la forme de la croix que portent encore aujour-
d'hui, sur l'habit de chœur, les membres du chapitre; — *Vu l'avis de*
la commission des inscriptions et médailles de l'académie des inscrip-
tions et belles-lettres en date du 25 février dernier; — Considérant
que, dans le choix des ornements et des légendes de la croix du
chapitre impérial de Saint-Denis, il convient, en rappelant à la fois

l'antique institution et LA FONDATION IMPÉRIALE, de rattacher les temps anciens au temps présent, avons décrété et décrétons ce qui suit : — Art. 1er. La croix des chanoines du premier et du second ordre du chapitre impérial de Saint-Denis sera de la dimension de la croix actuelle, à huit pointes d'or, émaillées de blanc et de violet, portant quatre abeilles d'or dans les entre-croisillons et répétées dans le champ d'azur de l'écusson, qui conservera, mis en pal, le clou de la sainte-croix, dont l'antique abbaye fut jadis dépositaire. L'inscription placée autour de cet écusson sera celle-ci : *Capitulum imperiale sancti Dyonisii.* — 1806 ; — le second écusson, avec l'image de Saint-Denis, portera les deux inscriptions suivantes : en haut, *Vota pro Imperatore,* et en bas, *sepultura regum.* — 2. Cette croix sera suspendue à un ruban moiré violet clair, de 95 millimètres de largeur, portant une raie blanche sur les bords. En petite tenue, ce ruban pourra être remplacé par un cordon violet. — 3. Comme signe distinctif de leur qualité, lorsqu'ils sont en habit de ville, les chanoines du second ordre pourront porter au chapeau une torsade mi-partie de soie violette et d'argent, terminée par deux glands semblables. — 4. Le chapitre de St-Denis aura pour sceau trois abeilles d'or sur champ d'azur, avec le clou mis en pal et l'inscription : *Capitulum imperiale* sancti Dionysii. — 5. Notre ministre secrétaire d'Etat au département de l'instruction publique est chargé de l'exécution du présent décret. »

Le décret précité du 20 février 1806 avait établi et organisé le chapitre impérial de Saint-Denis sans aucune participation de l'autorité ecclésiastique. Cet établissement était donc anti-canonique et schismatique. « L'institution, depuis sa naissance, était, dit M. Jourdain, dans cette situation doublement anormale et périlleuse, d'être un établissement ecclésiastique, que l'Eglise n'avait pas reconnu et qui était soustrait à l'autorité de l'archevêque de Paris, bien qu'il fut enclavé dans son diocèse. Le pouvoir civil qui l'avait fondée avait pris sur lui de régler seul ses conditions d'existence, *en dehors de toute intervention officielle et avouée du pouvoir religieux.* » Budget des cultes en France depuis le concordat de 1801 jusqu'à nos jours (1859), p. 126.

L'inscription *capitulum imperiale sancti Dionysii,* 1806, rappelait donc ce décret du 20 février 1806, et l'acte schismatique qui avait établi et organisé, sans l'intervention de l'autorité ecclésiastique, le chapitre impérial de Saint-Denis. On conçoit dès lors les raisons qui avaient empêché le Saint-Siége de conserver et de sanctionner une inscription destinée à consacrer le souvenir de cette institution anti-canonique, et celles qu'avaient les archéologues consultés pour proposer au contraire de la maintenir et de la placer sur la poitrine des nouveaux chanoines de Saint-Denis.

C'est ainsi qu'en prétendant rendre civilement exécutoire le bref apostolique du 31 mars 1857, l'auteur du décret impérial du 18 décembre 1858 a réformé l'ordre établi par ce bref et a substitué une constitution civile à une constitution canonique.

Le mode d'homologation que nous proposons p. 223. aurait l'avantage : 1° d'empêcher qu'on ne se méprenne sur ce qui émane des deux autorités ; 2° de garantir leurs droits réciproques et leur liberté d'action, tout en cimentant leur union ; 3° de prévenir dans la législation et la jurisprudence des erreurs d'autant plus dangereuses qu'elles sont la source d'une infinité de contestations et de conflits toujours regrettables et souvent fort nuisibles à la bonne harmonie qu'il est si essentiel de maintenir entre deux autorités, dont le bon accord importe tant au bien des sociétés humaines.

Résumons en peu de mots notre sentiment sur cet important sujet :

Les dispositions législatives et réglementaires émanées du pouvoir séculier à l'égard des matières ecclésiastiques sont de sa compétence ou non.

Dans le premier cas, elles ont force de loi, si elles sont justes, et elles doivent obtenir une entière obéissance.

Dans le second cas, ou elles sont conformes au droit ecclésiastique, ou, sans lui être conformes, elles ne lui sont pas contraires, ou enfin elles lui sont opposées. Dans la première hypothèse, elles sont valables, non comme dispositions canoniques, mais comme sanction civile d'une disposition canonique ; dans la seconde hypothèse, elles n'acquerreraient de valeur que celle que leur donneraient le consentement et l'acceptation de l'autorité ecclésiastique compétente ; dans la troisième hypothèse, elles sont radicalement nulles et doivent être considérées comme non avenues en ce qui concerne l'Eglise ; mais les actes de l'autorité civile qui ne peuvent pas être invoqués contre l'Eglise, parce qu'ils ne sont pas conformes au droit canonique, peuvent être invoqués par l'Eglise contre l'autorité dont ils émanent.

C'est d'après ces principes qu'il faut apprécier les dispositions contenues dans les lois, édits, décrets, ordonnances, arrêtés et règlements, tant anciens que modernes, émanés de l'autorité civile relativement aux matières qui sont du domaine de l'autorité ecclésiastique. La meilleure forme à donner à ces actes nous semble être celle d'une simple homologation apposée à la suite du texte même de la disposition canonique ou de l'acte ecclésiastique auquel il s'agit de conférer la sanction civile.

C'est sous la réserve des observations qui précèdent que nous invoquons les dispositions législatives et réglementaires émanées du pouvoir civil en matières ecclésiastiques.

APPENDICE

APPENDICE

—

DOCUMENTS OFFICIELS

concernant la PERSONNALITÉ MORALE *et la* CAPACITÉ CIVILE
des DIOCÈSES, *des* PAROISSES *et des* ETABLISSEMENTS
DIOCÉSAINS *et* PAROISSIAUX.

Nous diviserons ces documents en deux paragraphes : le premier renfermera les documents concernant les *Diocèses* et les *Etablissements diocésains* ou qui ont un caractère de généralité qui les rend applicables à tous les *Etablissements ecclésiastiques* ; le second, ceux qui concernent plus spécialement les *Paroisses* et les établissements paroissiaux.

§ 1. — Documents concernant les **Diocèses** et les **Etablissements diocésains** ou qui ont un caractère de généralité qui les rend applicables à tous les **Etablissements ecclésiastiques.**

Nº I.

Bien que l'Institution des Prêtres auxiliaires d'un diocèse ne figure pas nommément parmi les Etablissements diocésains énumérés dans l'article 2 de l'ordonnance réglementaire du 2 avril 1817, elle doit être considérée comme une œuvre essentiellement diocésaine, et, à ce titre, elle est, dans chaque diocèse, légalement représentée par l'Evêque pour les divers actes de la vie civile, tels qu'acquisitions d'immeubles ou acceptations de libéralités. — Décision ministérielle du 8 novembre 1867.

MONSEIGNEUR, Dans une dépêche du 28 octobre dernier, vous exposez que vous avez cru devoir former un corps de prêtres auxiliaires, choisis parmi les ecclésiastiques de votre diocèse et destinés, soit à prêcher des stations d'Avent et de Carême, soit à remplacer temporairement les Curés ou desservants malades.

Votre Grandeur exprime le désir de leur assurer une résidence fixe et quelques rentes pour leur subsistance, avec l'aide de personnes bienfaisantes disposées à concourir à l'œuvre. Elle demande si une donation ou un legs d'immeubles et de rentes fait à l'Évêché de Tarbes, pour cette destination, serait susceptible d'autorisation.

Aux termes de l'article 3 de l'ordonnance réglementaire du 2 avril 1817 et d'après la jurisprudence du Conseil d'Etat, les Évêques sont appelés à recueillir les libéralités faites dans l'intérêt de leurs établissements diocésains, tels que leurs séminaires et écoles secondaires ecclésiastiques et les maisons ou caisses des prêtres âgés ou infirmes. Bien que non compris dans cette énumération, l'institution des prêtres auxiliaires est considérée par mon administration et par le Conseil d'Etat comme une œuvre essentiellement diocésaine. A ce titre, elle est représentée légalement dans les divers actes de la vie civile, acquisitions d'immeubles ou acceptations de libéralités, par les chefs du diocèse dans lequel elle est située,

Les donations ou legs, qui pourraient être faits à votre Évêché, Monseigneur, en faveur des prêtres auxiliaires, que vous avez institués, seront dès lors susceptibles d'approbation.

(Lettre, de M. le Ministre de la Justice et des Cultes, à Mgr l'Evêque de Tarbes.)

Nota. C'est le même principe qui a donné lieu à la création des *caisses ecclésiastiques* établies dans quelques diocèses en faveur des prêtres âgés ou infirmes du diocèse.

No II.

Aucune loi ne prohibe la fondation d'une école, sous la condition qu'elle sera dirigée par des religieux choisis et surveillés par l'Evêque du diocèse; par suite cette condition mise à un legs est licite; — Et si le conseil d'Etat refuse d'en autoriser l'exécution, le legs doit être déclaré caduc. — Arrêt de la Cour de Grenoble du 5 juillet 1869.

LA COUR ; — Attendu que, par testament du 12 nov. 1854, l'abbé Menuel a légué divers immeubles, situés sur Saint-Siméon-de-Bressieux, à l'Évêque de Grenoble, en sa qualité d'administrateur du diocèse, pour fonder à Saint-Siméon un établissement de frères Maristes ou de la doctrine chrétienne, ou tout autre de son choix, pour faire l'école aux jeunes gens garçons de la paroisse ; — Que, par ce même testament, il a encore légué à l'Évêque de Grenoble sa terre de Chassagne, pour fonder à Saint-Siméon une maison de sœurs institutrices de la Providence ou des Trinitaires, ou de toute autre congrégation à son choix ; — Que ses deux legs sont faits dans les conditions suivantes : 1° que les immeubles ne puissent être vendus, et que leurs revenus soient à perpétuité consacrés à l'entretien des frères et des sœurs destinés à faire l'école à Saint-Siméon ; 2° que les frères et sœurs feront réciter aux enfants, dans leurs écoles respectives, certaines prières, et célébrer dans l'église de Saint-Siméon des messes pour le repos de l'âme du testateur et de celles de ses parents ; 3° que les deux écoles ainsi fondées recevront gratuitement les enfants pauvres de Saint-Siméon qui seront désignés par le curé de la paroisse ; — Que, par une disposition finale de son testament, l'abbé Menuel déclare que si, par des motifs qu'il ne peut prévoir, ses légataires ne pouvaient devenir possesseurs des choses léguées, les biens légués deviendraient la propriété de son héritier institué, qui en disposerait comme de son bien propre ; — Attendu que, par décret rendu en conseil d'Etat, du 1er août 1864, l'Évêque de Grenoble, tant en son nom qu'au nom de ses successeurs, et le maire de Saint-Siméon, au nom de cette commune, ont été autorisés, chacun en ce qui le concerne, à accepter les deux legs ci-dessus sous les clauses et conditions imposées, à l'exception de celles relatives à l'inaliénabilité des immeubles légués, au choix et à la nomination des directeurs et des directrices des écoles projetées, clauses dont l'acceptation n'est pas autorisée ; — Qu'enfin, par un avis du 2 nov. 1866, le conseil d'Etat a décidé que c'était à la commune et non à l'Évêque qu'appartenait le droit d'administrer les immeubles légués, d'en percevoir les revenus et d'en garder les titres de propriété ; — Attendu qu'il résulte clairement des termes du testament et de la qualité ecclésiastique du testateur, qu'il a voulu faire deux fondations essentiellement religieuses dans leur but et dans leurs moyens ; que le but qu'il se proposait était de donner aux enfants pauvres de Saint-Siméon une instruction et une éducation chrétiennes ; que le moyen adopté par lui était de confier cette éducation à des personnes appartenant à une congrégation religieuse ; — Attendu que, pour réaliser ces intentions, le testateur avait placé sur la tête des Évêques successifs de Grenoble la propriété des immeubles dont le revenu était affecté à l'entretien de ses fondations,

et confié expressément à ces mêmes Évêques le choix des religieux
et religieuses chargés de faire l'école aux enfants de Saint-
Siméon ; — *Attendu qu'en enlevant aux Évêques le choix des directeurs et directrices des écoles fondées par l'abbé Menuel, ainsi que
l'administration des biens affectés à l'entretien de ces écoles, on n'a
pas tenu compte de la volonté expresse du testateur et l'on a
ouvert au profit de l'héritier institué une action en révocation de
legs ;* — Attendu que la commune oppose une fin de non-recevoir
fondée sur ce que, du vivant même de l'abbé Menuel, les écoles
dont il s'agit avaient été confiées à des religieux Maristes, et qu'aujourd'hui encore elles sont dirigées par des membres de la même
congrégation religieuse, mais que cette fin de non-recevoir ne
saurait être accueillie ; — qu'en effet et en premier lieu, il y a vio-
violation actuelle de la volonté du testateur, par le fait que la
gestion des biens donnés a été enlevée à l'Évêque pour être confiée
à la commune ; — Attendu, en second lieu, que, pour revendiquer
le bénéfice des legs dont il s'agit, la commune avait besoin d'être
autorisée, conformément à l'art. 910 c. nap. ; que le décret du 1er
août 1864 accorde, il est vrai, l'autorisation d'accepter les legs,
mais refuse l'autorisation d'accepter la clause relative au choix et à
la nomination des directeurs et directrices des écoles ; que, dès
lors, aux termes de l'art. 910 précité, les legs dont il s'agit n'ont pu
produire aucun effet au profit de la commune ;

Attendu que lesdits legs étant sans effet faute d'autorisation, la
commune ne peut invoquer son désir d'exécuter toutes les volontés
du testateur, et prétendre que cette inexécution lui est imposée par
une force majeure ; — Attendu que vainement il a été soutenu au
nom de la commune que les conditions des legs dont le décret du
1er août 1864 n'a pas autorisé l'acceptation étaient contraires aux
lois, et, partant, réputées non écrites, en vertu de l'art. 900 c. nap ;
qu'aucune loi d'ordre public ne prohibe la fondation d'une école,
sous la condition qu'elle sera dirigée par des religieux choisis et
surveillés par l'Évêque du diocèse ;

Attendu que si la loi du 15 mars 1850 dispose, dans son art 31,
que les instituteurs communaux sont nommés par le conseil municipal, la même loi autorise, par ses art. 17, 27 et suiv., l'établissement d'écoles libres, et qu'il suffit de se reporter à la discussion qui
a précédé le vote de la loi pour se convaincre que, dans les prévisions des législateurs, la plupart de ces écoles libres devaient être
placées sous la direction du clergé ; qu'en supposant que, comme

condition d'un legs fait au profit d'une école communale, le testateur ne puisse imposer des conditions relatives au choix et à la nomination des instituteurs, il faut admettre que, dans l'espèce, l'abbé Menuel avait en vue la fondation d'une école libre, placée sous la tutelle de l'autorité diocésaine ; — Attendu qu'il est inutile, après ce qui précède, d'examiner la question de savoir si la clause d'inaliénabilité des immeubles légués était contraire à la loi, et quelle est la conséquence du refus d'autoriser l'acceptation de cette clause ; — Par ces motifs, confirme.

Voyez le nota à la fin du nº V, page 12.

Nº III.

Les évêques ont capacité pour recevoir des libéralités destinées à la fondation, dans diverses paroisses de leurs diocèses, à leur choix, soit de prédications extraordinaires, soit de stations de l'avent ou du carême. — Décret du 4 mai 1870.

Un décret du 4 mai 1870 a autorisé l'Évêque d'Autun à accepter la donation faite à son Évêché par la demoiselle Durand, suivant acte notarié du 28 septembre 1859, et consistant en une somme de 4,500 francs, pour être placée en rentes sur l'Etat, dont les arrérages formeront un capital qui, tous les huit ans, devra servir à faire donner une *station* d'Avent ou de Carême dans trois églises pauvres du diocèse d'Autun, aux choix des Evêques successifs.

Nº IV.

Le décret autorisant un Etablissement ecclésiastique à accepter un legs conjointement avec un autre Etablissement public non dénommé au testament et sous certaines conditions, ne peut être attaquée pour excès de pouvoirs devant le conseil d'Etat, alors que ce décret a été rendu après l'accomplissement des formalités prescrites par les lois et réglements ; — MAIS il appartient à l'autorité judiciaire de déclarer que les conditions sous lesquelles le conseil d'Etat a autorisé l'acceptation de ce legs ne sont pas conformes à la volonté exprimée par le testateur et de décider s'il y a lieu, en conséquence, pour les héritiers, à se refuser à la délivrance du legs. — Arrêt du conseil d'Etat du 13 juillet 1870.

NAPOLÉON, etc. ; — Vu la requête par laquelle la fabrique de la paroisse de Vieil-Baugé expose que, par un testament olographe du 10 avr. 1856, le sieur Menoir de Langottière lui a légué : 1º une somme de 3,000 fr., destinée à l'achat d'une maison pour loger à perpétuité deux sœurs d'un ordre religieux quelconque chargées de soigner et visiter les malades pauvres et de faire gratuitement l'école aux petites filles pauvres de la paroisse, lesdites sœurs pouvant exiger une rétribution pour celles dont les parents auraient les moyens de la payer ; 2º une somme de 600 fr. destinée à l'acquisition du mobilier de cette maison ; 3º une somme de 8,000 fr., dont les intérêts devaient former un traitement pour chacune des deux sœurs ; — Que, par le même acte, le testament avait disposé que l'emploi de toutes ces sommes serait fait par les soins de la fabrique et du curé ; — Que, s'il cessait d'y avoir des sœurs dans la maison, la jouissance des objets légués reviendrait à la fabrique, et, à défaut de la fabrique, à la cure, et enfin, à défaut de l'une et de l'autre, aux pauvres de la paroisse ; — Qu'aussitôt que les sœurs pourraient être rétablies dans la paroisse, cette jouissance, déléguée à la fabrique, à la cure et aux pauvres, cesserait et reviendrait aux deux sœurs ; — Enfin, que ces deux sœurs seraient choisies par le curé et placées sous sa direction, et non sous celle de l'administration municipale ; — Que, par un décret du 18 nov. 1863, nous avons autorisé la fabrique, le maire et le bureau de bienfaisance de Vieil-Baugé à accepter les legs ci-dessus indiqués, et décidé : 1º que la somme de 8,000 fr. serait employée à l'achat d'une rente qui serait immatriculée au nom de la fabrique et de la commune ; 2º que cette autorisation n'était accordée qu'à la condition que les sœurs recevraient dans l'école les enfants pauvres sur la liste dressée en exécution de l'art. 45 de la loi du 15 mars 1850 ; 3º que la clause portant que les sœurs seraient au choix et sous la direction du curé n'était pas autorisée ; — Ladite requête... tendant à ce qu'il nous plaise rapporter le décret précité comme entaché d'excès de pouvoirs ;

... Considérant que la fabrique du Viel-Baugé nous ayant demandé, conformément à l'art. 910 c. nap. et à la loi du 2 janv. 1817, l'autorisation d'accepter les legs que le sieur Menoir de Langottière lui avait faits pour la fondation et l'entretien d'une école de filles, notre décret du 18 nov. 1863 n'a autorisé ladite fabrique à accepter ces legs que conjointement avec la commune et sous certaines conditions déterminées, notamment sous la condition que le titre de rente provenant dudit legs serait immatriculé aux noms de la fabrique et de la commune ; — Considérant que la fabrique ne conteste pas que ce décret ait été rendu après l'accomplissement des formalités prescrites par les lois et règlements ; que, dès lors, elle n'est pas recevable à l'attaquer devant nous pour excès de pouvoirs en vertu de la loi des 7-14 oct. 1790 ; — Que si les héritiers du sieur Menoir de Langottière entendent soutenir que les conditions sous lesquelles notre décret a autorisé la fabrique à accepter les legs de leur auteur ne sont pas conformes à la volonté exprimée dans son testament, c'est à l'autorité judiciaire seule qu'il appartient de connaître de leurs réclamations et de décider, par interprétation dudit testament, s'il y a lieu, pour les héritiers, de se refuser à la délivrance du legs :

Le pourvoi de la fabrique de Vieil-Baugé est rejeté.

Nota. — Cet arrêt a été suivi d'un arrêt de la Cour d'Angers du 23 mars 1871, que nous jugeons devoir reproduire ci-après n° 5.

N° V.

Il appartient à l'autorité judiciaire de rechercher si les conditions auxquelles un établissement public (une fabrique, dans l'espèce) a été autorisé à accepter un legs sont conformes aux intentions du disposant.

Un legs doit être déclaré caduc alors que le décret qui en autorise l'acceptation dispose qu'il sera accepté simultanément par l'établissement institué dans le testament (une fabrique) et par un autre établissement public non dénommé au testament, prescrit l'immatriculation du titre de rente acheté avec les sommes léguées au nom des deux établissements, et rejette, comme étant contraire à la loi, la clause par laquelle le testateur confie au curé le choix et la direction des institutrices chargées de l'école fondée avec le produit du legs. — Arrêt de la cour d'Angers du 23 mars 1871.

LA COUR ; — Attendu que le sieur de Langottière est mort en 1861, laissant un testament du 10 avr. 1856 et un codicile du 4 déc. 1856, par lesquels il léguait à la fabrique de l'église de la commune du Vieil-Baugé une maison et un capital de 8,600 fr. destinés à l'établissement, à l'acquisition du mobilier et à l'entretien de deux sœurs pour soigner les malades et instruire les enfants pauvres. — Attendu que le testateur a prescrit, comme condition

formelle de sa libéralité que l'emploi de toutes les sommes léguées
à la fabrique de la paroisse du Vieil-Baugé, sera fait par les soins
de la fabrique de son église et de son curé ; que les sœurs seront
choisies par le curé, seront sous sa direction et non sous celle
de l'administration municipale de la commune ; — Attendu que le
testateur, prévoyant le cas où la maison cesserait d'être habitée par
des sœurs. en transfère la jouissance, ainsi que celle du mobilier
et de la rente, à la fabrique ; à défaut de la fabrique, à la cure ; à
défaut de la cure et de la fabrique, aux pauvres de la paroisse du
Vieil-Baugé, à cette condition, toutefois, que, aussitôt que des
sœurs pourraient être établies, la jouissance déléguée à la fabrique,
à la cure et aux pauvres, reviendrait aux deux sœurs ; — Attendu
que la fabrique ayant demandé l'autorisation d'accepter ce legs, il
a été répondu à cette demande par un décret du conseil d'Etat du
18 nov. 1863, lequel autorise le trésorier de la fabrique de l'église
succursale du Vieil-Baugé, au nom de cet établissement, le maire
de Vieil-Baugé, au nom de cette commune, et le bureau de bienfaisance de cette localité, à accepter, chacun en ce qui le concerne,
et aux clauses et conditions imposées, le legs fait à cette fabrique ;
ordonne l'emploi des 8,600 fr. légués à l'achat d'une rente de 3 p.
100, laquelle sera immatriculée au nom de la fabrique et de la
commune du Vieil-Baugé ; soumet cette autorisation à la condition
que les sœurs qui dirigeront l'école y rcevront les enfants pauvres
de la commune sur la liste dressée en exécution de l'art. 45 L.
15 mars 1850, et enfin rejette, comme étant contraire à la loi, la
clause du testament précité de M. de Langottière portant que les
sœurs établies au Vieil-Baugé seront au choix et sous la direction
du curé de cette paroisse ; — Attendu que les héritiers de
Langottière ont, par citation du 2 mars 1867, appelé la fabrique
du Vieil-Baugé devant le tribunal d'Angers ; que la fabrique
a appelé la commune en cause, et que les héritiers de Langottière
ont conclu à ce que la fabrique fût tenue, dans un délai à impartir
par le tribunal, et sans l'intervention de la commune, à accepter le
legs, et à ce que, faute de cette acceptation par la fabrique, le legs
fût déclaré caduc ; — Attendu que, sur cette première instance, un
jugement du tribunal d'Angers, du 29 juill. 1867, a déclaré les
héritiers de Langottière mal fondés dans leur demande ; — Attendu
que, par autres citatations des mois d'avril, mai et juin, le maire
du Vieil-Baugé a appelé les héritiers de Langottière devant le
tribunal de Baugé, et a conclu contre eux à la délivrance du legs

dans les termes du décret d'autorisation, et que les héritiers de Langottière ont mis en cause la fabrique du Vieil-Baugé ; Attendu que, sur cette seconde instance, un jugement du tribunal de Baugé, du 12 août 1868, a fait délivrance du legs à la fabrique de l'église du Vieil-Baugé, conjointement avec le maire de la commune, dans les termes du décret du 18 nov. 1863, et a ordonné que la somme de 8.600 fr. sera employée à l'achat d'une rente 3 p. 100, laquelle sera immatriculée au nom de la fabrique et de la commune ; — Attendu que les héritiers de Langottière ont interjeté appel de ces deux jugements, et que ces deux appels donnent à juger la question de savoir si le décret d'autorisation a respecté la volonté du testateur, et si, dans le cas où cette volonté n'aurait pas été respectée, il appartient à la justice ordinaire de prononcer la caducité du legs ;

Attendu que l'autorité de la justice ordinaire n'est pas sérieusement constestée, et que cette autorité a été reconnue par le décret du conseil d'Etat du 13 juill. 1870, lequel déclare que, si les héritiers de Langottière entendent soutenir que les conditions sous lesquelles la fabrique a été autorisée à accepter le legs ne sont pas conformes à la volonté du testateur, c'est à l'autorité judiciaire qu'il appartient de connaître de leurs réclamations et de décider, par interprétation de ce testament, s'il y a lieu, pour les héritiers, à se refuser à la délivrance de ce legs ; — Attendu qu'il suffit de comparer les termes du testament avec les conditions imposées par le décret d'autorisation pour reconnaître que la volonté du testateur a été absolument méconnue par le décret, et que, à cette volonté clairement manifestée, le décret a substitué des dispositions destructives de cette volonté ; — *Attendu qu'il appartenait au conseil d'Etat d'accorder ou de refuser l'autorisation d'accepter le legs, mais qu'il ne pouvait lui appartenir d'en changer les conditions et de créer un testament arbitraire en remplacement de celui émané de la volonté du testateur ;* — Attendu que les héritiers de Langottière agissent en vertu d'un intérêt et d'un devoir : intérêt à réclamer les valeurs du legs non exécuté, devoir de faire respecter les intentions de leur auteur ; — Attendu qu'ils sont donc recevables dans leur demande de caducité du legs et bien fondés dans cette demande, puisque la fabrique de l'église du Vieil-Baugé se trouve dans l'impossibilité d'accepter le legs dans les conditions stipulées par le testateur ; — Par ces motifs, infirme les jugements dont est appel, déclare lesdits legs caducs, etc., etc.

Nota. — Cet arrêt et celui de la Cour de Grenoble du 5 juillet 1869 rapporté ci-dessus n° 2, paraissent avoir déterminé la commission provisoire qui a succédé à l'ancien conseil d'Etat et le conseil d'Etat actuel à réformer en cette matière la jurisprudence administrative de l'ancien conseil d'Etat, qui croyait pouvoir *modifier* les testaments et même *instituer des héritiers* contrairement aux intentions clairement manifestées par les testateurs, en attribuant, par exemple, aux *communes* et aux *bureaux de bienfaisance* des legs faits aux *fabriques* ou autres *Etablissements ecclésiastiques*. C'est par des abus et des déviations de cette nature que périssent les institutions les mieux établies.

N° VI.

Disposition testamentaire faite en faveur d'un diocèse pour l'établissement de *prédications extraordinaires dans des paroisses du diocèse au choix de l'Evéque; prédications communément désignées par les noms de* sermons, mission, retraite, stations *de l'Avent, du Caréme et autres solennités;* prédications solennelles *dans le sens des articles 50 de la loi du 18 germinal an X et 37 du décret du 30 décembre 1809.* — Décret du 6 mars 1872.

« L'Archevêque de Sens (Yonne), tant en son nom qu'au nom de ses successeurs, est autorisé à accepter le legs fait par le sieur Etienne Bernard, suivant son testament olographe du 4 juillet 1869, à l'archevêque de Sens ; ledit legs consistant dans la nue propriété de vingt actions des chemins de fer de l'Est, dont les arréages devront être employés, après l'extinction de l'usufruit, à des prédications extraordinaires dans le sens des articles 50 de la loi du 18 germinal an X, 32 et 37 du décret du 30 décembre 1809. »

N° VII.

Les Evéques ont capacité de recevoir, au nom de leur diocèse, des libéralités faites en faveur de leur séminaire diocésain *et des* prêtres âgés ou infirmes du diocèse. — Décret du 17 décembre 1872.

Art. 4. L'Evêque d'Autun (Saône-et-Loire), agissant tant au nom des Evêques successifs d'Autun qu'en celui des séminaires et des prêtres âgés ou infirmes de son *diocèse*, est autorisé à accepter, aux clauses et conditions imposées, le legs fait à l'Evêché d'Autun par ledit testateur (Guigne de Maisod), suivant son testament précité (en date du 3 janvier 1869) et consistant en un domaine situé sur le territoire de la commune de Davayé (Saône-et-Loire), contenant vingt-et-un hectares trente-huit ares trente-quatre centiares et estimé cent soixante-et-un mille six cent trente-six francs vingt centimes, à la charge d'employer le revenu de cet immeuble, savoir : un tiers aux besoins du séminaire et les deux autres tiers à secourir un certain nombre de prêtres âgés et infirmes.

Art. 5. L'Evêque de Saint-Claude (Jura), au nom des Evêques successifs de Saint-Claude, des séminaires et des prêtres âgés ou infirmes du diocèse, est autorisé à accepter, aux clauses et conditions imposées, le legs fait à l'Evêché de Saint-Claude par ledit testateur, suivant son testament précité et consistant en un domaine dit du *Faloux*, situé sur le territoire de Folliat et de Saint-Denis (Ain), contenant quarante-et-un hectares quatre-vingt-dix-huit ares cinquante-et-un centiares et estimé quatre-vingt mille francs, à la charge d'employer le revenu de cet immeuble, savoir : un tiers aux besoins du séminaire et les deux autres tiers au soulagement des prêtres âgés ou infirmes.

Nota. — Le même testament renfermait encore un legs de cent mille francs en faveur de l'Œuvre de la propagation de la foi, mais l'acceptation n'en a pas été autorisée, par le motif que cette Œuvre n'a pas d'existence légale en France. La solution eût, sans doute, été différente, si le legs avait été fait au *séminaire des missions étrangères* pour, le capital ou le revenu, être employé en faveur des *missions* ou des *missionnaires* entretenus par ce séminaire, qui est légalement reconnu comme établissement ecclésiastique capable de posséder.

N° VIII.

1° Les bureaux de bienfaisance ne sont pas les seuls établissements publics qui puissent recevoir des libéralités destinées au soulagement des pauvres, et le maire n'a mission d'accepter les dons et legs faits aux pauvres d'une commune qu'au cas où il s'agit de libéralités qui leur sont adressées sans autre détermination. — 2° Les établissements ecclésiastiques et religieux, et spécialement les fabriques d'église, ont capacité pour recevoir des legs et donations destinées aux pauvres et peuvent y être autorisés, sous la réserve des mesures à prescrire pour assurer la fidèle exécution de la volonté des testateurs et donateurs. — 3° Ainsi lesdits établissements peuvent être autorisés à accepter seuls et sans l'intervention des maires ou des bureaux de bienfaisance, les sommes ou autres objets mobiliers destinés à être distribués aux pauvres ; mais lorsqu'il s'agit d'une fondation dont les revenus seuls doivent être distribués, il convient d'autoriser le maire à accepter le bénéfice qui résulte de la libéralité en faveur des pauvres de la commune et d'ordonner qu'un duplicata du titre lui sera délivré, afin qu'il puisse, non pas exercer un contrôle sur l'emploi des revenus, mais s'assurer que le fonds ou capital de la fondation est conservé et que le revenu est toujours inscrit avec sa destination au budget annuel de l'établissement. — Dans tous les cas, l'établissement légataire ou donataire doit être autorisé à faire immatriculer le titre en son nom et à en conserver la garde. — Avis de principe délibéré et adopté par le Conseil d'Etat dans ses séances des 27 février et 16 mars 1873 ; avis sanctionné par décret du 22 mars 1873.

Le Conseil d'Etat, qui, sur le renvoi ordonné par M. le Ministre de l'Instruction publique, des Cultes et des Beaux-Arts, a pris connaissance d'un projet de décret tendant :

1° A autoriser le trésorier de la Fabrique de l'église succursale de Villegenon (Cher) et le maire de Villegenon, à défaut de bureau de bienfaisance, à accepter, chacun en ce qui le concerne, le legs fait à ladite Fabrique par le sieur Jean-Louis de Montmorant, suivant son testament olographe du 22 février 1783 et consistant en une somme de 1,200 livres, pour le revenu être employé au soulagement des pauvres de la paroisse par les soins du desservant ;

2° A prescrire que le produit de cette libéralité sera placé en rentes 3 pour cent sur l'Etat immatriculées au nom de la Fabrique et des pauvres, et que la garde du titre sera confiée au receveur municipal ;

3° A autoriser, dans la même forme, le trésorier de la Fabrique de l'église succursale de Santranges, et le maire de Santranges, à défaut de bureau de bienfaisance, à accepter le legs d'une somme de 800 livres fait à cette Fabrique par le sieur Jean-Louis de Montmorant par le même testament et aux mêmes conditions que le legs précédent ;

Vu le testament du sieur de Montmorant, en date du 22 février 1783 ;

Vu les dépêches et pièces comprises au dossier, notamment l'avis du Préfet du département du Cher, en date du 11 juillet 1870, et l'avis de l'Archevêque de Bourges, en date du 31 mars 1869 ;

Vu la loi du 7 frimaire an V, les lois des 20 ventôse et 16 vendémiaire an V, l'arrêté du 27 prairial an IX, les décrets des 12 juillet 1807 et 14 juillet 1812 ;

Vu les articles 910 et 937 du Code civil, la loi du 2 janvier 1817 ; les ordonnances du 2 avril 1817 et 14 janvier 1831, et la loi du 12 janvier 1849 ;

Vu la loi du 18 germinal an X, portant organisation du culte catholique et le décret du 30 décembre 1809 ;

Vu la loi du 18 germinal an X et le décret du 18 mars 1852, portant organisation des cultes protestants ;

Vu l'ordonnance royale du 25 mai 1844, portant réglement pour l'organisation du culte israélite ;

Vu les avis du Conseil d'Etat, en date des 4 mars 1841 et 30 décembre 1846 ;

Vu l'avis du 24 janvier 1863 ;

Considérant que la jurisprudence, dont le projet de décret propose de faire application aux legs laissés par le sieur de Montmorant aux Fabriques de Villegenon et de Santranges, pour les pauvres de ces deux paroisses, est fondée sur la pensée, d'une part, que les libéralités destinées à secourir les pauvres ne peuvent être acceptées et exécutées sans l'intervention du bureau de bienfaisance ou du maire de la commune ; d'autre part, que le soin de recueillir de telles libéralités n'entre pas dans les attributions légales des Fabriques ;

Considérant que ces principes ne sont écrits dans aucune disposition de loi ou de règlement ;

Sur le premier point :

Considérant, d'une part, que la loi du 7 frimaire an V, qui a créé les bureaux de bienfaisance pour recouvrer le droit des pauvres qu'elle établissait temporairement à l'entrée des théâtres, a seulement ajouté à cette mission le soin de diriger les travaux de charité ordonnés par l'autorité municipale, de recevoir les dons qui leur seraient offerts et de répartir les secours à domicile ;

Que l'article 937 du Code civil et l'ordonnance royale du 2 avril 1817 n'appellent également les bureaux de bienfaisance à accepter que les dons et legs qui leur sont adressés ;

Qu'à la vérité la loi du 20 ventôse an V, qui leur rendit applicable la loi du 16 vendémiaire précédent, l'arrêté du 27 prairial an IX et les décrets des 12 juillet 1807 et 14 juillet 1812, ont réparti entre eux et les hospices les biens non-aliénés des anciens établissements de bienfaisance qui secouraient les pauvres ou les malades ; mais qu'aucune de ces dispositions n'a prescrit qu'à l'avenir les bureaux de bienfaisance pourraient seuls, et à l'exclusion de tout autre établissement, recueillir des libéralités destinées au soulagement des pauvres ;

Considérant, d'autre part, que si l'article 937 du Code civil et l'ordonnance du 2 avril 1817 attribuent aux maires la mission d'accepter les dons et legs faits aux pauvres d'une commune, ces dispositions ont pour objet de donner aux pauvres un représentant légal pouvant accepter et administrer les libéralités qui leur sont adressées sans autre détermination ; mais qu'elles ne s'opposent nullement à ce qu'un autre établissement légalement reconnu puisse être autorisé à recueillir, si elles lui sont adressées directement, et à employer seul, si elles se rattachent à sa mission, des libéralités ayant une destination charitable ;

Sur le second point :

Considérant qu'il ne peut être contesté que sous l'ancien régime les Fabriques n'eussent les aumônes dans leurs attributions ;

Que, depuis l'an X, par une suite naturelle des anciennes traditions, l'usage s'est maintenu de quêter dans les églises pour les pauvres de la paroisse, et qu'un grand nombre de libéralités entre-vifs ou testamentaires sont journellement adressées aux Fabriques avec une destination charitable, pour être distribuées par le Curé ou le desservant ;

Que, pour démentir un état de choses fondé sur les considérations morales les plus élevées, et confirmé si unanimement par les mœurs publiques, il faudrait un texte qui interdit aux Fabriques de recueillir des offrandes pour les pauvres ;

Considérant que non-seulement une telle disposition n'existe dans aucune loi ni dans aucun règlement, mais qu'au contraire l'article 76 de la loi du 18 germinal an X et l'article 1er du décret du 30 décembre 1809 attribuent expressément aux Fabriques *l'administration des aumônes ;*

Que le mot *aumônes,* employé par le législateur avec son sens véritable et traditionnel, ne comprend pas seulement les offrandes qui sont destinées à pourvoir aux frais du culte, mais aussi celles qui sont destinées aux pauvres ; que l'interprétation donnée par

Portalis à la loi qu'il avait rédigée ne peut laisser à cet égard aucun doute ;

Qu'il résulte de ce qui précède qu'aucune loi ne s'oppose à ce que les Fabriques puissent recueillir *seules* des libéralités ayant une destination charitable ;

Considérant qu'il y a lieu de rechercher, dans chaque espèce, quelle a été l'intention du testateur et d'apprécier quelles sont les mesures à prescrire pour en mieux assurer la fidèle exécution ;

Que la Fabrique peut être autorisée à accepter *seule* et sans l'intervention du maire et du bureau de bienfaisance des sommes destinées à être distribuées aux pauvres par les soins des membres de la Fabrique ou du Curé ;

Que, s'il s'agit d'une fondation destinée à demeurer perpétuelle et dont les revenus seuls devront être distribués, il convient, tout en autorisant la Fabrique légataire à accepter le legs qui s'adresse à elle, à faire immatriculer le titre en son nom et à en conserver la garde, d'autoriser le maire à accepter le *bénéfice qui résulte du legs en faveur des pauvres de la commune*, et d'ordonner qu'un duplicata du titre lui sera délivré ; que cette mesure, sans lui donner le droit d'exercer un contrôle sur l'emploi que la Fabrique et le Curé feront des revenus mis à leur disposition, lui permettra de s'assurer dans l'avenir que le capital de la fondation est conservé, et que le revenu est toujours inscrit avec sa destination au budget annuel de la Fabrique ;

Considérant que les solutions qui viennent d'être indiquées doivent s'appliquer également aux consistoires des cultes protestants et aux conseils presbytéraux qui, aux termes de l'article 20 de la loi du 18 germinal an X, sont chargés de « veiller au maintien « de la discipline et à l'administration des deniers provenant des « aumônes, » et aux consistoires israélites, à qui l'ordonnance royale du 25 mai 1844 confère l'administration et la surveillance des établissements de charité spécialement destinés aux israélites ;

Est d'avis :

1º Sur la question de principe, qu'il convient d'adopter pour règle, à l'avenir, les observations qui précèdent ;

2º Qu'il y a lieu d'autoriser les deux Fabriques à accepter les legs du sieur de Montmorant, et à en placer le produit en rentes sur l'Etat immatriculées en leur nom, avec mention sur les inscriptions de la destination des arrérages ;

3º Qu'il y a lieu d'autoriser le maire de chaque commune à'

accepter le *bénéfiee* qui résulte pour les pauvres de ces deux fondations, et de prescrire qu'un duplicata de l'inscription de rente lui sera délivré.

Cet *avis* a été délibéré et adopté par le Conseil d'Etat dans ses séances des 27 février et 6 mars 1873.

. Suit le projet de *décret* ci-après au sujet duquel est intervenu cet avis.

Projet de décret tendant à l'acceptation des legs faits par le sieur de Montmorant aux fabriques des églises de Villegenon et de Santranges (Cher) par le soulagement des pauvres.

Le Président de la République française,

Sur le rapport du Ministre de l'Instruction publique, des Cultes et des Beaux-Arts ;

Vu le testament du sieur de Montmorant, en date du 22 février 1783 ;

Vu les pièces constatant que depuis plus de quatre-vingts ans les héritiers exécutent ses intentions ;

Vu les autres pièces produites en exécution des ordonnances des 2 avril 1817 et 14 janvier 1831 ;

Vu l'avis du Ministre de l'Intérieur ;

Le Conseil d'Etat entendu,

Décrète :

Art. 1er. — Le Trésorier de la Fabrique de l'église succursale de Villegenon (Cher) est autorisé à accepter aux clauses et conditions imposées, le legs fait à ladite Fabrique par le sieur Jean-Louis de Montmorant, suivant son testament olographe du 22 février 1783, et consistant en une somme de douze cents livres (1,200¹), pour le revenu être employé au soulagement des pauvres de la paroisse par les soins du desservant.

Le produit de cette libéralité sera placé en rentes sur l'Etat, au nom de la Fabrique de Villegenon. Mention sera faite sur l'inscription de la destination des arrérages.

Le maire de la commune de Villegenon est autorisé à accepter, au nom des pauvres de la commune, le *bénéfice* qui résulte en leur faveur de la fondation. Un duplicata de l'inscription de rente devra lui être délivré.

Art. 2. — Le Trésorier de la Fabrique de l'église succursale de Santranges (Cher) est autorisé à accepter, aux clauses et conditions imposées, le legs fait à ladite fabrique par le sieur Jean-Louis de

Montmorant, suivant son testament olographe du 22 février 1783, et consistant en une somme de huit cents livres (800[1]), pour le revenu être employé au soulagement des pauvres de la paroisse par les soins du desservant.

Le produit de ce legs sera placé en rentes sur l'Etat, au nom de la Fabrique de Santranges. Mention sera faite sur l'inscription de la destination des arrérages.

Le maire de la commune de Santranges est autorisé à accepter, au nom des pauvres de la commune, le *bénéfice* qui résulte en leur faveur de la fondation. Un duplicata de l'inscription de rente devra lui être délivré.

ART. 3. — Le Ministre de l'Instruction publique, des Cultes et des Beaux-Arts est chargé de l'exécution du présent décret.

Ce projet de décret, ainsi que l'avis qui l'a précédé, a été délibéré et adopté par le Conseil d'Etat, dans ses séances des 27 février et 6 mars 1873.

Le projet de décret, ainsi adopté par le Conseil d'Etat, a été communiqué par M. le Ministre des Cultes à M. le Ministre de l'Intérieur, qui, par dépêche du 18 mars 1873, y a adhéré dans les termes suivants :

« Ces modifications étant conformes à la nouvelle jurisprudence telle qu'elle résulte de l'avis de principe adopté par le Conseil d'Etat, dans sa séance du 6 mars dernier, d'accord avec mon administration, je ne puis que donner mon entière adhésion au nouveau projet de décret. »

En conséquence, M. le Ministre des Cultes a soumis le décret à la sanction de M. le Président de la République, qui l'a signé le 22 mars 1873.

Nous croyons devoir faire suivre cet avis du 6 mars 1873 par le rapport présenté à la commission provisoire chargée de remplacer l'ancien Conseil d'Etat par M. Le Vavasseur de Précourt, auditeur, sur l'avis et le projet de décret tendant à l'acceptation de ces legs de M. de Montmorant. Ce rapport, très-remarquable, est ainsi conçu :

Messieurs,

I.

Le sieur de Montmorant, décédé en 1789, a laissé un testament, daté du 22 février 1783, dans lequel se trouvent les dispositions suivantes :

« Je donne et lègue à la fabrique de la paroisse de Villegenon la somme de douze cents livres, une fois payée, laquelle somme de douze cents livres sera placée, soit sur le clergé, soit sur le roi, au denier le plus cher que faire se pourra ; le montant du revenu de ladite somme sera distribué tous les ans par le sieur curé de ladite paroisse, conjointement avec le procureur fabricien, aux pauvres de ladite paroisse et justice, et le procureur fabricien en rendra compte à toutes les visites que feront Messieurs les archidiacres. — Je donne et lègue à la Fabrique de la paroisse de Santranges la somme de huit cents livres, une. fois payée, aux mêmes conditions que pour la paroisse de Villegenon. »

Depuis près de quatre-vingts ans, les intérêts des sommes léguées par le sieur de Montmorant ont été régulièrement remis chaque année par ses héritiers aux autorités religieuses ; aujourd'hui encore le service de ces intérêts se fait sans difficultés. Néanmoins les Fabriques ont pensé qu'il serait de bonne administration de régulariser leur situation, et, à cet effet, de demander l'autorisation d'accepter, suivant les règles actuellement posées par la législation, les libéralités faites en leur faveur, et de placer en rentes sur l'Etat le capital qui leur serait versé par les héritiers du sieur de Montmorant, en exécution des intentions de leur auteur. Le ministre des cultes a fait procéder à l'instruction de cette affaire, conformément aux prescriptions des ordonnances des 2 avril 1817 et 14 janvier 1831 ; aucune opposition ne s'est produite, et le ministre a transmis à votre examen un projet de décret dont le dispositif est ainsi conçu :

« Art. 1er. Le trésorier de la Fabrique de l'église succursale de Villegenon (Cher) et le maire de Villegenon, à défaut de bureau de bienfaisance, sont autorisés à accepter, chacun en ce qui le concerne, aux clauses et conditions imposées, le legs fait à ladite Fabrique par le sieur Jean-Louis de Montmorant, suivant son testament olographe du 22 février 1783, et consistant en une somme de douze cents livres, pour le revenu être employé au soulagement des pauvres de la paroisse par les soins du desservant.

« Le produit de cette libéralité sera placé en rentes 3 0/0 sur l'Etat, au nom de la fabrique et des pauvres de Villegenon. Mention sera faite sur l'inscription de la destination des arrérages. La garde du titre sera confiée au receveur municipal. »

L'art. 2, relatif au legs fait à la Fabrique de l'église de Santranges, est conçu en termes analogues.

Ce projet de décret, dont la rédaction est conforme à la dernière jurisprudence du Conseil d'Etat, comprend trois dispositions distinctes :

1° *L'acceptation conjointe.* — L'établissement institué (la Fabrique) et le représentant légal des pauvres (le maire) sont autorisés conjointement à accepter la libéralité ;

2° *L'immatriculation conjointe.* — Le titre de rente, acheté avec le produit de la libéralité, est immatriculé au nom de la fabrique et des pauvres ;

3° *L'administration du legs confiée au représentant légal des pauvres.* — C'est au receveur municipal qu'est confiée la garde du titre ; c'est lui qui percevra les arrérages, c'est de lui que le desservant les recevra.

La jurisprudence, à laquelle se conforme le projet de décret, a toujours été, de la part des Evêques, des Fabriques et des autres établissements religieux, l'objet des plus vives attaques. Par cette jurisprudence, a-t-on dit, le Conseil d'Etat a outre-passé les droits de l'administration supérieure ; en effet, le pouvoir de l'administration, en cette matière, est de simple tutelle ; il se borne à accorder ou à refuser l'autorisation d'accepter les libéralités faites à des Fabriques ou autres établissements religieux ; il ne peut s'étendre jusqu'à attribuer, même pour partie, au bureau de bienfaisance ou autre représentant des pauvres, un legs fait exclusivement à une Fabrique. En procédant ainsi, le Conseil d'Etat scinde le droit de propriété, introduit un propriétaire nouveau, et, en remettant à ce propriétaire nouveau le titre de propriété, lui donne en quelque sorte la possession totale. La volonté du testateur se trouve ainsi profondément méconnue, et les héritiers peuvent se refuser à exécuter des legs que le Conseil d'Etat a ainsi interprétés. Des arrêts récents de Cours d'appel ont, dans des circonstances analogues, autorisé les héritiers à ne pas délivrer des legs et ont considéré ces legs comme caducs. La garde du titre confiée au receveur municipal, outre qu'elle amène des retards d'exécution, a, de plus, pour résultat de réduire le montant des revenus annuels des libéralités. En effet, le versement dans la caisse municipale des revenus ou arrérages annuels a pour effet d'attribuer au receveur les remises que lui accordent les ordonnances des 17 avril et 23 mai 1839 sur toutes recettes et dépenses qui ne constituent pas de simples conversions de valeurs ; les pauvres se trouvent donc ainsi privés de 4 0/0 environ du montant des sommes à distribuer (1).

---

(1) Cette remise, pour les sommes au-dessous de 5,000 francs, est de 2 p. 100, lors de l'entrée dans la caisse (recette), et de 2 p. 100 lors de la sortie de la caisse (dépense).

Ces objections sont sérieuses ; la section de législation et intérieur a dû les examiner avec le plus grand soin ; elle y était d'ailleurs sollicitée, dans l'affaire actuelle, par l'avis de l'archevêque de Bourges, en date du 31 mars 1866. Dans cet avis, l'archevêque de Bourges s'élève très-vivement contre la jurisprudence actuelle. « L'intention expresse du testateur, dit-il, a été de confier à la Fabrique le soin de distribuer les aumônes, par l'intermédiaire du curé, assisté du procureur fabricien ; d'ailleurs, le prêtre, dans sa paroisse, est, en raison de son ministère, le mieux à même de connaître les pauvres et d'apprécier surtout la misère des pauvres honteux. »

Deux systèmes se présentent tout d'abord à l'esprit dans cette question : l'un, qui, vis-à-vis des Fabriques, est un système de restriction absolue ; l'autre, qui est un système de liberté absolue. Nous analyserons d'abord brièvement ces deux systèmes ; nous exposerons ensuite le système mixte, qui cherche à concilier les principes d'ordre public et les règles administratives avec le respect dû à la volonté des disposants, et qui se subdivise lui-même en plusieurs systèmes, se distinguant entre eux par des différences importantes.

II.

Dans le premier de ces systèmes, on pose et on développe les deux principes suivants : 1° les Fabriques, consistoires et autres établissements religieux n'ont de capacité pour recevoir par dons ou legs que dans la limite des services qui leur sont confiés par les lois et décrets, et ne peuvent, en dehors de ces limites, invoquer leur qualité d'établissements publics pour recevoir des donations ou des legs ; 2° les pauvres ont un représentant légal, exclusif et officiel ; ce représentant est, suivant le cas, le maire ou le bureau de bienfaisance ; à Paris, c'est l'administration de l'Assistance publique. Cette représentation constitue un principe d'ordre public, et il ne peut appartenir à un testateur d'en restreindre l'application. On développe ainsi ces deux principes :

1° La loi du 18 germinal an X porte, art. 76 : « Il sera établi des Fabriques pour veiller à l'entretien et à la conservation des temples et à l'administration des aumônes. » L'article 1er du décret du 30 décembre 1809, reproduisant ce principe, énumère et limite de la façon suivante les attributions des Fabriques : « Les Fabriques, dont l'art. 76 de la loi du 18 germinal an X a ordonné l'établissement, sont chargées de veiller à l'entretien et à la conservation des temples, d'administrer les aumônes et les biens, rentes et perceptions autorisées par les lois et règlements, les sommes supplémentaires fournies par les communes, et généralement tous les fonds qui sont affectés à l'exercice du culte, afin d'assurer cet exercice et le maintien de sa dignité dans les églises auxquelles elles sont attachées, soit en réglant les dépenses qui y sont nécessaires, soit en assurant les moyens d'y pourvoir. »

Cette énumération est limitative; les Fabriques n'ont d'attributions que celles qui sont portées dans cet article, et qui toutes se réfèrent à l'entretien des temples et à l'exercice du culte; les aumônes, dont il est parlé en cet article, doivent s'entendre des aumônes faites pour l'entretien des temples ou l'exercice du culte. Cela résulte de la manière même dont ce mot, aumônes, est intercalé dans l'article, et aussi d'un article subséquent du même décret, l'art. 36, qui, en énumérant de quoi se composent les revenus des Fabriques, fait entrer dans ces revenus..... « 7° les quêtes faites pour les frais du culte, et 8° ce qui sera trouvé dans les troncs placés pour le même objet, et exclut par là même de ces revenus les quêtes qui seraient faites pour les pauvres, c'est-à-dire pour un service étranger aux attributions des Fabriques.

L'ordonnance du 2 avril 1817 est conçue dans le même esprit; l'art. 3 de cette ordonnance indique, en effet, limitativement, quels dons ou legs seront acceptés par les trésoriers des Fabriques; ce sont uniquement « ceux faits pour l'entretien des églises ou le service divin. »

2° Les pauvres ont un représentant légal, exclusif et officiel.

Une loi du 23 messidor an II avait décrété le retour au domaine de l'Etat des biens des hospices, hôpitaux, bureau de charité et autres établissements de bienfaisance; mais cette loi fut rapportée par celle du 16 vendémiaire an V, qui restitua ces biens aux établissements charitables; un arrêté consulaire du 27 prairial an IX réunit au domaine charitable les biens des anciennes corporations vouées au service des pauvres et ceux affectés à des œuvres de bienfaisance; cet arrêté montre d'une manière évidente qu'on voulait remettre à une seule autorité et à une autorité laïque l'admininistration de tous les biens affectés au service des pauvres.

L'art. 937 du Code civil porte que : les donations faites au profit d'hospices. des pauvres d'une commune ou d'établissements d'utilité publique, seront acceptées par les administrateurs de ces communes ou établissements, après y avoir été dûment autorisés. » Un décret du 12 juillet 1807 réunit au domaine des pauvres des biens qui se trouvaient, avec une destination charitable, entre les mains d'une corporation d'artisans. Partout se manifeste la volonté de donner aux pauvres un représentant officiel et unique; enfin l'ordonnance précitée du 2 avril 1817 porte en termes exprès : « Les libéralités qui seront faites pour le soulagement et l'instruction des pauvres de la commune seront acceptées par les maires. » Ainsi, en principe, les libéralités faites pour les pauvres sont acceptées par les maires; mais, souvent, le soin de gérer les biens des pauvres de la commune est déféré à un bureau de bienfaisance; dans ce cas, le trésorier du bureau de bienfaisance accepte, au lieu et place du maire, les libéralités faites en faveur des pauvres. A Paris, l'administration de l'Assistance publique représente les pauvres, administre leurs biens, et c'est son directeur qui accepte les libéralités faites en leur faveur; cette administration est régie par la loi d'organisation du 10 janvier 1849.

Ainsi, la loi est formelle : les pauvres ont un représentant exclusif et officiel qui administre leurs biens; la réunion en une seule main, dans chaque commune, du domaine charitable, assure à ce domaine une bonne administration.

De plus, si l'on permettait aux établissements religieux de recueillir et d'administrer des biens pour les pauvres, on arriverait peu à peu à reconstituer en leur faveur une main-morte redoutable. S'il n'y a aucun inconvénient à permettre à un testateur de désigner une personne déterminée pour être l'agent de sa libéralité et en distribuer les revenus aux pauvres, parce que, à la mort de cette personne déterminée, l'administration du bien légué retournera au représentant légal des pauvres, il serait au contraire très-dangereux de lui permettre de choisir pour agent de sa libéralité, non plus une personne déterminée et destinée à disparaître, mais un établissement comme une Fabrique, qui, à moins d'événements extraordinaires, doit avoir une existence perpétuelle; ce serait à jamais enlever au représentant des pauvres l'administration d'un bien dont les revenus sont attribués au soulagement de ceux-ci.

Ce système, qui s'appuie à la fois sur la loi et sur de hautes considérations politiques, s'appuie aussi sur l'ancienne jurisprudence du Conseil d'Etat. Le Conseil d'Etat a souvent appliqué les principes que nous venons de reproduire, et il a consacré ces principes, dans les termes les plus explicites, dans un avis du 15 février 1837, rendu sur le rapport de M. Vuillefroy. Le Conseil d'Etat, après avoir déclaré que les pauvres étaient représentés par les maires ou les bureaux de bienfaisance, et qu'il n'appartenait pas aux testateurs de modifier à leur gré les règles administratives et de conférer le droit de représenter les pauvres à des Fabriques ou consistoires qui ont des attributions limitativement énoncées par la loi, déclare que les bureaux de bienfaisance doivent seuls accepter les libéralités faites en faveur des pauvres ; si la libéralité s'applique aux pauvres de plusieurs communes, le préfet intervient pour l'accepter ; si elle s'applique aux pauvres de plusieurs départements, c'est au Ministre de l'Intérieur qu'il appartient de l'accepter.

Dans un avis postérieur, 12 avril 1837, rendu sur une question un peu différente de celle que nous examinons, le Conseil d'Etat a encore reconnu, d'une façon formelle, que les Fabriques n'étaient aptes à recevoir que dans la limite des services qui leur étaient conférés par les lois et décrets, et a pensé qu'il n'y avait pas lieu d'autoriser une Fabrique à accepter une donation qui lui avait été faite à la charge de fonder et d'entretenir une école.

III.

Le second système, que nous allons maintenant brièvement exposer, est absolu comme le premier, mais dans un sens opposé ; il reconnaît aux Fabriques, consistoires et autres établissements religieux légalement établis, le droit de recevoir des libéralités, quelles qu'en soient les conditions, pourvu qu'elles ne soient pas illicites et contraires aux mœurs, et spécialement le droit d'accepter *seuls* et d'administrer seuls les libéralités qui leur sont faites pour le soulagement des pauvres. Si un arrêté consulaire du 27 prairial an IX, disent les partisans de ce système, réunit au domaine des bureaux de charité certains biens affectés au service des pauvres et appartenant jadis à des établissements religieux, il n'y a là rien que de très-naturel ; cet arrêté, en effet, est antérieur au Concordat et aux articles organiques, c'est-à-dire antérieur à l'époque où l'existence légale a été rendue aux Fabriques, consistoires, etc. Mais, dès le Concordat, l'intention du législateur de rendre aux établissements leurs anciennes attributions, sans limitations nouvelles autres que celles nécessitées par des principes d'ordre public, se manifestent clairement. L'art. 76 des articles organiques de la convention du 26 messidor an IX est ainsi conçu : « Il sera établi des « Fabriques pour veiller à l'entretien et à la conservation des « temples et à l'administration des aumônes. » Doit-on dire qu'il ne s'agit ici que des aumônes offertes pour les frais du culte et l'entretien des temples? Rien n'établit cette limitation au sens général du mot : « aumônes, » et, dans un rapport à l'empereur, daté du 16 avril 1806, Portalis exprime l'opinion que le mot « aumônes » doit être entendu dans un sens général : « Il est évident, dit Portalis, que le législateur a très-bien distingué, dans l'art. 76, le soin de l'entretien et de la conservation des temples d'avec l'administration des aumônes. Ce sont là deux choses que l'on ne peut identifier quand la loi les sépare. J'en atteste l'histoire de tous les temps : les Fabriques ont toujours été en possession de recevoir les aumônes et de les administrer : la religion a été la première amie des pauvres, et il est impossible de méconnaître tout ce que l'humanité lui doit. » Il serait superflu de faire remarquer l'importance de l'opinion de Portalis en une telle matière.

Au surplus, quand bien même le droit d'administrer des aumônes pour les pauvres n'aurait pas été donné explicitement aux Fabriques, les Fabriques tireraient ce droit de la capacité générale à posséder qui leur est reconnue par la loi. Que dit, en effet, la loi du 2 janvier 1817, art. 1er? « Tout établissement ecclésiastique reconnu par la loi pourra accepter, avec l'autorisation du roi, tous les biens meubles, immeubles ou rentes qui lui seront donnés par actes entre-vifs ou par actes de dernière volonté. » Aucune limitation n'est apportée à la capacité pour recevoir des établissements religieux ; les conditions illicites sont, il est vrai, toujours prohibées ; mais oserait-on dire que c'est une condition illicite, celle qui consiste à confier à une Fabrique le soin de secourir les pauvres? Que dit maintenant l'ordonnance du 2 avril 1817, article 3? « L'acceptation des dons et legs sera faite par les trésoriers des Fabriques, lorsque les donateurs ou testateurs auront disposé en faveur des Fabriques ou pour l'entretien des églises et le service divin. » Quoi de plus clair que cet article! Les trésoriers des Fabriques seront appelés à accepter les dons et legs dans deux cas : 1o lorsque ces dons ou legs seront faits pour l'entretien des églises ou le service divin, quand bien même, dans ces cas, les Fabriques ne seraient pas nommées ; 2o lorsque les dons et legs seront faits aux Fabriques, quelle que soit, dans ce cas, l'affectation de ces dons et legs. Ainsi, les Fabriques pourront accepter des libéralités, à la charge de secourir les pauvres ou à la charge de fonder des écoles, en se conformant aux lois existantes. Sur ce dernier point, M. Guizot, Ministre de l'Instruction publique, s'exprimait ainsi en donnant son avis sur

l'affaire qui fit l'objet de l'avis précité du Conseil d'Etat du
12 avril 1837 : « Je ne vois, dans l'intérêt de mon ministère,
aucune difficulté à ce que les Fabriques soient autorisées à accepter
les libéralités qui ont pour objet le service de l'instruction publique.
C'est la religion qui inspire les donations qui se font assez fréquemment aux Fabriques catholiques et aux consistoires des cultes dissidents, à la charge de fonder et d'entretenir les écoles. L'autorité
doit protection et encouragement à ces dispositions, qui assurent
l'instruction publique primaire par la double surveillance de la
Fabrique et de la commune, du pasteur et du maire. »

D'ailleurs, en ce qui concerne les cultes non catholiques, la loi,
en cette matière, semble très-explicite. Les églises protestantes sont
chargées, par les articles organiques, de veiller à la discipline, dans
laquelle aucun changement ne peut être apporté sans l'autorisation
du gouvernement. Or, il est reconnu que le mot *discipline* a un sens
très-étendu : la discipline, c'est la charte de l'Eglise réformée,
adoptée au seizième siècle après avoir été discutée dans les synodes;
elle comprend le droit de fonder des écoles pour y expliquer et y
interpréter la Bible, le devoir d'assister les pauvres. Pour le culte
israélite, l'ordonnance du 25 avril 1844 porte, article 19 : « Le consistoire a l'administration et la police des temples de sa circonscription et des établissements et associations pieuses qui s'y rattachent. » Ne reconnaît-on pas par là aux consistoires le droit de
s'occuper du soin pieux de secourir les pauvres, et peut-on refuser
aux églises catholiques ce qu'on accorde ainsi aux églises non catholiques?

Mais, dira-t-on, on va créér à nouveau la main-morte; on va, en
permettant aux Fabriques de recevoir des libéralités pour les
pauvres, leur donner une fortune considérable et dangereuse. Le
danger, en pratique, est bien chimérique et imaginaire; mais
admettons qu'il existe : n'a-t-on pas le remède à côté du mal? Le
gouvernement a toujours le droit de refuser aux établissements institués l'autorisation d'accepter les libéralités faites en leur faveur ou
de ne les autoriser à accepter que pour partie; s'il y a un danger
quelconque à voir grandir la fortune d'un établissement, le gouvernement, en usant de son droit, le préviendra facilement.

Il ne nous reste plus qu'à expliquer comment, dans le système
que nous exposons, on entend les dispositions législatives qui
chargent les maires ou les bureaux de bienfaisance du soin de
représenter les pauvres. C'est là, dit-on, une représentation officielle,

mais non exclusive. Toutes les fois que le testateur ou donateur a légué ou donné aux pauvres, sans indiquer quel doit être l'agent de sa libéralité, les pauvres ont un représentant officiel : c'est celui qui leur attribue la loi. Toutes les fois que le testateur ou donateur a désigné une personne ou un établissement pour être l'agent de sa libéralité, le représentant officiel des pauvres disparaît pour faire place à celui désigné par le testateur ou donateur. Ces principes se rattachent à une théorie qu'il est nécessaire d'exposer en quelques mots. Les attributions des établissements publics sont de deux sortes : les unes sont de telle nature qu'elles ne peuvent être exercées que par l'établissement qui en a le droit à l'exclusion de tout autre. Ainsi, le droit de tenir les registres de l'état civil, le droit d'administrer les biens de la commune, voilà des attributions exclusives de l'administration municipale, que nul autre établissement public ne peut exercer, et qu'un testateur ou donateur ne peut, dès lors, attribuer à un autre établissement. Les autres attributions sont celles qu'exerce un établissement public, non pas exclusivement, mais officiellement. Par exemple, une commune a le droit d'établir une école, mais ce n'est pas là une attribution exclusive. Tout Français, toute congrégation, pourra, dans les conditions requises, fonder une école dans la même commune. Autre exemple : les bureaux de bienfaisance ont le droit légal d'exercer la charité, mais ce droit n'exclut pas la charité particulière, n'enlève pas ce qui est le droit de chacun, le droit de faire l'aumône. Pourquoi donc refuserait-on à un établissement légalement établi, et soumis à la tutelle et à la surveillance de l'Etat, le droit de faire ce que peut faire tout le monde?

IV.

Nous avons maintenant à exposer le système mixte, qui se subdivise lui-même en plusieurs systèmes, qui ont été successivement adoptés par la jurisprudence du Conseil d'Etat. On part de ce principe que ni l'un ni l'autre des deux systèmes ci-dessus exposés ne s'appuie sur des textes irréfutables, que les partisans de la première opinion ne citent aucune disposition législative précise, donnant à l'autorité civile les attributions exclusives qu'on veut lui attribuer, et que les partisans de la seconde opinion ne citent, de leur côté, aucun texte précis accordant aux établissements religieux, soit une capacité générale pour recevoir les dons et legs qui leur sont faits, quelles que soient les conditions imposées, soit une capacité spé-

ciale pour recevoir les dons et legs qui leur sont faits pour le service des pauvres, service dont aucune disposition législative n'attribue la direction à ces établissements. Ce principe une fois admis,
on recherche quel est le meilleur moyen de concilier ces deux systèmes extrêmes et absolus; la solution à laquelle on est arrivé, et
qui ne serait qu'un expédient illégal si l'un ou l'autre de ces deux
systèmes trouvait dans la loi une confirmation formelle, peut être,
au contraire, en l'absence de cette confirmation légale, une solution
utile et heureuse.

Il y a deux principes à concilier. Le premier, c'est le respect qui
est dû à la volonté des donateurs ou testateurs ; il n'appartient pas
au gouvernement d'altérer cette volonté en voulant l'interpréter.
Le second, c'est le droit qui appartient à l'autorité dans les attributions de laquelle rentre le service auquel doit profiter la libéralité,
par exemple, dans l'espèce, l'autorité que la loi charge du service
des pauvres. Quelle est la nature de ce droit? Ici des divergences
peuvent s'élever, mais on est d'accord pour reconnaître que ce droit
existe, et que le représentant légal des pauvres, s'il n'a pas, pour
tout ce qui concerne les pauvres, des attributions exclusives, a du
moins toujours le droit d'intervenir, toutes les fois que le service
des pauvres, dont la loi l'a chargé, est intéressé d'une manière
quelconque. Ces principes admis, nous n'avons plus qu'à exposer
quelles conséquences la jurisprudence en a successivement tirées.

Nous avons vu qu'en 1837, le Conseil d'Etat avait adopté un système absolu qui reconnaissait aux maires et aux bureaux de bienfaisance le droit exclusif de représenter les pauvres. Les inconvénients de ce système se firent rapidement sentir, et le Conseil d'Etat
chercha, dès ce moment, une solution qui permît de concilier les
intérêts opposés qui étaient en cause. Cette solution, il la donna
dans un avis célèbre du 4 mars 1841, rendu sur le rapport de
M. Marcarel. La question se posait ainsi en termes généraux : « Comment doit-on procéder, lorsqu'une libéralité est faite à un établissement capable de recevoir, par exemple, à une Fabrique, sous condition d'une fondation ou d'un service qui sont dans les attributions
d'un autre établissement également capable de recevoir, par
exemple, si une libéralité est faite à une Fabrique, à la charge,
soit de secourir les pauvres, soit de fonder une école, service qui
rentre, dans le premier cas, dans les attributions du bureau de
bienfaisance, dans le second cas, dans celles de la commune? »
D'un côté, l'établissement dans lequel rentrait le service ou la fon-

dation imposés, le bureau de bienfaisance ou la commune, ne pouvait, disait le Conseil d'Etat, être exclusivement autorisé à accepter, puisqu'il n'était pas institué par le testateur (1) ; d'un autre côté, l'établissement institué, la Fabrique, ne pouvait être exclusivement autorisé à accepter, puisque l'accomplissement de la condition était hors des limites des services qui lui étaient confiés par la loi. De plus, la libéralité, faite dans ces conditions, avait presque toujours un caractère d'utilité publique, et le défaut d'acceptation aurait eu pour effet de nuire à l'intérêt général, en même temps qu'il empêchait l'exécution de la volonté du disposant. Dans cette situation, le Conseil d'Etat estimait qu'il y avait lieu d'autoriser simultanément à accepter l'établissement institué et celui dans les attributions duquel rentrait le service qui devait profiter de cette libéralité. Le disposant n'aurait pas pu exiger que la condition fût accomplie uniquement par l'établissement institué; une disposition faite dans ce sens serait réputée non écrite, comme contraire aux lois. De cette façon, par cette acceptation conjointe, le Conseil d'Etat pensait qu'on satisfaisait à la fois aux règles administratives et au respect dû à la volonté du disposant.

Quelles étaient les conséquences de cette acceptation conjointe ? Sous quel nom devait être immatriculé le titre de rente acheté avec le produit de la libéralité? Qui devait administrer le bien légué ? L'avis du 4 mars était muet sur ces deux points. Un avis du 30 décembre 1846 (rapporteur M. de Montesquiou) donna l'interprétation suivante à l'avis Macarel. La question soumise au Conseil d'Etat était celle de savoir au nom de qui devait être inscrite une rente achetée avec le produit d'un legs fait à une communauté religieuse, dans l'intérêt des pauvres. C'était bien l'hypothèse de l'affaire actuelle.

Le mode de l'acceptation conjointe de la libéralité par le bureau de bienfaisance et la communauté légataire n'a été adopté, en 1841, dit le Conseil d'Etat, dans son avis du 30 décembre 1846, que parce qu'il a paru convenable de faire surveiller par le représentant légal

---

(1) Il est utile de remarquer que l'avis Macarel ne prévoyait que le cas d'un legs, et laissait de côté le cas où il se serait agi d'une donation ; c'est que, pour une donation, on pouvait éviter les difficultés, en la soumettant de nouveau au donateur et en faisant insérer dans l'acte le nom de l'établissement chargé de pourvoir au service auquel devait profiter la donation.

des pauvres, quoiqu'il ne fût pas institué, l'emploi d'une libéralité destinée à leur soulagement; mais on n'a pas entendu transporter au bureau de bienfaisance, même par partie, les droits de propriété qui résultent pour la communauté légataire des termes du testament. On ne pourrait, sans porter atteinte à ces droits, faire intervenir nominativement le bureau de bienfaisance dans l'acquisition d'une rente achetée avec le produit de cette libéralité; il convient seulement de demander au bureau de bienfaisance, représentant légal des pauvres, son avis dans l'instruction qui précède l'autorisation à acceptation de la libéralité; de plus, pour conserver la trace de la destination de cette libéralité, et pour assurer au représentant légal des pauvres son droit de surveillance sur l'exécution de cette libéralité, il y a lieu de décider que mention sera faite, sur l'inscription, de l'origine et de la destination des arrérages.

Ainsi, d'après l'avis de 1846, il résultait de l'acceptation conjointe de la libéralité par le représentant légal des pauvres et par l'établissement institué un double droit : droit de propriété pour l'établissement institué, droit de surveillance seulement pour le représentant des pauvres. Le titre de propriété appartenait exclusivement à l'établissement institué, et cet établissement étant seul propriétaire, il avait évidemment, sans qu'il fût besoin de le dire expressément, la garde du titre.

Nous devons avouer que cette conséquence, que le Conseil d'Etat tire en 1846 de l'avis Macarel, ne semble pas très-logique, et on comprend difficilement que deux établissements, autorisés conjointement, et dans des termes identiques, à accepter la même libéralité, firent de cette autorisation conjointe deux droits si différents, l'un un droit de propriété, l'autre un simple droit de contrôle. Aussi, si on voulait revenir à la jurisprudence de l'avis de 1846, il y aurait, croyons-nous, à faire une innovation. Il faudrait recourir non plus à une acceptation conjointe, mais à deux acceptations distinctes. Par un premier article, l'établissement institué serait seul autorisé à accepter la libéralité, dont il serait seul propriétaire; par un second article, le représentant légal des pauvres serait autorisé à accepter le bénéfice résultant pour lui du legs et de la donation, bénéfice qui se réduit à son droit de contrôle ou de surveillance. Il n'y aurait, dès lors, rien que de très-naturel à ce que deux acceptations distinctes et faites par des dispositions séparées produisissent des effets différents.

V.

L'avis du 4 mars 1841, interprété par celui du 30 décembre 1846, servit de base à la jurisprudence jusqu'en 1863. A Paris seulement, les principes de ces avis ne furent pas appliqués; à Paris, en effet, l'administration de l'Assistance publique était puissamment organisée; il paraissait utile de centraliser entre les mains de cette administration tout ce qui concernait les pauvres, et non-seulement on la faisait intervenir dans tous les dons et legs concernant les pauvres de Paris, mais on la chargeait d'administrer ces dons et legs et de garder les titres de rente, dont les arrérages étaient distribués aux pauvres, quand bien même les testateurs ou donateurs auraient institué d'autres établissements. C'est ainsi qu'en 1863, l'administration de l'Assistance publique était détentrice de 150 inscriptions de rentes provenant de dons et legs faits en faveur des pauvres à divers établissements religieux, et produisant un revenu annuel de 36,111 fr. 50 cent. Sur ce revenu, 21,126 fr. 50 c. provenaient de dons ou legs faits à des curés; 5,199 fr., de dons ou legs faits à des Fabriques; 3,670 fr., de dons ou legs faits aux consistoires protestants; 1,602 fr., de dons ou legs faits au consistoire israélite; le reste, de dons ou legs faits à des communautés religieuses.

Le consistoire de l'Eglise réformée de Paris, à l'occasion d'un legs de 25,000 fr. que lui avait fait un sieur Jameron, pour les revenus de cette somme être employés au soulagement des pauvres protestants, soutint qu'il devait seul être chargé de l'administration du legs, et que l'administration de l'Assistance publique ne devait avoir qu'un droit de surveillance sur l'exécution de cette libéralité; l'administration de l'Assistance publique invoquait, au contraire, de nombreux précédents rendus en sa faveur, et faisait remarquer que la centralisation, entre ses mains, du service des pauvres, à Paris, assurait de la façon la plus efficace et la plus équitable la bonne administration de ce service.

En même temps, se présentait devant le Conseil d'Etat une autre affaire identique : un sieur Rambaud avait légué une somme de 25,000 fr. au conseil presbytéral de l'Eglise réformée de Châtillon (Drôme), pour être affectée au secours des pauvres de cette commune, professant la religion réformée.

Après une longue discussion, le Conseil d'Etat émit, sur cette dernière affaire, un avis de principe des plus importants, destiné à fixer à l'avenir la jurisprudence. Cet avis, qui porte la date du 24 janvier 1863, eut pour rapporteur M. le comte de Chantérac. Tout en restant dans le système mixte, qui cherche à concilier les règles administratives et le respect dû à la volonté des disposants, le Conseil d'Etat modifia profondément ce système. Il posa, en principe, que lorsqu'une libéralité était faite à un établissement religieux pour les pauvres, l'établissement institué n'était que l'intermédiaire appelé par la confiance du disposant à exécuter sa volonté; et les pauvres, représentés par leurs représentants légaux, étaient les vrais bénéficiers de la libéralité. Si l'institution faite par le disposant donnait à l'établissement institué un droit de propriété, les représentants légaux des pauvres avaient, du chef de ceux-ci, un droit semblable de propriété. Ce principe de copropriété admis, à l'acceptation conjointe devait se joindre l'immatriculation conjointe, c'est-à-dire l'immatriculation du titre de rente acheté avec le produit du don ou legs, à la fois au nom de l'établissement institué et des pauvres, ou des bureaux de bienfaisance et de l'administration de l'Assistance publique, représentant ces pauvres. Ainsi donc, il y a copropriété; mais lequel des deux copropriétaires doit avoir la garde du titre et être chargé du soin de percevoir les arrérages? Il est plus convenable, dit sur ce point l'avis du 24 janvier 1863, de confier ce soin à l'établissement qui représente légalement les pauvres, à la charge par lui de remettre les arrérages à l'établissement institué pour en faire l'emploi prescrit par le testateur.

Ainsi, acceptation conjointe, immatriculation conjointe, garde du titre confiée au représentant légal des pauvres, tels sont les principes appliqués par l'avis du 24 janvier 1863.

Quelques mois plus tard, le 10 juin 1863, le Conseil d'Etat émit un nouvel avis portant qu'il y avait lieu d'autoriser l'acceptation et l'immatriculation conjointes, et, en général, l'inscription du titre de propriété sous les noms réunis de l'établissement religieux institué et de la commune, quand il s'agit de dons et legs faits à des fabriques, consistoires, cures ou évêchés, à la condition de fonder et d'entretenir des écoles. S'il s'agit de dons et legs faits aux mêmes conditions à des associations religieuses enseignantes, dûment autorisées, l'acceptation conjointe suffit.

Nous devons signaler, en 1864, le 29 juin, un avis de la section de l'intérieur qui, à l'occasion d'un legs de 4,000 fr. fait à la Congrégation des Petites Sœurs des Pauvres pour la fondation d'un lit pour un pauvre, décide que cette congrégation, ayant été autorisée précisément pour secourir et recueillir les pauvres, a capacité pour recevoir la libéralité qui lui est faite, et que si, dans un intérêt de surveillance, le directeur de l'Assistance publique doit être appelé à accepter conjointement le legs, il n'y a pas lieu, dans l'espèce, à appliquer l'avis du 24 janvier 1863, notamment quant à la garde et à la possession du titre.

Nous voyons, depuis cette époque, le Conseil d'état persister dans la jurisprudence de 1863, et même accentuer cette jurisprudence. C'est ainsi que, le 22 novembre 1866, à l'occasion d'un legs d'immeuble fait à l'évêque de Grenoble, à la condition de fonder des écoles dans deux communes du département de l'Isère, il émet un avis portant que la jurisprudence adoptée en 1863, lorsqu'il s'agit de legs comprenant des rentes sur l'Etat, doit également s'appliquer à des libéralités consistant en immeubles ou en rentes constituées, et que, dans l'espèce, l'administration des immeubles légués doit appartenir à la commune. C'est ainsi encore que, le 18 décembre 1867, à l'occasion d'un legs de 4,000 fr. fait par la demoiselle Pagelet aux paroisses des églises Saint-Maclou, Saint-Godard, Saint-Sever et Saint-Vivien, à Rouen, à la condition formelle que les revenus de la somme léguée seraient distribués annuellement aux pauvres par les curés de ces paroisses, et que ces curés auraient la garde des titres de rente, le Conseil d'Etat confirme par un nouvel avis la doctrine proclamée par l'avis du 24 janvier 1863 et décide seulement que, pour assurer l'accomplissement de la volonté de la testatrice, il convient de donner aux établissements religieux désignés par elle le moyen de réclamer et d'obtenir du bureau de bienfaisance les sommes dont la distribution leur est confiée, et, par suite, de leur remettre des copies certifiées des titres (testament et titres de rente).

Telle est la jurisprudence dont les Fabriques demandent la modification. Nous avons déjà signalé les inconvénients qu'on reproche à ce système mixte, tel qu'il est appliqué depuis 1863. Le Conseil d'Etat, dit-on, outre-passe par cette jurisprudence les droits de l'administration supérieure; ces droits de tutelle permettent à l'administration de refuser ou de n'accorder que pour partie aux établissements publics le droit d'accepter les dons et legs qui leur sont faits, mais ne lui donnent nullement le droit de modifier, en l'interprétant, la volonté des testateurs ou donateurs. La garde du titre confiée au receveur municipal entraîne des retards d'exécution, et le receveur touchant une remise d'environ 4 p. 0⁄0 sur les sommes qui passent ainsi dans sa caisse (1), et les libéralités s'en trouvent diminuées d'autant. On peut même supposer qu'une fois la charge annuelle, imposée par le testateur, entièrement accomplie, il reste un supplément; ce supplément ne doit-il pas être attribué, d'une façon immédiate et sans intermédiaire, à l'établissement institué, et non pas à un autre établissement qui pourrait en faire un usage contraire à la volonté du disposant? Enfin, — et ceci est plus grave, — il peut arriver que des tribunaux judiciaires, se fondant sur ce que le Conseil d'Etat a modifié la volonté des testateurs, regardent les legs comme caducs et autorisent les héritiers à ne pas les délivrer. Cela ne s'est pas, il est vrai, présenté encore, en ce qui concerne les libéralités faites à des établissements religieux pour les pauvres, mais cela s'est présenté deux fois au moins en ce qui concerne des libéralités faites à des établissements religieux, à la charge de fonder des écoles; il est utile d'exposer en quelques mots les deux affaires auxquelles nous faisons allusion.

Dans la première affaire, il s'agissait d'un legs fait à l'évêque de Grenoble, à la charge de fonder et d'entretenir deux écoles dans deux communes de l'Isère.

Par un avis déjà cité du 22 novembre 1866, le Conseil d'Etat décida que l'administration des immeubles légués devait appartenir aux communes qui avaient un intérêt majeur et direct à l'exécution des fondations. Or, dans l'espèce, le testateur, l'abbé Menuel, avait expressément placé sur la tête des évêques successifs de Grenoble la propriété des immeubles dont le revenu était affecté à l'entretien de ses fondations, avait confié à ces évêques l'administration de ces biens, et leur avait déféré le choix des religieux et religieuses chargés de donner l'instruction; le Conseil d'Etat n'avait pas autorisé l'acceptation de cette clause.

La Cour d'appel de Grenoble, par un arrêt du 5 juillet 1869, confirma un jugement du tribunal de première instance qui avait déclaré le legs caduc; elle se fonda sur ce que le Conseil d'Etat avait modifié les dispositions du testateur en n'autorisant pas l'acceptation de conditions qui n'étaient pas contraires aux lois, aucune loi d'ordre public ne prohibant la fondation d'une école, sous la

---

(1) 2 p. 100, lors de la recette ou entrée en caisse; 2 p. 100, lors de la dépense ou sortie de caisse : pour les sommes au-dessous de 5,000 fr. [Ord. du 23 mai 1839.]

condition qu'elle sera dirigée par des religieux choisis et surveillés par l'évêque du diocèse.

La deuxième affaire, plus récente, se présentait dans des conditions à peu près semblables.

Un sieur de Langottière avait légué à la fabrique du Vieil-Baugé une somme de 3,000 francs destinée à l'achat d'une maison où seraient logées, à perpétuité, deux sœurs d'un ordre religieux quelconque qui auraient pour mission de visiter les malades et de faire gratuitement l'école aux petites filles pauvres ; il avait, en outre, légué à la fabrique une somme de 8,000 francs qui devait être placée en rentes, pour faire un traitement de 200 francs par an, au moins, à chacune des deux sœurs ; les deux sœurs devaient être choisies par le curé et être sous sa direction. Enfin, s'il cessait d'y avoir des sœurs, le revenu revenait à la fabrique, à son défaut à la cure, et à défaut de la cure aux pauvres.

Un décret du conseil d'Etat du 18 novembre 1863 autorisa l'acceptation de la libéralité tant par le trésorier de la fabrique que par le maire de la commune et le trésorier du bureau de bienfaisance ; la rente achetée avec la somme de 8,000 francs devait être immatriculée aux noms de la fabrique et de la commune ; enfin, la disposition par laquelle le testateur prescrivait que les sœurs seraient au choix et sous la direction du curé n'était pas autorisée, comme étant contraire aux lois.

La fabrique du Vieil-Baugé attaqua ce décret comme entaché d'excès de pouvoir ; son recours fut repoussé par un décret rendu au contentieux, le 13 juillet 1870. C'est alors que les héritiers du sieur de Langottière, trouvant que les intentions de leur auteur avaient été altérées par le conseil d'Etat, s'adressèrent aux tribunaux pour faire déclarer le legs caduc. Leur demande fut repoussée par le tribunal de première instance d'Angers ; mais la cour d'appel d'Angers statua conformément à leurs conclusions et déclara le legs caduc par un arrêt du 23 mars 1871. « Il suffit, dit cet arrêt, de comparer les termes du testament avec les conditions imposées par le décret d'autorisation, pour voir que la volonté du testateur a été absolument méconnue par le décret. Or, s'il appartenait au conseil d'Etat d'accorder ou de refuser l'autorisation d'accepter le legs, il ne lui appartenait pas de créer un testament arbitraire, en remplacement de celui émané de la volonté du testateur. Les héritiers sont donc bien fondés dans leur demande en caducité du legs, puisque la fabrique instituée se trouve dans l'impossibilité de l'accepter dans les conditions stipulées par le testateur ; par ces motifs, la cour déclare le legs caduc et donne acte à la fabrique de ce qu'elle est toujours prête à l'accepter et à l'exécuter suivant les intentions du testateur. »

Ainsi la jurisprudence judiciaire se trouve en opposition avec la jurisprudence du conseil d'Etat, et il peut naître de là des conflits, dont le résultat invariable est d'empêcher l'exécution de libéralités éminemment profitables à l'intérêt public.

VI

En présence de ces systèmes opposés, en l'absence d'un texte de loi précis qui seul pourrait faire cesser les controverses, quelle solution doit-on préférer ? La section de l'intérieur, de l'instruction publique et des cultes, après avoir longuement débattu la question, a cru qu'il était préférable de consacrer en principe le système mixte, tel qu'il a été défini en 1863 ; ce système concilie autant que cela est possible le respect dû à la volonté du disposant et les règles administratives ; l'immatriculation conjointe qu'il introduit semble une conséquence logique de l'acceptation conjointe prescrite par l'avis du 4 mars 1841. Mais il est un point important sur lequel le système de 1843 n'a pas paru à la section logique avec lui-même et où nous vous proposons de le modifier ; c'est en ce qui concerne la garde et la possession du titre. Le conseil d'Etat, en 1863, a émis l'avis qu'il était juste de confier cette garde à l'établissement dans les attributions duquel rentrait le service qui devait profiter de la libéralité et non pas à l'établissement institué. Pourquoi cela ? Les deux copropriétaires doivent puiser chacun dans leur droit de propriété un droit égal à la possession du titre, et, si l'on voulait être strictement logique, il faudrait décider que chacun ayant un droit égal à la possession du titre, le sort seul désignerait celui des deux qui aurait cette possession. Mais si l'on examine de près la question, l'on arrive à conclure que la balance, si l'on peut employer cette expression, penche en faveur d'un des copropriétaires, et c'est précisément en faveur de celui à qui le conseil d'Etat, en 1863, a enlevé la garde du titre, c'est en faveur de l'établissement institué par le disposant. En effet, en instituant cet établissement, le disposant l'a par là même, investi de sa confiance et chargé du soin d'exécuter sa volonté. Lui remettre la garde du titre, le charger de percevoir les arréages, c'est se conformer complètement à la volonté du disposant. Dans l'espèce actuelle, depuis plus de quatre-vingt ans, ce sont les autorités religieuses qui ont touché les revenus des legs faits par le sieur de Montmorant, et ce système n'a produit aucun inconvénient.

Il ne reste plus qu'à déterminer comment sera sauve-gardé le droit de contrôle et de surveillance qui appartient au représentant légal des pauvres sur l'exécution annuelle de libéralités dont ceux-ci doivent profiter. L'acceptation conjointe, l'immatriculation conjointe, la mention sur l'inscription de la destination des arrérages, consacrent ce droit. Pour donner au représentant des pauvres une preuve matérielle de son droit, la section a pensé qu'on pourrait exiger que des copies certifiées des titres de rente fussent remises au représentant des pauvres, dans l'espèce, aux maires des deux communes intéressées. De cette façon, le droit de surveillance du représentant légal des pauvres est suffisamment sauvegardé, et il est donné satisfaction presque entière aux réclamations des Fabriques ; c'est, en effet, la disposition qui leur enlevait la garde du titre et les privait du soin de toucher les revenus leur appartenant qui était la cause principale des réclamations des établissements religieux institués légataires.

Tel est le système auquel s'est arrêtée la section de l'Intérieur, de l'Instruction publique et des Cultes. Nous devons, en terminant, rappeler en quelques mots les divers systèmes que nous avons successivement exposés, et sur lesquels la discussion peut s'engager : — 1er *système*. Acceptation exclusive des libéralités par les représentants légaux des pauvres. — 2e *système*. Acceptation exclusive par les établissements religieux institués. — *Systèmes mixtes*. 3e *système*. Acceptation conjointe par l'établissement institué et le représentant légal des pauvres ; immatriculation au nom seul de l'établissement institué. 4e *système*. Acceptation distincte, d'une part, par l'établissement institué ; d'autre part, par le représentant des pauvres ; immatriculation au nom seul de l'établissement institué. — 5e *système*. Acceptation et immatriculation conjointes ; garde du titre confiée au représentant des pauvres. — 6e *système*. Acceptation et immatriculation conjointes ; garde du titre confiée à l'établissement institué ; copie certifiée de ce titre remise au représentant des pauvres.

Nota. — La Commission provisoire ne s'est pas prononcée sur les conclusions de ce rapport, aimant mieux attendre la réorganisation du Conseil d'Etat alors à l'ordre du jour de l'Assemblée nationale.

Cet avis du 6 mars 1873 maintient les *acceptations conjointes* pour le cas où il s'agit, non d'une distribution de secours une fois faite, mais d'une rente à employer chaque année en secours. Nous ne garantissons pas un long avenir à ce reste du système des *acceptations conjointes*, qui nous semble ne pas reposer sur des bases bien solides, quand il ne résulte pas des termes mêmes employés par l'auteur de la disposition faite à titre gratuit ou à titre onéreux. — La jurisprudence actuelle reconnaissant la capacité civile, non plus seulement aux établissements diocésains et paroissiaux, mais encore aux *diocèses* et aux *paroisses* pris dans leur intégrité, il arrivera très-rarement qu'une disposition faite en faveur d'un diocèse ou d'une paroisse présente en même temps un bénéfice *étranger* au diocèse ou à la paroisse, en sorte qu'il y ait lieu à deux acceptations, l'une de la *disposition* et l'autre du *bénéfice* — Les seuls et vrais bénéficiers, dans ce cas, sont, du moins ordinairement, les *diocésains* et les *paroissiens*, et ils sont représentés pour l'acceptation de la disposition et de son bénéfice, soit par les établissements diocésains et paroissiaux, soit par les *titulaires ecclésiastiques* des diocèses et des paroisses, lesquels acceptent en même temps et par un seul acte la *disposition* et son *bénéfice*. On ne comprend pas, dès lors, la raison d'aller contre la volonté expresse ou présumée de l'auteur de la disposition, en scindant ainsi, sans nécessité, l'acceptation unique, qui est pure et simple, pour en faire deux tronçons, qui deviendraient une source de contestations et de conflits, dont les hommes irréligieux et les fauteurs du désordre ne manqueraient pas de s'emparer pour agiter les populations et troubler la paix publique ; aussi pensons-nous que la nouvelle jurisprudence n'a pas encore dit son dernier mot sur ce point.

On peut consulter sur cette matière : 1º les notes dont le texte de cet avis du 6 mars 1873 est accompagné dans le recueil périodique de Dalloz, 1873. 3. 97 ; 2º les observations faites par le *Journal des Conseils de Fabriques* dans le volume de 1873, p. 81 à 93 ; 3º les documents publiés et les observations faites par le Bulletin des lois civiles ecclésiastiques de M. Dechampeaux, dans le volume de 1873, p. 97 à 136.

Au sujet de cet important avis du 6 mars 1873, M. le comte de Ségur, Conseiller d'Etat, a adressé au journal l'*Univers*, qui l'a publiée dans son numéro du 8 avril 1873, une note qu'on nous saura gré de reproduire ici et qui est ainsi conçue :

« Dans sa séance du 6 mars dernier, le Conseil d'Etat a émis un avis d'une grande importance au point de vue de la liberté de la charité. D'après la jurisprudence antérieure, qu'avait établie un avis du Conseil d'Etat, en date de 1863, les legs faits aux Fabriques, aux Curés ou aux congrégations religieuses, en faveur des pauvres, devaient être acceptés concurremment par l'établissement légataire et par le bureau de bienfaisance ; la rente, s'il y avait une fondation, était immatriculée au nom des deux établissements autorisés à accepter, et, chose plus grave, la garde du titre devait être remise au bureau de bienfaisance, sauf à celui-ci à remettre annuellement les arrérages à la Fabrique, au Curé ou à la congrégation, pour en faire la distribution aux pauvres.

« Cette jurisprudence avait un double inconvénient. En droit, elle constituait le bureau de bienfaisance véritable et seul propriétaire de la somme léguée, au mépris de la volonté du testateur. En fait, elle ne laissait à l'établissement religieux d'autre garantie, en ce qui concernait la distribution des revenus, que la bonne volonté, souvent en défaut, du bureau de bienfaisance. Le droit du testateur, celui des établissements religieux et les intérêts des pauvres étaient donc méconnus et gravement exposés.

« L'Avis que vient de rendre le Conseil d'Etat apporte à cet état de choses des modifications salutaires et profondes, dont l'ancien Conseil et la commission provisoire elle-même avaient reconnu l'urgence et la nécessité.

« En principe, cet Avis établit qu'aucune loi n'empêche un testateur de choisir un établissement religieux, Fabrique, Curé ou congrégation reconnue par la loi, pour intermédiaire de ses libéralités envers les pauvres ; il reconnaît à ces établissements la capacité légale et morale de recevoir, avec l'autorisation du gouvernement, des libéralités de ce genre, de les administrer et de les distribuer, sans l'intervention du maire ni du bureau de bienfaisance.

« En fait, il n'apporte qu'une restriction à l'exercice absolu de ce droit, pour le cas où il s'agit, non d'une somme à distribuer aux pauvres, mais d'une fondation, d'une rente dont les revenus seuls doivent être distribués. Dans ce cas, d'après les termes de l'Avis, tout en autorisant la Fabrique légataire à accepter le legs qui s'adresse à elle, à faire immatriculer le titre en son nom, et à en conserver la garde, il convient d'autoriser le maire à *accepter le bénéfice qui résulte du legs en faveur des pauvres de la commune*, et d'ordonner qu'un duplicata du titre lui sera délivré ; cette mesure, *sans lui donner le droit d'exercer un contrôle sur l'emploi que la Fabrique et le Curé feront des revenus mis à leur disposition*, lui permettra de s'assurer dans l'avenir que le capital de la fondation est conservé et que le revenu est toujours inscrit avec sa destination au budget annuel de la Fabrique.

« Il résulte de cet Avis du Conseil d'Etat, accepté par l'administration, que les établissements ont le droit et la capacité légale de recevoir des libéralités destinées au soulagement des pauvres, qu'ils peuvent être autorisés à les accepter seuls, sans l'intervention du bureau de bienfaisance, et que nul n'a le droit de se mêler de la manière dont ils les distribuent.

« S'agit-il, non d'une somme à distribuer sans la placer, mais d'une rente, d'une fondation, avec affectation des revenus au soulagement des pauvres, la rente est immatriculée au nom de l'établissement religieux institué par le testateur, et cet établissement reste seul en possession du titre, qui est son titre de propriété.

« Seulement, le maire est autorisé, par un article spécial du décret d'autorisation, à accepter le *bénéfice* résultant pour les pauvres de la commune de la libéralité ; mais son droit se borne à s'assurer que le capital est conservé, que le revenu est inscrit, avec sa destination, au budget de la Fabrique, et il n'a nullement le droit de demander une reddition de comptes ni d'exercer un contrôle sur l'emploi fait par la Fabrique ou le Curé de la somme léguée.

« Dans ces conditions, la volonté des testateurs qui veulent choisir des établissements religieux pour intermédiaires de leurs libéralités envers les pauvres, est complétement respectée, et un pas important est fait vers la liberté de la charité. »

N° IX.

Aucune disposition de loi n'interdit aux établissements qui représentent les intérêts religieux d'un groupe d'habitants partageant les mêmes croyances, de veiller et, au besoin de pourvoir à ce que les enfants de ces habitants reçoivent l'instruction.

En conséquence, les établissements ecclésiastiques ou religieux appartenant à l'un des cultes reconnu par l'Etat, et en particulier les fabriques et les consistoires, ont capacité pour accepter seuls des dons et legs destinés à fonder ou à entretenir des écoles, à la seule condition d'obtenir du gouvernement l'autorisation exigée par l'art. 910 du code civil. — Avis de principe adopté par le conseil d'Etat dans sa séance du 24 juillet 1873.

Versailles, le 25 avril 1873.

Monsieur le Président et cher Collègue ;

Avant de statuer sur l'acceptation d'un legs fait par la demoiselle

Galtier à la Fabrique de Saint-Georges-de-Luzençon (Aveyron) pour une école de filles, la section de l'Intérieur, de la Justice, de l'Instruction publique, des Cultes et des Beaux-Arts du Conseil d'Etat a désiré connaitre mon avis sur la question de savoir dans « quelles conditions doivent être autorisées l'acceptation et l'exécution des legs faits à des établissements religieux pour des écoles, et s'il y a lieu de continuer à appliquer la jurisprudence établie par l'avis du 10 juin 1863. »

Avant d'aborder l'examen de ces questions, je crois indispensable, Monsieur le Président, de soumettre au Conseil d'Etat deux observations préliminaires.

1º Si l'on voulait attacher au terme : *Etablissements religieux* son acception rigoureuse, la note que je viens de transcrire n'exprimerait pas vraisemblablement la véritable pensée de la section.

Le législateur a distingué les établissements *ecclésiastiques* des établissements *religieux*. La loi du 2 janvier 1817 ne s'occupe que des établissements ecclésiastiques : l'ordonnance du 14 janvier 1831, articles 1 et 4, traite à la fois des établissements *ecclésiastiques* et des établissements *religieux*.

Les établissements *ecclésiastiques* sont destinés à satisfaire à des intérêts d'un ordre général ; ils sont reconnus par *la loi* dans le sens exact du mot, en ce sens que le seul fait de leur création dans les conditions réglées par le législateur les rend aptes à jouir de la vie civile. Chaque mense épiscopale, chaque chapitre, séminaire, fabrique, cure ou succursale, pour ne citer que les établissements sur lesquels aucun doute ne s'est élevé, n'a pas besoin d'un décret spécial pour exister légalement : tous ces êtres moraux tiennent leur vie civile des lois organiques du culte. Les bâtiments où ils ont leur siége font généralement partie du domaine national ou communal : ce sont des établissements *publics*, et, par suite, ils sont soumis, *dans tous leurs actes*, au contrôle administratif.

Les établissements *religieux* sont des institutions utiles, mais non indispensables ; créés par des particuliers, ils sont reconnus, *en vertu de la loi*, à titre d'établissements d'*utilité publique* par des décisions spéciales et en vue d'un but rigoureusement déterminé. — Ils sont propriétaires des bâtiments qu'ils occupent, et ils conservent *leur autonomie* pour tous les actes de droit civil ou privé, relatifs à la gestion de leurs biens, qui ne sont pas expressément soumis à l'examen et à l'autorisation du Gouvernement.

Les seuls établissements religieux, *religionis intuitu*, aujour-

d'hui reconnus sont les congrégations, communautés et associations religieuses.

Les avis des 10 juin 1863 et 22 novembre 1866 distinguent
nettement ces deux classes d'établissements et leur imposent des
conditions différentes lorsqu'ils reçoivent des libéralités destinées à
des écoles.

La question dont se préoccupe aujourd'hui la section de l'Intérieur, de l'Instruction publique et des Cultes, présente peu de difficultés en ce qui concerne les établissements *religieux;* il n'en est
pas de même en ce qui touche les établissements *ecclésiastiques.* Je
m'occuperai donc principalement de cette classe d'établissements
dans laquelle rentre, du reste, l'espèce qui a soulevé la discussion,
le legs fait à la *Fabrique* de Saint-Georges-de-Luzençon.

Je reviendrai plus loin sur l'importance que j'attache à cette
distinction.

2o La note de la section ne pose pas la question de savoir si les
établissements ecclésiastiques *peuvent* recevoir des libéralités destinées à des écoles.

C'est, en effet, une question de *capacité*, qui rentre essentiellement dans le domaine de l'autorité judiciaire; — l'autorité administrative, bien moins encore que le Conseil d'Etat, n'a pas à statuer
en pareil cas; elle n'a d'autre mission que de constater les règles
posées par la juridiction compétente et d'étudier les mesures
à prendre pour les appliquer aux établissements placés sous son
contrôle.

Je ne crois donc pas pouvoir discuter cette question de capacité :
je me bornerai à rappeler les solutions qu'elle a reçues depuis quarante ans.

Cette capacité présupposée, d'après la jurisprudence civile, j'indiquerai les conditions auxquelles on peut en subordonner l'exercice
par mesure administrative.

PREMIÈRE PARTIE

CAPACITÉ

« Les établissements ecclésiastiques légalement reconnus peuvent-
« ils fonder et entretenir des écoles et, par suite, peuvent-ils acquérir
« pour cette destination? »

I. — Dans l'ancienne législation, cette question ne soulevait aucun
doute. Il y avait, en règle générale, dans chaque paroisse, deux

écoles dites *de charité* pour les enfants pauvres, l'une pour les garçons, l'autre pour les filles. D'après les arrêts du Parlement, le temporel de ces écoles était administré par les marguilliers, qui en rendaient compte dans un chapitre particulier du compte général de la fabrique. Le curé avait le gouvernement spirituel de l'école ; il devait la visiter, veiller sur les instructions que l'on donnait et sur les livres qu'on employait, interroger et récompenser les élèves.

Dans le cas de la vacance, les maîtres ou maîtresses étaient choisis par le fondateur, s'il s'était réservé ce droit ; sinon, par l'assemblée générale des habitants de la paroisse. (Jousse, *Gouvernement temporel des paroisses*, page 233 ; — *Mémoires du clergé*, in-4°, t. Ier, col. 969-1085.)

Les Parlements maintenaient rigoureusement ces principes et leurs déductions.

II. — Pendant le premier tiers de ce siècle, la question de capacité n'a pas été sérieusement agitée, et le Conseil d'Etat a fréquemment autorisé les Evêques, les Conseils de Fabriques, les Curés et desservants à accepter des libéralités destinées à des écoles. La controverse date surtout d'un avis du 12 avril 1837, portant : « Que les « Fabriques n'ont été reconnues comme établissements publics et « autorisées à recevoir et posséder que dans l'intérêt de la célébra- « tion du culte et dans les limites des services qui leur sont confiés « à cet égard par les lois et décrets ;

« Que les Fabriques ne peuvent, en dehors de ces limites, invo- « quer leur qualité d'établissements publics pour recevoir des « donations à l'effet d'établir des écoles ou former toutes autres entreprises étrangères à leurs attributions. »

III. — Le Conseil royal de l'instruction publique, saisi de la même question, l'avait résolue dans un sens contraire par l'avis du 10 février 1837 :

« Ce qui est donné à la Fabrique, dit cet avis, ne peut être con- « sidéré comme donné au préjudice de la commune. Les établisse- « ments publics étant des personnes aptes à recevoir ou posséder « sous toutes conditions qui n'ont rien de contraire aux lois ni aux « mœurs, et aucune loi n'interdisant aux Fabriques de recevoir et « de posséder sous la condition de fonder des écoles, on ne paraît « pas légalement fondé à établir à cet égard, d'une manière géné- « rale, cette sorte d'incapacité.

« Dans certains cas particuliers, l'incapacité pourra être de fait « appliquée par l'exercice du pouvoir laissé au gouvernement d'au-

« toriser ou de ne pas autoriser l'acceptation des dons et legs faits
« aux Fabriques et autres établissements publics..... Cette inter-
« vention discrétionnaire de l'autorité supérieure paraît devoir suf-
« fire pour prévenir les inconvénients signalés dans la délibération
« du Conseil d'Etat. » (Donation *Jamet*, à la Fabrique de Cour-
theson. — Vaucluse.)

. . . . . « Toute école primaire, quelle que soit son origine ou
« sa nature..... contribue nécessairement d'une manière plus ou
« moins directe à l'avantage de la communauté. »

IV. — Le Ministère de l'Instruction publique avait adopté l'opinion de son Conseil.

« Je ne vois, en ce qui concerne les intérêts de mon ministère,
« écrivait M. Guizot, le 9 mars 1837, aucune difficulté à ce que les
« Fabriques soient autorisées à accepter les libéralités qui ont pour
« objet le service de l'instruction publique. C'est une heureuse idée
« que celle de réunir, par un lien aussi étroit que possible, l'intérêt
« de la Religion et celui de l'éducation populaire : c'est elle qui ins-
« pire les donations qui se font assez fréquemment aux Fabriques
« catholiques et aux consistoires des cultes dissidents. L'autorité
« doit protection et encouragements à ces dispositions. »

V. — La doctrine de l'avis du 12 avril 1837 était donc contestée
par les représentants les plus autorisés des intérêts de l'instruction
publique. Elle souleva, dans la pratique, de graves difficultés et de
nombreuses réclamations, dont le Ministère de l'Intérieur crut
devoir se préoccuper et se faire l'organe.

Le directeur de l'administration départementale et communale
résuma les principales objections contre cette doctrine nouvelle
dans un rapport présenté au Ministre de l'Intérieur, le 15 mars 1840.
Il y exposa les trois opinions qui se produisaient alors :

« 1° Doit-on autoriser *la Fabrique seule* à accepter ? »

« 2° Doit-on autoriser *la commune seule* à accepter ? »

« 3° Doit-on autoriser la Fabrique à accepter la libéralité et la
« commune à accepter le bénéfice de la disposition ? »

Il démontra que *le premier système* laissait la commune sans capacité pour recueillir le bénéfice de la condition attachée à la libéralité, et par suite sans qualité pour poursuivre au besoin l'exécution de cette condition ;

Que dans *le second système*, qui faisait une attribution de propriété par voie administrative, les héritiers seraient fondés à refuser
la délivrance de legs qu'on voulait attribuer à des établissements

non institués par le testament; — Que, d'ailleurs, il était impossible d'induire des textes qu'il appartînt exclusivement aux communes d'accepter tous les legs profitant à l'instruction primaire, même ceux qui seraient faits *nominativement* à des fabriques.

Que *le troisième système* levait toutes les difficultés et conciliait tous les intérêts.

VI. — Le Ministre de l'Intérieur renvoya l'examen de ce rapport au Conseil d'Etat, qui en adopta les conclusions dans l'avis précité du 4 mars 1841. On s'abstint de se prononcer sur la question de *capacité*, qui était en dehors de la compétence du Conseil d'Etat, mais on se plaça, sans discussion, dans une hypothèse contraire à la doctrine de l'avis de 1837, en s'attachant exclusivement « à « régler *le mode d'autorisation* lorsqu'une libéralité est faite à un « établissement capable de recevoir sous condition d'une *fondation* « ou d'un service qui soit dans les attributions d'un autre établisse- « ment également capable de recevoir : par exemple, *si une libé- « ralité est faite à une Fabrique, à condition de fonder une école gra- « tuite,* fondation qui rentre dans les attributions de l'autorité « communale. »

Le Conseil d'Etat fut d'avis, comme le Ministre de l'Intérieur, qu'on ne pouvait autoriser exclusivement l'établissement *bénéficiaire* ou l'établissement *institué,* et que, dès lors, il convenait d'autoriser simultanément les deux établissements.

Ce n'étaient pas exactement les termes de la proposition du directeur de l'administration départementale et communale, qui ne demandait pas l'acceptation *conjointe* proprement dite, mais bien l'acceptation de la disposition par *l'institué* et l'acceptation *du bénéfice* de la disposition par *le destinataire,* rédaction qui avait le grand avantage de ne soulever aucune question juridique, en donnant à l'Administration toutes les garanties compatibles avec le respect des volontés des fondateurs.

VII. — La formule adoptée par le Conseil d'Etat ne tarda pas à susciter de nouvelles difficultés : on se demanda quelle pouvait être, en droit, la conséquence de l'acceptation *conjointe,* au point de vue de la propriété des biens donnés ou légués. Le Conseil d'Etat fut saisi de la question par le Garde des sceaux, Ministre de la Justice, dans une espèce où il s'agissait d'une libéralité faite à une communauté religieuse pour les pauvres, et il la résolut par l'avis du 30 décembre 1846, portant que le système de l'acceptation conjointe avait été adopté « parce qu'il avait paru convenable de faire

« surveiller par le représentant légal des pauvres, quoiqu'il ne fût
« pas institué, l'emploi d'une libéralité destinée à leur soulage-
« ment; mais qu'on n'avait pas entendu transporter au bureau de
« bienfaisance, même pour partie, les droits de propriété qui
« résultent, pour la communauté légataire, des dispositions du
« testament. »

Le Conseil d'Etat décida en même temps que, pour conserver la
trace de la destination que le testateur avait voulu donner à sa
libéralité, il suffirait de rappeler, par une mention sur l'inscription
de rente achetée au nom de l'établissement institué, que le capital
de la rente provenait d'un legs fait à cet établissement pour une
destination déterminée.

VIII. — Ce système des avis du 4 mars 1841 — 30 décembre 1846,
pouvait donner lieu à des objections théoriques; mais je dois reconnaître qu'ils parurent très-satisfaisants dans la pratique et qu'ils ne
soulevèrent aucune objection.

On essaya, il est vrai, d'en restreindre la portée en soutenant que
l'avis de 1841 ne s'appliquait qu'aux *legs,* et non aux *donations.*
Cette prétention était évidemment contraire à la généralité des
termes de cet avis et aux principes du droit civil.

Les considérants et les motifs de l'avis de 1841 ne sont pas, en
effet, spéciaux aux legs. On y emploie le mot *libéralité,* qui s'applique à toutes les dispositions, soit *entre-vifs,* soit *testamentaires.*

La loi civile ne fait d'ailleurs aucune distinction entre la capacité
de recevoir par *testament* et la capacité de recevoir par *donation.*
— Le chapitre ii du titre II du livre III du Code civil est intitulé :
*De la capacité de disposer et de recevoir par donation entre-vifs ou par
testament.*

L'article 902 dit également : « *Toutes personnes peuvent disposer
« et recevoir, soit par* DONATION ENTRE-VIFS, *soit par* TESTAMENT,
« *excepté celles que la loi a déclarées incapables ;* » et l'article 910
ne fait pas davantage de distinction entre les deux ordres de libéralités.

IX. — Malgré ces tentatives de restriction, le système des avis de
1841—1846 resta en vigueur dans ses parties essentielles, et la
doctrine de l'avis de 1837, qu'ils avaient remplacée, fut solennellement condamnée, en 1852, par la Cour de cassation, juge suprême
des questions de capacité. — Par son arrêt du 18 mai, cette
Cour déclara « que les établissements religieux appartenant à l'un
« des cultes reconnus par l'Etat (c'est-à-dire les établissements

« ecclésiastiques), et notamment les consistoires, *ont capacité* pour
« recevoir des libéralités destinées à des écoles, — et qu'aucune
« disposition de ce genre n'est défendue par aucun texte. » (*Arrêt
Haussmann.*)

X. — Le Conseil d'Etat suivit encore pendant onze ans les règles
qu'il s'était tracées pour assurer l'exécution de ces libéralités; —
mais, en 1863, il fit un pas en arrière : à la majorité d'une ou deux
voix, il abandonna un système éprouvé par vingt années d'expérience, sans toutefois revenir franchement à la doctrine de l'avis
du 12 avril 1837.

Dans l'avis du 10 juin, qui reproduit les règles nouvelles intro-
duites par l'avis du 24 janvier précédent, pour les libéralités charitables, il établit une distinction entre les libéralités faites à des établissements *ecclésiastiques* pour fonder et entretenir des écoles, et
les libéralités faites pour la même destination *à des communautés
religieuses enseignantes dûment autorisées.*

Pour les établissements ecclésiastiques, il émit l'opinion que ces
établissements « DEVRAIENT *être reputés incapables* d'accepter des
« libéralités faites dans un but étranger à leurs attributions; » qu'il
y avait lieu, toutefois, de valider la disposition en faisant intervenir la commune dans l'acceptation, ainsi que l'avait prescrit l'avis du 4 mars 1841. Mais il ajouta que cette double
acceptation devait avoir pour conséquence la double *immatriculation*, c'est-à-dire, l'inscription du titre de propriété faite simultanément sous le nom de l'établissement institué et sous celui de la
commune.

Pour les communautés enseignantes, les mêmes règles devraient
être suivies si l'école était destinée à avoir le caractère d'école communale et publique; s'il s'agissait, au contraire, d'une école *libre*,
on n'imposerait que la double acceptation sans immatriculation
conjointe.

D'après les avis combinés des 24 janvier 1863 et 22 novembre 1866,
la garde et la conservation des titres de rentes ou de propriété et la
perception des revenus étaient attribuées au représentant de la
commune, qui remettait les arrérages ou revenus à l'institué.

Toutefois, l'avis du 18 décembre 1867 fit une concession aux
réclamations qui se produisaient contre ce système. Dans une
espèce où la testatrice avait expressément voulu que le titre de
rente fût remis au curé chargé d'en distribuer les arrérages aux
pauvres, on prescrivit néanmoins la remise de ce titre au bureau

de bienfaisance, mais à la charge de délivrer au curé copie certifiée du testament et du titre.

XI. — A côté de ces dispositions restrictives de la liberté des bienfaiteurs, on voyait, après comme avant 1863, le Conseil d'Etat revenir, dans la patrique, à la plus ancienne jurisprudence et reconnaître aux établissements ecclésiastiques, et notamment aux Fabriques, la capacité d'acquérir *seules*, pour fonder et entretenir les éccles, non pas seulement à titre *gratuit*, mais, ce qui est bien plus décisif encore, à titre onéreux. Parmi les dernières autorisations de ce genre, je citerai les décrets des 21 décembre 1859 (Fabrique de Saint Jean-d Hérans (Landes), 22 janvier 1867 (Fabrique de Saint-Georges-les-Bains (Ardèche); parmi les autorisations de libéralités à titre gratuit, le décret du 3 août 1867 (Oysonville, Eure-et-Loir), tous rendus sur l'avis conforme du Conseil d'Etat.

XII. — La jurisprudence inaugurée en 1863 n'était donc pas constamment suivie dans la pratique : elle était très-vivement critiquée par les jurisconsultes les plus autorisés.

On l'attaquait *dans son principe* en faisant remarquer que les *incapacités*, comme les pénalités, sont *de droit étroit* et qu'il n'est jamais permis de suppléer, en pareil cas, au silence du législateur ; — qu'on ne pouvait jamais valider, en droit civil, une libéralité faite à un *incapable* ou réputé tel, en lui adjoignant, par mesure administrative, *un tiers capable* non-dénommé au testament ; — que d'ailleurs cette adjonction était *attributive de propriété* au profit de tiers non appelés par le testateur, ou quelquefois même exclus formellement par lui, et qu'elle constituait un excès de pouvoirs.

On l'attaquait, dans son application, en signalant les difficultés considérables qu'elle présenterait dans la pratique : — notamment pour le renouvellement des inscriptions hypothécaires ou des titres de rentes constituées ; — pour la transcription des actes constitutifs de la propriété donnée ou léguée ; — pour les baux en forme authentique ; — pour l'exercice des actions possessoires et autres actions judiciaires, etc... — On ajoutait enfin que ces prescriptions venaient diminuer le patrimoine des pauvres d'un vingtième environ, perçu à titre de remises, par le receveur municipal, et qu'elles amèneraient de nombreux procès.

XIII. — Ces prévisions ne tardèrent pas à se réaliser. Dans les départements de l'Isère et de Maine-et-Loire, des héritiers ou exécuteurs testamentaires des testateurs, dont les dispositions dernières se trouvaient modifiées par les décrets d'autorisation, se refusèrent à délivrer des legs, et demandèrent qu'ils fussent déclarés caducs pour inexécution des conditions sous lesquelles ils étaient faits. Les tribunaux civils et les Cours de Grenoble et d'Angers accueillirent ces conclusions, tout en reconnaissant aux établissements ecclésiastiques la pleine capacité d'accepter et d'exécuter les libéralités qui leur étaient destinées.

La Cour de Grenoble, dans un arrêt du 5 juillet 1869 (*Menuel*), reconnaît aux Evêques la capacité de fonder et de diriger des écoles, attendu « qu'aucune loi d'ordre public ne prohibe la fon-
« dation d'une école, sous la condition qu'elle sera dirigée par des
« religieux choisis et surveillés par l'Evêque du diocèse... que la
« loi du 15 mars 1850... autorise, par ses articles 17, 27 et
« suivants, l'établissement d'écoles libres, et qu'il suffit de se
« reporter à la discussion qui précéda le vote de la loi pour
« se convaincre que, dans les prévisions du législateur, la plu-
« part de ces écoles libres devaient être placées sous la direction
« du clergé. »

Dans son arrêt du 28 mars 1871, relatif à l'exécution du testament du sieur de Langottière, qui avait légué à la Fabrique de Vieil-Baugé (Maine-et-Loire) une maison et un capital pour établir une école, la Cour d'Angers a également reconnu la capacité de la Fabrique et lui a donné acte de ce qu'elle était toujours prête à accepter le legs et à exécuter le testament du sieur de Langottière.

Plusieurs autres instances du même genre étaient pendantes, ou à la veille de s'ouvrir en 1870 : les héritiers annoncent aujourd'hui l'intention de les reprendre, et dans quelques-unes de ces affaires, notamment dans les départements de l'Aveyron et d'Indre-et-Loire, j'ai cru devoir intervenir à titre de conseil, pour éviter des procès dispendieux entre les Fabriques et les communes.

XIV. — Cette lutte des héritiers ou exécuteurs testamentaires contre la jurisprudence du Conseil d'Etat avait éveillé l'attention du Ministère de l'Instruction publique avant sa réunion au Ministère des Cultes. Un de mes prédécesseurs, M. Segris, consulté sur l'exécution de ce legs Langottière à la fabrique de Vieil-Baugé, répondait, le 6 avril 1870, dans le sens où il fut statué, une année plus tard, par la Cour d'Angers :

« Il n'y aurait aucun inconvénient, je crois, à garantir les droits
« de ces établissements (religieux) que les testateurs ont préférés

« aux autres, préoccupés qu'ils étaient de garantir, dans l'avenir,
« l'accomplissement de leurs intentions. Il faut en convenir loya-
« lement : le testateur qui institue légataire un établissement reli-
« gieux manifeste clairement sa résolution de lui attribuer la pos-
« session et l'administration des biens qu'il lui lègue. »
(Legs *Langottière*. — Fabrique de Vieil-Baugé (Maine-et-Loire.)

XV. — En présence de ces décisions judiciaires, la Commission provisoire chargée, en septembre 1870, de remplacer le Conseil d'Etat, crut devoir soumettre à un nouvel examen le système des avis de 1863, et la section de l'intérieur, de l'instruction publique, etc., sur un rapport très-étudié de M. Le Vavasseur de Précourt, fut d'avis qu'on ne pouvait tout au moins maintenir la disposition qui enlevait aux établissements institués légataires la garde des titres de propriété et le soin de toucher les revenus. (Distribution du 3 novembre 1871.) La Commission provisoire crut toutefois devoir ajourner l'examen de l'ensemble de la question.

XVI. — Enfin, le nouveau Conseil d'Etat, par son avis du 6 mars dernier sur les libéralités charitables, a abandonné le système de l'immatriculation conjointe, de la remise des titres à l'établissement bénéficiaire non institué, et a substitué à l'acceptation conjointe par cet établissement l'acceptation du bénéfice de la disposition. — Cet avis s'applique aux libéralités faites aux Fabriques pour *les pauvres*, mais en revenant sur ce point au système soutenu par le Ministère de l'intérieur, en 1840, il a résolu implicitement la question générale.

Il n'y a, en effet, aucune raison de distinguer à ce point de vue de la rédaction de décrets, la libéralité faite à une Fabrique pour une destination *charitable* ou pour une destination *scolaire*. Le problème est toujours le même, et il n'y a aucun motif juridique de lui donner deux solutions différentes.

D'après notre législation rappelée et constatée par l'avis du 6 mars dernier, l'administration et l'emploi des libéralités chari-tables ne sont pas en dehors des attributions des Fabriques. Les libéralités destinées à assurer l'instruction gratuite des enfants pauvres sont assurément une des formes les plus nobles et les plus utiles de la charité : en acceptant ces libéralités, les Fabriques et les autres établissements ecclésiastiques reçoivent *pour les pauvres* et continuent des œuvres que la jurisprudence des parlements ran-geait dans leurs attributions.

DEUXIÈME PARTIE

—

CONTRÔLE ADMINISTRATIF

« Quelles conditions convient-il d'imposer à l'autorisation des
« libéralités faites pour des écoles, soit qu'elles s'adressent à des
« établissements ecclésiastiques ou à des établissements religieux?

« Convient-il de maintenir la jurisprudence établie par l'avis du
« 10 juin 1863? »

L'exposé historique que je viens de faire des divers systèmes produits depuis trente-cinq ans permet de répondre brièvement sur ces
deux points et d'indiquer une solution pratique qui évite les inconvénients signalés par l'expérience.

§ 1er.

« Convient-il de maintenir la jurisprudence établie par l'avis du
« 10 juin 1863? »

I. — En 1837, on s'inspire de ces idées d'incapacité absolue, de
minorité des établissements publics, qui étaient encore en vogue,
bien qu'elles fussent déjà abandonnées par nos plus éminents jurisconsultes et hommes d'Etat. — « Ces expressions de *tutelle* et de
« *minorité* sont fausses, disait M. Thiers à la Chambre des députés,
« le 6 mai 1833, et c'est avec des expressions fausses qu'on répand
« dans le pays des erreurs dommageables. » — On veut résister
alors à la volonté du testateur et on crée des *incapacités relatives*
pour rendre leurs dispositions inutiles, lorsque *l'institué* n'est pas
en même temps *le bénéficiaire*.

En 1841, on passe sous silence cette théorie des incapacités *relatives* et on adopte le système des acceptations conjointes de l'institué
et du bénéficiaire, tout en déclarant, du reste, en 1846, que cette
acceptation conjointe n'opère point attribution de propriété au bénéficiaire non institué.

En 1852, la Cour de cassation se prononce sur la question de
capacité en faveur des établissements ecclésiastiques; mais cependant, en 1863, le Conseil d'Etat tire les conséquences logiques du
principe de l'acceptation conjointe, à savoir : l'immatriculation conjointe, la remise des titres de rente ou des titres de propriété des
immeubles entre les mains du bénéficiaire non dénommé au testament, l'administration des biens et la perception des arrérages ou
revenus par ses soins.

Les héritiers et les établissements ecclésiastiques voient dans ces prescriptions une attribution de propriété par voie administrative; les tribunaux civils leur donnent gain de cause et déclarent la caducité des legs pour inexécution des conditions, c'est-à-dire par le fait de l'autorité administrative.

Le Conseil d'Etat s'émeut de ce conflit et des conséquences fâcheuses de sa jurisprudence; il l'abandonne en partie en 1871, et complétement le 6 mars 1873, en ce qui concerne les libéralités charitables.

Il me paraît, dès lors, bien difficile qu'il ne l'abandonne pas, en ce qui concerne les libéralités scolaires, qui font précisément l'objet des arrêts de la Cour de cassation, des cours de Grenoble et d'Angers.

Je ne crois donc pas avoir à me prononcer sur un système que la jurisprudence des cours judiciaires rend aujourd'hui impraticable.

II. — Mais faut-il revenir au système de 1841—1846?

J'ai dit plus haut que, dans la pratique, ce système n'avait soulevé aucune difficulté. Toutefois, on doit reconnaître qu'il est défectueux dans son principe d'acceptation conjointe, lequel tend juridiquement à créer un second légataire, un copropriétaire. Aussi, les rédacteurs de l'avis 1863 n'ont-ils fait que tirer de ce principe ses conséquences logiques, en imposant l'immatriculation conjointe et la remise des titres à ce copropriétaire constitué par voie administrative.

Je préférerais donc la formule déjà proposée en 1840 par le Ministère de l'Intérieur, fréquemment suivie dans la pratique après 1841 et consacrée de nouveau par le Conseil d'État dans son avis du 6 mars dernier, formule consistant à faire intervenir l'établissement destinataire pour accepter *le bénéfice de la disposition* qui l'intéresse.

Cette rédaction ne semble pouvoir soulever aucune difficulté de la part des héritiers, ni aucun conflit entre l'autorité administrative et l'autorité judiciaire, puisque le décret se borne à établir un fait incontestable, à savoir : que la commune, par exemple, est intéressée à ce que les pauvres soient secourus ou les enfants assistés, et que le même décret laisse implicitement à l'autorité compétente le soin de tirer les conséquences de cette déclaration, en habilitant la commune à faire valoir, s'il y a lieu, les droits quelle peut en induire.

Ce système n'a donc pas les inconvénients de la théorie de l'acceptation conjointe, et il en offre tous les avantages. J'ai cherché une espèce dans laquelle le régime de 1841 puisse donner des garanties que la nouvelle formule n'assurerait pas aux bénéficiaires, et je n'en ai pas trouvé.

Je n'hésite donc pas à donner à cette formule mon assentiment.

§ 2.

J'ai répondu à la deuxième partie de la question que nous examinons présentement.

« Convient-il de maintenir la jurisprudence établie par les avis
« de 1863 ? »

Il me reste à répondre à la première partie.

« Quelles conditions convient il d'imposer à l'autorisation des
« libéralités faites pour des écoles, à des établissements ecclésias-
« tiques ou à des établissements religieux ? »

Par établissements *ecclésiastiques* j'entends, comme je l'ai dit précédemment, les établissements publics constitués par la loi et appartenant à l'un des cultes reconnus par l'Etat, ainsi que les définit l'arrêt précité de la Cour de cassation du 18 mai 1852.

Par établissements *religieux* j'entends, avec l'ordonnance du 14 janvier 1831, articles 1 et 4, les congrégations, communautés et associations enseignantes autorisées par le Gouvernement comme établissements d'utilité publique.

Cette distinction entre ces deux classes d'établissements a été soigneusement maintenue par les avis des 10 juin 1863 et 22 novembre 1866, qui donnent des solutions différentes pour les deux cas.

« Lorsqu'il s'agit de dons et legs faits à des établissements reli-
« gieux et affectés à la fondation et à l'entretien d'écoles, dit l'avis
« du 10 juin 1863, il y a lieu de distinguer si les établissements
« institués sont des Fabriques, consistoires, succursales, cures et
« évêchés, ou bien si ce sont des communautés religieuses ensei-
« gnantes. »

Dans le premier cas, ces avis de 1863 et de 1866 exigent *l'acceptation conjointe* par l'établissement institué et par la commune ; — *l'immatriculation conjointe* des titres de rente et la *remise des titres* à la commune non instituée, qui perçoit les revenus et administre les biens.

Dans le second cas, on n'exige que *l'acceptation conjointe* par la congrégation ou communauté et la commune. — Toutefois, si la libéralité est faite pour la fondation d'éccles ayant ou devant avoir le caractère d'écoles communales et publiques, on suit les règles tracées pour la première hypothèse et on exige tout à la fois l'acceptation et l'immatriculation conjointe et la remise des titres de propriété à la commune.

J'ai exposé les motifs qui peuvent déterminer le Conseil d'Etat à abandonner le système établi par les avis de 1863, pour les libéralités destinées aux écoles, ainsi qu'il l'a fait, par son avis du 6 mars 1873, pour les libéralités destinées aux pauvres.

Il ne me reste qu'à indiquer les conditions ou prescriptions du domaine administratif qu'on pourrait substituer aux règles établies par les avis de 1863, pour sauvegarder les intérêts dont ils se préoccupaient, sans soulever les difficultés qui les rendent inapplicables.

I.

LIBÉRALITÉS FAITES POUR DES ÉCOLES A DES ÉTABLISSEMENTS ECCLÉSIASTIQUES.

Il me paraît hors de doute et de contestation qu'on devra d'abord se conformer aux règles établies par le Conseil d'Etat dans son avis du 6 mars 1873, à savoir :

Si la fondation est en rentes sur l'Etat, mention dans l'immatriculation du titre de la destination des arrérages ; — acceptation par le maire du bénéfice de la fondation ; — remise au représentant de la commune d'une copie de l'acte constitutif de la fondation (testament ou donation), du décret d'autorisation et de l'inscription de rente.

Mais, en raison de la nature de l'établissement institué, je serais d'avis de réclamer encore quelques conditions accessoires :

1° L'inscription des recettes et dépenses de l'école dans un chapitre spécial du budget et du compte de la fabrique ou du consistoire légataire ou donataire. Cette condition était de rigueur dans l'ancienne jurisprudence sur les *petites écoles* ou *écoles de charité*.

2° Si le legs est fait en vue de la fondation d'une école congréganiste, obligation de choisir les instituteurs ou institutrices parmi les associations ou congrégations reconnues par l'Etat. Si le legs est fait pour la fondation d'une école laïque, obligation de choisir les instituteurs ou institutrices sur la liste d'admissibilité dressée par les conseils départementaux, en exécution de la loi du 15 mars 1850.

3° L'enseignement donné dans ces écoles devra comprendre les matières qui, d'après l'article 23 de la loi du 15 mars 1850 et l'article 16 de la loi du 10 avril 1867, constituent essentiellement l'enseignement primaire (1).

Indépendamment de ces conditions, qui seraient brièvement indiquées dans les décrets d'autorisation des libéralités, il me semblerait opportun de convenir dès à présent de quelques règles de conduite et de jurisprudence à suivre par le Conseil d'Etat et par l'Administration. J'indiquerai les plus importantes à mon avis, sans préjuger les additions ou modifications qui seront ultérieurement suggérées par la pratique :

1° Les établissements ecclésiastiques ne seront autorisés qu'exceptionnellement à recevoir des libéralités qui seraient destinées à des écoles situées en dehors de leur circonscription territoriale ;

2° L'œuvre entreprise devra être et rester ce que le testateur ou donateur a voulu qu'elle soit ;

3° Si le testateur ou ses héritiers n'ont pas fait connaître leurs intentions sur la nature de l'établissement à créer, cet établissement sera et restera un établissement primaire ;

4° Si la fondation est présentement insuffisante, on prescrira la capitalisation des arrérages et on fixera un délai maximum pour l'ouverture de l'établissement ;

5° Lorsque le département ou la commune croiront opportun de subventionner l'école, dans le cas de l'article 36 de la loi du 15 mars 1850, et que l'établissement intéressé y consentira, le budget des ressources spéciales de cette école, qui, dans ce cas, tiendra lieu de l'école communale, sera communiqué, chaque année, au conseil municipal, sans préjudice, en ce qui concerne les Fabriques, de la production des comptes en fin d'exercice, prescrite par l'article 89 du décret du 30 décembre 1809.

---

(1) L'instruction morale et religieuse, la lecture, l'écriture, les éléments de la langue française, le calcul et le système légal des poids et mesures, les éléments de l'histoire et de la géographie de la France.

II.

LIBÉRALITÉS FAITES POUR DES ÉCOLES A DES ÉTABLISSEMENTS RELI-
GIEUX RECONNUS PAR LE GOUVERNEMENT (CONGRÉGATIONS, COMMU-
NAUTÉS ET ASSOCIATIONS RELIGIEUSES).

Ces établissements ont pleine capacité pour recevoir ces libéralités, dit l'avis du 10 juin 1863, « puisqu'ils ont été autorisés en
« vertu de l'utilité publique et dans le but précisément de fonder
« et de diriger des écoles; l'objet de ces fondations rentre donc
« dans leurs attributions spéciales. »

D'autre part, leur aptitude est rigoureusement déterminée et cir-
conscrite par l'ordonnance ou le décret qui les autorise.

Il pourra donc suffire de réclamer, dans ce cas, l'application des
règles générales : mention de l'affectation des rentes dans l'immatriculation des titres; — acceptation par le maire du bénéfice d'une
disposition toujours avantageuse pour la commune; — remise à ce
fonctionnaire d'une copie des titres et du décret d'autorisation.

Ces clauses et conditions me paraissent suffisantes pour sauvegarder les intérêts dont le Gouvernement doit se préoccuper. Elles
n'ont rien de gênant pour les établissements ecclésiastiques et religieux, et elles ne sauraient soulever aucune difficulté devant les
tribunaux judiciaires, puisqu'elles ne touchent en rien aux questions de capacité et de propriété.

Agréez, Monsieur le Président et cher Collègue, l'assurance de
ma haute considération.

Le Ministre de l'Instruction publique et des Cultes,
Jules SIMON.

AVIS DU CONSEIL D'ÉTAT.

*Les Etablissements ecclésiastiques en général, et spécialement les
Fabriques, ont capacité pour recevoir des dons et legs destinés
à fonder ou à entretenir des écoles; — en conséquence, ces Etablissements doivent être autorisés à accepter les dons et legs qui
leur sont faits avec cette destination, — sans qu'il y ait lieu
d'édicter, dans le décret d'autorisatiou, des prescriptions autres
que celles qui sont nécessaires pour assurer dans l'avenir l'exécution
fidèle et durable de la volonté du disposant. — Spécialement, il convient : 1° d'autoriser le maire à accepter le* BÉNÉFICE *qui résulte de*

ces libéralités en faveur des enfants de la commune; — 2° de pres-crire, dans le cas où le montant de la libéralité doit être placé en rente, que le titre mentionnera la destination des arrérages; — 3° qu'il sera immatriculé au nom de l'établissement donataire ou légataire; — 4° qu'il restera en sa possession; — 5° que le maire de la commune recevra une expédition du titre et du décret d'autori-sation; — 6° de prescrire que les revenus et les dépenses de la fonda-tion forment un chapitre spécial dans le budget de l'établissement; — 7° dans le cas où les instituteurs ou institutrices devront être congréganistes, de prescrire qu'ils seront choisis parmi les membres des associations ou congrégations religieuses vouées à l'enseignement et reconnues comme établissements d'utilité publique; — 8° de rap-peler que l'enseignement devra porter sur les matières déclarées obligatoires par les lois.

TEXTE DE L'AVIS DU CONSEIL D'ÉTAT.

Le Conseil d'Etat, qui, sur le renvoi ordonné par M. le Ministre de l'Instruction publique, des Cultes et des Beaux-Arts, a pris con-naissance d'un projet de décret ayant pour objet :

1° D'autoriser le trésorier de la Fabrique de l'église succursale de Saint-Georges-de-Lusençon (Aveyron) et le maire de Saint-Georges-Lusençon, au nom de cette commune, à accepter conjointement, chacun en ce qui le concerne, et aux clauses et conditions énon-cées, un legs fait à ladite Fabrique par la demoiselle Galtier, con-sistant en une somme de 3,000 francs et en une maison estimée 3,000 francs, pour l'entretien de sœurs d'un ordre religieux char-gées de donner l'instruction et l'éducation aux jeunes filles de la paroisse de Saint-Georges;

2° De prescrire que la somme de 3,000 francs sera employée à l'achat d'une rente sur l'Etat, qui sera immatriculée aux deux noms de la Fabrique et de la commune; que la destination des arrérages sera mentionnée sur l'inscription, et que la garde du titre sera confiée au receveur municipal;

Vu le testament et le codicille de la demoiselle Galtier;

Vu la lettre, en date du 25 avril 1873, par laquelle M. le Ministre de l'Instruction publique, des Cultes et des Beaux-Arts exprime l'opinion que les établissements ecclésiastiques ou religieux ont capacité pour fonder et entretenir des écoles, et indiqua sous.

quelles conditions pourrait leur être donnée l'autorisation de recueillir des libéralités ayant cette destination ;

Vu la lettre, en date du 18 mai 1873, par laquelle M. le Ministre de l'Intérieur adhère, en principe, aux considérations indiquées par M. le Ministre de l'Instruction publique, des Cultes et des Beaux-Arts ;

Vu les autres pièces produites ;

Vu les articles 910 et 937 du Code civil, la loi du 2 janvier 1817, les ordonnances du 2 avril 1817 et 14 janvier 1831.

Vu la loi du 18 germinal an X, portant organisation du culte catholique, et le décret du 30 décembre 1809 sur les Fabriques ;

Vu la loi du 18 germinal an X, portant organisation des cultes protestants, et le décret du 26 mars 1852 ;

Vu le décret du 17 mars 1808 et les ordonnances des 29 juin 1819, 20 août 1823 et 25 mai 1844, portant réglement pour l'organisation du culte israélite ;

Vu les avis du Conseil d'Etat des 12 avril 1837, 4 mars 1841, 30 décembre 1846, 10 juin 1863 et 6 mars 1873 ;

Vu l'arrêt de la Cour de cassation du 18 mai 1852 (legs Haussmann), l'arrêt de la Cour d'appel de Grenoble du 5 juillet 1869 (legs Menuel) et l'arrêt de la Cour d'appel d'Angers du 23 mars 1871 (legs de Langottière) ;

Vu l'avis du Conseil royal de l'Instruction publique du 20 février 1837 ;

Considérant qu'il résulte de l'instruction que la demoiselle Galtier avait, depuis 1859, établi dans la maison léguée, pour les jeunes filles de la paroisse de Saint-Georges-de-Lusençon, une école libre tenue par des religieuses ;

Que, dans le but de perpétuer sa fondation, elle a légué la maison et une somme de 3,000 francs à la Fabrique de cette paroisse, en indiquant la destination de sa libéralité ;

Considérant que le projet de décret proposé autorise, conformément à l'avis du 10 juin 1863, la Fabrique à accepter le legs, mais seulement à la condition : 1° que la commune interviendra dans l'acceptation conjointement avec la Fabrique légataire ; 2° que la rente qui sera achetée au moyen de la somme de 3,000 francs sera immatriculée conjointement aux deux noms de la commune et de la Fabrique ; 3° que la garde du titre sera confiée au receveur municipal, et non au trésorier de la Fabrique ;

Considérant que ces conditions ne découlent pas du testament

comme une conséquence nécessaire des stipulations qu'il contient
en faveur de la commune; qu'en effet, si la charge imposée à la
Fabrique constitue au profit des enfants de la paroisse un avantage
qui paraît de nature à être accepté en leur nom par le maire, et
qui peut donner à l'administration municipale le droit de veiller à
ce que cette charge ne soit pas oubliée, elle ne justifie pas une
intervention se produisant dans des termes qui semblent transporter à la commune une part dans la propriété des objets légués à
la Fabrique et dans la direction de l'école, et qui lui attribuent un
rôle prépondérant dans l'exécution du legs;

Considérant que ces conditions sont imposées par le projet de
décret, en vue de suppléer à l'incapacité prétendue de la Fabrique,
soit pour accepter, soit pour exécuter un legs de cette nature;

Considérant que la première question est essentiellement judiciaire et que, toutes les fois que les tribunaux ont été appelés à se
prononcer, ils ont jugé, notamment par les arrêts susvisés, que les
établissements religieux appartenant à l'un des cultes reconnus par
l'Etat, et en particulier les Fabriques et les consistoires, ont capacité pour recevoir des libéralités destinées à fonder ou à entretenir
des écoles, à la seule condition d'obtenir du Gouvernement l'autorisation exigée par l'article 910 du Code civil;

Considérant, sur le deuxième point, que, si la loi n'a imposé
qu'aux autorités civiles l'obligation de créer et d'entretenir des
écoles, aucune disposition n'interdit aux établissements qui représentent les intérêts religieux d'un groupe d'habitants partageant les
mêmes croyances, de veiller et au besoin de pourvoir à ce que les
enfants de ces habitants reçoivent l'instruction;

Que, loin de là, diverses dispositions législatives ou réglementaires reconnaissent expressément ce droit aux établissements
appartenant aux cultes non catholiques;

Que l'on peut citer notamment la loi du 18 germinal an X et le
décret du 26 mars 1852 sur l'organisation des cultes protestants,
qui visent *la discipline ecclésiastique des églises réformées de France*
et qui fixent les attributions des consistoires et des conseils presbytéraux; le décret du 17 mars 1808 et les ordonnances des 29 juin
1819, 20 août 1823 et 25 mai 1844, qui règlent l'organisation du
culte israélite et qui fixent les attributions du consistoire central et
des consistoires départementaux;

Que l'article 31 de la loi du 15 mars 1850 sur l'enseignement,
inspirée par la même pensée, confère aux consistoires le droit de

présenter les instituteurs pour les écoles communales protestantes ou israélites ;

Qu'en fait, la plupart des consistoires subventionnent ou entretiennent des écoles et possèdent des rentes et des immeubles qu'ils ont reçus ou acquis dans ce but avec l'autorisation du Gouvernement ;

Que si, à l'égard des Fabriques, les règlements sont muets et si les autorisations de ce genre ont été plus rares, ce n'est pas parce qu'il existerait dans leur organisation et leurs attributions une différence essentielle créant aux yeux de la loi une inégalité inexplicable, au détriment du culte de la majorité : c'est par des considérations de fait et parce que, les conseils municipaux pouvant en général être regardés comme représentant naturellement les intérêts et les sentiments de la majorité catholique, l'intervention des conseils de Fabriques paraissait inutile, tandis que celle des consistoires était réputée nécessaire pour donner satisfaction aux intérêts religieux des minorités ;

Que cependant, à toutes les époques, des autorisations ont été données aux Fabriques, même en dehors des localités où la population catholique était en minorité ;

Qu'en fait, un certain nombre de Fabriques emploient des ressources spéciales à soutenir des écoles ;

Que cet état de choses ne paraît avoir jamais présenté aucun inconvénient ;

Qu'au contraire, l'autorité universitaire, à diverses époques, en a reconnu les avantages ainsi que la légalité (avis du Conseil royal de l'Instruction publique du 10 février 1837 ; lettre de M. Guizot, Ministre de l'Instruction publique, du 9 mars 1837 ; lettre de M. Segris, Ministre de l'Instruction publique, du 6 avril 1870 ; lettre de M. Jules Simon, Ministre de l'Instruction publique, du 25 avril 1873) ;

Considérant qu'aujourd'hui plus que jamais il importe de multiplier les écoles et, en particulier, d'augmenter le nombre de celles qui sont pourvues de dotations allégeant les charges de l'Etat, des départements et des communes ;

Que presque toutes les fondations de cette nature sont inspirées par le sentiment religieux et confiées à des établissements ecclésiastiques ;

Qu'au lieu de décourager les donateurs en subordonnant l'exécution de leurs libéralités à des conditions qui s'écartent complétement de leurs intentions, il est, au contraire, conforme à l'intérêt public, en même temps qu'il est juste, de leur laisser la plus grande liberté compatible avec les exigences de la loi, et de se borner à édicter les prescriptions nécessaires pour assurer dans l'avenir l'exécution fidèle et durable de leurs volontés ;

Que, pour atteindre ce but, il convient :

1° D'autoriser, d'une part, l'établissement légataire à accepter la libéralité ; d'autre part, le maire à accepter le bénéfice qui en résulte en faveur des enfants de la commune ;

2° Dans le cas où le montant de la libéralité doit être placé en rente, de prescrire que le titre mentionnera la destination des arré-rages ; qu'il sera immatriculé au nom de l'établissement légataire ; qu'il restera en sa possession ; que le maire de la commune recevra une expédition du titre, du testament et du décret d'autorisation ;

3° De prescrire que les revenus et les dépenses de la fondation formeront un chapitre spécial dans le budget de la Fabrique ou du consistoire, ainsi que cela se pratique sans difficultés pour les cha-pelles de secours ;

4° De constater, dans le décret d'autorisation, la nature de l'éta-blissement (école primaire de garçons ou de filles, salle d'asile, etc.) ;

5° Dans le cas où les instituteurs ou institutrices devront être congréganistes, de prescrire qu'ils seront choisis parmi les membres des associations ou congrégations religieuses vouées à l'enseigne-ment et reconnues comme établissements d'utilité publique ;

6° De rappeler que l'enseignement devra porter sur les matières déclarées obligatoires par les lois ;

Considérant que, dans ces conditions et en présence du droit qui appartient à l'administration d'apprécier les circonstances de chaque affaire et de refuser, s'il y a lieu, l'autorisation, il n'y a aucun inconvénient et il ne peut y avoir que des avantages à ce que les établissements ecclésiastiques soient, conformément à leurs traditions historiques, autorisés à recueillir, à administrer et à em-ployer les libéralités destinées à des écoles ;

Que l'administration municipale aura titre et qualité, non pour exercer un contrôle sur l'emploi des revenus, mais pour s'assurer que le capital est conservé et que le revenu est toujours inscrit avec sa destination au budget de l'établissement légataire ;

Que l'établissement légataire, chargé par le fondateur de veiller à la continuation de sa pensée, administrera et emploiera librement les revenus de la fondation, sans qu'aucune confusion puisse s'introduire entre ces revenus et ses ressources normales et compromettre les services que la loi lui a particulièrement confiés ;

Considérant que, pour les solutions ci-dessus indiquées, il n'y a pas lieu de distinguer si, au moment où l'autorisation est demandée, l'école dont il s'agit est publique ou libre ;

Qu'en effet, d'une part, le caractère actuel de l'école peut plus tard être changé ;

Que, d'autre part, l'école, soit libre, soit publique, devra toujours être régie par les prescriptions générales de la loi ;

En ce qui concerne spécialement le legs de la demoiselle Galtier :

Considérant qu'il résulte de l'instruction que l'école à la dotation de laquelle est destiné le legs existe depuis plusieurs années ; qu'elle a le caractère d'école libre ; qu'elle est dirigée par des religieuses appartenant à une congrégation légalement reconnue ; qu'elle reçoit gratuitement une partie des élèves ; qu'elle prospère et que le témoignage des autorités universitaires lui est favorable ;

Est d'avis qu'il convient d'autoriser l'acceptation du legs et d'adopter le projet de décret, après l'avoir modifié dans le sens des observations qui précèdent.

Cet avis a été délibéré et adopté par le Conseil d'Etat dans sa séance du 24 juillet 1873.

PROJET DE DÉCRET *tendant à l'acceptation d'un legs fait par la demoiselle Marie-Anne Galtier à la fabrique de l'église succursale de Saint-Georges-de-Lusençon (Aveyron), pour l'établissement de sœurs vouées à l'éducation des jeunes filles de la paroisse.*

Le Président de la République française,

Sur le rapport du Ministre de l'Instruction publique, des Cultes et des Beaux-Arts ;

Vu les testaments publics de la demoiselle Galtier, en date des 12 et 14 novembre 1867 ;

Vu les pièces constatant le consentement ou la mise en demeure des héritiers naturels de la testatrice ;

Vu la réclamation formée par son légataire universel ;

Vu les renseignements transmis sur la valeur de la succession et la position de fortune du réclamant ;

Vu les autres pièces produites en exécution des ordonnances des 2 avril 1817 et 14 janvier 1831 ;

Le Conseil d'Etat entendu,

Décrète :

Art. 1er. — Le trésorier de la Fabrique de l'église succursale de Saint-Georges-de-Lusençon est autorisé à accepter, aux clauses et conditions énoncées, le legs fait à ladite Fabrique par la demoiselle Marie-Anne Galtier, suivant ses testaments publics des 12 et 14 novembre 1867, et consistant en une somme de 3,000 francs et une maison estimée 3,000 francs pour l'établissement de sœurs vouées à l'éducation des jeunes filles de la paroisse,

Conformément à la demande du Conseil de Fabrique, la somme de 3,000 francs sera employée à l'achat d'une rente sur l'Etat ; cette rente sera immatriculée au nom de la Fabrique, avec mention, sur l'inscription, de la destination des arrérages.

Les revenus et les dépenses de la fondation formeront un chapitre spécial dans le budget de la Fabrique.

Les sœurs préposées à l'école devront appartenir à une congrégation vouée à l'enseignement et légalement reconnue.

L'enseignement donné dans l'école devra comprendre toutes les matières déclarées obligatoires par les lois.

Art. 2. — Le Maire de Saint-Georges-de-Lusençon, au nom de cette commune, est autorisé à accepter le bénéfice qui résulte au profit des enfants en âge de fréquenter l'école, du legs de la demoiselle Galtier.

Il lui sera délivré une expédition de l'inscription de rente et du titre de propriété de la maison léguée, un extrait du testament et un extrait du présent décret.

Art. 3. — Le Ministre de l'Instruction publique, des Cultes et des Beaux-Arts et le Ministre de l'Intérieur sont chargés, chacun en ce qui le concerne, de l'exécution du présent décret.

Nota. Ce projet de décret a été délibéré et adopté par le Conseil d'Etat dans sa séance du 24 juillet 1873.

Le projet de décret ainsi adopté par le Conseil d'Etat, a été soumis par M. le Ministre des Cultes à la sanction de M. le Maréchal-Président de la République, qui l'a signé le 16 août 1873.

Ce changement de jurisprudence administrative a été précédé de deux arrêts, que nous avons reproduits ci dessus nos II et V : le premier rendu par la Cour de Grenoble, le 5 janvier 1869, et le second par la Cour d'Angers, le 23 mars 1871. Ces deux arrêts ont probablement déterminé d'abord la Commission provisoire qui a succédé à l'ancien Conseil d'Etat et ensuite le Conseil d'Etat actuel, réorganisé par la loi du 24 mai 1872, à modifier profondément et à améliorer notablement la jurisprudence de l'ancien Conseil d'Etat sur ces matières.

N° X.

Les Évêques ont capacité pour recevoir des donations ou legs d'immeubles affectés à des établissements d'enseignement secondaire ecclésiastiques privés. — Décret du 16 août 1873.

M. l'Abbé Trouillet, Curé de la paroisse de Saint-Epvre, à Nancy, a, suivant acte notarié du 25 septembre 1872, fait donation, à titre gratuit, à l'Evêché de Nancy de divers bâtiments avec dépendances situés à Lunéville et estimés 170,000 francs. D'après les pièces produites, le donateur avait installé dans ces immeubles un établissement d'enseignement scolaire ecclésiastique privé. D'un autre côté, Mgr l'Evêque de Nancy a formellement déclaré que la libéralité avait pour objet d'assurer à cette institution un caractère de perpétuité.

Avant de se prononcer sur le projet de décret d'autorisation soumis à son examen, la section de l'Intérieur... et des Cultes du Conseil d'Etat a cru devoir demander, par une note du 7 mars 1873, l'avis de l'administration de l'Instruction publique sur cette affaire, ainsi que des renseignements précis sur l'établissement objet de la donation de M. l'Abbé Trouillet. Il a été répondu que la direction de cet établissement était confiée à M. l'Abbé Panigot, bachelier ès-sciences, qu'il comptait 97 élèves et qu'il était bien tenu. L'avis de l'administration de l'Instruction publique a été, en outre, favorable à l'autorisation d'accepter. En conséquence, sur l'avis conforme du Conseil d'Etat, cette autorisation a été accordée par le décret suivant :

« L'Evêque de Nancy (Meurthe-et-Moselle) est autorisé à accepter, aux clauses et conditions énoncées, la donation faite à l'Evêché de Nancy par le sieur Joseph Trouillet, suivant acte notarié du 23 septembre 1872, et consistant en deux maisons, avec dépendances, situées à Lunéville (même département), rue de Viller nos 66 et 68, et estimées 170,000 francs. »

N° XI.

Avis de principe sur la question de savoir si les diocèses *sont des personnes morales,* ayant la *capacité civile* de posséder, d'acquérir et de recevoir par legs et donations; avis délibéré et adopté par le Conseil d'Etat dans ses séances des 29 avril, 7 et 13 mai 1874.

Paris, le 27 novembre 1872.

Monsieur le Président,

Le Conseil d'Etat rencontre assez fréquemment dans les libéralités soumises à son examen des legs faits au profit d'un *diocèse* ou d'un *Evéché*. Jusqu'en 1840, il n'a point élevé de doute sur la validité de ces dispositions. — Depuis cette époque, il a généralement considéré les dons et legs au profit d'un diocèse comme étant faits à un incapable et il a été d'avis qu'il n'y avait pas lieu de les autoriser : quant au mot *Evéché*, il n'a cru pouvoir lui donner d'autre acceptation que celle de *mense épiscopale*.

Mes prédécesseurs au Ministère des Cultes, et notamment MM. Vivien, Martin (du Nord) et Baroche, ont résisté à cette nouvelle jurisprudence. Le Conseil d'Etat l'a maintenue, tout en admettant d'assez nombreuses exceptions d'espèce et en paraissant même hésiter sur la question de principe. En 1867, un avis très-fortement motivé de la Section de l'Intérieur, de l'Instruction publique et des Cultes, qui concluait à la capacité civile des diocèses, n'a été rejeté en Assemblée générale qu'à une voix de majorité et ce rejet n'a été accompagné d'aucun avis qui le motivât.

La résolution prise alors par le Conseil d'Etat a eu un fâcheux effet dans les deux affaires qui avaient donné lieu à la discussion de principe. Les Evêques intéressés se sont refusés catégoriquement à céder à une doctrine qui leur paraissait contraire aux intentions des testatrices : une des libéralités a été perdue pour le diocèse auquel elle était destinée; — quant à l'autre, on a des motifs de supposer que, pour échapper au contrôle de l'autorité administrative, les héritiers l'ont convertie en donation manuelle : elle s'élevait à la somme de 80,000 francs.

Tout récemment encore un legs important fait au diocèse ou Évêché d'Angoulême a été soumis au Conseil d'Etat. — Les circonstances de l'affaire le détermineront vraisemblablement à refuser l'autorisation sans se prononcer sur la question de capacité, mais cette question se présentera de nouveau dans quelques affaires en cours d'instruction ; il me semblerait opportun de reprendre la discussion de 1867 (*a*) et de se prononcer sur le mérite des arguments produits par le Ministre des Cultes et la section compétente.

Je viens donc vous prier, Monsieur le Président, de vouloir bien saisir le Conseil d'Etat de la question théorique de l'existence et capacité civile des diocèses : — Cette question, dégagée de toute préoccupation de fait et d'espèce, pourra être examinée avec une plus entière liberté d'esprit.

I.

Pendant quarante ans, aucun doute ne s'est élevé sur l'existence civile des diocèses. C'est en 1840 seulement, que le Conseil d'Etat a commencé à contester la capacité civile de ces établissements (1).

Toutefois, un assez grand nombre d'ordonnances ou décrets postérieurs à cette époque ont admis implicitement la personnalité juridique du diocèse ; un état de ces ordonnances ou décrets, aussi complet que peut le permettre le classement des dossiers par ordre chronologique est annexé à la présente dépêche.

En 1865, le Conseil d'Etat voulut appliquer la jurisprudence inaugurée en 1840 à des legs faits par la dame Sorin-Dessources à l'Evêché de La Rochelle, et par la demoiselle de Monceaux à l'Evêché de Bayeux. — La section de l'Intérieur, dans ses avis en date des 1er juin 1865, 9 janvier et 6 mars 1866, décida qu'il y avait lieu :

1° D'inviter l'Evêque de la Rochelle et l'Evêque de Bayeux à désigner respectivement les établissements légalement reconnus auxquels ils se proposaient d'appliquer les libéralités de la dame Sorin-Dessources et de la demoiselle de Monceaux ;

(*a*) C'est à l'occasion de cette discussion que nous avons publié notre Dissertation sur la *capacité civile des diocèses, des paroisses et des établissements diocésains et paroissiaux ;* cette dissertation, publiée à Paris en 1867, faisait partie de notre *Traité de la propriété et de l'administration des biens ecclésiastiques en France et en Belgique,* traité resté inédit jusqu'en 1872.

(1) Avis du Comité de Législation des 8 juillet 1840, 5 et 26 mars et 21 décembre 1841, littéralement reproduits dans les avis postérieurs de la Section de l'intérieur, 11 juillet 1854, 1er juillet 1865, 9 janvier et 13 mars 1866, etc., etc.

2° De faire intervenir ces établissements dans l'acceptation.

Les Evêques se refusèrent à faire la désignation qui leur était demandée. En présence de cette déclaration, le Garde des Sceaux, Ministre de la Justice et des Cultes, crut devoir reprendre la question au fond : dans la lettre précitée du 30 avril 1866, il soutint que les diocèses devaient être considérés comme des personnes civiles légalement représentées par les Evêques et il invita le Conseil d'Etat à réviser sa nouvelle jurisprudence.

La section de l'Intérieur se rangea à la doctrine exposée par le Ministre des Cultes, et un projet d'avis, rédigé en ce sens par M. Marbeau, maître des requêtes, fut soumis à l'assemblée générale du Conseil d'Etat.

Le Conseil d'Etat rejeta ce projet, le 21 novembre 1867, à une voix de majorité ; mais, contrairement à tous les précédents, il ne prit aucune résolution, et aucune réponse officielle ne fut faite en son nom à la dépêche ministérielle du 30 avril 1866.

L'administration des Cultes ne connaît donc pas les arguments produits dans l'Assemblée générale contre les observations qu'elle présentait alors, et, aujourd'hui encore, elle ne peut que discuter les motifs de rejet produits en 1840.

II.

D'après cette nouvelle jurisprudence, l'Evêque est incapable d'accepter toute libéralité faite dans l'intérêt général de son diocèse et ne pouvant être actuellement affectée à un établissement déterminé qui soit reconnu ou en mesure de l'être.

Il est donc incapable d'accepter :

— Les dons et legs pour les prêtres infirmes, dans les diocèses où l'on ne peut organiser une caisse de retraites ;

— Les dons et legs pour faciliter l'exercice du culte dans le diocèse ;

— Les dons et legs pour achats d'ornements ou de vases sacrés destinés aux églises du diocèse au choix du prélat ;

— Les dons et legs de chapelles, calvaires ou édifices religieux n'offrant aucun intérêt paroissial ;

— Les dons et legs pour bonnes œuvres indéterminées, etc., etc.

De semblables libéralités ne peuvent produire leur effet que lorsqu'il y a lieu de les affecter à des *Etablissements diocésains légalement reconnus,* au nom desquels l'autorisation d'accepter soit demandée et accordée. Les Evêques seront donc invités à désigner les établissements qui pourront profiter de la libéralité ; en cas de refus du prélat de faire cette désignation ou des héritiers du testateur d'y consentir, l'autorisation devra être refusée. (Avis du Conseil d'Etat, 2 juin 1856 ; Intérieur, 11 janvier et 14 avril 1860 ; Lettre du président de la section de l'Intérieur, 29 juillet 1870.)

III.

Une pareille doctrine paraît absolument inadmissible si l'on se place au point de vue théorique. Les intérêts *généraux* ou *collectifs* ne sauraient être, en effet, moins dignes des préoccupations du législateur que les intérêts *secondaires* ou *locaux*. Aussi, dans l'ordre civil, les uns et les autres sont légalement représentés. Le *Département* est sans doute une circonscription administrative ; mais il n'en constitue pas moins, tout aussi bien que la *Commune*, un être moral, une personne juridique pourvue d'un représentant qui est chargé de sauvegarder ses droits et ses intérêts. — Dans l'ordre ecclésiastique et religieux, au contraire, suivant la doctrine qui prévaut aujourd'hui, les intérêts *locaux* ou *secondaires* auraient seuls des représentants légaux :

Le *Conseil de Fabrique* pour *la paroisse* ou *l'église ;*

Le *Curé* ou le *desservant* pour la *Cure* ou la *succursale ;*

Le *Doyen* pour le *Chapitre ;*

L'*Evéque* pour la *Mense* et le *Palais épiscopal*, la *Cathédrale* et les *Séminaires ;*

Les *Supérieurs* pour les *communautés religieuses.*

Mais les intérêts *généraux* et *collectifs* n'auraient point de mandataire ou de représentant légal. L'Evêque, qui a la *direction*, le *gouvernement* du diocèse (loi du 18 germinal an X, articles 9, 36, 37), ne pourrait le représenter civilement : il serait incapable d'accepter aucune libéralité, de concourir à aucun acte de la vie civile qui intéressât la généralité des fidèles.

Ces considérations permettent d'apprécier la gravité de la question, que je vais serrer de plus près en discutant la doctrine inaugurée par les avis du Comité de législation de 1840 et 1841.

IV.

Ces avis de 1840 et de 1841, fidèlement reproduits dans les avis postérieurs, se réduisent à deux propositions :

1° « Les diocèses ne sont que des circonscriptions administra-« tives ;

2° « Aucune disposition législative ne les a reconnus comme per-
« sonnes civiles et ne leur a conféré le caractère d'établissements
« publics. »

§ 1er.

« *Les diocèses ne sont que des circonscriptions administratives.* »

Cette première proposition ne peut se concilier avec les textes de
lois qui attribuent une *circonscription* aux *diocèses* et leur supposent une existence indépendante de cette circonscription.

« Il sera fait une *nouvelle circonscription* des *diocèses* français.
(Concordat, article 2; C. F., art. 14, et la loi du 18 germinal an X,
article 59.)

« L'*établissement* et la *circonscription* de tous les diocèses seront
« concertés entre le roi et le Saint-Siége. » (Loi du 4 juillet 1821,
article 2.)

L'*établissement* du diocèse doit donc précéder sa *circonscription*.
Aussi les lois, décrets ou autres actes de création distinguent-ils
soigneusement ces deux points.

« L'*établissement* et la *circonscription* de tous les *diocèses* seront
« concertés entre le roi et le Saint-Siége, » dit la loi du 4 juillet
1821, article 2.

Les bulles de création des diocèses, dûment enregistrées et
publiées, font la même distinction. Elles érigent d'abord le siége
épiscopal ou l'Evêché, constituent le chapitre, puis déterminent la
circonscription sur laquelle s'exercera le pouvoir du nouvel Evêque.

La circonscription diocésaine peut être modifiée sans que la
notion de l'Evêché ou du diocèse subisse aucun changement. Il y a
peu d'années encore, le diocèse du Mans comprenait *deux* départe-
tements; le diocèse d'Alger en comprenait *trois*. — Aujourd'hui,
l'un et l'autre n'en comprennent plus qu'*un seul*, et cependant ces
deux diocèses restent ce qu'ils étaient auparavant : une collectivité
d'intérêts représentée par un Evêque, pourvue des établissements
annexes indispensables à son existence : chapitres, séminaires,
cathédrales, palais épiscopaux, églises paroissiales, presbytères.

La même hiérarchie ecclésiastique continue à les desservir. Leur
territoire est moins vaste, leur circonscription moins étendue, le
diocèse n'en subsiste pas moins dans son *intégralité,* dans tous *ses
caractères essentiels;* — c'est donc quelque chose de plus qu'une
circonscription administrative.

En le restreignant à cette acception, on rend inintelligibles tous les textes qui parlent de la *circonscription* des *diocèses*, et notamment l'article 59 précité de la loi du 18 germinal au X :

« *Il sera fait une nouvelle circonscription des diocèses.* »

Si l'on remplace, dans cet article, le mot défini, par la définition, on arrivera à un non-sens.

§ 2.

« *Aucune disposition législative n'a reconnu les diocèses comme* « *personnes civiles*, et ne leur a conféré le caractère d'établissements « publics. »

On ne saurait objecter l'absence de disposition expresse attribuant l'existence légale au diocèse. Aucun texte de loi ne confère explicitement et formellement cette existence civile à la commune, à la cure ou à la succursale, aux chapitres, menses épiscopales, cathédrales et séminaires, et cependant aucun doute ne s'élève sur la capacité civile de ces établissements.

Notre législation n'a jamais déterminé d'une manière précise et complète, les établissements qui jouissent de la vie civile : La doctrine a suppléé à ces lacunes et il est aujourd'hui universellement admis que tout *établissement public organisé par la loi*, constitue un *être moral*, une personne civile, par le seul fait de son existence (1).

Or, l'*établissement public* se reconnaît aux conditions suivantes :

1º Un caractère d'intérêt général et de perpétuité;

2º Un siége déterminé ou une circonscription territoriale fixe, établie ou reconnue par l'autorité civile ;

3º Une organisation sanctionnée par la loi;

4º Un administrateur spécial nommé ou institué par le gouvernement;

5º Des ressources propres.

Le diocèse réunit incontestablement ces cinq conditions.

Il y a un caractère *d'intérêt général* et de perpétuité que nul ne conteste :

Il a une *circonscription fixe* et un *siége* déterminé, établi par la loi, des divisions territoriales réglées avec l'intervention du Gouver-

---

(1) « Le caractère *public* s'induit de la nature de l'établissement, de son appropriation intérieure, de son objet et de son but. »

(Arrêt de la Cour de Montpellier, 19 mai 1870.)

nement, (Concordat, articles 2 et 9, loi du 18 germinal an X, articles 58 et 59 ; loi du 4 juillet 1821, article 2.)

Il a une *organisation propre*. — Le législateur lui reconnaît ou lui attribue : — un chapitre, un séminaire (Concordat, et loi du 18 germinal an X), — un gouvernement, — des usages et coutumes (loi du 18 germinal an X, articles 36, 37 et 38), — un personnel (articles 33 et 34), — des traitements pour le personnel (Concordat, article 14).

Il est dirigé par un Archevêque ou Evêque *nommé par le Chef de l'Etat*. (Concordat, article 4, — loi du 18 germinal an X, article 9.)

Il tient enfin de la loi *des ressources propres* ou le droit de s'en créer, — le Concordat et la loi du 18 germinal an X assurent le traitement de tous les titulaires qui prennent une part plus ou moins grande à sa direction ; — le décret du 19 thermidor an XIII constitue un fonds de secours à répartir par les Evêques entre les ecclésiastiques âgés ou infirmes de leurs diocèses ; — le Concordat et la loi du 18 germinal an X, dans leur article 11, laissent à la charge des Evêques les dépenses des chapitres et des séminaires, et admettent ainsi l'existence de ressources diocésaines ; — enfin, l'article 73 de cette même loi de germinal an X reconnaît au diocèse la faculté de posséder et de se constituer une dotation, en déclarant que « les fondations ont pour objet l'entretien des ministres « et l'exercice du culte (*et sont ainsi destinées à pourvoir aux* « *besoins généraux du diocèse*) seront acceptées par l'Evêque dio- « césain. »

Cette dernière disposition suffirait à elle seule pour établir que les diocèses ont une existence civile ?

Supposons, en effet, le legs suivant :

« Je lègue 10,000 francs de rentes pour suppléer à l'entretien des « vicaires du diocèse d'Angoulême. »

Ou cet autre legs :

« Je lègue également 10,000 francs de rentes pour assurer l'exer- « cice du culte dans les cent églises les plus pauvres du même dio- « cèse. »

Ces legs seraient incontestablement valables et l'Evêque d'Angoulême pourrait les accepter en vertu de l'article 73. — Mais, au nom de quel établissement? — Evidemment au nom du *diocèse*, le seul être moral qui représente l'ensemble de ces intérêts religieux.

V.

L'absence d'une disposition reconnaissant expressément l'existence civile du diocèse ne pourrait donc être invoquée contre cette existence légale, puisque nous trouvons la même lacune dans notre législation pour d'autres établissements dont la capacité civile n'est pas contestée.

Mais je crois pouvoir aller plus loin et affirmer que le législateur reconnaît l'existence civile du *diocèse*.

Cette reconnaissance légale se trouve dans les articles 36 et 37 de la loi du 18 germinal an X, qui parlent du *gouvernement des diocèses* ;

Dans l'article 38 de la même loi, qui interdit toute innovation dans les *usages* et *coutumes* des diocèses ;

Dans l'article 73, que je viens également de citer ;

Dans le rapport de M. Bigot de Préameneu, sur le projet de réglement devenu le décret du 6 novembre 1813 :

« Les séminaires... sont des établissements dont les Archevêques
« et Evêques ont l'entière direction, et c'est au *diocèse*, en général,
« *qu'appartiennent les biens formant leur dotation.* »

(H. Hüffer , *Forschungen auf dem Gebiete der Kirchenrechts*, p. 380, — et Archives nationales.)

Elle est expressément formulée dans l'ordonnance du 2 avril 1817, portant réglement d'administration publique, en exécution de la loi du 2 janvier 1817. Cette ordonnance range, en effet, les *Archevêchés* et *Evêchés* au nombre des établissements publics ou d'utilité publique qui peuvent être autorisés à accepter des dons et legs, et il reconnaît aux Evêques le droit d'accepter les libéralités au nom de leur *Evêché*.

VI.

On s'est efforcé d'écarter cet argument en contestant, dans cette ordonnance, au mot *Evêché* le sens de *Diocèse*.

Le Conseil d'Etat, dans ces dernières années, a soutenu que ce terme *Evêché* signifiait *manse épiscopale* (*sic* pour MENSE). M. Genteur, président de la section de l'Intérieur, s'exprimait ainsi dans une lettre relative aux affaires Sorin-Dessources et de Monceaux, qu'il adressait, le 29 juillet 1870, à M. le Garde des Sceaux, Ministre de la Justice et des Cultes : « Vous le savez, Monsieur le Ministre,
« d'après une jurisprudence constante depuis plus de trente ans et

« toujours maintenue par le Conseil d'Etat chaque fois qn'elle a été
« contestée, l'*Evéché* n'est, sous un autre nom, que la *mense épisco-*
« *pale*, c'est-à-dire la dotation « du siége épiscopal. »

Cette affirmation n'est pas absolument exacte. Le Conseil d'Etat a
parfois donné au mot *Evéché* le sens de *Palais épiscopal;* — mais il
est très-vrai que, depuis 1840, il lui a contesté l'acception de *Diocèse* et l'a plus souvent traduit par *mense épiscopale.*

Cette interprétation exclusive ne repose sur *rien.* — Elle est con-
tredite par des dispositions de lois ou de réglements d'administration publique. — Elle est donc absolument inadmissible.

L'examen attentif des textes amènera inévitablement à reconnaître que ce mot *Evéché* est un terme *complexe;* — que dans nos
lois, comme dans le langage usuel, il a une double, peut-être même
une triple acception ; — qu'il signifie *le plus souvent Diocèse;* —
qu'il est plus rarement employé pour *Palais épiscopal;* — qu'il n'a
ce sens que dans des ordonnances de détail, et que si nous laissons
de côté l'ordonnance du 2 avril 1817, qui est en discussion, il
n'existe pas *un seul texte* où ce terme ait le sens de *mense épiscopale,*
que lui attribue surtout le Conseil d'Etat.

VII.

Reprenons ces trois points dont la démonstration décisive résou-
dra la question :

1° Le mot *Evêché* **est souvent employé dans notre
législation, comme dans le langage usuel, avec l'acception de** *Diocèse.*

Pour s'en convaincre, il suffit de comparer :

— La rubrique du titre IV, section 1ʳᵉ de la loi du 18 germinal
an X : « De la circonscription des « Archevêchés et *Evéchés.* »

Avec l'article 59 :

« La circonscription des métropoles et des *diocèses* sera faite con-
« formément au tableau ci-joint. »

« ..... Le chef-lieu de l'*Evéché.....* s'il y a dans le même *Evéché*
« plusieurs départements. »

Avec l'article 106 :

« Les départements compris dans un *Diocèse.* »

Les décrets d'érection des diocèses emploient aussi indifféremment les mots *Evéchés* et *diocèses.*

Je citerai comme exemple le décret du 30 août 1855, relatif à la création du diocèse de Laval.

Article 1er. — « Le département de la Mayenne formera à l'avenir « un *diocèse* suffragant de la métropole de Tours. Le siége épiscopal « sera établi à Laval. »

Article 2. — « La Bulle délivrée à Rome... pour l'*érection* et la « *circonscription* de l'*Evéché* de Laval est reçue et sera publiée en « la forme ordinaire. »

On pourrait multiplier ces citations ; mais elles suffisent pour établir que, dans la loi de germinal an X comme dans le décret organique de 1809 et les décrets d'érection des siéges épiscopaux, le mot *Evéché* ne signifie ni *palais épiscopal*, ni *mense épiscopale*, mais seulement *diocèse; —* que ces deux termes sont employés *indifféremment*, et que, lorsque l'article 107 du décret de 1809 parle du *chef-lieu* de l'*Evéché* il donne bien à ce mot le sens de *diocèse* et non celui de *mense* ou de *palais épiscopal*.

2° Le mot *Evéché* **est plus rarement et improprement employé dans le sens de** *Palais épiscopal*.

Dans le décret organique précité de 1809, — qui est, de l'aveu de tous, le réglement le plus remarquable et le mieux rédigé de notre législation, — le *palais épiscopal* est appelé de son véritable nom (article 107) ; — il en est de même dans le décret du 6 novembre 1813, articles 37 et 42. En laissant toujours de côté l'ordonnance de 1817 qu'il s'agit d'interpréter, nous ne trouvons pour la *première fois* le mot *Evéché* avec le sens de *palais épiscopal* que dans les ordonnances des 7 avril 1819 et 4 janvier 1832, qui traitent de l'ameublement de ces palais, — ordonnances qui ne sauraient prévaloir sur des réglements organiques.

3° Il n'existe *aucun texte,* — **autre que l'ordonnance de 1817 qui est en discussion, — où le nom** *Evéché* **soit employé dans le sens de** *mense épiscopale*.

Le mot *mense* (de *mensa* — en anglais *mess* — radical de *commensal*) signifie dans son acception propre *table*, et, dans son acception figurée, ce qui est nécessaire pour la table, pour la nourriture et l'entretien. La *mense épiscopale*, la *mense canoniale*, la *mense conventuelle*, ce sont les revenus affectés à la nourriture et l'entretien de l'Evêque, des chanoines, des religieux.

Tout ce qui concerne la *mense épiscopale* est réglé par le titre II du décret du 6 novembre 1813, articles 29 à 48, et dans aucun de ces articles, le mot *Evéché* n'est pris dans cette acception. — Il en est, au contraire, bien nettement distingué.

Article 30. — « Les papiers, titres, documents concernant les « biens de cette *mense* seront déposés aux archives du secrétariat « de l'*Archevéché* ou *Evéché*. »

Tant qu'on n'aura pas produit un texte identifiant l'*Evéché* et la *mense épiscopale*, il sera permis de nier qu'on puisse légalement faire cette confusion et donner au mot *Evéché* cette seule signification.

VIII

Si nous demandons maintenant quelle acception doit avoir le mot *Evéché* dans l'ordonnance du 2 avril 1817, articles 1er et 3, nous dirons qu'il y a dans ces articles un sens *complexe*, qu'il peut y signifier *palais épiscopal*, peut-être même *mense épiscopale*, mais que sa véritable acception, la seule qui soit vraiment légale, la seule qui repose sur la loi de germinal an X et sur le décret organique du 30 décembre 1809, est celle de *diocèse*.

IX

Nous conclurons donc de tous les textes cités et discutés : que les mots *diocèse* ou *évéché* sont employés indifféremment et comme synonimes par le législateur.

Que l'être moral qu'il appelle tantôt *diocèse*, tantôt *évéché* a l'existence légale et la capacité d'acquérir qu'il lui reconnaît expressément sous le nom d'*Evéché*.

Qu'on peut donc autoriser les *Evéques* en vertu de l'ordonnance de 1817, combinée avec la loi et le règlement organique précités, à accepter des libéralités faites pour *leur diocèse* ou pour *leur Evéché*.

X

Si les renseignements qui m'ont été fournis sont exacts, il paraîtrait que, pour repousser l'avis de la section de l'intérieur, adoptant sur cette question les conclusions de mon prédécesseur, on a surtout invoqué, dans l'assemblée générale du Conseil d'Etat, des considérations législatives; — On a plutôt songé à refaire la loi qu'a l'appliquer.

J'ignore les considérations théoriques qui ont été présentées et ont amené le rejet de l'avis de la section à une voix de majorité ; — je pourrais me refuser à m'engager sur ce terrain, mais je n'hésite pas à déclarer que je suis vivement impressionné dans un sens absolument contraire. Je ne puis croire, ainsi que je le disais en commençant, que le législateur n'ait pas voulu donner au diocèse l'existence civile et le représentant légal qu'il accorde au Chapitre, à la Cure ou à la succursale, et je suis très-frappé des inconvénients pratiques qu'entraîne la jurisprudence actuelle.

Je n'irai pas chercher bien loin des exemples : il me suffira de citer les deux affaires à l'occasion desquelles la discussion s'était alors engagée, les legs Sorin-Dessources et de Monceaux.

M. Sorin-Dessources, président du Tribunal de Saint Jean-d'Angély, fils de la testatrice, s'est catégoriquement refusé de consentir la délivrance des legs au profit de la Fabrique et de la commune, que le Conseil d'Etat voulait faire intervenir dans l'acceptation.

Quant au legs de Manceau, fait à l'évéché de Bayeux, legs d'une valeur de plus de 80,000 francs, l'Evêque s'est aussi refusé à désigner un établissement capable, en revendiquant les droits que lui assurait le testament. L'administration a des motifs de croire que les héritiers ont pris les dispositions nécessaires pour arriver par une autre voie à exécuter les dernières volontés de leurs parents.

Tels sont les effets pratiques de la jurisprudence en vigueur.

Pour avoir la solution législative de la question et chercher le *quid utilius* en laissant un instant de côté les textes précédemment invoqués, il suffirait d'examiner les trois points suivants.

« Le refus de reconnaître les diocèses comme personnes civiles,
« empêchera-t-il les évêques de recevoir, *en fait*, les libéralités ?

« Ces libéralités, entravées dans leur cours régulier, iront-elles
« se verser dans les caisses municipale, départementale ou publi-
« que ?

« Les donations *déguisées*, *anonymes* ou *manuelles* sont-elles
« préférables, au point de vue politique, à des donations faites
« régulièrement et régulièrement autorisées et acceptées ? »

Je réponds négativement à ces trois points et je conclus en disant : — que si la législation était muette sur la question d'existence civile des diocèses, il serait d'une bonne politique et d'une bonne administration de reconnaître cette existence légale (1).

---

(1) En vertu du décret du 6 novembre 1813, l'évêque peut accepter toutes les libéralités au nom et pour le compte de la *mense épiscopale*, dont il a *la libre jouissance* : on ne saurait voir plus d'inconvénients, au point de vue politique, à l'autoriser à accepter *pour son diocèse* des libéralités destinées à des œuvres *d'intérêt diocésain.*

Mais que nous n'avons pas à examiner cette question théorique qui n'est pas de notre domaine ; et qu'il ne s'agit aujourd'hui que d'appliquer des textes dont le sens ne me paraît point douteux.

J'ai l'honneur de vous transmettre ci-joint une copie de la lettre adressée le 30 avril 1866 à M. le président du Conseil d'Etat, une épreuve de l'avis de la Section de l'intérieur, distribuée le 1er juillet 1867, — et un tableau indiquant les principaux décrets postérieurs à 1840, qui ont admis, implicitement au moins, l'existence et la capacité civile des diocèses.

Agréez, Monsieur le président et cher collègue, l'assurance de ma haute considération.

Le Ministre de l'Instruction publique et
des Cultes,

Signé :   Jules SIMON.

AVIS DU CONSEIL D'ETAT *sur la question de savoir si les* diocèses *sont des personnes civiles capables de posséder, d'acquérir et de recevoir.*

Le Conseil d'Etat, qui, sur le renvoi ordonné par M. le Ministre de l'Instruction publique, des Cultes et des Beaux-Arts, a été saisi de la question de savoir, en principe, si le *diocèse* ou évêché est capable de posséder, d'acquérir et de recevoir, et si, par suite, l'Evêque peut être autorisé à accepter les libéralités faites directement à son diocèse, dans un intérêt qui n'est représenté par aucun des établissements diocésains particuliers, organisés et reconnus par la loi ;

Vu le concordat du 26 messidor an IX, notamment les articles **2**, **3**, **14** et **15** ;

Vu la loi organique du 18 germinal an X, notamment les articles 9, 11, 33, 34 36, 37, 38, 58, 59 et 73 ;

Vu le décret du 13 thermidor an XIII ;

Vu le décret du 30 décembre 1809 sur les Fabriques, notamment les articles 106, 107 et 111 ;

Vu le décret du 6 novembre 1813, sur les biens des Cures, des menses épiscopales, des chapitres et des séminaires, notamment les articles 29 à 48 ; ensemble le rapport du Ministre des Cultes, en date du 13 septembre 1813, qui précède ce décret ;

Vu la loi du 2 Janvier 1817 ;

Vu l'ordonnance royale du 2 avril 1817 ;

Vu les décrets et ordonnances antérieurs à 1840, autorisant des

Archevêques et Evêques à acquérir ou à accepter des biens meubles ou immeubles au nom de leur évêché ou diocèse ; (1)

Vu les avis du Comité de législation du Conseil d'Etat, en date du 8 juillet 1840, des 5, 26 mars et 21 décembre 1841, portant que les diocèses ne sont que des circonscriptions administratives et ne constituent pas des personnes civiles capables de posséder, d'acqué-

---

(1) Voir notamment :

Décrets et ordonnances des 28 février 1808, 30 janvier 1809, 20 janvier 1811, 21 septembre 1812, 11 août et 10 novembre 1819, 6 mars 1822, 28 avril, 17 novembre et 22 décembre 1824, 15 juin et 6 juillet 1825, 17 mai et 22 octobre 1826, 20 septembre 1829 et 18 mai 1838, autorisant les Archevêques ou Evêques de Saint-Flour, Mende, Strasbourg, Nantes, Bordeaux, Lyon, Bayonne, Saint-Brieuc, Paris et Auch, à acquérir ou à accepter, au nom de leur évêché ou de leur diocèse, des libéralités en faveur des prêtres âgés et infirmes ;

Décrets et ordonnances des 22 pluviôse an XI, 20 vendémiaire an XII, 22 mars 1814, 26 mai 1824, 6 janvier et 17 septembre 1826, 7 décembre 1834, 24 juillet 1836 et 11 mai 1839, autorisant les Archevêques ou Evêques d'Orléans, Amiens, Saint-Brieuc, Agen, Angers, Tarbes, la Rochelle et Sens, à acquérir ou accepter, au nom de leur évêché ou de leur diocèse, des immeubles tels qu'églises, cloîtres, cimetiéres, abbayes, etc. ;

Décrets et ordonnances des 1er juillet 1809, 14 août 1822 et 18 août 1834, autorisant les Evêques de Saint-Flour, Bayeux et Langres à accepter ou acquérir, au nom de leur évêché ou diocèse, des immeubles destinés à l'évêché ou au séminaire;

Décrets et ordonnances des 12 germinal an XIII, 25 avril 1806, 6 janvier 1807, 20 février 1822, 7 avril 1824, 1er septembre 1825, 18 janvier et 19 juillet 1826, 28 avril 1827, 30 juillet 1828 et 11 mai 1834, autorisant les Archevêques ou Evêques d'Agen, Orléans, Aix, Paris, Cahors, Aire, Lyon, Châlons, Fréjus, Versailles et Rodez, à acquérir ou à accepter des libéralités pour l'éducation des deux sexes, les maîtrises, etc. ;

O. Jonnancés des 28 août 1820, 8 août 1834, 23 février 1837, 5 octobre 1838, 8 janvier et 11 mai 1839, autorisant les Evêques de Grenoble, Langres, Cahors, Saint-Flour et Amiens à acquérir ou à accepter des immeubles au nom de leur diocèse ou de leur évêché pour établissements diocésains non déterminés ;

Ordonnances des 17 avril et 3 juillet 1822, 15 décembre 1824 et 12 mai 1833, autorisant les Archevêques ou Evêques de Reims, Coutances et Sens à accepter, au nom de leur diocèse, des libéralités en faveur des prêtres auxiliaires, prêtres de la métropole, prêtres les plus pauvres ;

Ordonnances des 2 décembre 1827 et 27 juin 1839, autorisant l'Archevêque de Paris et l'Evêque de Bayeux à accepter, au nom de leur diocèse, des immeubles pour des asiles ;

Décret du 12 décembre 1806 et ordonnance du 21 décembre 1833, autorisant l'Evêque de Strasbourg et l'Archevêque de Besançon à recevoir, au nom de leur diocèse, des libéralités en faveur des pauvres ;

Ordonnances des 18 octobre 1820 et 21 juin 1826, autorisant l'Archevêque de Rennes et l'Evêque de Strasbourg à accepter, au nom de leurs diocèses, des immeubles pour presbytères ;

Ordonnance du 5 septembre 1836, autorisant l'Archevêque de Lyon à accepter, au nom de son diocèse, une libéralité pour l'impression de livres religieux.

rir et de recevoir ; que les libéralités qui leur sont faites ne peuvent produire leur effet qu'autant qu'elles sont destinées à des établissements diocésains légalement reconnus, auquel cas c'est au nom de ces établissements que l'autorisation d'accepter lesdites libéralités doit être accordée ;

Vu les décrets et ordonnances portérieurs à 1840, autorisant les Archevêques et Evêques à acquérir, ou à accepter des libéralités, en faveur d'intérêts diocésains non représentés par un établissement reconnu (1) ;

Vu le rapport adressé, le 8 décembre 1840, au Conseil d'Etat par M. le Garde des Sceaux, Ministre de la Justice et des Cultes ;

Vu la lettre adressée le 30 avril 1866 à M. le Ministre président le Conseil d'Etat par M. le Garde des Sceaux, Ministre de la Justice et des Cultes ;

---

(1) Voir notamment :

Décrets des 30 juin 1852, 31 mars et 13 mai 1853, 29 mai et 25 juin 1855, 22 août 1861, 4 mai et 21 décembre 1864, 26 août 1865, autorisant les Archevêques et Evêques de Grenoble, Toulouse, Strasbourg, Orléans, Reims, Tarbes, la Rochelle et Coutances, à accepter, acquérir, restaurer ou fonder des chapelles, églises, anciennes abbayes, etc. ;

Décret du 22 novembre 1863, autorisant l'Evêque de Cahors à accepter un legs pour célébration de messes et services religieux ;

Décrets des 23 mai 1855, 3 février 1864, 29 août 1866 et 19 décembre 1869, autorisant les Evêques d'Orléans, Tarentaise, Perpignan et Tarbes à accepter des libéralités en faveur des prêtres auxiliaires de leurs diocèses ;

Décrets des 12 juillet 1865 et 15 mai 1867, autorisant les Evêques de Versailles et de Dijon à recueillir des libéralités en faveur des prêtres âgés et infirmes ;

Décrets du 21 avril 1860 et du 25 novembre 1866 autorisant les Evêques d'Orléans et du Mans à accepter des donations pour bonnes œuvres indéterminées ;

Décrets du 13 novembre 1851, du 5 décembre 1857, du 4 novembre 1868 et du 19 décembre 1869, autorisant les Archevêques ou Evêques de Paris, Orléans et Chartres à accepter des donations pour les œuvres les plus utiles ou les besoins généraux de leurs diocèses ;

Décret du 5 juin 1867, autorisant l'Archevêque de Paris à aliéner les terrains des Carmes appartenant à son diocèse ;

Décret du 29 décembre 1869, autorisant l'Evêque de Chartres à accepter un legs pour faire donner dans son diocèse des prédications extraordinaires ;

Ordonnances du 5 avril 1843 et du 20 mars 1844, et décrets des 9 mai 1865, 14 août 1869 et du 16 août 1873, autorisant les Archevêques et Evêques de Coutances, Viviers, Paris et Nancy à accepter des libéralités pour l'entretien d'écoles de garçons et de filles ;

Décret du 18 août 1866, autorisant l'Evêque d'Orléans à accepter un don pour l'entretien des Sœurs de Bellegarde ;

Décret du 24 avril 1858, autorisant l'Evêque d'Orléans à acquérir un immeuble pour un établissement de sourds-muets indigents.

Vu la dépêche adressée le 27 novembre 1872 à M. le Président du Conseil d'Etat par M. le Ministre de l'instruction publique et des Cultes ;

Considérant que l'article 73 de la loi organique du 18 germinal an X, rendu en exécution de l'article 15 du Concordat, confère à l'Evêque le droit d'accepter des fondations ayant pour objet l'entretien des ministres et l'exercice du culte, et que le décret du 13 thermidor an XIII lui permet de prélever le sixième du produit de la location des chaises dans les églises, pour en former un fonds de secours à répartir entre les ecclésiastiques âgés et infirmes ;

Que ces dispositions impliquent la personnalité civile des diocèses, reconstitués en exécution du Concordat par la loi du 18 germinal an X ;

Qu'ainsi, au moment où fut votée la loi du 2 janvier 1817, les diocèses se trouvaient au nombre des établissements ecclésiastiques reconnus, qui peuvent, aux termes de cette loi, accepter des libéralités et acquérir des biens meubles et immeubles ;

Que l'article 3 de l'ordonnance du 2 avril 1817, rendue pour l'exécution de la loi précitée, qui désigne l'Evêque diocésain pour accepter les legs faits à l'Evêché, comprend, sous la dénomination d'Evêché, l'ensemble des intérêts exprimés soit dans ladite ordonnance, soit dans les lois antérieures, sous les noms d'église, diocèse, mense épiscopale et autres établissements diocésains ;

Que rien, ni dans le texte, ni dans les travaux préparatoires de l'ordonnance de 1817, n'indique qu'elle ait entendu artribuer au mot *Evêché* le sens restreint de *mense épiscopale* ;

Qu'au contraire, dans un grand nombre de textes législatifs, notamment les articles 2 et 3 du Concordat, 36 et 58 de la loi du 18 germinal an X, 107 et 111 du décret du 30 décembre 1809, les mots *évêché* et *diocèse* sont synonymes et employés indifféremment par le législateur ;

Que les actes spéciaux qui ont constitué certains établissements diocésains particuliers n'ont pu avoir pour résultat d'enlever au diocèse sa personnalité, pas plus que les établissements spéciaux institués dans le département n'effacent la personnalité du département ;

Que ces établissements particuliers sont, d'ailleurs, loin de suffire à tous les intérêts religieux du diocèse ;

Qne, par application de ces principes, avant comme après l'ordonnance de 1817 jusqu'en 1840, les Evêques ont été autorisés à posséder et à acquérir au nom de leur diocèse ;

Que si, en 1840, le Comité de législation du Conseil d'Etat a contesté l'existence civile du diocèse en le considérant comme une simple circonscription administrative , et en attribuant au mot *Evéché*, contenu dans l'ordonnance de 1817, le sens exclusif de *mense épiscopale*, cette jurisprudence nouvelle, contraire à celle qui avait été admise par les auteurs même des dispositions que le Conseil d'Etat est chargé d'appliquer, combattue par tous les ministres des cultes depuis 1840 jusqu'à ce jour, et difficile à concilier avec le texte et l'esprit de la législation ci-dessus rappelée, n'a pas sensible-ment modifié la pratique du Gouvernement et du Conseil d'Etat lui-même ;

Qu'en effet, depuis 1840, comme antérieurement, de nombreux décrets délibérés en Conseil d'Etat ont autorisé les Evêques à accepter les libéralités faites en vue d'intérêts généraux de leurs diocèses tels que : l'entretien des prêtres auxiliaires, l'enseignement religieux de la jeunesse, les retraites paroissiales, les secours aux Fabriques pauvres, la fondation, la restauration, l'acquisition et l'entretien de chapelles de pèlerinage ou autres édifices n'ayant aucun caractère paroissial, *les bonnes œuvres en général*, la célébration de messes et services, les secours aux prêtres âgés et infirmes, *les besoins généraux du diocèse, les œuvres de bienfaisance*, etc., bien que les libéralités de cette nature ne puissent êtres considérées comme faites à l'un des établissements diocésains légalemment reconnus ;

Considérant, d'ailleurs, que l'Evêque ne pourra acquérir à titre gratuit ou onéreux, au nom de son diocèse, que sous le contrôle du Gouvernement, qui restera toujours juge de l'opportunité de l'autorisation, et en se conformant aux principes généraux de la législation, aux règles spéciales auxquelles sont soumis les établissements ecclésiastiques et aux conditions qui pourront êtres déterminées dans chaque espèce ;

Est d'avis :

Que le diocèse étant capable de posséder, d'acquérir et de recevoir, les Evêques peuvent être autorisés à accepter les libéralités faites à leur diocèse.

Cet avis a été délibéré et adopté par le Conseil d'Etat, dans ses séances des 29 avril, 7 et 13 mai 1874.

§ 2. — Documents qui concernent plus spécialement les **Paroisses** et les **Etablissements** paroissiaux.

Nᵒ I.

L'offre faite à une fabrique d'une somme d'argent sous la condition de l'employer à l'acquit d'une fondation perpétuelle de services reli-gieux constitue un contrat synallagmatique et commutatif, *qui peut être rédigé sous* seings-privés, *lorsque le prix des services religieux à célébrer est considéré comme l'équivalent de la somme proposée par le fondateur.* — Lettre ministérielle du 17 juillet et décret du 1ᵉʳ septembre 1869.

Paris, le 17 juillet 1869.

M. le Président, j'avais soumis, le 19 mai, à l'examen du Conseil d'Etat un projet de décret ayant pour objet d'autoriser la fabrique de Saint-Martin, à Lamballe (Côtes-du-Nord), à accepter :

1ᵒ La fondation annuelle et perpétuelle de cinquante messes suivies d'un *De profundis,* instituée dans la dite église par le sieur Grouhel, suivant acte sous seings privés du 1ᵉʳ janvier 1869 ;

2ᵒ L'offre faite par le sieur Grouhel d'une somme de 5,000 fr. pour assurer le service de cette fondation.

Mais, dans sa séance du 5 juin, la Section de l'Intérieur, de l'Instruction publique et des Cultes, ayant remarqué que l'offre du sieur Grouhel n'a pas été revêtue de la forme authentique, a pensé que l'autorisation demandée par la fabrique ne peut lui être accordée qu'autant que la libéralité aura été préalablement constatée par acte notarié, conformément aux dispositions de l'article 931 du code civil et à la jurisprudence du Conseil d'Etat. Elle a fait observer, d'ailleurs, que le donateur n'a pas d'intérêt à persister dans son refus, puisque, à moins de stipulation contraire, les frais d'enregistrement doivent être acquittés par la fabrique.

Vous me permettrez, M. le Président, d'hésiter à partager l'opinion de la Section.

Le législateur n'a assujetti à la formalité d'un acte notarié qu'un certain nombre de contrats solennels, comme la donation entre-vifs, l'hypothèque, les conventions matrimoniales, etc. Pour tous les autres actes de la vie civile, les parties restent libres de les cons-tater de la manière qui paraît la plus conforme à leurs intérêts.

Il s'agit donc de déterminer le caractère de l'offre du sieur Grouhel. A-t-il voulu faire une donation ? ou bien n'a-t-il entendu faire avec la fabrique de l'église de Saint-Martin, à Lamballe, qu'un simple contrat commutatif, une convention *do ut facias ?*

Cette dernière solution me paraît devoir être adoptée. Elle résulte d'abord des déclarations formelles du fondateur, et ensuite des termes mêmes ainsi que de la nature de l'acte du 1er janvier 1869. Le sieur Grouhel ne donne pas, en effet, plus qu'il ne reçoit. De son côté moyennant le versement d'une somme de 5,000 fr., la fabrique s'engage à faire célébrer, chaque année, 50 messes suivies d'un *De profundis* dont l'honoraire a été fixé par le sieur Grouhel à trois francs par messe. Or, après le prélèvement des droits de mutation, on ne pourra acheter, avec le capital offert, qu'une rente 3 pour cent sur l'Etat d'environ 200 fr. ; sur cette rente, il faudra prélever au profit du célébrant 150 francs. Le surplus, revenant à la fabrique, ne représente que le tiers de la dépense de la fondation ; ce tiers lui appartient de droit en pareille circonstance, comme compensation de ses fournitures et de ses soins.

A la vérité, on peut dire que l'honoraire des messes fixé par le fondateur est supérieur au minimum réglé par le tarif diocésain ; mais il est à remarquer qu'il s'agit d'une fondation perpétuelle et la considération de la diminution probable, dans un temps donné, de la valeur monétaire a dû engager le sieur Grouhel à prendre ses précautions pour éviter, dans l'avenir, une réduction des charges imposées. Il n'est pas interdit d'ailleurs, dans un contrat commutatif, de rémunérer convenablement les services que l'on stipule, alors surtout qu'ils doivent se reproduire, à perpétuité, chaque semaine, et qu'ils priveront le desservant, ainsi que cela aura lieu dans l'espèce, des honoraires de messes de dévotion largement rémunérées en Bretagne.

Je pense dès lors, avec de graves jurisconsultes, qu'il y a lieu de voir dans l'acte du 1er janvier 1869 un contrat à titre onéreux, et qu'on ne saurait exiger que cet acte soit converti en acte notarié, conformément aux prescriptions de l'article 931 du Code civil, (Voir le traité de la *Législation des Cultes*, par M. Gaudry, tome III, page 26, et le traité des donations, tome III, § 52, et suivants par M. Demolombe).

Cette obligation, si elle était imposée par l'administration, aurait des inconvénients sérieux. Elle serait de nature à diminuer le nombre des fondations pieuses par suite de l'augmentation énorme des droits de mutation, que la forme de donation entraînerait. Elle porterait une grave atteinte aux intérêts des fabriques, pour lesquelles ces fondations sont une précieuse ressource.

L'espèce qui nous occupe, prouve que cette crainte n'est pas sans fondement ; le sieur Grouhel, invité, dès le principe, par M. le préfet des Côtes-du-Nord à suivre la voie qui est indiquée aujourd'hui par le Conseil d'Etat, a déclaré s'y refuser de la manière la plus formelle ; il a fait connaître son intention de retirer son offre de fondation, pour le cas où l'administration ne la sanctionnerait pas dans la forme où elle est présentée.

Enfin, il est à remarquer que les tribunaux, à qui il appartient spécialement de se prononcer sur la nature des contrats, ont admis la validité des fondations revêtant la forme des contrats synallagmatiques et ont repoussé les demandes de l'administration de l'enregistrement qui voulait percevoir sur ces sortes d'actes les droits exigés pour les donations. (Voir notamment un jugement du tribunal civil de Bayeux, en date du 8 juin 1838, fabrique de Tilly-sur-Seulles).

J'ajouterai que la Section de l'intérieur, appelée à émettre son avis sur un grand nombre de fondations instituées dans la forme des actes à titre onéreux, n'a pas soulevé d'objections contre cette manière de procéder. C'est ainsi que deux décrets récents, le 1er, du 10 décembre 1868, et le second, du 20 janvier 1869, ont autorisé deux fondations de messes dans les églises de Saint-Gille, à Caen, et d'Ouffières (Calvados). Les fondations étaient, il est vrai, constatées par actes notariés, mais sans les formes solennelles prescrites à peine de nullité pour les donations. La Section de l'intérieur les a considérées comme des contrats à titre onéreux qui ne réclamaient pas l'emploi de la forme solennelle déterminée par l'article 931 du code civil. Par conséquent, ils auraient pu être faits aussi valablement sous seings-privés, que par un acte revêtu de la forme notariée ordinaire.

Je vous prie, Monsieur le président, de vouloir bien appeler l'attention de la Section sur les considérations qui précèdent et l'inviter à donner son avis définitif sur le projet de décret soumis à son examen.

J'ai l'honneur de vous renvoyer à cet effet le dossier de l'affaire.

Nota. — Par suite des observations contenues dans cette dépêche, la Section de l'intérieur a adopté le projet de décret que M. le Ministre des Cultes lui avait d'abord communiqué ; il a été statué sur la fondation du sieur Grouhel par un décret portant la date du 1er septembre 1869, et ainsi conçu :

« Le trésorier de la fabrique de l'église succursale de Saint-Mar-
« tin de Lamballe, à Lamballe (Côtes-du-Nord), est autorisé à ac-
« cepter, au nom de cet établissement, aux clauses et conditions
« imposées ;

« 1° La fondation annuelle et perpétuelle de 50 messes basses,
« instituée dans la dite église, par le sieur François-Marie Grouhel,
« suivant acte sous seings-privés du 1er janvier 1869.

« 2° L'offre faite par le dit sieur Grouhel d'une somme de 5,000 fr.
« pour assurer le service de cette fondation.

« Conformément à l'intention du fondateur, cette somme de
« 5,000 fr. sera employée en achat de rentes 3 0|0, sur l'Etat ; men-
« tion sera faite sur l'inscription de la destination des arrérages. »

(Décret du 1er septembre 1869).

N° II.

*La clause par laquelle un testateur a disposé que l'administration
d'une rente léguée par lui aux pauvres appartiendrait, non à la
commune, mais à la fabrique, n'a rien de contraire aux lois d'ordre public. Une pareille clause confère à l'établissement religieux un
droit assez important pour rendre nécessaire son intervention dans
l'acceptation de la libéralité conjointement avec le représentant légal
des pauvres.* — Lettre ministérielle du 12 mars et décret du 23
avril 1872.

Versailles, le 12 mars 1872.

Monsieur le Ministre et cher collègue,

Vous avez soumis à l'examen de la commission provisoire chargée de remplacer le Conseil d'Etat un projet de décret concerté
entre nos deux départements et tendant à autoriser l'acceptation des
legs faits par M. l'abbé Surin, à divers établissements du département de la Sarthe.

Entre autres dispositions, le testateur a, suivant son testament
olographe du 24 mai 1865, légué une rente sur l'Etat de 281 francs
aux pauvres de la paroisse de Lucé-sous-Ballon. Puis, par un codicille en la même forme, du 1er janvier 1869, il a ajouté ce qui
suit ;

« Je... veux que la rente de 281 francs, léguée aux pauvres de
« cette paroisse, comme il est dit précédemment, *soit administrée*
« *par la Fabrique de Lucé-sous-Ballon, et non par la commune.* »

Dans mon avis du 7 septembre 1871, je n'ai pas conclu à l'intervention de la Fabrique de Lucé-sous-Ballon dans l'acceptation de
cette libéralité. De votre, côté, M. le Ministre et cher collègue, vous
avez proposé la création d'un bureau de bienfaisance, qui serait
substité à la Fabrique pour l'*administration* de la rente léguée.

Mais la section de l'Intérieur et des Cultes a pensé que, d'après
les termes du testament, les arrérages de la rente devant être distribués par les soins du conseil de Fabrique, il y avait lieu de faire
accepter ladite libéralité, au nom des pauvres par le maire, qui a
qualité pour faire tous les actes qui seront la conséquence de cette
acceptation.

En me communiquant cet avis vous m'avez fait savoir, Monsieur
et cher collègue, que vous seriez disposé, en ce qui vous concerne,
à l'adopter. Tontefois avant de renvoyer le dossier de l'affaire, vous
m'avez exprimé le désir de connaître mon opinion sur l'intervention de la Fabrique dans la distribution du legs. Vous faites observer que, d'après la jurisprudence du Conseil d'Etat, le titre de rente
serait déposé entre les mains du receveur municipal, qui remettrait
les arrérages au Conseil de Fabrique chargé de les distribuer.

La marche ainsi recommandée par le Conseil d'Etat était la seule
qu'il fut possible de suivre en présence de nos deux propositions
tendant, l'une à dessaisir le Conseil de Fabrique de Lucé-sous-
Ballon du droit d'*administration* que lui a conféré le codicille de
l'abbé Surin, et l'autre de transférer ce droit a un bureau de bienfaisance spécialement organisé pour l'exercer.

La commission provisoire n'a pas pensé qu'il y eût lieu d'instituer un bureau de bienfaisance qui aurait eu pour unique mission,
quant à présent, d'administrer une rente dont le testateur a voulu
lui enlever le maniement. Dans la situation créée par la clause précitée du testament et en laissant à l'écart le Conseil de Fabrique en
tant que légataire indirect ou implicite, il lui a paru qu'il ne restait effectivement qu'à faire accepter le legs par le maire, représentant légal des pauvres à défaut de bureau de bienfaisance.

Mais cette combinaison répond-elle entièrement aux intentions
du testateur et à l'esprit de la loi ? Après un nouvel examen de l'affaire, j'éprouve quelques doutes à cet égard.

D'après les dispositions précitées des testament et codicille de l'abbé Surin et la qualité du testateur qui, comme curé de la paroisse, pouvait avoir une prédilection marquée pour le Conseil de Fabrique, il **me** paraît hors de doute qu'il a voulu écarter la commune ou le bureau de bienfaisance qui la représenterait, non-seulement de la *distribution* des arrérages de la rente de 281 francs, mais encore de l'*administration* même de cette rente.

Cette clause n'a rien d'illicite. L'art. 76 de la loi du 18 germinal an X et l'art. 1er du décret du 30 décembre 1809 portent, en effet, l'un que les Fabriques..... sont chargées de veiller... *à l'administration des aumônes,* l'autre qu'elles sont chargées *d'administrer..... les aumônes,* et ces dispositions étaient interprétées de la manière la plus large, peu de temps après la mise à exécution de la loi du 18 germinal an X, par un homme d'Etat qui devait en connaître parfaitement le sens et l'esprit.

Répondant, le 22 brumaire an XII, à l'Archevêque-Evêque d'Autun, qui lui avait demandé par qui devait être accepté un don de 3.000 francs pour les pauvres, le Conseiller d'Etat chargé des Cultes (M. Portalis), résolut ainsi cette question :

« ... Un don pour les pauvres n'est point un don fait à l'église ; un tel don intéresse l'humanité. L'Etat encourage tous les actes de bienfaisance qublique, et il n'a mis aucune limite à la manière dont ces actes peuvent être faits.

« Je vois, par votre lettre, que le donateur n'aurait pas une grande confiance dans la commune et vous me demandez, en conséquence, par qui le don pourrait être accepté. Vous indiquez la Fabrique.

« Je n'hésite point à croire que la Fabrique a, pour accepter la libéralité dont il s'agit, toute la capacité que pourrait avoir la commune.

« D'abord, les Fabriques sont des établissements avoués par la loi, puisqu'elles sont expressément autorisées par les articles organiques du Concordat.

« En second lieu, dans tous les temps les Fabriques ont été réputées des établissements laïques, quoiqu'elles existent pour l'utilité de l'église et que les ecclésiastiques en soient les principaux membres. Ce que je dis ici est enseigné par tous les ecclésiastiques français et fut particulièrement attesté dans une cause rapportée par le journal de l'ancien parlement de Bretagne et dans laquelle M. de la Chalotais, lors avocat général, portait la parole.

« En troisième lieu, par les articles organiques du Concordat, les fabriques sont spécialement désignées pour recevoir et administrer les aumônes. L'objet de leur établissement se rapporte donc autant au bien des pauvres qu'à l'utilité des églises. Ici le mot *aumônes* n'est point une expression limitée à une distribution manuelle de deniers. Il comprend tous les legs pies que la charité destine ou peut destiner au soulagement du malheur ou de la misère.

« Je crois être donc en droit de conclure que la personne qui se propose de donner les mille écus, peut les donner à la fabrique du lieu, et que cette fabrique est capable d'accepter un pareil don (1). »

L'autorité de cette opinion me semblerait pouvoir être invoquée, dans l'espèce, en faveur de l'acceptation exclusive par la Fabrique de l'église de Lucé-sous-Ballon du legs précité de 281 francs de rente, si ce legs était réellement de nature à être considéré comme fait à cet établissement à charge de distribution des arrérages aux pauvres. Toutefois, la disposition du codicille de l'abbé Surin, rapprochée de celle du testament, ne me paraît pas susceptible de recevoir cette interprétation.

En effet, d'après les termes du testament, le legs est formellement attribué aux *pauvres* et le codicille ne modifie cette première disposition qu'en ce sens seulement que l'*administration* de la rente devra appartenir, non à la commune, mais à la Fabrique.

J'admets volontiers qu'en principe et à défaut de disposition expresse contraire, les pauvres doivent être représentés, soit par le bureau de bienfaisance, soit, à défaut de bureau de bienfaisance, par le maire de la commune. Mais, si dans ces circonstances, le droit d'intervention du maire est incontestable, je dois reconnaître d'un autre côté, qu'en attribuant au Conseil de Fabrique de Lucé-sous-Ballon l'administration de la rente léguée, le testateur lui a conféré un droit assez important pour rendre également nécessaire l'intervention de cet établissement ecclésiastique dans l'acceptation de la

---

(1) Voyez dans le même sens le rapport présenté à l'empereur, le 16 avril 1806, par M. Portalis, ministre des Cultes, pour faire accorder aux Fabriques l'administration générale des dons et aumônes offerts en faveur des pauvres.

libéralité et comme d'ailleurs, cette clause du codicille ne contient, d'après les observations qui précèdent, rien de contraire aux lois, j'estime en modifiant, sous ce rapport, mon avis du 7 septembre 1871, qu'il convient d'insérer dans le projet de décret collectif à intervenir une disposition qui autorise le trésorier de la Fabrique de l'église succursale de Lucé-sous-Ballon à accepter, au nom de cet établissement en ce qui concerne le legs dont il s'agit.

Rien ne me paraît du reste s'opposer à ce que le décret prescrive la remise du titre de rente au receveur municipal, sous la condition de remettre les arrérages au Conseil de Fabrique chargé d'en faire la distribution.

J'ai l'honneur de vous renvoyer le dossier de l'affaire. Je vous prie, M. le Ministre et cher collègue, de vouloir bien provoquer, dans le moindre délai possible, l'avis définitif de la section de l'Intérieur et des Cultes.

(Lettre du 12 mars 1872, du Ministre de l'Instruction publique et des Cultes au Ministre de l'Intérieur.)

Nota. — A la suite des observations contenues dans cette dépêche, M. le Ministre de l'Intérieur a soumis de nouveau, le 25 mars 1872, toutes les pièces de l'affaire au Conseil d'Etat, en déclarant adhérer pleinement à l'avis émis par M. le Ministre des Cultes. Il a en conséquence, inséré dans le projet de décret un article ainsi conçu :

« Le maire de Lucé-sous-Ballon (Sarthe), à défaut de bureau de bienfaisance, et le trésorier de la Fabrique de cette commune, au nom de cet établissement, sont autorisés à accepter chacun en ce qui le concerne, aux classes et conditions énoncées, le legs d'une rente sur l'Etat de 281 francs fait aux pauvres de cette commune, par le sieur Jean Surin, suivant les testament et codicille olographes des 24 mai 1855 et 1er janvier 1869.

La dite rente sera immatriculée au nom des pauvres. Le titre sera déposé entre les mains du receveur municipal, qui sera tenu : 1° de remettre les arrérages au trésorier de la Fabrique; 2° de lui délivrer une copie certifiée du titre de rente. »

Ce projet de décret a été adopté par la section de l'Intérieur dans sa séance du 3 avril 1872, et a été signé par M. le Président de la République le 23 avril 1872.

N° III.

Une fabrique a la capacité nécessaire pour accepter un legs ayant pour objet l'installation dans une paroisse d'un ecclésiastique, choisi par l'Evêque, distinct du curé ou desservant, et qui sera chargé de célébrer une messe quotidienne. — Décret du 5 août 1872.

« Le trésorier de la Fabrique succursale de Frémicourt (Pas-de-Calais) est autorisé, au nom de cet établissement, à accepter, aux clauses et conditions imposées, le bénéfice résultant pour l'église de Frémicourt des dispositions du testament public, du 8 janvier 1867, par lequel la dame veuve Théron, née Leriche, a imposé au bureau de bienfaisance de Frémicourt, comme condition du legs universel fait en sa faveur, l'obligation :

1° D'affecter sa maison de Frémicourt à l'habitation d'un prêtre choisi par l'Evêque d'Arras et chargé de dire, chaque jour, dans l'église de Frémicourt, une messe pour le testateur et sa famille :

2° De payer à ce prêtre une somme annuelle de 1,500 francs ;

3° De payer à sa servante une somme annuelle de 50 francs ;

4° De remettre à la Fabrique de Frémicourt une somme annuelle de 300 francs pour l'indemniser des frais occasionnés par la célébration prescrite par la testatrice d'une messe quotidienne ;

5° De faire, chaque dimanche, dans l'église de Frémicourt, par le desservant de la succursale, deux recommandations aux prières des fidèles, pour lesquelles le Trésorier de la Fabrique de Frémicourt est, en outre, autorisé à recevoir, chaque année, à perpétuité, du bureau de bienfaisance, une somme de 6 francs reconnue nécessaire par l'autorité diocésaine pour l'acquit des dites recommandations.

En cas de remboursement des rentes de 1,500 francs, de 50 francs, de 300 francs et de 6 francs, les capitaux en provenant seront placés en rentes sur l'Etat, avec mention de la destination des arréages. » — Décret du 5 août 1872.

N° IV.

Les fabriques sont habiles à recevoir les legs faits en leur faveur pour fondation d'hospices et d'écoles. L'acceptation par ces établissements religieux des libéralités qui leur sont attribuées pour l'une ou l'autre de ces destinations leur confère tous les droits civils attachés au titre de propriétaire ou mentionnés au testament, tels que l'en-

caissement et le placement des capitaux légués, l'administration des biens ou rentes et la garde des titres. — L'intervention du maire ou du représentant légal des pauvres dans l'acceptation lui confère un simple droit de surveillance et ne saurait avoir pour conséquence de transporter à la commune ou au bureau de bienfaisance la moindre partie des droits de propriété qui résultent pour l'établissement légataire des dispositions du testament. — Lettre ministérielle du 16 novembre 1872.

Versailles, le 16 novembre 1872.

Monseigneur (l'Evêque de Rodez,)

Le sieur Gineston a légué à la Fabrique de l'église de Ginolhac, section de la commune d'Enguialès (Aveyron) : 1º une somme de 30,000 francs pour faire construire un bâtiment destiné à servir d'hospice et de maison d'école ; 2º une rente de 3,000 francs pour faire face aux dépenses de l'établissement et au traitement de l'instituteur et de l'institutrice, à la condition que l'instruction primaire sera donnée gratuitement aux enfants pauvres des deux sexes. Le testateur a chargé la Fabrique de gouverner et veiller à tout avec le concours du curé.

Un arrêté du 6 mai 1871 a autorisé le trésorier de la Fabrique de Ginolhac et le maire d'Enguialès à accepter, chacun en ce qui le concerne et aux clauses et conditions énoncées, en tant qu'elles ne sont pas contraires aux lois, les legs faits à la dite Fabrique par le sieur Gineston.

Vous m'avez informé, Monseigneur, que le maire d'Enguialès, se substituant au droit de la Fabrique, demandait à l'héritière de M. Gineston la délivrance des legs, et que la Fabrique s'opposait au versement du produit dans la caisse communale sous les motifs suivants : 1º le legs a été fait expressément à la Fabrique et non à la commune ; 2º aucune loi ne défend de donner ou léguer aux Fabriques pour secourir les malades ou pour bâtir une école. La cour de cassation a décidé notamment que les Fabriques ont le droit de demander la délivrance d'un legs qui leur a été fait pour les pauvres (5 mai 1856, Dalloz 1857, 1—37) ; 3º le maire a été autorisé à accepter conjointement avec la Fabrique, attendu que la généralité des habitants de la section doit profiter de la libéralité ; mais cette acceptation conjointe ne lui donne que le droit de surveiller l'emploi du legs ; 4º la confiance qu'inspirent les Fabriques ies rend tous les jours intermédiaires de libéralités que les testateurs ne mettraient pas à la disposition des conseils municipaux ; 5° la commune d'Enguiales a plusieurs paroisses dans sa circonscription ; si les fonds étaient versés dans la caisse municipale, il serait à craindre que les intérêts particuliers de la paroisse et section de Ginolhac ne fussent lésés. D'autre part, deux ou trois autres communes ont des sections faisant partie de la paroisse de Ginolhac, en sorte qu'il faudrait verser les fonds du legs par fractions dans la caisse de trois ou quatre communes.

Vous m'avez demandé, Monseigneur, quelle était la jurisprudence suivie en pareille matière.

J'ai dû vous transmettre l'avis de M. le Ministre de l'Intérieur, représentant des intérêts communaux.

Mais aujourd'hui votre Grandeur insiste et désire connaître l'opinion du Ministère des Cultes sur ces questions mixtes.

D'après un avis du Conseil d'Etat du 4 mars 1841, connu dans la pratique sous le nom d'avis Macarel, lorsqu'un legs est fait à un établissement ecclésiastique ou religieux sous condition d'une fondation ou d'un service rentrant dans les attributions administratives d'un autre établissement, il y a lieu d'autoriser simultanément l'acceptation de cette libéralité par l'établissement institué et par l'établissement qui doit profiter de la libéralité.,

Cet avis ne statuait pas sur les questions de savoir qui aurait qualité pour demander la délivrance, ni au nom de quel établissement seraient immatriculées les rentes léguées. Cette dernière question fut résolue par l'avis du 30 décembre 1846. Cet avis décide que l'acceptation conjointe de l'établissement religieux institué et du représentant des pauvres ou benéficiaire *ne transporte point à celui-ci, même pour partie, les droits de propriété* qui résultent pour l'institué des dispositions du testament ; qu'on ne pourrait, sans porter atteinte à ces droits, faire intervenir directement et nominativement le bénéficiaire dans l'acquisition de la rente léguée.

Le Conseil d'Etat s'est écarté de cette jurisprudence dans trois avis de principe, des 24 janvier, 10 juin 1863 et 29 juin 1864.

Les deux avis des 24 janvier et 10 juin 1863, qui se complètent l'un par l'autre, décident, entre autres dispositions, comme l'avis du 4 mars 1841, que les legs faits à une Fabrique pour le soulagement des pauvres ou pour une école, doivent être acceptés conjointement par l'institué et le bénéficiaire, et ils accordent, en outre, au bénéficiaire non dénommé au testament, le droit de figurer dans *l'immatriculation* des rentes léguées, et d'avoir la garde du titre légué. Un avis du 22 novembre 1866, a étendu cette jurisprudence aux legs d'immeubles et de rentes constituées.

Cet avis, de même que celui du 10 juin 1863, suppose une libéralité faite pour une école communale. D'après un autre avis, qui ne représente pas du reste une jurisprudence bien assise, une Fabrique ne pourrait pas être autorisée à accepter une libéralité pour une école libre. Dans cette opinion il n'y a pas lieu, en pareil cas, de faire intervenir le maire pour habiliter l'établissement ecclésiastique.

L'administration des Cultes a dû subir cette jurisprudence, qui lui paraissait cependant aussi contraire aux principes de droit qu'aux intentions formelles des testateurs. Les tribunaux civils, seuls compétents pour statuer en pareille matière, ont frappé d'impuissance les avis de 1863 et de 1864. La cour d'appel de Grenoble (5 juillet 1869 affaire Menuel), la cour d'appel d'Angers (23 mars 1871 affaire de Langottière), ont décidé qu'en enlevant à l'établissement institué l'administration des biens légués pour la transférer aux communes, le décret avait méconnu les volontés expresses du testateur et refait arbitrairement son testament; que l'établissement institué se trouvant dès lors, par le fait de l'administration, hors d'état d'accepter le legs dans les conditions stipulées par le testateur, le legs était frappé de caducité.

Ces décisions ont fait une vive impression sur le Conseil d'État et, au mois de novembre 1871, la section de Législation, Justice, Intérieur et Cultes... de la commission provisoire chargée de remplacer le Conseil d'Etat, a adopté un projet d'avis portant que, lorsqu'un legs serait fait à une Fabrique pour les pauvres, on ne remettrait plus au maire ou bureau de bienfaisance la garde des titres de rentes ou le soin de toucher les arrérages, qu'il suffisait de leur délivrer des copies certifiées des titres originaux.

Le Conseil d'Etat tend donc manifestement à revenir à la jurisprudence qu'il a suivie jusqu'en 1863 et à reconnaître qu'il ne lui appartient pas de procéder, par voie administrative, à des attributions de propriété, de refaire les testaments ni même de les interpréter, ce qui est exclusivement du domaine de la juridiction civile. Les décisions précitées des cours de Grenoble et d'Angers, qui auraient été sans aucun doute confirmées par la Cour de Cassation, ne lui permettaient plus d'ailleurs de rester dans la voie où il s'était engagé. L'autorité administrative a donc aujourd'hui pour traiter ces questions, une liberté qui lui manquait l'année précédente.

Je reprends l'espèce qui préoccupe Votre Grandeur.

Les legs de M. Gineston sont faits incontestablement au profit de la Fabrique, à l'exclusion de la commune.

La Fabrique avait-elle capacité pour accepter ces legs ? L'avocat qu'elle a consulté fait remarquer avec raison que l'incapacité pour les établissements reconnus d'accepter une libéralité destinée à un service, qui est en dehors de leurs attributions ordinaires, n'est pas écrite dans la loi et que l'autorité ou la jurisprudence administrative ne peuvent suppléer en pareille matière au silence du législateur. Aussi le Conseil d'Etat a-t-il quelquefois été d'avis d'autoriser les Fabriques à accepter les legs charitables pour hospices ou écoles libres et même à acquérir des immeubles destinés à servir d'école. Ces exemples suffisent à montrer que les Fabriques ne sont pas atteintes, en pareille matière, d'une incapacité radicale.

L'arrêté du 6 mai 1871 résoud, du reste, la question, dans l'espèce, puisqu'il autorise la Fabrique à accepter les legs.

Il fait intervenir le maire, il est vrai ; mais il ne lui attribue point la garde des titres de propriété ou de rente, il ne prescrit même pas l'immatriculation conjointe au nom de la Fabrique et de la commune. Le but et le véritable caractère de cette intervention se trouvent indiqués par l'avis du Conseil d'Etat du 30 décembre 1846 : ce mode de procéder (l'acceptation conjointe) a été adopté parce qu'il a paru convenable de faire *surveiller* par le représentant légal des pauvres, quoiqu'il ne fût pas institué, l'emploi d'une libéralité destinée à leur soulagement, mais on n'a pas entendu transporter au bureau de bienfaisance même pour partie, les droits de propriété qui résultent pour l'établissement légataire des dispositions du testament.

La Fabrique de Ginolhac est donc habilitée à accepter les legs et à exercer tous les droits civils qui dérivent à son profit du testament de M. Gineston. En cas de contestation, les tribunaux civils sont seuls compétents.

Cet établissement m'a paru encore se préoccuper du mode de placement des capitaux légués. Il importe de remarquer que l'article 46 de la loi du 2 juillet 1862 a été abrogé par l'article 29 de la loi du 16 septembre 1871 et que les capitaux donnés ou légués à des établissements publics peuvent être placés en rentes françaises *de toute nature.*

Conformément au désir de Votre Grandeur, j'ai l'honneur de lui renvoyer ci-joint la consultation produite au nom de la Fabrique de Ginolhac.

(Lettre du 16 novembre 1872, de M. le ministre de l'Instruc-
truction publique et des Cultes à Mgr l'Evêque de Rodez).

Nota. — Une copie de cette dépêche a été adressée, sur sa demande, à M. le Ministre de l'Intérieur et n'a donné lieu, de sa part, à aucune observation.

N° V.

La disposition par laquelle un bienfaiteur a prescrit que ses biens seraient consacrés à des œuvres pies fondées à perpétuité dans une paroisse désignée constitue une libéralité soumise à l'autorisation du gouvernement. — Cette libéralité doit être acceptée par la Fabrique de la paroisse désignée, à l'exclusion du bureau de bienfaisance. — Le produit peut, sur la demande de la Fabrique, être affecté, partie à la fondation perpétuelle de messes, et, le surplus, aux besoins de l'église. — Décret du 17 décembre 1872.

« Le Trésorier de la Fabrique de l'église succursale de Domsure (Ain) est autorisé à accepter, aux clauses et conditions énoncées, mais jusqu'à concurrence de moitié seulement, le bénéfice de la disposition résultant en faveur de cette Fabrique du testament public du 10 janvier 1859, et par laquelle la demoiselle Claudine Daujat a prescrit l'emploi de ses biens, d'une valeur d'environ 3,500 francs, *à des œuvres pies* à fonder dans la paroisse de Domsure.

« Conformément à la demande du Conseil de Fabrique, le produit du legs, ainsi réduit, sera employé, savoir : deux tiers à la fondation de messes et, le dernier tiers, aux besoins de l'église.

« La somme destinée à la fondation de messes sera placée en rentes sur l'État, avec mention sur l'inscription de cette destination. »

N° VI.

*Un legs fait à un curé pour être distribué aux pauvres de sa paroisse doit être accepté par ce titulaire ecclésiastique seul. — Le bureau de bienfaisance n'a ni intérêt ni droit à intervenir dans l'accepta-
tion.* — Décret du 31 janvier 1873.

« Le curé de la paroisse de Saint-André-le-Bas, à Vienne (Isère), est autorisé à accepter, aux clauses et conditions énoncées, le legs fait au titulaire de ladite cure par la dame Joséphine Crépon, veuve du sieur Etienne Guiraud, suivant son testament du 27 juillet 1859, et consistant en une somme de cinq cents francs, pour être distribuée aux pauvres de ladite paroisse. » — Décret du 31 janvier 1873.

No VII.

Les dons et legs faits aux confréries *qui constituent de simples réunions concourant avec la Fabrique à l'œuvre paroissiale sont susceptibles d'autorisation. — Ces libéralités sont acceptées, au nom de la Fabrique, par son Trésorier. —* Autre décret du 31 janvier 1873.

« Le trésorier de la Fabrique de l'église de Pierrelatte (Drôme) est autorisé à accepter les legs faits par le sieur Jean-Louis Machon suivant son testament olographe du 15 août 1869, à diverses confréries de cette église et s'élevant en totalité à la somme de 250 fr. » — Décret du 31 janvier 1873.

No VIII.

Les Fabriques ont qualité pour devenir propriétaire à titre onéreux ou à titre gratuit d'un presbytère. — *Elles peuvent dès lors accepter,* sans l'intervention du maire de la commune, *les legs et donations d'immeubles destinés à cet usage. —* Décret du 22 février 1873.

« Le trésorier de la Fabrique de l'église succursale de Trégranteur, section de la commune de Guégon (Morbihan), et le desservant de cette succursale, tant en son nom qu'en celui de ses successeurs, sont autorisés à accepter, chacun en ce qui le concerne, aux clauses et conditions énoncées, la donation faite à ladite Fabrique par le sieur Marie-Adolphe de Poulpiquet du Halgouët, suivant acte notarié du 28 juin 1872, et consistant en une maison, un jardin et un pré, le tout situé sur le territoire de Trégranteur, estimé 2,000 francs et destiné à servir de logement au desservant de la paroisse, qui seul jouira des terres dépendant de la maison donnée et comprise dans la donation. » — Décret du 22 février 1873.

Nota. — Un projet de décret concerté entre le ministre des cultes et celui de l'Intérieur proposait de faire intervenir le maire au nom de la commune, dans l'acceptation conjointement avec la Fabrique et le desservant. En adoptant le projet de décret proposé, le conseil d'Etat en a modifié la rédaction de façon à ne pas faire intervenir le maire dans l'acceptation de la libéralité. Les fabriques ont qualité pour devenir propriétaires à titre onéreux ou à titre gratuit d'un presbytère, et d'autre part, s'il n'est pas douteux que la donation d'un presbytère à une Fabrique ne soit avantageuse à la commune; qui pourrait être obligée, s'il n'existait pas de presbytère, de payer une indemnité de logement au desservant, l'intérêt de cette commune paraît suffisamment sauvegardé par la mention faite dans le décret de la destination des bâtiments donnés à servir de logement au desservant. Cette destination ne pouvant être ni changée ni modifiée ultérieurement sans l'autorisation du gouvernement, on ne voit pas quelle garantie de plus offrirait à la commune l'intervention du maire dans l'acception de la libéralité.

N° IX.

L'avis du conseil d'Etat du 6 mars 1873, rapporté ci-dessus, pages 13 à 41 et spécialement relatif aux libéralités faites aux fabriques d'églises pour une destination charitable, ne fait pas de distinction entre les legs et les donations, et s'applique implicitement aux cures et succursales ainsi qu'aux congrégations religieuses; ces établissements sont dès lors, comme les fabriques, capables de recevoir les legs et donations faits en leur faveur soit pour le soulagement des pauvres, soit pour l'établissement d'un patronage d'adolescents.
— Lettre ministérielle du 5 mai 1873.

Versailles, le 5 mai 1873.

Monsieur le Préfet,

Conformément au désir exprimé dans votre dépêche du 8 avril dernier, j'ai l'honneur de vous adresser un exemplaire de l'avis du Conseil d'Etat, du 6 mars 1873, relatif aux libéralités faites aux Fabriques d'églises pour une destination charitable. Cet avis ne fait pas de distinction entre les legs et les donations.

Il a été reconnu, en outre, qu'il s'appliquait implicitement aux cures et succursales ainsi qu'aux congrégations religieuses de femmes. Ces établissements sont, dès lors, comme les Fabriques, habiles à recueillir les legs et donations faits en leur faveur pour le soulagement des pauvres.

Quant à la donation, que vous avez en mains, d'un terrain fait à une *cure* pour l'établissement d'un *patronage d'adolescents*, elle était, même avant cet avis, susceptible d'autorisation.

Vous pouvez donc m'en adresser le dossier.

(Lettre du 5 mai 1873, de M. le Ministre de l'Instruction publique et des Cultes à M. le Préfet du Finistère.)

N° X.

Les dons et legs attribués à une conférence ecclésiastique *constituent des libéralités sujettes à l'autorisation du gouvernement et doivent être acceptées par* le curé de canton, président de la conférence, *agissant tant en son nom qu'au nom des* desservants et vicaires du canton *qui forment la conférence.* — Décret du 25 juin 1873.

« Le curé de la paroisse de Murat (Cantal), agissant en exécution de l'article 31 de la loi du 18 germinal an X et de l'article 3° de l'ordonnance du 2 avril 1817, tant en son nom qu'en celui des desservants et vicaires du canton de Murat, qui forment la *conférence ecclésiastique* de ce nom, est autorisé à accepter, aux clauses et conditions énoncées, le legs fait à ladite *conférence* par le sieur François Raymond, suivant son testament olographe du 1er septembre 1868, et consistant dans tous ses livres, estimés 130 francs. »

N° XI.

Les fabriques sont des établissements d'utilité publique, pourvus d'une existence légale qui leur est propre, dans le sens de l'article 910 du Code civil. — Quelle que soit la destination spéciale pour laquelle elles ont été organisées, elles n'en conservent pas moins le caractère et le fonctionnement légaux d'établissements d'utilité publique, et peuvent, en vertu des dispositions générales des articles 902 et 904 du Code civil, qui ne font pas de distinctions, accepter, avec l'autorisation du gouvernement, toutes les libéralités qui leur sont faites, au même titre que les autres établissements ainsi dénommés.

En conséquence, une Fabrique a qualité pour recueillir et administrer, à l'exclusion de tous autres, un legs qui lui a été attribué : 1° pour faire construire et meubler un bâtiment destiné à servir à la fois de MAISON D'ÉCOLE *pour les enfants des deux sexes et d'*HÔPITAL *ou d'asile pour les malades, les vieillards et les enfants pauvres ; 2° pour subvenir aux divers frais d'entretien et d'administration des deux établissements* scolaire *et* hospitalier.

Il en est ainsi alors même que la Fabrique et la commune ont été autorisées conjointement à accepter un pareil legs, l'autorisation ainsi formulée laissant intacte la question de propriété, sur laquelle les tribunaux civils ont seuls le droit de statuer.

Le respect dû aux intentions des testateurs exige, en pareil cas, que le droit de propriété soit reconnu, avec ses conséquences ordinaires quant à l'administration, etc., à la charge par cet établissement, de justifier en temps opportun au maire de la commune de l'emploi des sommes léguées et de l'exécution de la volonté du bienfaiteur.

— Jugement du tribunal civil d'Espalion, du 14 juillet 1873.

Entre le maire de la commune d'Enguialès, section de Ginolhac.

Geneviève Oustry, rentière domiciliée à Entraygues,

Et Antoine Firminhac, propriétaire, domicilié à Grandroquet, commune d'Enguialès, procédant en qualité du trésorier de la Fabrique de Ginolhac ;

Attendu que, par les deux testaments publics, à la date, le premier du 5 avril, le second du 6 mai de l'année 1868, Joseph Gineston, en instituant pour son héritière générale et universelle Geneviève Gustry, a légué à la Fabrique de la paroisse de Ginolhac : 1° une somme principale de trente mille francs, pour faire construire et meubler un bâtiment destiné à servir à la fois de maison d'école pour les enfants des deux sexes et d'hôpital ou d'asile pour les malades, les vieillards et les enfants pauvres ; 2° une rente annuelle de trois mille francs, dont deux pour le service de l'établissement hospitalier et mille francs pour le traitement, par égales parts, de l'instituteur et de l'institutrice, chargés de donner gratuitement l'enseignement primaire aux enfants pauvres ;

Attendu qu'il est écrit en ces testaments que Gineston a voulu que les habitants de la paroisse de Ginolhac fussent admis seuls, à l'exclusion de tous autres, à profiter du bénéfice de ces fondations. qui devraient être perpétuelles ;

Attendu qu'il a voulu également qu'elles fussent administrées par la Fabrique de l'église de Ginolhac, qu'il en instituait l'unique légataire, les recommandant spécialement à la sollicitude du Curé ou desservant de la paroisse, membre de ladite Fabrique ;

Attendu que ces clauses testamentaires, qui sont formelles, ont évidemment, dans la pensée bien arrêtée du testateur, écarté, en faveur de la Fabrique, toute prétention étrangère, soit publique, soit privée, à la propriété et même à l'administration des legs dont s'agit ;

Attendu néanmoins que, par l'ajournement introductif d'instance du 13 décembre 1872, le maire de la commune d'Enguialès a demandé que Geneviève Oustry fût condamnée à lui en faire la délivrance en capital et intérêts ;

Attendu qu'ainsi judiciairement interpellée, Geneviève Oustry a, de son côté, par exploit du 19 décembre 1872, dénoncé l'action de la commune à la Fabrique de Ginolhac et l'a citée, en la personne du sieur Firminhac, trésorier de cet établissement, aux fins d'intervenir dans l'instance, y venir rendre taisant le maire d'Enguialès et faire valoir ses droits aux libéralités dont Gineston l'avait gratifiée, sous l'offre, par l'héritière instituée, de les délivrer entre les mains de qui par justice il serait ordonné ;

- Attendu que l'intervention de la Fabrique, d'ailleurs autorisée de ce chef par arrêté du Conseil de préfecture du 30 avril 1873, a été régulièrement introduite ;

Attendu, en conséquence, au fond, les parties, dûment représentées dans la cause liée entre elles, ayant conclu, que, aux termes de l'article 902 du Code civil, toutes personnes excepté celles que la loi en déclare incapables, peuvent disposer et recevoir, soit par donation entre-vifs, soit par testament ;

Attendu, aux termes de l'article 910 du même Code, que les dispositions entre-vifs ou testamentaires, au profit des hospices, des pauvres d'une commune ou d'établissement d'utilité publique doivent, pour avoir leur effet, être autorisés par décision du Chef de l'Etat ;

Attendu, que ces deux articles du Code civil, siége seul juridique de la matière, et applicables seuls à l'espèce, loin d'avoir été abrogés, sont, au contraire, en pleine vigueur ;

Attendu que les Fabriques, établissements ecclésiastiques ou religieux, sont d'utilité publique, pourvus d'une existence qui leur est propre et légalement reconnue ;

Que peu importe la destination spéciale pour laquelle elles ont été organisées ;

Qu'elles n'en conservent pas moins le caractère et le fonctionnement légaux d'établissement d'utilité publique, et que là où l'article 910 du Code civil ne distingue pas ni n'établit pas de catégories, il ne faut pas distinguer et créer surtout des incapacités qu'il n'édicte pas lui-même ;

Que donc, dans la plénitude de sa volonté et de ses droits, usant de la liberté de tester, Gineston a pu disposer de tout ou partie de son patrimoine en faveur de la Fabrique de Ginolhac, assujettie comme unique condition de rigueur pour utiliser les legs, ainsi que l'a entendu le testateur, à être autorisée par le pouvoir souverain à les accepter ;

Attendu que cette condition se trouve remplie et qu'il en est justifié par un arrêté, rendu en Conseil d'Etat le 6 mai 1871 ;

Attendu que cet arrêté, qui abandonne radicalement une jurisprudence administrative qui, antérieurement, suivant les époques et les impressions du moment, établissant des incapacités qui ne sont écrites dans aucune loi et refaisant en quelque sorte les testaments, a plusieurs fois déclaré inhabiles des établissements religieux ou autres à recevoir dons ou legs, profitables en résultat aux communes, est pur et simple dans sa teneur ;

Que, s'il est vrai qu'il autorise à la fois, chacun en ce qui le concerne, la Fabrique de Ginolhac et la mairie d'Enguialès qui en avaient formé la demande, à accepter le legs du sieur Gineston, il n'a fait, par là, que reconnaître, en principe, la capacité légale des impétrants, laissant intacte entre eux toute question de propriété, dont seule la juridiction civile a la connaissance et le jugement ;

Attendu que, par voie de suite, respect est dû à la volonté du testateur ; que la Fabrique de Ginolhac ayant été nominativement et d'une façon expresse investie par les testaments eux-mêmes de la propriété et de l'administration des legs dont s'agit, c'est à elle seule qu'il faut les attribuer, étant inutile de rechercher s'ils doivent lui être profitables ou onéreux.

Attendu que vainement, pour écarter la Fabrique, contrairement aux intentions générales du testateur, et en faire une incapable, le maire objecte que la fondation des écoles et des hospices ne peut compéter à cet établissement ; que, d'abord, il ne s'agit pas, quant à présent, de l'exécution matérielle des legs, et de plus que chacun en France, particulier ou être officiellement collectif, peut ouvrir et fonder des écoles et établir des hospices, à la charge de se conformer aux lois et aux règlements qui les régissent.

Attendu qu'il n'y a pas lieu de s'arrêter en quoi que ce soit au moyen, mis en avant par le maire et pris de ce que, selon lui, la Fabrique de Ginolhac n'étant pas en réalité, légataire avec bénéfice de feu Gineston, n'en serait que l'exécuteur testamentaire, chargé de veiller à l'accomplissement de ses volontés, sans droit par conséquent aux libéralités dont s'agit :

Attendu que la Fabrique ne conteste pas le droit et le devoir de protection et de surveillance qu'a le maire sur les établissements publics et privés de sa commune ; que, dès lors, il conviendra d'en faciliter l'exercice à ce magistrat ;

Attendu que les intérêts ne courent qu'à partir de la demande judiciaire qui en est faite ;

Attendu que les dépens sont à la charge de la partie qui succombe ;

Par ces motifs, le tribunal, jugeant en premier ressort, vidant le renvoi au conseil, recevant la Fabrique de l'église de Ginolhac, partie intervenante dans la cause, tenant les testaments du sieur Gineston, en date des 4 avril et 6 mai 1868, ainsi que les dispositions qu'ils renferment, lesquelles n'ont rien de contraire aux lois, à la morale et à l'ordre public, sans avoir égard aux fins, moyens en conclusions du maire de la commune d'Enguialès, représentant la section de Ginolhac, qui est sans droit ni titre et les rejetant, en iceux étant irrecevable et en tout cas mal fondé, rejette aussi par suite la demande en délivrance de legs, qu'il a formée par l'ajournement du 13 décembre 1872 contre Genevière Oustry, en relaxant au besoin cette dernière.

Et disant au contraire droit à la demande de la Fabrique de Ginolhac, reconnue juste et bien fondée, ordonne que Geneviève Oustry, héritière instituée de feu Joseph Gineston, fera au sieur Firminhac, trésorier de ladite Fabrique, et pour elle, la délivrance immédiate des deux legs portés à son profit dans les testaments dont s'agit et ce dans les termes et délais qu'ils énoncent, avec intérêts des sommes déjà échues et exigibles depuis la date de l'introduction de l'instance : à tout quoi Geneviève Oustry demeure d'ores et déjà condamnée envers la Fabrique,

Ordonne que par ladite Fabrique et en temps opportun, il sera remis au maire de la commune d'Enguialès et sur le simple récépissé qu'il en fera une copie certifiée des titres justifiant de l'emploi des sommes léguées par le sieur Gineston, selon le mode de placement qui sera adopté, et de l'exécution de la volonté du testateur.

Condamne le maire d'Enguialès, ès-qualités qu'il s'agit, aux dépens envers toutes les parties.

Nᵒ XII

En principe, les Fabriques ne peuvent être autorisées à acquérir, avec leurs propres ressources, des immeubles pour servir de maisons d'écoles, qu'autant que ces immeubles deviendraient pour elles productifs de revenus, par exemple au moyen d'une location. — Mais rien ne s'oppose à l'autorisation d'acquisitions de cette nature, lorsque le prix doit en être payé au moyen du produit de legs, de donations ou de dons manuels faits aux Fabriques dans ce but. — Lettre ministérielle du 25 août 1873.

Versailles, le 25 août 1873.

Monsieur le Préfet, dans une délibération du 2 avril 1873, le Conseil de Fabrique de l'église du Crozet expose que M. l'abbé Dauphin offre de vendre à la Fabrique, moyennant le prix de 700 francs, égal au montant de l'estimation une maison sise au Crozet et actuellement occupée par une école de filles dirigée par des sœurs. Il ajoute que la commune se trouve dépourvue de local pour l'école des filles aussi bien que pour celle des garçons et ne saurait s'en procurer à défaut de ressources. En vue de venir en aide à la commune, ce Conseil de Fabrique demande à acquérir la maison dont il s'agit, pour continuer à être affectée à son usage actuel, et propose d'en payer le prix au moyen de l'excédant de recettes que constate son budget. En me transmettant, le 9 août, les pièces relatives à cette demande, vous exprimez l'opinion qu'il y a lieu, en exécution du récent avis du Conseil d'État du 24 juillet dernier, de donner suite à ce projet d'acquisition. Vous proposez, en conséquence, de l'autoriser aux clauses et conditions formulées dans cet avis.

Permettez-moi de vous faire observer, Monsieur le Préfet, que l'avis invoqué du Conseil d'État ne saurait, dans l'espèce, recevoir son application. En effet, cet avis, qui a reconnu aux Fabriques la capacité nécessaire pour accepter *seules* et sans intervention directes des communes les libéralités faites en leur faveur pour la fondation et l'entretien d'écoles, dispose formellement qu'en cas d'approbation de libéralités de cette nature les revenus et les dépenses de cette fondation formeront dans le budget de la Fabrique un chapitre spécial. Cette prescription a pour but d'empêcher que les Fabriques, chargées par la volonté des donateurs ou des testateurs, de fonder ou d'entretenir des écoles, affectent à cette destination, étrangère au but principal de leur institution, les ressources qu'elles doivent exclusivement réserver aux besoins du culte. S'il en eût été autrement, l'application de la nouvelle jurisprudence aurait pu donner lieu à des abus et aurait soulevé de graves conflits lorsqu'il aurait fallu recourir à la commune par suite de l'insuffisance des ressources fabriciennes.

Si l'acquisition projetée par la Fabrique de l'église du Crozet avait dû être payée au moyen de fonds mis à sa disposition pour cette destination par suite d'un legs, d'une donation ou à titre de don manuel, rien ne s'opposerait à son approbation. Mais, d'après la déclaration même du Conseil de Fabrique, le prix doit être prélevé sur les ressources propres de l'établissement religieux, l'excédant de son budget. Une pareille affectation de fonds que la Fabrique doit réserver pour les besoins du culte, ne saurait être approuvée. Elle constituerait au profit de la commune une véritable libéralité, qui soulèverait d'insurmontables difficultés au Conseil d'État.

L'opération ne deviendrait possible que dans l'une des deux hypothèses suivantes : Si M. l'abbé Dauphin consentait à céder à la Fabrique, à titre purement gratuit, la maison d'école dont il est propriétaire, ou si la commune votait au profit de la Fabrique, à titre de prix de location de cette maison une somme annuelle qui représenterait pour l'établissement religieux le revenu du capital consacré par lui à l'acquisition. L'ancien Conseil d'État a plusieurs fois autorisé de semblables acquisitions dans ces conditions.

Je vous prie, Monsieur le Préfet, de vouloir bien transmettre ces observations au Conseil de Fabrique et lui faire connaître que, dans l'état actuel des choses, il n'est pas possible de donner suite au projet d'acquisition.

J'ai l'honneur de vous renvoyer ci-joint le dossier de l'affaire.

Nota. — Voir ci-après le nº XIV.

Nº XIII

Les curés ont capacité pour recevoir, tant en leur nom qu'au nom de leurs successeurs, des libéralités destinées à l'établissement ou à l'entretien de cercles catholiques. — Décret du 17 octobre 1873.

« Art. 1er Le curé de la paroisse de Paimbeuf (Loire-Inférieure,) tant en son nom qu'au nom de ses successeurs, est autorisé à accepter, aux clauses et conditions imposées, la donation faite aux titulaires successifs de la cure de Paimbeuf, par la demoiselle Victorine Bessard, suivant acte notarié du 19 juin 1873, et consistant en une maison avec dépendances, sise à Paimbeuf et estimée 2,000 francs, sous la condition d'affecter cet immeuble à l'établissement d'un cercle catholique, et pour le cas où cet établissement ne pourrait se maintenir, à la charge de faire dire dix messes par an à perpétuité.

Art. 2. Le trésorier de la Fabrique de l'église curiale de Paimbeuf, est autorisé à accepter la libéralité éventuelle résultant en sa faveur de la disposition de l'acte notarié du 19 juin 1873, par lequel la demoiselle Bessard, après avoir fait donation aux curés successifs de Paimbeuf d'une maison destinée à l'établissement d'un cercle catholique, a prescrit que, pour le cas où cet établissement ne pourrait se maintenir il serait dit dix messes par an à perpétuité. ▪

Nota. — Les cures et succursales ont en cette matière, comme pour les œuvres paroissiales de patronage, la même capacité que les Fabriques.

Nº XIV

Les Fabriques peuvent être autorisées à acquérir des immeubles *pour servir de* maisons d'écoles *lorsque le prix doit en être payé au moyen de dons ou offrandes recueillies pour cette destination.* — Décret du 12 décembre 1873.

Le président de la République française,

Sur le rapport du ministre de l'Instruction publique, des Cultes et des Beaux Arts,

Vu la demande de la Fabrique de l'église succursale de Saint-Mars-la-Réorthe, tendant à obtenir l'autorisation d'acquérir un immeuble pour servir de maison d'école ;

Vu la déclaration du desservant de la succursale, portant que le prix de cette acquisition sera payé au moyen de fonds provenant de diverses offrandes, remises en ses mains pour cette destination ;

Vu les autres pièces, produites en exécution de l'ordonnance du 14 janvier 1831 ;

La Section de l'Intérieur, de l'Instruction publique, des Cultes et des Beaux-Arts du Conseil d'Etat, entendue ;

Décrète :

Art. 1er. — Le trésorier de la Fabrique de l'église succursale de Saint-Mars-la-Réorthe (Vendée), est autorisé à acquérir, au nom de cet établissement, des époux Ouvrard, moyennant une somme de 3,884 francs, et aux autres clauses et conditions énoncées dans un acte notarié du 12 février 1872, une maison avec cour, jardin et dépendances, située à Saint-Mars-la-Réorthe et estimée 4,240 francs pour servir de maison d'école.

Il sera passé acte public de cette acquisition, au paiement de laquelle il sera pourvu *au moyen de fonds provenant de diverses offrandes remises au desservant de la succursale pour cette destination.*

Art. 2. — Le ministre de l'Instruction publique, des Cultes et des Beaux-Arts est chargé de l'exécution du présent décret.

Nota. — Voir ci-dessus, § 2, n° XII.

N° XV

L'institution des rosières a, par ses origines et par ses traditions, un caractère catholique qui n'a jamais cessé d'être observé dans les cérémonies en usage pour la distribution des récompenses.

Les ministres du culte sont dès lors fondés à exiger des jeunes filles appelées à recevoir les récompenses l'accomplissement des devoirs religieux imposés par l'Eglise à tous ses membres.

Il en est ainsi notamment lorsque le fondateur a déclaré dans son testament maintenir « les formes ordinaires du choix et du couronnement », et que, en exécution de cette disposition, les membres de la commission, instituée par le testateur, ont dressé un règlement qui a reçu l'approbation préfectorale et qui porte que la rosière sera choisie parmi les jeunes filles se trouvant « dans les conditions prescrites par Mgr l'Evêque, c'est-à-dire remplissant régulièrement leurs devoirs religieux quant à la messe et à la communion pascale, et jouissant d'une réputation intacte sous le rapport des mœurs. »

Il y a lieu, par suite, de considérer comme irréguliers : 1° le choix fait, sans la participation et malgré les protestations du Curé, d'une jeune fille qui ne remplissait pas ses devoirs religieux ; 2° le couronnement purement civile *de la rosière ainsi nommée.* — Avis du conseil d'Etat du 6 janvier 1874.

La Section de l'Intérieur, de la Justice, de l'Instruction publique, des Cultes et des Beaux Arts du Conseil d'Etat qui, sur le renvoi ordonné par M. le Vice-Président du Conseil, Ministre de l'Intérieur, a pris connaissance d'une demande d'avis relative aux difficultés qui se sont produites dans la commune de Saint-Chéron (Seine-et-Oise), au sujet de l'institution d'une rosière ;

Vu les lettres du Curé de Saint-Chéron, en date des 15 décembre 1872 et 9 août 1873 ;

Vu la lettre du maire de Saint-Chéron, en date du 26 sep-tembre 1873 ;

Vu la lettre du Préfet de Seine-et-Oise, du 6 novembre 1873 ;

Vu le rapport du Vice-Président du Conseil, Ministre de l'Intérieur ;

Ensemble les pièces du dossier ;

Considérant que l'institution des rosières a, par ses origines et par ses traditions, un caractère catholique qui n'a jamais cessé d'être observé dans les cérémonies en usage pour la distribution des récompenses ;

Qu'il n'y a donc rien d'excessif à ce que les ministres du culte exigent des jeunes filles, appelées à recevoir les récompenses, l'accomplissement des devoirs religieux imposés par l'Eglise à tous ses membres ;

Qu'en l'espèce, le testament de la demoiselle Boursier ne laisse aucun doute sur son intention de maintenir « les formes ordinaires du choix et et du couronnement, » et que, par suite, le règlement adopté en 1868 avait été, à juste titre approuvé par le Préfet de Seine-et-Oise, comme contorme à la fois à la pensée de l'institution et à la volonté de la fondatrice ;

Est d'avis :

Qu'il y a lieu, par M. le Vice-Président du Conseil, Ministre de l'Intérieur, de résoudre dans le sens des observations qui précèdent, les difficultés pendantes dans la commune de Saint-Chéron.

N° XVI

C'est aux Fabriques paroissiales qu'il convient d'attribuer actuelle-ment l'administration : — 1° Des anciennes fondations instituées pour entretenir des écoles de filles ou de garçons, sous la condition que les capitaux seraient placés et administrés par les soins du curé et du syndic (aujourd'hui le maire) qui en percevraient les intérêts et veilleraient à leur affectation; — 2° Des anciennes fondations ayant pour objet de faciliter le mariage et l'établissement de filles pauvres appartenant à la religion catholique et devant être choisies et nommées par le curé et le bureau de charité. — Décisions ministérielles des 17 et 31 mars 1874.

Première espèce. — Mégève (Haute-Savoie).

Versailles, le 17 mars 1874.

Monsieur le Préfet, dans une dépêche du 27 décembre dernier, vous avez appelé mon attention sur un certain nombre de fondations instituées, à diverses époques, dans la commune de Mégève, pour l'entretien d'écoles de filles et de garçons, sous la condition que les capitaux seraient placés et administrés par les soins du Curé et du syndic (aujourd'hui le maire), qui en percevraient les intérêts et veilleraient à leur affectation.

Jusqu'à l'annexion de la Savoie à la France, la gestion de ces fondations a été dirigée par les divers curés qui se sont succédé, les syndics exerçant leur contrôle d'une manière plus ou moins complète.

Depuis 1860, vos prédécesseurs ont tenté, mais sans succès, d'obtenir du Curé de Mégève que les titres des fondations et les intérêts des capitaux fussent déposés entre les mains du receveur municipal

Mais, depuis l'adoption par le conseil d'Etat de la nouvelle jurisprudence consacrée par son avis du 24 juillet 1873, qui reconnaît aux Fabriques d'églises la capacité nécessaire pour recevoir et administrer les libéralités destinées à la fondation ainsi qu'à l'entretien d'écoles, le curé de Mégève, s'inspirant de cet avis, s'est montré disposé à adopter une combinaison qui consisterait à transférer au conseil de Fabrique, dont le Maire et le Curé font partie, l'administration des sommes données. Cette translation aurait lieu à la charge par l'établissement ecclésiastique de soumettre, chaque année, au conseil municipal, tenu de pourvoir au complément des dépenses scolaires, le budget et le compte de la Fabrique, dans lequel figureraient en recette et en dépense les revenus dont il s'agit.

Cette combinaison, à laquelle ont adhéré le conseil de Fabrique et l'administration municipale, vous a paru susceptible d'être approuvée; mais avant de la sanctionner, vous avez cru devoir me consulter.

De mon côté, avant de vous répondre, j'ai communiqué votre

dépêche à M. le ministre de l'Intérieur, en le priant de me faire connaître les observations qu'elle lui aura suggérées.

En me renvoyant ce document, mon collègue a déclaré qu'il n'avait aucune objection à élever contre la solution proposée. Il la considère comme constituant une amélioration de l'état de choses actuel en ce qu'elle permettra à l'administration municipale d'exercer un contrôle sérieux sur une dépense qui intéresse incontestablement la commune.

Je crois devoir également me prononcer en faveur du projet. Il conviendra, toutefois, en exécution de l'avis précité du Conseil d'Etat, d'exiger que les fondations dont il s'agit figurent dans un chapitre distinct du budget de la Fabrique et ne se trouvent confondues ni dans les recettes, ni dans les dépenses de l'établissement religieux.

Deuxième espèce. — Sauve (Gard). Legs Vernhette.

Versailles, le 31 mars 1874.

Monsieur le Préfet, par testament du 28 janvier 1738, M. l'abbé Vernhette, vicaire perpétuel de Sauve, a légué *au bureau de charité* de cette commune une rente constituée de 150 livres, sous la condition d'employer, à perpétuité, 100 livres, « pour marier et aider
« à établir une pauvre fille dudit Sauve qui sera *catholique...*
« *choisie et nommée par ses successeurs, vicaire de Sauve, et par*
« *ledit bureau de charité*, sans que MM. les officiers de justice dudit
« Sauve puissent prétendre aucune part dans la susdite élection...
« Le donateur prohibant aussi à MM. les maires et conseils dudit
« Sauve de s'immiscer, en façon quelconque, aux susdits choix et
« élections de la fille qui doit profiter des 100 livres annuellement
« sur ladite rente. »

Depuis le décès du testateur jusqu'à la constitution des bureaux de bienfaisance, l'élection de la fille à marier, s'est faite conformément au testament, *par le bureau de charité*, composé exclusivement de catholiques et *par le curé de Sauve*. L'élection avait lieu, soit dans la sacristie de l'église, soit au presbytère. Lorsqu'en exécution de la loi du 7 frimaire an V, un bureau de bienfaisance prit, à Sauve, la place du bureau de charité, cette établissement ne se trouva plus composé des mêmes éléments.

En fait l'élection de la fille catholique fut faite par une assemblée composée en majorité de protestants. On introduisit alors un usage d'après lequel le choix de la fille à marier ne portait que sur les filles *qui avaient été reconnues remplir les conditions de moralité et de pauvreté imposées par le testament et obtenu du Curé de Sauve un certificat ad hoc.*

Cet usage, qui avait pour conséquence de restreindre singulièrement le nombre de jeunes filles appelées à profiter de la fondation de l'Abbé Vernhette, fut suivi pendant longtemps.

Chaque fois que le bureau de bienfaisance a voulu s'en affranchir, M. le curé de Sauve s'y opposait formellement. Il contestait à ce bureau et au maire le droit d'intervenir dans l'élection, à moins que leur choix ne se portât sur l'une des filles pourvues du certificat délivré par lui.

Dans le but de faire cesser les difficultés, sans cesse renaissantes, qui accompagnaient l'élection de la fille à marier, et de se rapprocher le plus possible des conditions stipulées par l'acte de fondation, vous avez proposé de remplacer le bureau de bienfaisance par une commission spéciale nommée par l'autorité diocésaine, et comprenant, outre le Curé de Sauve, un nombre de membres égal à celui dont se compose la commission administrative du bureau de bienfaisance.

M. le Ministre de l'Intérieur, à qui j'ai dû soumettre ce projet, a reconnu comme vous que le bureau de bienfaisance, tel qu'il est constitué, ne remplit plus les conditions exigées par le fondateur pour procéder à l'élection annuelle de la fille appelée à profiter de sa libéralité. Mais il n'a pas paru nécessaire à mon collègue de recourir à la création d'une commission spéciale. Le Conseil de Fabrique, par sa composition et ses attributions lui a semblé naturellement désigné pour administrer la fondation Vernhette d'une manière conforme aux intentions du fondateur.

Les éléments dont se compose ce Conseil se rapprochent, en effet, beaucoup de ceux qui constituaient l'ancien bureau de charité. Le Curé en est d'ailleurs membre de droit.

Je ne puis qu'approuver la combinaison proposée par mon collègue.

Je vous prie, en conséquence, Monsieur le Préfet, de prendre les mesures nécessaires pour mettre en dehors des attributions du bureau de bienfaisance, l'exécution de la partie de la fondation relative aux 100 francs de rente dont il s'agit et la confier exclusivement au Conseil de Fabrique de l'église de Sauve.

N° XVII

Les cures et succursales sont, comme les fabriques, capables d'accepter les libéralités par legs ou donations, ayant pour objet la fondation ou l'entretien d'écoles. — Une clause spéciale insérée au décret d'autorisation impose, dans ce cas, au curé donataire ou légataire l'obligation d'adresser chaque année, à l'Evêque, une copie de l'état des revenus et des dépenses de la fondation. Cette obligation tient lieu de celle qui est imposée aux fabriques appelées à recueillir des libéralités de même nature, de former, dans leur budget et leurs comptes annuels, un article spécial des revenus et des dépenses de chaque fondation. — Décret du 24 avril 1874.

ARTICLE PREMIER.

« Le Curé de la paroisse de Sainte-Croix, à Saint-Lô (Manche), tant en son nom qu'en celui de ses successeurs, et le trésorier de la Fabrique de l'église de cette paroisse, agissant en vertu des dispositions de l'art. 1er de l'ordonnance royale du 7 mai 1826, sont autorisés à accepter, chacun en ce qui le concerne et aux clauses et conditions imposées :

1° La donation faite aux Curés successifs de ladite paroisse par M. Jean-Pierre Bravard, le sieur Pierre-Eugène Yvetot et le sieur Auguste-Jacques Blanchet, titulaire actuel de la Cure de Sainte-Croix, suivant acte notarié du 31 janvier 1874, et consistant en une maison avec cour et dépendances, sise à Saint-Lô, place Sainte-Croix, estimée 15,000 fr., servant de maison d'école dirigée par des Frères de la Miséricorde et devant continuer à avoir la même destination, ensemble le mobilier garnissant ladite maison et estimé 2,098 francs;

2° La cession faite par les mêmes à ladite Cure d'une rente 3 % sur l'Etat de 2,080 francs, à la charge d'en affecter les arrérages aux dépenses de ladite école;

Ladite rente de 2,080 francs sera immatriculée au nom de la Cure de Sainte-Croix, à Saint-Lô, avec mention sur l'inscription de la destination des arrérages;

Le Curé de la paroisse de Sainte-Croix adressera, chaque année, à l'Evêque, une copie de l'état des revenus et des dépenses de la fondation.

Les Frères préposés à l'école devront appartenir à une association vouée à l'enseignement et légalement reconnue.

L'instruction donnée dans ladite école devra comprendre toutes les matières déclarées obligatoires par la loi.

Art. 2.

Le maire de Saint-Lô (Manche), au nom de cette ville, est autorisé à accepter le bénéfice qui résulte, au profit des enfants en âge de fréquenter l'école, de la donation de M. Bravard et des sieurs Yvetot et Blanchet.

Il lui sera délivré par le Préfet des copies certifiées de l'inscription de rente et du titre de propriété de la maison donnée, un extrait de l'acte de donation et un extrait du présent décret.

Art. 3.

Les ministres de l'Instruction publique, des Cultes et des Beaux-Arts, et de l'Intérieur sont chargés, chacun en ce qui le concerne, de l'exécution du présent décret »

Nota. — Quand le curé est chargé de la distribution d'une libéralité faite aux pauvres ou pour les pauvres, on ne peut lui imposer l'obligation de remettre un état *nominatif* des pauvres secourus.

N° XVIII.

Lorsqu'une libéralité a été attribuée aux pauvres, non d'une paroisse, *mais d'une* commune, *sous la condition que les revenus leur en seront distribués par le curé de la* paroisse, *ce droit de distribution doit être garanti par l'insertion, dans le décret du chef de l'État ou l'arrêté préfectoral qui statue sur la donation ou legs, d'un article spécial autorisant le curé ainsi désigné à accepter le* bénénéfice *de la disposition. — Le curé distributeur ne peut être tenu, dans aucun cas, de remettre au receveur du* Bureau *de bienfaisance une* liste *nominative des pauvres secourus. —* Décret du 3 juillet 1874. Le Président de la République,

Sur le rapport du Ministre de l'Instruction publique, des Cultes, etc.,

Vu le testament du sieur Boutrois, en date du 28 février 1872 ;

Vu le consentement des héritiers du testateur ;

Vu les autres pièces produites en exécution des ordonnances des 2 avril 1817 et 14 janvier 1831 ;

Vu l'avis du Ministre de l'Intérieur ;

La Section de l'Intérieur, etc., entendue,

Décrète :

Article 1er. — Le trésorier de la Fabrique de l'église succursale de Lassy (Calvados) est autorisé à accepter aux clauses et conditions

8

imposées, le legs fait à cet établissement par le sieur Félix-Auguste Boutrois, suivant son testament olographe du 28 février 1872, et consistant en une rente sur l'Etat de cent francs, pour la fondation perpétuelle de deux obits et de messes.

Le nombre des messes à dire annuellement en exécution de ce legs sera déterminé par l'autorité diocésaine.

La rente de 100 francs sera immatriculée au nom de la Fabrique de Lassy, avec mention sur l'inscription de la destination des arrérages.

Article 2. — Le bureau de bienfaisance de Lassy (Calvados) est autorisé à accepter, aux clauses et conditions imposées, le legs fait en faveur des pauvres de cette commune par le sieur Félix-Auguste Boutrois, suivant son testament olographe du 28 février 1872, et consistant en une rente sur l'Etat de 50 francs, dont les arrérages serviront chaque année, à une distribution de pain par les soins des Curés successifs de Lassy.

Cette rente sera immatriculée au nom du bureau de bienfaisance de Lassy, et mention sera faite sur l'inscription de la destination des arrérages.

Article 3. — Le desservant de la paroisse de Lassy (Calvados), tant en son nom qu'en celui de ses successeurs, est autorisé à accepter, aux clauses et conditions imposées, le bénéfice résultant en sa faveur de la disposition par laquelle le sieur Félix-Auguste Boutrois, dans son testament olographe du 28 février 1872, a légué aux pauvres de Lassy une rente sur l'Etat de 50 francs, sous la condition que les arrérages en soient distribués par les soins des Curés successifs de Lassy.

Copie certifiée de la disposition testamentaire et de l'article qui en autorise l'exécution sera délivrée par le Préfet au desservant de **Lassy.**

Nota. — On doit considérer comme un point de Jurisprudence désormais établi et accepté par les deux ministères de l'Intérieur et des Cultes que les curés chargés par les fondateurs de la distribution des secours aux pauvres, ne sont, en aucun cas, tenus de produire des listes *nominatives* des pauvres par eux secourus.

TABLE

PAR ORDRE DES MATIÈRES

—

TABLE DE L'APPENDICE

—

certaines conditions, ne peut être attaqué pour excès de pouvoirs devant le conseil d'Etat, alors que ce décret a été rendu après l'accomplissement des formalités prescrites par les lois et réglements; — MAIS il appartient à l'autorité judiciaire de déclarer que les conditions sous lesquelles le conseil d'Etat a autorisé l'acceptation de ce legs ne sont pas conformes à la volonté exprimée par le testateur et de décider s'il y a lieu, en conséquence, pour les héritiers, à se refuser à la délivrance du legs. — *Arrêt du conseil d'Etat du 13 juillet* 1870   7

N° V.

Il appartient à l'autorité judiciaire de rechercher si les conditions auxquelles un Etablissement public (une fabrique, dans l'espèce) a été autorisé à accepter un legs sont conformes aux intentions du disposant. — Un legs doit être déclaré caduc alors que le décret qui en autorise l'acceptation dispose : 1° qu'il sera accepté simultanément par l'établissement institué dans le testament (une fabrique) et par un autre Etablissement public non dénommé au testament; 2° prescrit l'immatriculation, au nom des deux établissements, du titre de la rente achetée avec les sommes léguées, et 3° rejette, comme étant contraire à la loi, la clause par laquelle le testateur confie au *curé* le choix et la direction des institutrices chargées de l'école fondée avec le produit du legs. — *Arrêt de la cour d'Angers du* 23 *mars* 1871   9

N° VI.

Les Evêques ont capacité pour recevoir des libéralités faites en faveur de leur *diocèse pour l'établissement de* prédications extraordinaires dans des paroisses du diocèse au choix de l'Evêque; prédications communément désignées par les noms de *sermons, mission, retraite, stations* de l'Avent, du Carême et autres solennités; *prédications solennelles* dans le sens des articles 50 de la loi du 18 germinal an X et 37 du décret du 30 décembre 1809. — *Décret du* 6 *mars* 1872   12

N° VII.

Les Evêques ont capacité pour recevoir, au nom de leur *diocèse*, des libéralités faites en faveur de leur *séminaire diocésain* et des *prêtres âgés ou infirmes du diocèse*. — *Décret du* 17 *décembre* 1872   12

N° VIII.

1° Les bureaux de bienfaisance ne sont pas les seuls établissements publics qui puissent recevoir des libéralités destinées au soulagement des *pauvres*, et le maire n'a mission d'accepter les dons et legs faits aux pauvres d'une commune qu'aux cas où il s'agit de libéralités qui leur sont adressées sans autre détermination. — 2° Les établissement ecclésiastiques et religieux, et spécialement les fabriques d'église, ont capacité pour recevoir des libéralités destinées aux *pauvres* et peuvent y être autorisés, sous la réserve des mesures à prescrire pour assurer la fidèle exécution de la volonté des testateurs et donateurs. — 3° Ainsi, lesdits établissements peuvent être autorisés à accepter *seuls* et sans l'intervention des maires ou des bureaux de bienfaisance, les sommes ou autres objets mobiliers destinés à être distribués aux pauvres; mais lorsqu'il s'agit d'une fondation dont les *revenus* seuls doivent être distribués, il convient d'autoriser le maire à accepter le bénéfice qui résulte de la libéralité en faveur des pauvres de la commune et d'ordonner qu'un duplicata du titre lui sera délivré, afin qu'il puisse, non pas exercer un contrôle sur l'emploi des revenus, mais s'assurer que le fonds ou capital de la fondation est conservé et que le revenu est toujours inscrit avec sa destination au budget annuel de l'établissement. — Dans tous les cas, l'établissement légataire ou donataire doit être autorisé à faire immatriculer le titre en son nom et à en conserver la garde. — *Avis de principe délibéré et adopté par le conseil d'Etat dans ses séances des* 27 *février et* 16 *mars* 1873; *avis sanctionné par décret du* 22 *mars* 1873. .   13

N° IX.

Aucune disposition de loi n'interdit aux établissements qui représentent les intérêts religieux d'un groupe d'habitants partageant les mêmes croyances, de veiller et au besoin de pourvoir à ce que les enfants de ces habitants reçoivent l'instruction. En conséquence, les établissements ecclésiastiques ou religieux appartenant à l'un des cultes reconnus par l'Etat, et en particulier les fabriques